루터: 약속과 경험

빌럼 판 엇 스뻬이꺼르(Willem van 't Spijker) 지음
황대우 옮김

루터: 약속과 경험

초판발행 2017. 12. 31

발행인 전광식

편집인 이신열

발행처 고신대학교 출판부

고신대학교 개혁주의학술원

kirs@kosin.ac.kr / www.kirs.kr

부산시 영도구 와치로 194 051) 990-2267

이 번역서는 거제 고현교회의 후원금으로 출간되었습니다. 당회와 성도님들께 감사드립니다.
이 도서의 국립중앙도서관 출판예정도서목록(CIP)은 서지정보유통지원시스템 홈페이지 (http://seoji.nl.go.kr)와 국가자료공동목록시스템(http://www.nl.go.kr/kolisnet)에서 이용하실 수 있습니다. (CIP제어번호 : CIP2017033552)

발간사

먼저 이 책을 저희 개혁주의학술원에서 번역 출판할 수 있게 된 것을 진심으로 기쁘게 생각합니다. 저희 학술원에서 키스 매티슨(Keith Matthison)의 『성찬의 신비: 칼빈의 성찬론 회복』이 2011년에 출간되었고 작년에 베르너 크루쉐의 『칼빈의 성령론』에 이어 번역시리즈 세 번째로 이 책을 출판할 수 있게 되었습니다.

이 책의 저자인 빌럼 판 엇 스뻬이꺼르 박사는 네덜란드 암스테르담의 자유대학교(Vrije Universiteit)에서 나우타(D. Nauta)교수의 지도하에 1970년에 『마틴 부써의 직분론』(*De ambten bij Martin Bucer*)이라는 제목의 학위논문을 작성하여 최우등(cum laude)의 성적으로 졸업하였습니다. 다년간 드로흐함(Drogeham)과 위트레흐트(Utrecht)의 기독개혁교회에서 목회활동에 전념한 후 1972년부터 1997년까지 아뻴도오른(Apeldoorn)에 소재한 기독개혁신학대학(Theologische Universiteit van Christelijke Gereformeerde Kerken)의 교회사 및 교회법 교수로 봉직하였습니다.

스뻬이꺼르 박사는 교회사에서 특히 종교개혁 및 종교개혁 이후의 다양한 역사적 분야에 있어서 많은 글들을 집필했는데 그의 글은 크게 다음의 세 가지 영역에서 두드러진 결과물을 남겼다고 볼 수 있습니다. 먼저 종교개혁자 부써에 관한 연구입니다. 앞서 언급된 바와 같이 그는 부써의 직분론에 대한 대가로서 종교개혁 당시의 개혁신학의 교회론에 대해서 누구보다도 해박한 지식을 소유한 연구가입니다. 둘째, 부써의 영향을 받은 또 다른 종교개혁자 칼빈에 관한 연구입니다. 그는 칼빈의 『기독교 강요』 초판(1536)을 화란어로 번역했을 뿐 아니라 칼빈의 전기와 신학을 다룬 그의 단행본은 독일의 유수한 출판사 V&R의 교회사 시리즈(Die Kirche in ihrer Geschichte)에 발간되기도 했습니다. 마지막으로, 그는 네덜란드의 제2종교개혁으로도 알려진 나데르 레포르마찌(De Nadere Reformatie)에 연구를 진행했고 이를 통해서 17-18세기 네덜란드의 개혁신학이 어떤 방식으로 발전하게 되었는가에 대해서 식견을 제공했습니다. 특히 그의 저서 『성령의 인치심』(*De verzegeling met de Heilige Geest*)은 당대 성령론 연구에 크게 기여한 글로 평가받고 있습니다. 여기에서 빌럼 판 엇 스뻬이꺼르 박사의 단행본 가운데 우리나라에 번역 소개된 것을 소개하면 다음과 같습니다: 『칼빈의 생애와 신학』(부흥과개혁사), 『기도 묵상 시련: 루터와 칼빈이 말하는 참 신앙의 삼중주』(그책의사람들), 『칼빈의 유언과 개혁신앙』(성약).

약 22년 전 제가 네덜란드 아뻴도오른신학대학에서 독트란두스 과정에 수학하던 시절, 스뻬이꺼르박사께 교회사 부전공 구두시험을 치른 적이 있는데 이 책이 과제도서이었습니다. 당시에 화란어가 익숙하지 못해서 아주 꼼꼼하게 읽고 요약하면서 이 시험을 준비했던 기억이 새삼스럽게 떠오르기도 합니다. 이 책의 내용은 역사적인 부분과 교리적인 부분 어느 한 쪽에 치우치지 않고 균형을 유지하면서 작성되었다는 점이 무척 흥미롭습니다. 또한 교리적인 부분에서는 책의 부제가 암시하는 바와 같이 루터의 신학이 어떻게 하나님의 약속과 인간의 경험을 어떻게 조화롭게 다루고 있는가를 선택, 그리스도, 하나님의 말씀, 교회, 칭의라는 다양한 주제들을 개혁신학의 관점에서 예리하게 고찰하고 있습니다. 마지막으로 루터가 이해했던 신앙과 체험, 투쟁, 그리고 사랑의 관계에 대해서 다루고 있는데 이 부분은 기존의 독일의 루터 연구가들의 견해와 대조하면서 주의깊게 읽게 된다면 특히 많은 유익을 얻게 될 것으로 확신합니다. 루터의 신학에 관심을 가진 신학생들은 물론이고 목회자들과 평신도들에게도 빌럼 판 엇 스뻬이꺼르 박사의 글은 신앙에 있어서 약속과 체험의 관계에 대해서 고민하는 많은 이들에게 적지 않은 도움이 되리라 생각합니다.

저는 이 책을 통해서 개인적인 차원에서 개혁신학의 관점에서 루터를 어떻게 이해해야 하는가에 대한 소중한 견해를 얻게 되었던 것 같습니다. 종교개혁 500주년을 맞이하여 많은 루터에 관한 전기와 신학서적들이 발간되었지만 대부분은 루터주의자들이 루터란의 관점에서 작성한 것인 반면에 이 책은 개혁신학자임과 동시에 개혁교회의 목회 현장을 실제적으로 잘 알고 있는 저자가 루터의 생애와 신학을 해박한 지식을 갖고 다루었다는 점에서 의미가 크다고 여겨집니다. 지난 가을에 빌럼 판 엇 스뻬이꺼르 박사님의 제자이자 아뻴도오른신학대학의 셀더르하위스(H. J. Selderhuis)교수를 만나서 대화하던 중 이 책은 그가 휴가 기간 동안 약 2주라는 짧은 기간에 작성했다는 일화를 들은 적이 있습니다.

이 책의 번역자이신 황대우 박사는 빌럼 판 엇 스뻬이꺼르 박사의 제자로서 그의 신학적 사고를 누구보다도 잘 이해하고 이를 한국어로 옮기는데 가장 적합한 인물로 볼 수 있습니다. 네덜란드어 사전에도 등장하지 않는 생소한 단어 하나하나를 붙들고 씨름한 결과 이렇게 훌륭한 글을 우리 신학계에 소개하게 된 것에 박수를 보내드립니다.

이 책을 통해서 우리 신학계에 종교개혁자 루터에 대한 이해가 더욱 풍성해 질 뿐 아니라 그의 신학을 개혁신학의 관점에서 이해하는 시도들을 통해 앞으로 루터 연구에 강력한 자극제가 되기를 소원하는 마음으로 발간사를 마무리하고자 합니다.

개혁주의학술원장 **이신열 교수**

추천사

루터와의 만남은 삶에 기쁨을 일깨워줍니다. 빌럼 판 엇 스뻬이꺼르 교수는 이 책을 통해서 우리가 어떤 다양한 측면에서 루터와 만남을 가질 수 있는지, 그에 따라 어떤 다양한 기쁨을 누릴 수 있는지 매우 훌륭하게 보여주었습니다.

이 책은 한 마디로 말하자면 최고 수준의 신학 작품입니다. 루터의 생애와 사상은 마치 다이아몬드와 같아서 매우 다면적인 특성을 가지고 있습니다. 그의 작품 전집인 바이마르 판만 해도 100권이 넘습니다. 저자는 그러한 다층성을 제대로 포착해내기 위해 특별한 전략을 세웠는데, 그것은 루터의 생애를 위해서 전반부(제1부, 제1-10장)를 할애하고 루터의 신학을 위해서 후반부(제2부, 제11-20장)를 할애한 것입니다. 이렇게 루터를 역사신학적이며 조직신학적으로 관찰할 때에 그의 사상을 가장 잘 이해할 수 있다는 주장은 이미 베른하르트 로제가 방법론적으로 잘 제시하였습니다. 문제는 그 방법론의 장점을 안다 하더라도 연구자의 역량과 시간적 한계 때문에 제대로 실현해 내기가 힘들다는 것입니다. 실제로 현재 나와 있는 루터 연구서들은 거의 대체로 역사신학적 접근법과 조직신학적 접근법 둘 중에 하나를 택하여 서술한 것들입니다.

하지만 판 엇 스뻬이꺼르 교수는 정말 거장다운 면모를 이 책을 통해 유감없이 발휘하였습니다. 그는 역사와 신학을 동시에 훌륭하게 기술하였습니다. 그는 책의 전반부에서 16세기 당시의 역사적 사건들의 전말과 세부사항을 매우 잘 설명합니다. 여기서 그는 입담 좋은 이야기꾼이 됩니다. 이제 책의 후반부에서 그는 루터 신학의 핵심 개념들을 탁월한 엄밀성을 가지고 해설합니다. 여기서 그는 분석가요 비평가가 됩니다. 이 둘을 함께 담아내는 것은 그의 개혁신학의 깊이입니다. "역사신학"과 "조직신학", 그리고 "개혁신학"이라는 세 가지 동그라미를 가지고 그의 작품을 좀 더 소개해 보겠습니다.

첫째, **역사신학**입니다.

일단 이 책의 저자는 루터에 대한 1차 자료와 2차 자료를 모두 깊이 있게 섭렵하였습니다. 그러다보니 우리는 루터가 남긴 너무나 감명 깊은 말과 글들을 그 입으로부터 직접 듣게 됩니다. 뿐만 아니라, 저자는 루터와 동시대를 살다간 인물들에 대해서도 상당히 깊이 있게 서술하였습니다. 멜랑흐톤, 츠빙글리, 부써 등과 같은 종교개혁자들을 역동성 있게 다룰 뿐만 아니라, 뮌처와 칼슈타트와 같은 급진적 개혁자들도 역시 공정하게 다루었습니다. 한 권의 책을 통해 루터의 생애를 섭렵하면서 16세기 교회 현장으로 깊이 들어가 보고 싶다면 이만한 책은 없을 것입니다. 어떤 신학자들은 그의 삶을 아는 것이 그의 신학을 이해하는 것과 별개인 경우도 있습니다. 하지만 루터의 신학은 그 자신의 경험 없이는 생각할 수 없습니다. 그의 신학은 매우 실존적인 방법으로 이루어졌기 때문입니다. 그래서 루터의 생애를 다루는 이 책의 제1부는 루터의 신학을 다루는 제2부의 전제요 출발점이 됩니다.

둘째, **조직신학**입니다.

루터는 "신학에서는 호두의 핵, 밀의 속, 골수가 중요하다."고 말했습니다. 따라서 그의 신학을 연구하는 사람 역시 신학에서 무엇이 호두의 핵이고 무엇이 껍질에 불과한지 분간하는 능력이 요구됩니다. 그런 점에서 이 책의 저자는 너무나 놀랍게도 루터 신학의 핵심을 잘 골라내어 아주 이해하기 쉬운 방식으로 설명하였습니다. 조직신학자가 루터의 신학을 다룰 때에 자칫 잘못하면 조직신학적 틀에 따라 억지로 그의 작품을 끼워 맞출 때가 더러 있는데, 이 책은 전혀 그렇지 않습니다. 저자는 루터가 조직신학적 체계를 가지고 신학을 하지 않고 치열한 역사 한 가운데에서 하나님의 말씀을 붙잡고자 했던 사람임을 잘 알고 있습니다. 그렇기에 최대한 공정하게 루터의 신학을 평가하였습니다. 교회사가가 이렇게 깊이 있게 조직신학적 주제를 다룬다는 것은 그 자체로 통합적 신학의 귀감이 됩니다.

셋째, **개혁신학**입니다.

개혁신학, 그것이 다만 신학을 학문으로서만 다루고 교회와 신앙에 대해 말하지 않는다면 아직 미성숙한 무엇일 것입니다. 우리는 이 책의 저자가 가진 너무나 원숙한 수준의 개혁신학에 감탄과 흠모를 동시에 하게 됩니다. 그는 과거 사건을 정확하게 기술하면서도 현대 교회 및 신학과 접목시키고자 했습니다. 우리는 이 책을 통해서 루터를 다루되 그를 평가절하하지도 과대평가하지도 않으면서 현대의 신학을 위해 어떻게 그가 도움이 될 수 있는지를 배우게 됩니다. 가끔씩 등장하는 현대 신학과 교회에 대한 저자의 염려어린 문장들은 개혁신학자가 어떻게 신학을 해야 하는지 모범적으로 가르쳐줍니다.

루터는 하나의 거대한 산과 같아서 어떤 길을 따라 등정하는가에 따라서 등정에 성공할 수도 있고 실패할 수도 있습니다. 이 책은 루터라는 큰 산에 오르는 가장 좋은 안내자가 될 것입니다. 이 책을 통해서 우리는 루터를 제대로 발견할 수 있습니다. 책을 읽을 때 가슴이 뛰며, 책을 다 읽고서 한동안 큰 충격에 빠졌습니다. 멜랑흐톤은 "**루터, 그는 죽었지만 여전히 살아있다.**"라는 말을 남겼습니다. 500년이 지난 사람이 왜 지금도 여전히 중요한지를 알고 싶은 모든 분들에게 이 책을 적극 추천합니다.

우병훈 박사 | 고신대학교 신학과 교의학 교수

격려사

지금 교회가 힘을 잃어가는 이유가 무엇일까요? 왜 우리의 외침, 우리의 가치가 비그리스도인들에게 손가락질 당하며, 불법으로 취급받으며, 외면당할까요? 그것은 외침과 삶이 일치 하지 않기 때문입니다. 세상이 눈으로 우리를 보는 것과 귀로 우리의 소리를 듣는 것이 다르니까 외면당하는 것입니다.

루터가 가진 복음 우리에게도 있습니다. 루터가 가진 신념 우리에게도 있습니다. 루터가 가진 믿음 우리에게도 있습니다. 루터가 가진 것은 우리에게 있지만 루터가 살았던 삶은 우리에게 없습니다.

황대우 교수님이 번역한 『루터: 약속과 경험』이 책으로 한국 교회가 500년 전 루터 시대의 외침을 녹음해서 듣는 것이 아니라 이 시대 여전히 살아있는 루터의 육성을 듣는 기회가 되었으면 좋겠습니다.

루터는 당시 로마 천주교라는 넘을 수 없는 세상 권세(?)에 대항하여 하나님의 법을 외쳤습니다. 한 사람의 외침이 큰 울림이 될 수 있도록 만든 것은 그의 가르침과 그의 외침과 그의 삶이 일치하여 생긴 거룩한 공명이었습니다.

지금 우리의 조국 대한민국에 이 거룩한 공명이 필요합니다. 단 한 사람이라도, 한 교회라도 차별금지법, 인권조례 같은 성경을 대적하는 세상의 법에 대항하여 거룩한 공명으로 세상을 울리는 기적이 필요한 시대입니다.

넘을 수 없는 세상의 법과 질서에 대항하여 하나님의 법과 말씀의 질서를 세울 한 사람이 필요한 시대에 이 책은 우리가 알고 있는 종교 개혁자 루터가 아닌 거룩한 공명으로 세상을 울린 외침의 삶을 살아온 하나님의 나팔소리로서의 루터를 소개합니다.

지금 울림조차 잃어버린 교회가 새로운 개혁교회로 일어설 수 있는 돌파구가 있습니다. 한 글자 한 문장 그리고 루터에 대한 지식이 아닌 루터의 삶의 공명을 읽으신다면 지금 이 시대가 종교개혁의 녹음이 아니라 종교개혁의 실황이 될 수 있을 것이라 믿습니다.

한국 교회에 꼭 필요한 이 귀한 책『루터: 약속과 경험』이 널리널리 읽혀지기를 바라며 번역해 주신 황대우 교수님께 감사를 드립니다.

박정곤 목사 | 대한예수교장로회(고신) 고현교회

Woord vooraf

Vijf eeuwen Reformatie liggen achter ons. Met groot enthousiasme is in grote delen van de wereld de naam van Luther ter sprake gebracht: zijn stellingen, zijn prediking van het evangelie met als kern de vrije genade van God, waardoor Hij zondaren aanneemt, hen rechtvaardigt: vrijspreekt van schuld en straf en een recht geeft op het eeuwige leven. Luther zelf heeft uit dit evangelie geleefd, dat voor hem de hemel opende. Hij heeft het door zijn prediking met gezag van het Woord van God door gegeven en daarmee in zekere zin de wereld weer op het draagvlak gezet van Gods genade alleen, zoals het ook in de schepping was bedoeld.

Over Luther en zijn prediking is in het voorbijgegane jaar veel gesproken, in dankbare herdenking en tegelijk in het besef dat zijn werk ook nu nog steeds van onnoemelijk grote waarde is. In zijn eigen dagen waren er talrijke vertegenwoordigers van hetzelfde evangelie, die zijn boodschap doorgaven in grote delen van Europa. Hetzelfde heil van Gods genade werd door veel boodschappers verkondigd. Er was verscheidenheid van methode, maar eenheid was er in de verkondiging van genade voor zondaren en zondaressen. De talen waren er in een veelvoud, de vertolking van Gods genade was er in een diepe eenheid, die ook vandaag nog geldt, en wel met een grote kracht van barmhartigheid, vrijheid en souvereiniteit van God. En daarvan blijft Luther zelf een sprekend voorbeeld.

Over Luther gaat het in dit boek, dat eerder in het Nederlands, verscheen en nu in het Koreaans is vertaald. Het omvat vooral twee aspecten van de betekenis die Luther toekomt. Het eerste deel geeft een korte geschiedenis van Luthers leven, en daarbij ook de belangrijkste ontwikkelingen die hij doormaakte in de doorbraak van Gods heil in zijn leven. Het tweede deel richt zich meer op de theologische onderwerpen met de betekenis er van voor de geloofservaring. Samen leveren deze twee belangrijke onderdelen inzicht in de persoon en het werk van de mens die God gebruikt heeft om opnieuw vorm te geven aan zijn eigen goddelijk werk. Wij vieren zo in onze eigen tijd en omstandigheden een gedachtenis niet aan mensenwerk, maar aan de magnalia Dei, de grote daden van God en we danken Hem daarvoor.

Iets van deze dankbaarheid mag ook klinken voor het werk dat door broeders en vrienden verzet werd toen zij op zich namen dit boek uit het Nederlands te vertalen in het Koreaans. Zij hebben met hun vertaalwerk mij in ieder geval vreugde bezorgd. Heel in 't bijzonder vermeld ik de naam van hem die jaren geleden hier bij ons in Apeldoorn zijn doctorstitel verwierf: Hwang Dae-Woo, en die een belangrijk aandeel leverde aan dit project. Moge God het alles zegenen.

Willem van 't Spijker

한글 번역서를 위한 저자 서문

종교개혁500년이 우리 뒤에 있습니다. 루터의 이름은 큰 열정으로 세상의 수많은 분야에서 거론 되었습니다. 또한 루터의 논제와 복음 설교가 거론되었습니다. 그의 복음 설교는 하나님의 무상의 은혜가 핵심인데, 이 은혜로 하나님께서는 죄인을 받아주시고 의롭게 하실 뿐만 아니라, 죄와 처벌에 대해 무죄 선고를 하시고 영생의 권리를 제공하십니다. 루터 자신이 이 복음으로 살았는데, 이 복음은 그를 위해 하늘을 열어주었습니다. 루터는 자신의 설교를 통해 하나님 말씀의 권위로 그 복음을 제시했습니다. 그래서 확실히 세상을 다시 오직 하나님 은혜의 지반 위에 올려놓았습니다. 이것은 창조 시에 의도되었던 것과 같습니다.

루터와 그의 설교에 대해서는 지난해 축하기념을 통해서도, 또한 루터의 업적이 아직도 너무 큰 가치를 지닌다는 의미에서도 수없이 언급했습니다. 루터 시대에는 거의 유럽 전역에 루터의 메시지를 전달했던 동일한 복음의 대표자들이 아주 많았습니다. 수많은 설교자들이 하나님 은혜로 말미암는 동일한 구원을 선포했습니다. 방법의 다양성은 있었지만 죄와 죄인을 위한 은혜의 복음 선포에는 통일성이 있었습니다. 은혜를 선포하는 언어는 다양했습니다. 하지만 하나님 은혜를 통역함에는 심오한 통일성이 있었습니다. 그리고 이 통일성은 오늘날에도 유효하고, 또한 하나님의 자비와 자유와 주권의 엄청난 능력을 가지고 있습니다. 뿐만 아니라 그 통일성에 대해서는 아직도 루터 자신이 일종의 웅변적인 모범으로 남아 있습니다.

이 책은 루터에 관한 책으로 일찍이 네덜란드어로 출간되었고 이제는 한글로 번역되었습니다. 이 책은 특별히 두 가지 측면에서 루터에게 다가가는 의미를 제공합니다. 제1부는 루터의 생애 역사를 간략하게 서술합니다. 물론 여기서도 루터가 자신의 삶에서 하나님의 구원의 돌파를 경험했던 매우 중요한 발전들을 다룹니다. 제2부는 루터의 신앙경험과 관련하여 의미 있는 신학적 주제들을 좀 더 집중적으로 다룹니다. 이 두 주요 부분이 합력하여 루터의 인격과 사역에 대한 통찰력을 제공합니다. 루터는 하나님께서 자신의 신적인 사역에 새로운 형식을 부여하시기 위해 사용하셨던 사람이었습니다. 우리는 우리 시대와 환경에서 사람의 업적이 아니라 '하나님의 큰 일'(magnalia Dei)을 기념하고 그것을 하나님께 감사하는 것입니다.

이런 종류의 감사는 이 책을 네덜란드어에서 한국어로 번역하는 일을 맡은 형제와 친구들의 번역 작업에서도 들을 수 있는 소리입니다. 그들은 번역을 통해 내게 기쁨을 선물했습니다. 특별히 저는 수년전에 이곳 아벨도오른(Apeldoorn)에서 박사학위를 취득한 사람의 이름을 언급합니다. 그는 황대우이고 이 번역 계획에 중요한 역할을 맡아주었습니다. 하나님께서 만사에 복 주시길 바랍니다.

빌럼 판 엇 스뻬이꺼르

역자 서문

본서에 관하여

본서의 가장 큰 특징이자 장점은 저자가 개혁주의 신학자로서 루터를 다루었기 때문에 루터와 개혁주의 신학의 관계에 대한 신선한 통찰력을 제공한다는 것입니다. 본서는 분명 루터의 생애와 사상에 관한 전문 연구서이지만 저자가 서문에서 밝히는 것처럼 엄밀한 의미에서 루터의 생애 전반을 균형 있게 다룬 전기도 아니고, 루터의 신학을 상세하게 분석한 서적도 아닙니다. 그리고 지금까지 루터의 생애나 신학, 혹은 생애와 신학을 깊고 넓게 연구한 전문 서적들에 비해 내용 분량이 그렇게 많지 않습니다. 하지만 저자는 그런 전문 연구서들을 두루 섭렵했을 뿐만 아니라, 루터 자신의 글을 원문으로 연구했기 때문에 이 책의 내용은 결코 가볍지 않습니다.

본서는 적은 분량에 비해 많은 내용을 압축적으로 요약하여 전달하기 때문에 문장들이 무겁고 어렵습니다. 따라서 본 역서는 루터에 관심 있는 초보자가 읽기에는 적당하지 않은 책입니다. 다른 루터 입문서들을 2-3권 본 후에 본서를 읽어야 이해할 수 있을 정도로 내용이 까다롭기 때문입니다. 그리고 가독성이 떨어지는 번역 때문에 가일층 어렵습니다. 오역이 없다고 장담할 수도 없습니다. 그럼에도 불구하고 본 역서는 신학생과 목회자, 그리고 신학자에게는 반드시 유익한 자료가 될 것이라 믿어 의심치 않습니다. 루터의 신학 사상을 보다 정교하게 알고 싶은 모든 사람에게 일독할만한 가치가 충분한 책입니다.

번역에 관하여

이 책의 저자이신 빌럼 판 엇 스뻬이꺼르(Willem van 't Spijker) 박사는 역자의 은사이십니다. 올 해 초에 갑자기 연락하셔서 종교개혁 500주년을 기념해서 이 책을 번역해주면 좋겠다고 요청했고 역자는 실력부족과 시간부족으로 거절해야 하는 일이었는데도 덜컥 동의하고 말았습니다. 시간적인 여유가 없어 루터의 생애를 다룬 제1부 1-10장의 번역은 구본승 목사에게 부탁했습니다. 역자는 나머지 부분인 루터의 신학을 다룬 제2부 11-20장을 번역하기로 했습니다.

처음 계획은 9월까지 번역을 마무리 하여 10월 말 종교개혁기념일 즈음에 출간하는 것이었습니다. 그런데 구본승 목사가 1-5장까지만 번역한 원고를 보내면서 더 이상 시간이 없다고 양해를 구했습니다. 그래서 결국 서론과 부록 및 6장은 역자가, 7장은 임경근 박사가, 8장은 이신열 교수가, 9-10장은 성희찬 목사가 각각 초벌 번역을 맡았습니다.

모든 번역자들이 이구동성으로 하는 말은 이 책이 내용도 번역도 모두 너무 어렵다는 것입니다. 루터의 생애와 사상에 관하여 이미 잘 알려진 내용조차도 저자가 워낙 까다로운 문장과 단어들을 사용한 탓뿐만 아니라, 상당히 압축적으로 설명한 탓으로 번역은 정말 고역이 아닐 수 없었습니다. 아무튼 우여곡절과 산고 끝에 나온 번역서라는 점을 널리 양해해 주시길 바랍니다.

본 역서는 여러 사람의 수고로 탄생한 것이지만 저의 이름으로 출간하게 된 것 또한 독자의 양해를 구합니다. 이렇게 한 이유는 주요 단어들을 포함하여 번역의 통일성을 유지하기 위한 수고뿐만 아니라, 또한 초벌 번역을 다듬고 때로는 새롭게 번역하는 수고를 누군가 하지 않을 수 없었는데, 이 번거로운 일들을 역자가 맡았기 때문입니다.

이런 점에서 본 역서의 모든 번역 문제에 대한 책임은 오롯이 역자에게만 있습니다. 역자의 일천한 실력이 매끄럽지 못한 번역의 가장 큰 장애물이었다는 점을 인정합니다. 번역하면서도 깨닫고, 번역이 끝난 후에도 떠나지 않는 생각은 종교개혁을 전공한 제 자신이 부끄럽게도 루터에 대한 지식뿐만 아니라 번역 실력조차도 너무 부족하다는 것입니다. 이 역서는 제 학문적 한계의 바닥을 보여준다고 해도 과언이 아닐 듯합니다. 아무쪼록 본 역서가 종교개혁, 특히 루터를 이해하는데 도움이 되길 바랍니다. 조금이라도 도움이 된다면 번역이 아닌 반역이라는 지난한 수고의 보람은 충분하리라 생각합니다.

감사를 위하여

먼저, 이 책의 한글 번역을 직접 요청해주시고 번역출판권까지 제공해주신 스승님 빌럼 판 엇 스뻬이꺼르 교수님께 감사드립니다. 그리고 초벌 번역에 동참해주신 구본승, 성희찬, 이신열, 임경근 등 네 분의 목사님께도 감사드리고 교정 작업으로 수고하신 개혁주의학술원 김혜원 간사님께도 감사드립니다. 또한 이 책의 출판비용으로 거금을 쾌척해주신 거제교회 박정곤 목사님께도 감사드립니다. 마지막으로, 이 책을 번역할 수 있도록 여러모로 배려해주신 제 목회의 영적 아버지 서보권 목사님께 온 마음으로 깊이 감사드립니다.

＊공지사항＊

1. 본 역서는 직역과 의역을 병행했으며 아래와 같이 한 단어도 문장과 문맥에 따라 다양하게 번역했다는 점을 공지합니다. aflaat는 '면벌부'가 아니라, 일반적으로 잘 알려져 있고 또한 심각한 개념 왜곡을 일으키지 않는 '면죄부' 혹은 '면죄'로 번역했습니다. 다른 단어들의 번역도, 예컨대 biecht는 '고해성사', '회개', '참회' 등으로, boete는 '고해성사', '회개', '처벌' 등으로, berouw는 '회개', '뉘우침', '후회' 등으로, hierarch도 '위계제도', '계급제도', '위계질서' 등으로, vorst는 '군주', '영주'로, gemeente는 '회중', '교회'로 번역했습니다. genoegdoeing은 라틴어 satisfactio의 화란어 번역이므로 '만족', '화해', '속죄' 등의 뜻으로 번역했습니다.

2. '~~~'로 표기한 것은 단어나 문장을 강조하기 위해, 그리고 원저술에는 인용부호가 없지만 인용된 것으로 보이는 문장에 대해 사용했습니다. "~~~"로 표기한 것은 원문에서 '~~~'로 사용한 인용부호 대신에 사용했습니다.

3. 각 장의 초두에 소개된 책들은 원문과 달리 책제목을 이탤릭체로 하고 저자를 굵게 표시했습니다. 각주의 책제목은 이탤릭체로 표기되지 않은 원문 그대로 두었습니다.

차 례

제2부

머리말

이 책은 루터전기도 아니고, 루터신학에 관한 책도 아닙니다. 루터전기와 루터신학에 관한 자료는 아주 많이 있습니다. 만일 이 저술이 전기여야만 했더라면 아주 폭넓은 기획이 필수적이었을 것입니다. 훨씬 더 상세하게 완성되어야 했을 것입니다. 특히 루터가 코부르크Koburg에 체류한 직후의 1530년대 중반까지, 루터의 생애에 대한 기술을 연결성이 상당히 결여된 10장의 분량으로 끝내는 일은 불가능했을 것입니다. 실제로 루터의 신학에 관한 책이었더라면 루터의 사상을 기원적 발전과 상호 관계 속에서 훨씬 더 조직적으로 설명했어야만 합니다. 그랬더라면 아마도 루터의 성례 개념, 즉 세례와 성찬에 관한 그의 사상은 이 책에서 한 것보다 훨씬 더 광범위하게 기술할 수 있었을 것입니다. 본서는 두 왕국*에 대한 루터의 견해를 거의 설명하지 않았고 다른 전형적인 루터 사상들에 대해서도 언급하지 않았습니다.

그럼에도 불구하고 이 책의 의도는 루터의 생애뿐만 아니라 그의 증언까지도 깊은 통일성이 있다는 것을 논증하는 것입니다. 이 통일성은 은혜로, 그리고 오직 그리스도를 믿는 믿음으로만 죄인을 의롭게 한다는 루터의 개념으로 설명할 수 있습니다. 루터는 하나님의 약속으로 살았습니다. 그는 이것을 배웠고 점점 더 분명하게 깨달았습니다. 또한 하나님께서 약속의 방법으로 우리와 교제하신다는 사실을 점점 더 분명하게 설교했습니다. 또한 동시에 우리가 약속을 믿는 방법 이외의 다른 방법으로는 결코 하나님과 교제할 수 없다는 것도 설교했습니다. 루터에게 약속과 믿음, 믿음과 약속은 상호의존적인 개념입니다. 즉 그 둘은 서로를 추구하고 서로 감싸준다는 것입니다.

그와 같이 루터의 생애는 약속을 믿는 믿음의 생애였습니다. 즉 약속

* 하나님 나라와 세상 나라 즉 세상 정부.

과 경험의 생애였다고 말할 수 있습니다. 믿음보다 경험을 더 높게 평가하는 경건주의의 방향에서 이것을 읽는 사람들은 아마도 이 책의 제목을 반대할지도 모르겠습니다. 하지만 루터는 경건주의와 같은 불안의 요소를 믿음 아래서 이해했습니다. 그래야 우리가 심지어 우리 자신의 경험과 반대로 하나님의 약속을 의지할 수 있다는 것입니다. 그래야만 우리는 하나님을 대항하시는 하나님께 직접 호소할 수 있고 그 분 자신의 말씀으로 하나님을 붙들 수 있기 때문이라는 것입니다. 대략 이런 말을 하기 위해 나는 이 책의 제목을 『루터: 약속과 경험』으로 정했습니다.

이런 제목으로 책을 쓴 것은 물론 다른 이유도 있습니다. 루터를 다루는 사람이라면 그의 인품과 사역에 대한 매력을 경험하게 됩니다. 또한 그는 루터와 그의 신학이 여전히 우리를 위한 수많은 약속을 내포하고 있다는 사실을 발견하게 되는데, 이것은 오늘날 현대의 신학적 사고에서도 필요한 것일 수 있습니다. 누군가 루터처럼 철저하게 하나님의 약속에 의지하여 사는 사람이라면 말씀을 설교하는 것이 반드시 열매를 맺는다는 것을 오늘날에도 경험할 수 있습니다. 그런 의미에서 루터의 신학은 여전히 우리를 위한 희망찬 수많은 사상을 내포합니다. 그리고 그것은 경험 그 자체입니다.

첫 10장은 루터가 발견한 종교개혁에 대한 개괄적 소개인데, 종교개혁 이후부터 루터 자신의 생애를 제한적으로 다루었습니다. 그의 생애는 주요점들을 중심으로 기술했습니다. 이 책의 제2부는 루터의 주요 사상들을 설명한 것인데, 그 중에서도 루터의 낯선 무죄판결, 즉 아름다운 교환*과 연관된 주요 실상들을 논한 것입니다. 즉 '루터는 하나님을 어떻게 생각하고 하나님에 관한 사상을 어떻게 생각하는가? 또한 그리스도와 말씀, 교회, 설교, 믿음, 칭의, 경험, 시련 등을 어떻게 생각하는가? 새 삶에 대해서는, 죽음과 미래에 대해서는 어떻게 생각했는가?

---

* 그리스도께서 죄인에게서 그의 죄를 가져가시고 대신에 그에게 자신의 의를 주심.

요컨대, 루터는 그 자신이 문제의 핵심으로 보았던 것을 어떻게 전해주었는가?'

그와 같이 이 책의 의도는 루터의 생애와 사역의 통일성을 알리는 것입니다. 나는 이 책이 단지 일종의 안내서 역할 정도만 감당할 수 있을 뿐이라는 것을 잘 압니다. 루터 자신을 가리키는 방향 제시 정도만 감당한다 해도 좋습니다. 이 책에는 루터 자신의 말들이 많이 나타납니다. 그러나 루터가 자신의 저술에서 제시하는 풍부한 보물과 비교하기에는 여전히 항상 턱없이 부족합니다. 그러므로 이 책은 독자 스스로 루터의 저작들에 심취하도록 격려하기 위한 것입니다. 도움의 손길을 제공하기 위해 책 말미에 몇 개의 부록을 첨부했습니다. 루터 생애에서 주요 사건들에 대한 자료를 리스트로 작성하여 개관이 가능하도록 했습니다. 루터의 저작들을 소개한 것도 역시 중요합니다. 단지 소수의 사람들만이 학문적 대 전집 바이마르판을 자유롭게 활용하는데, 이것은 최근에야 비로소 완결되었습니다. 또한 바이마르판은 소수의 도서관에만 구비되어 있습니다. 하지만 몇몇 훌륭한 편집 본들이 있는데, 이것들은 루터의 주요 작품들을 모은 선집입니다. 루터 저작들에 대한 개관은 이 책 말미에서 만날 수 있습니다. 여기에는 특별히 몇몇 주요 루터전기들과 루터 신학에 대한 개론서들도 소개되었습니다. 각 장의 초두에는 그 장의 주제와 관련된 가장 중요한 출간물들이 열거되어 있습니다. 물론 선택은 제한적이고 주관적이며 단 한 번만 언급된 것도 있습니다.

이 목록들을 보는 사람은 이 책에서 사용된 축어들을 쉽게 파악할 수 있을 것입이다. 루터의 저작들을 위한 축어들은 대 전집을 지시하는 통상적인 지침들, 즉 바이마르판$_{\text{WA}}$, 바이마르판의 루터 탁상담화$_{\text{WATr}}$, 그리고 바이마르판의 루터 서간문$_{\text{WABr}}$ 등입니다. 휴가 이전과 이후뿐만 아니라, 휴가 중에도 내가 이 책을 쓸 수 있도록 배려한 내 아내의 도움 없었더라면 결코 이 책을 완수할 수 없었노라고 언급하지 않는다면 아마도 그것은 나의 큰 불찰일 것입니다. 이런 의미에서 이 책은 우리 두 사람의 것입니다. 나와 내 아내는 이 책을 나의 어머니와 돌아가신 나의 아버지께 바칩니다. 이 두 분으로부터 우리 두 사람은 동고동락하는 법을 배웠습니다.

제1부

1장

복음의 돌파*

* 루터가 이신칭의라는 복음을 발견함으로써 중세 로마교의 공로 사상을 깨뜨린 것.

C. Augustijn, *Luthers intrede in het klooster*, Kampen 1968. 복음의 폭발[=종교개혁의 발단]과 관련한 가장 중요한 자료들은 다음 참조. **B. Lohse** (Ed.), *Der Durchbruch der reformatorischen Erkenntnis bei Luther*, Darmstadt 1968; **E. Bizer**, *Fides ex auditu. Eine Untersuchung über die Entdeckung der Gerechtigkeit Gottes durch Martin Luther*, Neukirchen 1958, 1966[3]; **O. Bayer**, *Promissio. Geschichte der reformatorischen Wende in Luthers Theologie*, Göttingen 1971; **O. H. Pesch**, *Hinführung zu Luther*, Mainz 1983[2], 80-102; **M. Brecht**, Iustitia Christi. Die Entdeckung Martin Luthers, in: *Zeitschrift für Theologie und Kirche*, 74 (1977), 179-223; **B. Hamm**, Martin Luthers Entdeckung der evangelischen Freiheit, in: *Zeitschrift für Theologie und Kirche*, 80 (1983), 50-68.

루터를 수도사가 되게 한 것은 절망이었다. 믿음으로 난 의는 결국 그를 다시금 수도원에서 끄집어내어 그리스도인의 자유로 인도했다. 루터에게는 어떤 식으로든 절망과 믿음이 처음부터 서로 연결되어 있었다. 즉 그가 흑암의 깊음 가운데서 겪은 영적 시련과, 죄지은 사람들을 위해 복음에 나타난 하나님의 약속에 대한 확신은 서로 연결되어 있다. 아마도 이러한 동시성을 비난할 수도 있을 것이다. 왜냐하면 지금까지 마르틴 루터의 삶, 인물 그리고 견해에 대한 연구에서는 루터에게 복음의 돌파의 정확한 시기에 대한 어떤 지배적인 합의도 도출되지 않기 때문이다.[1] 한 때는 이 동시성이 최선일 수 있었다. 동시성이란 잘 알려진 경구인 '죄인인 동시에 의인'simul peccator et iustus으로 요약될 수 있는데, 이것은 모든 관점에 우리를 만족시킬 수 있는 표현을 도출할 가능성을 언제라도 빼앗아가게 될 것이다. 어떤 연구자들은 루터의 발견을 1513년 초반쯤으로 잡는다. 다수의 학자들은 이 견해를 받아들이지 않고 좀 더 늦은 1518년 초반으로 잡는다.[2] 이 견해가 차라리 추천될 만한데, 그 해에 진행된 재판에 대해 언급하고 있기 때문이다. 꽤 이른 시기에 하나님 약속의 능력에 대한 내적인 확신을 말하고 있다. 그러나 온 힘을 다해 그 논증을 완전히 돌파하기 위해서는 면죄부에 대한 교회적 투쟁이 반드시 필요했다. 그 논증이란 우리가 오직 믿음으로만 의롭게 되지 않는다는 것이다.

하나님의 의

[1] Lohse (Ed.), Durchbruch, 서문 참조.

[2] 초기 연대에 대해서는 다음 참조. O. Scheel, Martin Luther II, Tübingen 1917, 321; E. Vogelsang, Die Anfänage von Luthers Christologie, Berlin/Leipzig 1929, 49; 후기 연대에 대해서는 다음 참조. E. Bizer, Fides ex auditu. Eine Untersuchung über die Entdeckung der Gerechtigkeit Gottes durch Martin Luther, Neukirchen (1958), 146f.

자신의 작품 전집 서문에서1545년 3월 5일 루터는 1519년까지 자신이 어떻게 변화, 발전해왔는지에 대해 회고하면서 그가 바울의 로마서를 이해하고자 하는 놀라운 갈망을 가지게 된 사실을 쓰고 있다. 루터가 이러한 이해에 이르지 못한 것은 그가 1장 17절, "복음에는 하나님의 의가 나타나서"에 나타난 몇몇 단어들 때문에 방해를 받았기 때문이다. 루터는 이 단어들에 대해 이렇게 기록한다.

"나는 이 말씀, 즉 하나님의 의를 미워했다. 내가, 교회 교사들의 일반적인 관습에 따라 이 말씀을 소위 형상적 혹은 능동적 의로, 철학적으로 이해하도록 배웠기 때문이다. 이에 따르면 하나님은 의로우시며 또한 죄인과 불의한 사람을 벌하신다.

나는 이런 의로우시며 죄인을 벌하시는 하나님을 사랑하지 않았다. 오히려 나는 하나님을 미워했다. 왜냐하면 나는, 비록 여전히 수도사로서 비난받을 만한 것이 없이 살았음에도 불구하고, 하나님 앞에서 전적으로 불안한 양심을 가진 죄인이라고 느꼈기 때문이다. 그리고 나는 하나님께서 나의 공로로 구원하신다는 것을 신뢰할 수 없었다. 그렇게 나는 하나님께 분노했다. 비록 비밀스럽게 신성모독을 하지는 않았지만 나는 다음과 같이 엄청난 불만을 토로했다. 곤고한 사람이자 영원히 유기된 죄인들이 원죄와 여러 부정함을 통해서, 십계명의 율법을 통해서 옥죄이는 것만으로는 아직도 부족하다는 말인가! 아니, 하나님은 복음을 통해 옛 고뇌에 새 고뇌를 다시금 더하시는 것이다! 그리고 또 복음을 통해 그분의 의와 그분의 진노로 우리를 위협하며 압박하는 것이다! 이렇게 나는 분노에 차고 악에 받친 양심으로 화를 냈다. 그럼에도 나는 바울의 이 본문에 천착했는데물론, [내가 처한 상황에] 어울리는 일은 아니었지만 이 일을 통해 나는 바울이 원했던 것이 무엇인지를 알기를 아주 갈망했다. 이 일은 매우 오래 지속되었는데, 내가 결국 하나님의 긍휼 아래 낮이나 밤이나 궁리하며 주도면밀하게 말씀의 내적인 구조를 파악할 때까지 계속되었다—'복음에는 하나님의 의가 나타나서 믿음으로 믿음에 이르게 하나니 기록된 바 오직 의인은 믿음으로 말미암아 살리라.' 그때 나는 하나님의 의를, 의인이 하나님의 선물로, 또 믿음으로 사는 의라고 깨닫기 시작했다. 나는 이제 이것이 다음과 같은 의미라는 것을 이해하기 시작했다—복음으로 말미암아 하나님의 의가 나타난다. 이 의는 수동적 의다. 이 의를 통해 자비하신 하나님이 우리를 믿음으로 의롭다 하신다. 성경에 기록되어 있는 대로 '오직 의인은 믿음으로 말미암아 살리라' 함과 같다.

여기서 나는 내가 완벽하게 새로 태어났음을 느꼈다. 이것은 내가 활짝 열린 문을 통해 다름 아닌 낙원으로 들어가는 것 같았다. 성경 전체가 이제 내게 달라진 광경을 보여주었다. 나는 이어서 내 기억이 허락하는 한 계속 성경을 훑어나갔고 다른 단어들에 관해서도 같은 맥락으로 끌어올 수 있게 되었다. 그것은 하나님의 일, 즉 하나님께서 우리 안에 창조하시는 일이다. 하나님의 능력, 이 능력을 통해 하나님이 우리를 강하게 하신다. 하나님의 지혜, 이 지혜를 통해 하나님은 우리를 지혜롭게 만드신다. 하나님의 강하심, 하나님의 거룩하심, 하나님의 영광.

'하나님의 의'라는 단어를 미워했던 내 미움이 컸던 만큼이나 이제 그 단어를 가장 달콤한 말이라 칭송하는 사랑도 커졌다. 이렇게 바울의 저 말씀은 나를 낙원에 실제로 이르게 해 준 문이 되었다. 후에 내가 아우구스티누스의 『성령과 문자』를 읽었을 때 나는 거기서 예상과는 달리, 그 역시 하나님의 의를 같은 방식으로, 그분이 우리를 의롭다 하실 때 우리에게 입히시는 그 의로 설명하고 있다는 것을 발견하였다. 이 해명이 비록 아직 불완전한 것이고 또 아우구스티누스가 전가에 대해 전부 다를 명확하게 설명한 것은 아니지만, 그러함에도 그는 하나님의 의를 그로 말미암아 우리가 의롭게 되는 의로 인식하기를 원했던 것이다."

루터의 회심에 대한 연구들이 자주 위의 내용을 자세히 인용하는데[3], 이 일은 결코 놀랄 만한 것이 못된다. 우리는 위의 인용에서 적어도,

무엇이 루터에게 있어서 문제의 핵심이었는지를 완전히 명확하게 알 수 있다. 즉 하나님의 의가 더 이상 그분이 우리에게 요구하시는 의나 경건이 아니라는 것이다. 그것은 오히려 하나님께서 우리에게 선사하시는 의다. 또, 선사의 방식은 전가의 방식으로 특정된다. 루터는 아우구스티누스가 이 문제에 있어서는 자기를 넘어서지 못했다고 생각한다. 그러함에도 루터가 아우구스티누스에게서 하나님의 선물로서의 의라는 생각과 마주친 것은 분명하다.

다른 곳에서도, 특히 선입견이 개입하지 않은 탁상담화들무수한 기록들이 남아 있다에서 루터는 동일한 방식으로 말한다. '하나님의 의'라는 단어는 루터의 영혼에 벼락같이 떨어졌는데 이는 그가 하나님의 의를 하나님 진노의 형벌적 분노라[4] 생각했기 때문이다. 그 단어들은 그의 양심에 번개처럼 역사했다. "내가 그 단어들을 들었을 때 나는 공황 상태가 되었다. 하나님께서는 의로우시므로 반드시 벌을 내리셔야 한다."[5]

루터는 자신의 발견을 지나가버린 악천후를 연상하게 하는 말들로 묘사하고 있다. 하나님의 의, 이 말은 루터에게 벼락과 같은 효과를 내었다. 이 벼락은 루터가 '의롭다'라는 말을 들었을 때 번개의 번쩍임 같이 그의 양심에 쇄도했다.

그를 수도원으로 이끌어간 것이 다름 아닌 악천후가 아니었던가? 우리는 루터가 맞닥트린 재앙[6] 혹은 위기를[7] 알고 있다. 루터가 수도원으로 간 것은 어떤 식으로든 그의 마음 깊이 장악하고 있던 내적인 불확실

---

3 WA 54; 185. 참조. H. Fausel, D. Martin Luther, Leben und Werk 1483 bis 1521, Calwer Luther-Ausgabe 11, 56f.; O. Scheel, Dokumente zu Lughers Entwicklung (bis 1519), Tübingen 1929², 186ff.; E. Stracke, Luthers grosse Selbstzeugnis 1545 über seine Entwickung zum Reformator, Leipzig 1926; K. Aland, Der Weg zur Reformation, München 1965.

4 WATr. 4, 4007.

5 WATr. 3, 3232 c.

6 Scheel, Luthers Theologie I, 241ff.

7 Brecht, Luther 1981, 55.

슈토테른하임에서의 악천후. 여기 19세기 그림은 루터가 번개를 맞아 죽은 친구 때문에 맹세했다는 전설과 관련된 것이다.

성, 즉 삶에 대한 불안과 관계가 있는데, 이것이 그를 너무나도 맹렬하게 공격했다. 루터는 부모님 집에서부터 당시 공부하고 있던 에르푸르트로 돌아오는 길에 에르푸르트에서 약 11킬로미터 떨어진 지점에서 악천후를 만났다. 죽을 것 같은 두려움으로 루터는 짜내듯이 이렇게 맹세한다. "성 안나여, 도우소서! 저는 수도사가 되겠나이다." 벼락이 한 번 번쩍 내리쳤는데 이것이 그를 땅에 엎드리도록 했고 상처를 입혔다.[8] 물론 그 결심은 그때 단번에 섰던 것이 아니지만, 하늘의 벼락을 동반했다. 루터가 은혜로우신 하나님을 찾도록 만든 것은 그때 이미 그에게 있었던 공포와 불안이었는가? 그때 이미 루터를 괴롭히고 있었던 것은 이제

[8] Brecht, Luther 1981, 57.

거의 참을 수 없게 돼버렸고 심각하게 증대되리라 예상되던 영적 시련이었는가? 아무튼 의심이 그를 수도사의 길로 이끈 것이다.

루터의 영적 시련은 어떤 성격의 것일까? 그리고 왜 그는 마치 다메섹 도상의 바울처럼 이 공포의 심연을 맞닥트렸을 때 수도원으로 가라는 부름을 받았다고 느꼈을까?

이에 대한 대답은 잘 알려져 있다. 어떻게 하면 내가 은혜로우신 하나님을 만날까? 이 물음이 루터를 사로잡았다. 비록 그의 친구들 중 어느 누구도 이 사실을 알지 못했지만 말이다. 그가 겪은 위기는 순수하게 종교적 영역에 있다. 즉 그것은 심리학적, 사회학적, 심지어는 신학적 연구로도 접근할 수 없는 분야라는 뜻이다. 루터는 자기가 제기한 물음을 다시금 새로이 물어야 했으며 자신을 하나님과 직접 연결하는 이 물음에서 놓여날 수 없었다.

우리는 이러한 물음들을 일정 부분 루터가 살았던 시대의 특징으로 돌리는 데 익숙해져 있다. 그가 살았던 시기가 종교적으로 불안했다는 것이 어느 정도 역할을 했을 수는 있다. 그러함에도 루터 자신은 그 물음을 시대적 상황으로 돌리지 않고, 포기할 수 없었던 하나님께, 자기가 은혜를 찾고 있다는 것을 깨닫기 이전부터 자신을 찾고 있었던 그 은혜에 돌렸다. 그의 위기는 신앙의 위기였다. 그것은 단지 생각하는 방법에만, 더 나아가서는 신학적으로 생각하는 방법에만 배타적으로 관계되어 있는 것도 아니었다. 그것은 마음에서 나오는 물음이었다. 결코 더 이상 억누를 수 없었던 이 물음 때문에 루터는 아우구스티누스 엄수파수도회의 수도원에 들어가기로 결정하게 된다. 이 분파는 수도회칙을 아주 엄격하게 지키고자 했다. 따라서 이러한 상황은 루터가 추구했던 것과 완전히 다른 것이었다. 루터가 추구했던 것은 은혜가 아니라 완전함이었다. 실제로 경건하게 될 수 있기 위해 세상으로부터 도피했던 것이다. 거룩해지기 위해 루터는 수도 서약을 하게 된 것이다. "그 서약으로 말미암아 나는 수도원에 들어갔다. 나는 이렇게 생각했다. 오, 내가 수도원에 들어간다면, 수도사 제복을 착용하고 하나님을 섬기게 된다면, 하나님께서는 내게 상을 주시고 나를 맞아주시리라." 1505년 7월 16일, 루터는 자기 친구들을 초대하고 그들과 작별했다. 그 다음날 그는 아우구스티누스 은둔수도회에 입회한다.

악천후는 아직 다 지나가지 않았다.

그러나 수도원에서도 악천후가 완전히 지나가지는 않았다. 하나님의 의는 루터에게 하늘로부터 오는 불길하고도 파괴적인 빛이었다. 이 빛은 그의 양심에 벼락같이 작용했다. 왜 루터는 수도원에서 안식을 찾지 못했을까? 그는 의도적으로 이 수도원을 선택했다. 이 수도원은 엄격함으로 명성이 있었기 때문이다. 수도사들은 아우구스티누스 수도회칙을 엄격하게 준수했다. 루터는 아버지의 분노에 맞섰다. 이 분노는 단지 실생활에서 볼 수 있는 그런 분노를 넘어서는 것이었다. 아버지의 분노에 맞섬으로써 루터는 세상에서 빠져나올 수 있었다. "내가 수도사가 되었을 때 아버지는 거의 광분했다."[9] 아버지가 나중에 자기 아들이 수도사가 되는 것에 동의한 것은 완전히 진심은 아니었다. 이는 놀라운 일이 아니다. 마가레타 린더만Margaretha Lindemann과 결혼한 한스 루터Hans Luther = Luder는 자기 아들에 대해 아주 색다른 이상을 품고 있었다. 그는 힘든 광산업에서 스스로 손을 뗄 수 있었다. 그는 아들이 법학을 공부하길 원했다. 그래서 법률 자문가가 되어 사회적으로 더 나은 지위를 획득하길 원했다.

루터는 실제로 법학을 전공했다. 그는 만스펠트Mansfeld에 있는 학교에 입학했다. 이곳은 작은 만스펠트로써 루터가 1483년 11월 10일에 아이스레벤Eisleben에서 태어난 지 일 년 뒤에 가족이 이사를 간 곳이다. 그

---

[9] Fausel I, 30.

루터의 부모 바르트부르크 성에 있는 루카스 크라나흐Lucas Cranach의 그림

후 1496년에 마그데부르크Magdeburg의 공동생활형제단으로 갔고, 이듬해 1497년에는 아이제나흐Eisenach로 옮겼다. 거기서 라틴어를 말하고 쓰는 것을 배운 덕분에 1501년에는 에르푸르트Erfurt 대학의 학생으로 등록할 수 있었다. 여기서는 여전히 중세적 방식이 유효했기 때문에 학생은 먼저 자유학예를 습득해야 했다. 소위 삼학trivium인 문법, 변증학, 수사학을 먼저 공부해야 했다. 학생은 또 정확한 방법으로 생각을 표현하는 것을 배워야 했다. 이후에 사과quadrivium인 산술학, 천문학, 기하학, 음악의 내용을 배워야 했다. 이 과정에서 고대의 위대한 철학자 아리스토텔레스를 배우게 된다. 그의 논리학뿐만 아니라 형이상학은 어떤 공부를 하든 특별히 중시되었다. 아리스토텔레스의 이 작품은 그의 윤리학과 더불어 중세대학의 교과과정에 중요한 부분이었다. 이러한 준비과정을 마치면 고급 학문 과정에 입문하는 길이 열렸는데, 그것은 신학부, 법학부, 의학부였다. 그리고 마르틴 루터에게는 법학부가 아버지의 소망과 일치하는 선택이었다. 하지만 그는 결국 수도원에 들어갔다. 루터는 나

중에 자신이 말한 것처럼 배를 위하여 맹세한 것이 아니라 구원을 위하여 맹세한 것이다. 그는 규칙을 엄수하는 일에 헌신했다. 자기부인을 연습하기 위해 노력했다. 이 일에 특별히 더 엄격해지려고 했다. 만약 빠져나와야할 지옥이 없거나 획득해야할 천국이 없었다면 그가 그렇게 자기부인을 행했을까?[10] 실제적인 거룩함의 이상은 그에게서 너무 멀리 한없이 떨어져 있었다. "나는 스무 살에 스스로 수도사가 되었다. 나는 기도와 철야, 금식, 추위 견디기 등으로 나를 괴롭혔다. 그래서 혹독한 추위 속에서 죽을 뻔했다. 나는 항상 내가 할 수 있는 것보다는 더 많이 하려고 노심초사했다. 이렇게 하지 않고 달리 하나님을 찾을 길이 있었겠는가? 그분은 내가 수도회칙을 준수하는지, 엄격한 삶을 영위하고 있는지 감찰하셔야만 했다. 나는 항상 일종의 꿈속에 살았고 우상숭배 가운데 살았다. 왜냐하면 나는 그리스도를 믿지 않았기 때문이다. 나는, 사람들이 그분을 그렇게 그리는 것과 같이, 하나님을 무지개 위에 앉아 계신 엄하시고 의로우신 재판장 이상도 이하도 아닌 분으로 여겼던 것이다. 이 때문에 나는 그분 말고 다른 기도의 대상들을 찾았는데, 이들이 마리아나 다른 성인들이었다. 수도회를 위해 일하거나 봉사하는 것 역시 그러한 것이었다. 그 모든 것은 내가 돈이나 재물이 아닌 하나님을 위한 일이었다. 그러함에도 그것은 잘못된 것, 즉 우상숭배였는데, 이는 내가 그리스도를 몰랐고, 또한 방금 언급한 것들을 그분 안에서, 그리고 그분을 통해 찾지 않았기 때문이다."[11] 구원의 길, 완전함의 상태, 이런 것이 루터를 계속 괴롭혔다.[12] 심지어 그가 신학 박사가 되었을 때조차 그는 이 길에 목숨을 걸어야 한다고 생각했다. "나의 수도사제복은 하나님을 기쁘시게 해야 하며 하늘로 가는 길이 되어야 했다."[13] 나중에 루터는 이렇게 말하게 된다. "십오 년을 매일같이 그리스도를 십자가에 못 박고

---

[10] Scheel, Dok., 29.
[11] Scheel, Dok., 129.
[12] Scheel, Dok., 120.
[13] Scheel, Dok., 181.

갖가지 우상숭배를 자행했던 수도원 생활에서 내가 이룬 것은 무엇인가!"[14] 그러나 루터는 자신이 의로운 길에 들어와 있다고 여겼다. "그리고 누가 와서 그런 거룩함이 헛된 것이라 일러주면서 나를 그리스도의 십자가의 대적이라, 자기 배만 섬기는 자라 불렀다면 나는 망설임 없이 돌과 나무를 가져와서 그 스데반을 죽음에 넘겼을 것이고, 더 나아가서 그를 가장 극렬한 이단으로 정죄하여 불로 소멸시켰을 것이다."[15]

그러나 수도원은 루터에게 결코 안식을 주지 못했다. 물론 그는 자신의 행위로 의롭게 되기를 추구했다. 그러나 그는 그리스도를 발견할 수 없었다. "왜냐하면 학교 선생들이 가르치기를, 우리는 자기 행위가 있어야만 죄용서와 구원을 기대할 수 있다고 했기 때문이다."[16]

이 모든 것 뒤에 있는 원동력은 무엇이었을까? 루터는 1545년 자신의 삶을 간략하게 돌아보며 쓰기를, 그는 문제의 심각성을 깨닫고 있었는데, 이는 그가 최후의 심판을 굉장히 두려워하는 동시에, 자기 안에 있는 모든 것을 보존하기를 갈망하지는 않았기 때문이다.[17] 그러나 루터의 행위는 자신이 갈망하던 거룩함을 주지 않았다. 내적으로 루터는 전적으로 불확실한 상태에 있었다. 구제불능에 대한 감정이 종종 루터를 너무 심하게 압도하여 정신을 혼미하게 만들곤 했다.

영적 시련

루터는 그가 수도사로서 육적인 욕망에 많이 휘둘리지는 않았다고 말한 적이 있다. 루터는 고해하러 온 여성들을 쳐다보려고도 하지 않았다. "고해하는 그 여성들의 소리를 들었을 때 나는 그들의 얼굴을 보려고

---

[14] Scheel, Dok., 181.
[15] Scheel, Dok., 184.
[16] Scheel, Dok., 185.
[17] Scheel, Dok., 187; WA 54; 179.

하지 않았다."[18] 그렇다고 루터가 내면에 욕망이 있었다는 것을 부인하지는 않았다. 하지만 루터의 시련을 이 영역에서 우선적으로 찾을 수 있을 것이라 생각해서는 안 된다.[19] 우리는 나중에 별도로 이 주제에 대해 좀 더 깊이 논할 것이다. 그러나 지금은 루터의 시련이 무엇보다도 하나님께 대한 그의 자세와 관련되어 있다는 것을 언급해야 한다. 루터의 시련은 신학적인 것이었다. 그래서 그는 나중에 묵상과 기도와 더불어 시련을 신학 형성의 실제에 있어서 가장 가치 있는 일 중 하나라고 여긴다.[20] 시련 없이는 누구도 좋은 신학자가 될 수 없다.

그러나 이것은 루터가 나중에서야 내릴 결론이었다. 자신을 죽음의 언저리까지 끌어간 심각한 육체적 고행, 질병 역시 루터는 시련으로 느끼고 있었다. 그러나 그의 본격적인 시련 혹은 시험은 영적인 지평 위에 놓여있었다. 나중에 그는 많은 교부들이 영적인 시련에 대해서 쓰지 못한 것에 대해 비난했다. 제르송Gerson만 이것을 이해했다고 한다. 하지만 그도 이 문제에 대한 참된 치료제인 '그리스도'에 도달하지는 못했다. 시련에 대한 유일한 무기는 그리스도 안에 있다. 즉 그분의 복음 안에 있다. 그분은 우리가 율법이 아니라 약속을 신뢰하도록 교훈하신다. 그분이 우리에게 말씀하시길, '거룩한 것은 네가 아니라 나다!' 루터가 그 일들을 그렇게 볼 수 있었던 것이 바로 복음의 돌파에 속하는 것이었다. 이 복음의 돌파에 이를 때까지 폰 슈타우피츠Von Staupitz는 루터와 매우 많은 대화를 나누었다.

루터를 도우려 한 사람은 폰 슈타우피츠뿐만이 아니었다. 루터보다 나이가 많은 어느 수도사가 루터에게 이런 주의를 주었다. '누가 예정에 대해 숙고하려 하면서 그리스도를 그분의 탄생 때부터 우리 목전에 나타나신 대로 그렇게 바라보지 않는다면 그는 반드시 빠른 속도로 의심에

---

18 Scheel, Dok., 77.
19 참조. WA 47; 322f.
20 Lohse (Ed.), Durchbruch, 422; 참조. WA 50; 659.

빠져들게 된다.'

그러나 이것은 정확히 이런 문제였다. 즉 누가 루터에게 그의 행위들이 충분하다는 확신을 줄 수 있었는가? 루터가 택자에 속했다 것을 누가 보증할 수 있었는가?

바로 이 질문들에 대해 폰 슈타우피츠는 루터에게 길을 보여준 것이다. 나중에 루터는 이 길을 다른 사람들에게 추천하게 될 것이다. 그것은 십자가에 달리신 그리스도를 주목하는 길이다. 폰 슈타우피츠는 바로 이 길에 적합한 사람이었다. 그는 루터에게 신뢰를 받는 사람이었고 자신도 루터를 매우 높이 평가하고 있었다. 루터에게 신학박사 학위를 준비하라고 권고한 사람이 바로 그였다. "그러면 자네는 이제 해야 할 일이 있게 된 걸세." 이것은 매우 유용한 동시에 건전한 권면이었다. 나중에 루터가 완전히 탈진해서 더 이상 살 수도 없고, 그래서 이 공부도 포기해야겠다고 생각하고 변명했을 때 그의 연장자 친구는 이렇게 대답했다. "우리 주 하나님께서 매우 위대한 일들을 준비하셔야 한다는 것을 모르는가? 그분은 이 일들에 똑똑하고 지혜로운 사람들이 필요하시네. 자네가 설령 죽는다 해도 자네는 그분께 조언할 수 있을 걸세."

이러한 유머가 루터를 곤경에서 빠져나오게 하지는 못했다. 어쨌든 루터의 시련은 느긋하게 앉아 있을 성질의 것이 아니었다. 심지어 그의 조언자조차 그를 완전히 이해하고 있는지 의심스러웠다. "나는 종종 슈타우피츠에게 여성 문제가 아니라 진지한 문제들에 대해 고해했다. 그때 그는 '나는 이해할 수 없네'라고 말했다. 참으로 아름다운 위로가 아니었던가! 그리고 내가 다른 사람을 찾아갔을 때에도 정확히 똑같은 일이 반복되었다. 요컨대 어떤 고해신부도 그런 문제들에 대해 알려하지 않았다. 그때 나는 이렇게 생각했다. '어느 누구에게도 너처럼 그런 시련이 있지 않구나. 너만 그렇구나.'"[21] 다른 시각에서 보면 슈타우피츠의 조언

[21] Fausel I, 50f.

은 어쩌면 적중했을지도 모른다. 왜냐하면 그는 루터에게 모조품 죄 말고 진짜 죄를 가져오라고 충고했기 때문이다. 그것은 루터의 과도한 두려움을 저지하려는 의도였다. 그리고 그러한 말들이 루터에게는 친구의 선의만 있는 충고보다는 훨씬 나은 것이었다. 루터는 거기서 무언가 복음적인 것을 들었다. 특히 슈타우피츠가 '숭고한' 시련에 시달리는 루터에게 십자가에 달리신 그리스도를 가리켰을 때 들었다. "예정에 대해 토론을 시작하려 한다면 그리스도의 상처들에서 시작하도록 하게. 그러면 예정에 대한 토론이 그 즉시 끝나게 될 것이네."[22]

그럼에도 불구하고 그것이 이전에는 강력한 종교개혁적 의식의 완전하고 의식적인 돌파에 이르지 못했다. 왜냐하면 그때 루터가 들었던 것은 하나님의 의에 대한 복음이었기 때문이다. 그 의는 죄인에게 하나님의 선물로 주어지지 않는 것이었다. 그때는 절망을 사라지도록 하는 것이 우선적인 과제였다.

이전에도 루터 자신은 택함을 받았다는 표지를 봄으로써 위로의 길을 발견했다. 1516년 학생들에게 루터가 말한 바에 따르면 그 길에는 세 단계가 있다. 첫 단계는 하나님의 의지에 매우 만족하여 저항하지 않는 사람들의 단계다. 그들은 단순하게 자신들이 택함을 받았다고 확신한다. 두 번째 단계는 더 낫다. 그것은 체념resignatio의 단계다. 그들은 비록 하나님께서 자신들을 구원하길 원하시지 않고 유기자들로 간주하길 원하신다 해도 만족하는데, 심지어 그 만족을 감정으로 느끼기도 한다. 세 번째 표지는 가장 좋은 단계와 거리가 가장 멀다. 그것은 하나님의 뜻대로 살기를 포기하여 지옥까지라도 가기를 원하는 사람이다.[23]

그러나 참으로 이것은 무미건조한 위로가 아닌가? 언제 사람은 지옥의 밑바닥에 이르기까지 자신을 포기할 준비를 하게 될까? 틀림없이 루터는 이러한 위로가 시련에 대해 결코 실제적인 해결책이 될 수 없다

[22] Fausel I, 52; Scheel, Dok., 164, 284, 319.
[23] Scheel, Dok., 285; WA 56; 388.

에르푸르트의 십자형 아우구스티누스수도원. 왼쪽 다섯 번째 방 뒤에 루터의 수도원 쪽방이 있다.

고 생각했을 것이다. "하나님은 이 일을 자신의 택자들에게 임시방편으로raptim et modice=갑자기 그리고 짧게 주신다. 하지만 이것을 자주 그리고 지속적으로 얻으려 하는 것은 매우 위험한 일이다."

참으로 하나님은 복음에서 이런 자기부인을 의도하시지 않는다. 게다가 이런 식의 방향을 추구하는 것은 특히 더 위험하기까지 하다. 이런 일은 사망의 깊은 곳에 던져 넣는 것이고 결코 살게 할 수 없는 것이다. 하나님이 이런 일들을 위해 자신의 아들을 주셨는가? 이러한 '지옥에 이르는 체념'resignatio ad infernum은 결코 해방을 뜻하지 않는다. 해방은 오직 복음에 계시된 하나님의 의에만 있다.

언제, 어디서 그리고 어떻게

루터의 종교개혁적 돌파가 정확하게 언제인지 만족스럽게 아는 것은 현재까지도 가능하지 않아 보인다. 현존하는 자료들을 조합하는 것은 단순한 일이 아니다.[24] 앞에서 언급한 라틴어 저작 서문에서 그가 발견한 위대한 발견은 롬 1:17과 연관되어 있다고 루터는 명확하게 쓰고 있다. 그러나 이후에 루터는 또한 일련의 두 번째 연속 강의에서 자기가 습득한 그 지식을 풍부하게 만들기 원했다고 말하고 있다. 그 강의들에서 그는 시편에 대해 강의하려 했고 이는 나중에 큰 분량의 시편 주석으로 발전하게 된다. 이 주석은 루터가 비텐베르크에서 행한 첫 번째 연속 강의들에 대해 우리가 알고 있는 내용과 조화시키기는 어렵다. 이 강의들 중 사본 혹은 필사본이 알려진 것은 시편 강의Dictata super Psalterium, 1513-15, 로마서 강의1515-1516, 갈라디아서 강의1516, 히브리서 강의1517 등이다. 후대에는 이 강의들이 먼저 알려졌다.[25] 이 강의들은 '젊은 루터'에 대해 알고자할 때 매우 중요한 자료들이고, 또한 루터 신학 연구의 전폭적인 부활의 계기가 된 자료들이기도 하다. 우리는 놀라운 사실을 마주하게 되는데, 이미 1513-1515년의 시편에 대한 첫 번째 연속 강의들에서, 루터가 1545년 자서전 한 부분에서 언급한 의미와 궤를 같이하는 하나님의 의에 대한 견해를 발견할 수 있다. 그 자서전에서는 좀 더 복음주의적 의미로 하나님의 의에 대해 언급되고 있다. 그러나 여기서는 루터가 나중에 전가된 의에 대해 말하는 때와는 다르게, 그 의가 겸손, 낮아짐과 연결된다.[26] 이 의는 우리가 그것으로 인해 겸손해지고 낮아지게 되는 하나님의 일이다. 그럼에도 이러한 견해가 루터가 나중에 1545년 언급한 의미꽤 바뀐 의미일지도 모른다와 궤를 같이하는 전가된 의와는

[24] 로제(Lohse)가 편집한 책 Durchbruch와 페쉬(Pesch)의 책 외에 다음 참조. H. A. Oberman, Luther, Mensch zwischen Gott und Teufel, 159-184; W. von Loewenich, Martin Luther, 79-88.

[25] 초기 강의의 역사와 사본들의 발견은 다음 참조. P. Kawerau, Luther: Leben, Schriften, Denken, Marburg 1969, 59f.; J. Atkinson, Martin Luther and the Birth of Protestantism, Penguin Books, 1968, 82-137; 특히 108 참조.

[26] Lohse (Ed.), Durchbruch, 124ff.

약간 다른 뉘앙스를 드러내고 있다는 것은 명백해 보인다. 그리고 우리는 아마 상황을 다음과 같이 받아들이는 것이 가장 무리가 없을 것이다. 1513년에 복음주의적 전향wending이 있었지만 아직 복음주의적 돌파doorbraak가 있지는 않았다. 우리는 이 돌파가 1518년 혹은 1519년 정도에 일어났다고 받아들일 수 있다. 페쉬O. H. Pesch는 이러한 맥락에서 루터의 발견에 대해 언급한다.[27] "우리는 '종교개혁적 돌파'와 '종교개혁적 전향'을 구분해야 한다. '종교개혁적 돌파', '탑 체험'은이 체험이 루터의 자기 증언이라는 사실에 근거하여 이 사건의 사실성을 굳이 반박할 이유는 없다 1518년 전반부에 일어났는데, 정확한 시기에 대해서는 좀 더 엄밀한 확인이 계속되어야 한다." 그렇다면 처음에 일어난 일은 종교개혁적 전향이 된다. 이 전향은 확실히 확인될 수 있다. 그러나 이 전향에는 돌파에 나타나는 특징은 없다. 이것은 해석학의 영역에서는 새로운 시작이다.[28] 이러한 맥락에서 오버르만H. A. Oberman 역시 다음과 같이 말한다. "루터의 신학은 한 지점으로 환원되지 않는다. 1513-1519년 동안의 기간에 루터는 그런 숱한 돌파들을 체험했다. 그럼에도 불구하고 이런 경험들은 믿음의 의, 그리고 하나님의 의에 대한 제대로 된 이해에는 근본적인 의미를 갖지는 않았다."[29]

그러나 여전히 '탑 체험'을 계속 말하는 것은 의미가 있다. 루터 스스로 자신의 탁상 담화들 중 하나에서 이렇게 말했다.[30] "그러나 내가 이 탑에서, 그 골방에서 롬 1:17의 단어들, 즉 '의인은 자기 믿음으로 말미암아 살리라', '하나님의 의' 등을 묵상했을 때, 갑자기 이런 생각이 들었다. '우리가 의인으로서 믿음으로 말미암아 살아야한다면, 하나님의 의가 믿는 모든 사람에게 미친다면 그 의는 우리의 공로가 아니라 하나님의 자비일 것이다.' 이렇게 내 영혼은 일으켜 세워졌다. 왜냐하면 하나님

27 Pesch, Hinführung, 99.
28 Pesch, Hinführung, 100.
29 참조. H. A. Oberman, Luther, 175.
30 WATr. 3, 3232c.

의 의는 우리가 그리스도를 통해 의롭게 되며 구원받는다는 사실에 있기 때문이다. 이제 이 단어들은 나에게 사랑스러운 단어들로 바뀌었다. 이 탑에서 성령께서는 나에게 성경을 계시하신 것이다!"

루터 발견의 특징

루터가 발견한 종교개혁적 발견이 어떤 성질의 것인가를 잠시 멈추어 질문해보는 것은 시사하는 의미가 크다. 루터 자신은 이것을 '경험'Erlebnis, 즉 매우 개인적인 실제 체험으로 겪었다. 이것은 루터에게서 결코 없어지거나 박탈된 적이 없다. 루터의 생애 가운데 그런 숱한 경험들이, 거듭 그가 놀라면서 전할 수 있었던 그런 새로운 놀라움들이 확인되었다면, 또한 미약한 시작으로 그에게 이르렀던 것이 갈수록 점점 더 강해져서 확실하게 자라났다면 우리는 루터가 매우 뚜렷하고 설득력 있게 의식하고 있는 어떤 시점이 있었음을 부인할 수 없을 것이다. 루터 스스로는 그것을 새로 남, 낙원에 들어감이라는 개념들로 묘사했을 것이다.

그것은 무엇이었는가? 그것은 단지 부자 관계의 도움을 받아 해명될 수밖에 없는 심리적인 사건인가? 루터는 이 부자 관계를 자신의 하나님에 대한 태도에 투사했다. 그렇다면 루터의 아버지는 실제로 그렇게 압도적인 존재감을 과시하며 권위적으로 루터를 대했는가? 그래서 이런 그의 태도가 앞으로 전개될 일들에 열쇠가 되었는가? 심리학자들과 정신과 의사들이 이러한 방향으로 연구했다는 것은 잘 알려져 있다.[31] 그러나 그들의 연구에서 느껴지는 것은 설득력이라기보다는 차라리 교묘함발명하는 재주이다. 우리는, 루터가 겪은 매우 실존적인 사건들에 대해

---

[31] E. H. Erikson, Der junge Mann Luther. Eine psychoanalytische und historische Studie, Frankfurt a. M. 1975.

빛을 던져줄 것으로 여겨지는 신학적인 해명을 염두에 두어야 하는가? 확실히 루터와 후기 스콜라신학의 어떤 논제들과는 접점들이 존재한다 —그는 윌리엄 오캄과 가브리엘 비엘의 체계에서 그 신학을 배웠다. 그러나 이 신학은 매우 본질적인 지점에서 루터를 곤경에 빠뜨렸다. 바로, 이 신학이 이르고자 하는 목표인 '우리 자신의 능력 안에 있는 것을 행하기' Facere quod in se est. 자신 안에 있는 것을 행하기. 중세 공로신학의 모토는 루터를 궁극적인 불가능으로 인도했다. 설령 루터가 이 신학을 매우 실존적으로 공부했다 하더라도, 또한 그가 학문으로서의 신학과 하나님과 우리 자신을 아는 지식으로서의 신학을 분리하는 사람이 꼭 아니었다 하더라도 이 신학은 그에게 별 소용이 없었다. 폭풍을 잠재우지도 못했으며 시련을 없애지도 못했다.

루터가 이미 가정에서부터 받은 교육, 그리고 공동생활형제단에서 그에게 공급된 실천적 경건이 혹시 루터가 이 발견에 이르게 한 요인이 아니었을까? 루터의 본가는 경건하고 헌신적이며 통속적인 신앙이 자리 잡고 있었음이 틀림없다. 이 신앙은 단순하고 평신도적이었으며, 또한 근대적 경건 devotio moderna. 근대적 헌신 으로부터 지대한 영향을 받지도 않았다. 하지만 루터의 아주 깊은 경건은 그의 발견의 빛에 비추어 볼 때 평신도적 신앙과 실천적인 경건과는 모든 면에서 달랐다. 루터의 경건은 매우 비실천적이라 할 수 있었다. 또한 비록 어느 누구보다 대중적 영혼을 더 잘 이해하고 또 존중했던 사람이었지만 루터는 가장 깊은 차원의 확신으로 '장삼이사 張三李四 전형' jan-modaal. 대중적인 일반 신앙인 에 저항할 수 있었다. 이런 전형을 루터는 '모든 님' Herr omnes 이라 불렀다. 하지만 이것이 루터의 발견에 대한 해명은 아니다.

우리가 아우구스티누스라는 이름, 특별히 슈타우피츠의 아우구스티누스를 호명할 때, 해답에 좀 더 가까이 가게 될 것이다. 루터가 감행한 '새로 태어남'이란 우리가 아는바 15세기 아우구스티누스-르네상스를 고려하지 않고는 해명될 수 없다.

수도사 루터. 루카스 크라나흐Lucas Cranach의 1520년 동판화.

그러나 우리는 왜 그 비밀이, 비록 이것이 비밀로 계속 남아있다 해도, 어떤 의미로는 루터 스스로가 한 말을 통해 파악되는 것이라 말하지 않을까? 루터가 전성기를 구가하고 있던 에르푸르트 수도원에 입회했을 때 그 비밀은 은혜로우신 하나님을 발견하는 것이었다. 그리고 거대한 수도원 체제에 어떤 참된 것이 존재했더라면 완전함을 열망하고 마음의 평안을 구하던 루터는 거기서 하나님을 틀림없이 발견했을 것이다. 만약 거기서 참된 것, 즉 우리가 할 수 있는 것을 해야 한다는 것, 그래서 구원을 향한 길이 있다는 것이 확인되었더라면 루터는 틀림없이 거기서 길을 찾았을 것이고 마음의 평안을 주는 그 길을 걸어갔을 것이다. 그는 거기서 오히려 의심, 시련, 회의, 환란과 계속되는 불확실성을 발견함으로써 생사에 대한 깊은 두려움에 이르게 되었다.

그러나 그 모든 것을 통해 성령께서는 그에게 성경을 계시하셨다. 이는 루터가 계속 성경, 특히 시편, 로마서, 갈라디아서, 히브리서 등을 연구하고 있었기 때문이다. 그리고 그는 계속해서 새롭게 시작하려 했을 뿐만 아니라, 또한 성경을 더 깊이 이해하려 했다. 그는 거지가 문 안으로 들여보내 주십사 간청하듯이 계속 말씀을 두드렸다. 이것이 바로 그가 있었던 자리가 갖는 의미일 것이다. 그 자리는 인간은 아무것도 아닌 것 같은, 전혀 존재하지 않는 것 같은 작은 방이었다.[32] 성경은 그리스도 안에서 믿음으로만 받을 수 있는 의를 전가하시는 자비로우신 하나님을 루터에게 계시했다. 이것이 위로부터 임하여 성경에서 성경으로 이르는 복음의 돌파다.

---

32 H. A. Oberman, Wir sind Pettler, Hoc est verum, Bund und Gnade in der Theologie des Mittelalters und der Reformation, Zeitschr. f. Kirchengesch. 78 (1967), 232-253; H. A. Oberman, Luther, 163ff.; W. von Loewenich, Marin Luther, 87f.

2장

면죄부에 대한 투쟁

G. A. Benrath, Ablass, in: *Theologische Realenzyklopädie*, Band I, 1977, 347-364; Luther's and Zwingli's Propositions for debate in the original version by **C. S. Meyer**, Leiden 1063; **C. Mirbt/K. Aland**, *Quellen zur Geschichte des Papsttums*, Band I. *Von den Anfängen bis zum Tridentinum*, Tübingen 1967, 498-520; **W. Köhler**, *Dokumente zum Ablassstreit von 1517*, Tübingen 1934[2]; **K. Aland**, *Die 95 Thesen Martin Luthrs und die Anfänge der Reformation*, Gütersloh 1983; **K. Exalto**, *Luthers 95 stellingen tegen de aflaat*, 's-Gravenhage 1967; **J. Kamphuis**, Luther over de boete, in: **W. Balke** e.a., *Luther en het gereformeerd protestantisme*, 's-Gravenhage 1982; **C. Riemers**, *Luther en het sacrament van de boetvaardigheid*, Kampen 1967; **R. Schwarz**, *Vorgeschichte der reformatorischen Busstheologie*, Berlin 1968; **N. Tentler**, *Sin and Confession on the Eve of the Reformation*, Princeton/New Yersey 1977; **M. Schmidt**, Luthers 95 Ablassthesen als kirchliches Bekenntnis, in: *Lutherjahrbuch*, 45 (1978), 35-55.

97개 조항*

종교개혁이 루터의 97개 조항이 아니라 그가 비텐베르크 성채교회에 게시한 95개 조항과 함께 시작되었다고 결론내리는 것은 부끄러운 일이다. 이것은 교회가 문자적으로, 그리고 비유적으로 목회에 있어서 목회의 신학적 기반보다는 재정적인 측면에 더 예민하게 집착한다는 사실에 대한 증거다. 95개 조항과 97개 조항에 대한 반응들을 비교해보면 우리는 이러한 씁쓸한 결론에서 벗어날 수 없게 된다.

루터는 비텐베르크대학의 설립 취지의 범주 안에서, 그리고 그의 교수 취임서약에 따른 의무를 의식함으로써 신학을 혁신하는 데에 모든 주의를 기울였다. 이 일은 세 가지 요소에 의해 특징지어진다. 첫 번째로는 직접 성경을 지향한다는 것이다. 두 번째로는 아우구스티누스적, 바울적 노선을 취한다는 것이다. 세 번째로는 언제 어디서든 그리스도 안에서만 우리에게 부어지는 하나님 은혜라는 중심적인 근거에서 출발하는 것이다.

루터의 교수취임서약은 그에게 그러한 의무를 부여했다. 그가 나중에 쓰길, 자기는 정말 마지못해 성경 교수가 되었다고 한다. 하지만 불가피한 것이라면 차라리 성경 교수가 되기를 원했다. 성경을 가지고 루터는 이성과 씨름해보고 싶었다. "수많은 박사들이 비록 그와 같이 느꼈지만 자신들의 견해를 확립하기 위해 자기편으로 삼은 것은 성경이 아니라 단지 인간의 추론능력뿐이었다. 반면에 나는 이 견해에 있어서 영혼이 하나님의 형상이라 말하는 성경을 내편으로 삼았다. 그러므로 나는 사도와 함께 이렇게 말한다. 비록 하늘에서 온 천사, 즉 교회의 교사라 하더라도 다르게 가르치면 저주를 받는다."[1] 루터는 이 원칙을 영혼에 관계

---

* "스콜라주의 반박"을 의미

[1] WA 9; 46.

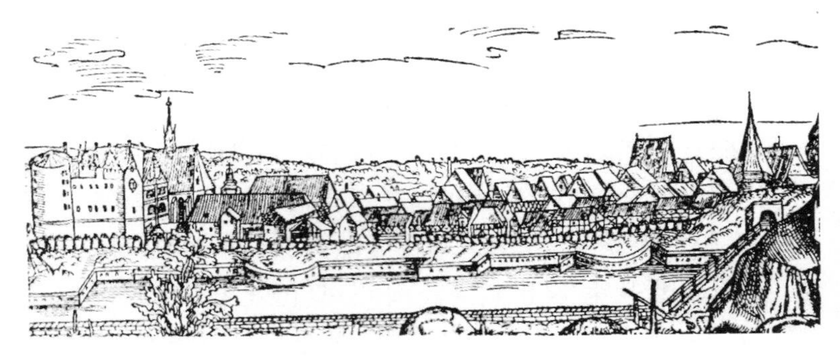

비텐베르크. 왼쪽의 성문과 성문교회.

된 논쟁에만 적용한 것이 아니라 신학 전체에 적용했다. 그가 박사학위 수여식에서 익숙하게 행한 성경에 대한 찬사는 어떤 프로그램을 포함하고 있는 것이 아니다. 그러나 루터는 자신의 강의들이 학생들에게 하나님의 말씀을 해설하는 것 말고는 다른 것이 되지 않기를 원했던 것이다.

이어서 루터가 반드시 스콜라신학과 결별하게 될 것이라는 사실은 점차 분명해져갔다. 루터는 공개적으로 결별했는데, 이것은 1516년 9월 25일에 그가, 은혜와 별개의 것으로 간주되어온 인간의 능력과 의지에 관한 조항들을 방어하도록 했을 때였다.[2] 이 논쟁의 축이 되는 생각은 루터의 로마서 강의들과 대부분 일치했다. 이 강의들에서 루터는 아우구스티누스의 반펠라기우스 논박을 방대하게 인용했다. 사람은 하나님의 형상이다. 그러나 순수하게 자연적인 능력에 관한 한, 사람은 헛된 것에 내맡겨져 있고 자기 것, 즉 육적인 것만 구한다. 육적인 것이라 함은 다음과 같이 설명된다. “옛 사람은, 그가 감각적인 욕정에 휘둘리기 때문에 육신이라고 불릴 뿐 아니라, 비록 깨끗하고 지혜롭고 의롭다 하더라도 그가 성령을 통해 하나님에게서 거듭나지 않기 때문에도 육신이라 불린다.”[3] 확실히 루터는 두 번째 추론으로 지배적인 견해들에 저항한다. 루터 역시 이

[2] WA 1; 142ff.
[3] WA 1; 146.

두 번째 추론으로 위대한 인물이 되었다. "인간은 하나님의 은혜가 배제될 때 그분의 계명을 결코 지킬 수도 없고 조화롭든de congruo=재량공로에 의한 동등하든de condigno=적정공로에 의한 은혜를 준비할 수도 없다. 다만 반드시 죄 아래 머물러 있게 된다."[4] 여기 루터가 사용한 두 용어는 스콜라신학에서 빌려온 것이다.[5] 시편 주석1513/15년에서는 루터가 아직 이 용어들의 사용을 완전히 거부하지 않았다. 사람이 자기 능력 안에서 행할 때 하나님은 그에게 오류 없이infallibiliter 은혜를 베푸신다. 물론 사람이 하나님의 위엄과 동등하게de condigno 은혜를 준비할 수는 없다. 그러나 하나님의 약속과 자비의 언약에 힘입어 자기 역량이 미칠 수 있는 한, 자기 능력과 조화롭게de congruo 준비할 수는 있다. 그러므로 이것은 루터가 이미 이 첫 번째 시편 강의들에서 인간의 역량을 그의 능력과 결부시킨 것이 아니라 하나님의 약속, 긍휼의 협약, 자비의 언약과 결부시켰음을 의미한다. 그러나 이제, 루터는 1516년에 이 두 용어를 거부한다. 은혜가 없다면 사람은 죄 아래 머문다.

1517년 9월 4일의 스콜라신학 논박은 이런 분명하게 선택된 방향으로 움직인다. 루터는 다수의 조항들을 프란츠 귄터Franz Günther가 방어하도록 했다. 스콜라신학의 기반들은 여기서 거꾸로 뒤집혀 도출되었다. 이 조항들은 비텐베르크에서만 출판된 것이 아니라, 에르푸르트와 노이런베르크Neurenberg에도 보내어졌다. 이후 단지 일종의 도전만 남아 있어야 했던 것은 아니다. 즉 비텐베르크의 작은 대학이 더 널리 알려져야만 했던 도전으로만 끝난 게 아니었다. 루터는 이 조항들이 어떻게든 주목을 끌게 될 것이라는 것을 확신했고, 또한 그는 에르푸르트에서 사람들

---

[4] WA 1; 147.

[5] WA 4; 262; 토마스 아퀴나스의 mereri ex condigno와 ex congruo는 Summa Theol. I, II, 114 a.6.: III, 2, a.11; 다음 참조. H. Bouillard, Conversion et grace chez. S. Thomas d'Aquin, Paris 1944, 30-35; 153f. Biel에 대해서는 다음 참조. H. A. Oberman, The Harvest of Medieval Theology; Gabriel Biel and late medieval nominalism, Cambridge Mass. 1963, 167f.; 173, 43f.; W. Ernst, Gott und Mensch am Vorabend der Reformation, Leipzig 1972, 322, 328 등등.

비텐베르크 시교회. 오른쪽의 아우구스티누스수도원.

이 뭐라고 말할 것인지 궁금했다. 루터는 자기가 옛날에 다니던 대학과 오랜 세월을 보낸 수도원을 방문하여 논점들에 대해 토론할 준비가 되어 있다고 공언했다. 그러나 반응들은 실망스러웠다. 물론 그것은 충분히 단호한 언어였지만 말이다.

루터는 아우구스티누스를 옹호했다. 사람들은 그의 이단 논박들에서 편파성의 책임을 그에게 뒤집어씌우지 말아야 한다. 아마도 그들은 이런 식으로 아우구스티누스 전부를 거짓말쟁이로 만들어버리고 또한 펠라기우스주의자들에게 승리의 기회를 주게 될 것이다. 실제는 사람이 나쁜 나무, 즉 나쁜 열매만 맺을 수 있는 나쁜 나무라는 사실이다. 단호하게 루터는 둔스 스코투스Duns Scotus와 가브리엘 비엘Gabriel Biel과 스콜라신학자들을 대체로 반대했고, 특히 그들의 후원자 아리스토텔레스를 반대했다.

그때까지 대학의 주요 강독자료 가운데 하나인 아리스토텔레스 윤리학 전체가 근본적으로 거부되었다. 그 윤리학은 악하며 은혜와 충돌한다. 더 나아가서 루터는 논리학을 위한 아리스토텔레스의 의미 역시 부인했다. "아리스토텔레스 없이는 누구도 신학자가 될 수 없다고 말하는 것은 잘못이다. 오히려 당신은 아리스토텔레스가 있는 한 결코 신학자가 될 수 없다. 또한 논리학에 정통하지 않은 신학자는 괴물 같은 이단이라는 주장은 괴상하고 이단적 논법이다." 특히 아리스토텔레스 논리학에서 중요한 역할을 담당하고 있는 삼단논법은 크게 공격 받아야 했다. 이 논법은 두 전제에서 하나의 결론을 이끌어내는 논법이다. 루터는 이러한 논증 방식이 신학에 적용되는 것을 거부했다. 그것은 하나님께 속한 것들을 담아낼 수 없다. 루터가 제기한 반론 중 비중 있는 것은, 예컨대, 삼위일체 교리가 더 이상 신앙의 문제가 아니라 지식의 문제가 되리라는 것이다. 요컨대 루터는 아리스토텔레스와 신학의 관계를 마치 어둠이 빛에 맞서는 것과 같은 관계라고 말한 것이다.[6]

이보다 더 근본적 것은 거의 불가능했다. 루터는 자기가 말한 것 그대로의 견해를 가졌던 것일까? 루터는 나중에 여기저기서 자기 입장으로 돌아오지 않았는가? 또 이러한 견해는 결국 어떤 형태의 신학도 불가능하게 만드는 것이 아니었을까?

루터가 자기가 쓰는 것을 정확하게 이해하고 있었는지, 이것이 그에게 큰 비중을 가진 것이었는지에 대해 우리가 의심해서는 안 된다. 그러나 다른 방향에서는 질문들이 생긴다. 어떻게 그렇게 빨리 아리스토텔레스가 비텐베르크에서 다시금 환영받게 되었는가? 비텐베르크에 대학이 복원된 것은 멜랑흐톤의 영향을 제외하고서는 설명할 수 없다. 그는 루터 신학보다 더욱 '논리적인' 신학을 옹호했다. 외면적으로도 확실히 루터와 멜랑흐톤이 매우 좋은 관계를 유지했다는 것은 하나의 수수께끼로 남아있다. 아니면 루터가 스스로 자신의 입장을 너무 많이 양보했던 것일까?

오늘날 이러한 문제를 고려하는 사람은 종교개혁이 한 달보다 더 이전, 즉 1517년 9월 4일에 이미 시작되었다는 사실에 대해 놀랄 수 있다. 또한 신학계와 교계가 후끈 달아오른 것은 재정 문제가 위기에 처했을

---

6 WA 1; 224. 참조. Clemen V, 320ff.; Studienausgabe I, 163ff.; 특히 논제 41-50. 참조. L. Grande, Modus Loquendi Theoloicus, Leiden 1975, 132ff.; H. Strohl, Luther jusqu'en 1520, Paris 1962, 226ff.

그리스 철학자 아리스토텔레스. 그가 중세 신학에 대단한 위치를 차지했다는 것은 여기 12세기의 프랑스 샤르트르Chartres 대성당에서처럼 중세 교회건물에 새겨진 초상화를 보면 사실인 것 같다.

때였는데, 이것은 상당히 부끄러운 일이기도 하다. 아마도 신학적인 문제들이 지금 우리가 살고 있는 세계에서는 신학자들에게 별 대수롭지 않은 것일지도 모른다. 그래서 신학자들이 기억에 남을 만한 강의를 하지 않는지도 모른다.

면죄부

그럼에도 우리는 스콜라신학 논박이 95개조 면죄부 논박의 배경을 형성한다는 것을 계속 이야기해야 한다. 누군가 하나님의 위엄과 똑같이 은혜를 준비하지 못한다면, 더욱이 자기 능력에 맞게도 준비하지 못한다면 그 사람의 돈이 무엇을 할 수 있을까? 그런데도 돈은 시장에, 길거리에, 교회에, 그리고 계산대에 넉넉히 남아돌며 짤랑거리고 있었다. 돈은 완전히 밀폐되어 있던 길을 열어주어야 했다.

바로 면죄부 논쟁에서 루터는 자신을 성경 교수로 여겼다. 이 논쟁은 교회의 공인된 신학을 통해 어떤 결정적 지침이 정해져 있지 않은 종류의 문제였다. 신학은 이처럼 열린 문제들이 많다. 교회 현장에도 역시 이러한 문제들이 많이 있었고 지금도 그러하다. 루터 시대에는 면죄부 문제가 그러했다. 수많은 신학적 함의들이 그 문제와 연결되어 있었다. 특히 면죄부는 교회-경제적 측면의 문제였는데, 여기서 가장 중요한 목회 측면이 전적으로 배경이 된 문제였다. 문제는 항상 목회 차원에서 시작되었다. 사람이 어떻게 하나님 앞에서 현재와 미래, 그리고 자기가 사랑하는 사람들이 영원히 머물 처소에 대해 확신하는 바가 없이 계속 살 수 있는가? 확신의 문제는 여기서 중요한 역할을 한다. 은혜의 상태가 있고 죄의 상태가 있다. 우리는 심지어 죽을 죄 가운데서도 넘어지든가 살든가 한다. 돌아갈 길은 있는가? 우리가 소망을 둘 수 있고, 두어도 되는 자리는 은혜인가? 또한 은혜로우신 하나님이신가?

루터는 회의의 극한 경계까지 이 질문과 싸우며 밀고 나갔다. 그리고 하나님은 루터에게 모든 인간적 공로란 불충분하다는 잊을 수 없는 인상을 주셨다. 만약 이것이 어떤 공로의 문제가 아니라면 사람은 언제 하나님 앞에서 의롭게 살게 되는가? 그렇다면 이것이 돈의 문제일 수 있는가? 이것은 가장 진부하고 불의한 형태가, 그리고 가장 기만적인 해결책이 되는 게 아닌가? 루터는 이런 사실을 꿰뚫어보았다. 그리고 온힘을 다해 저항했다.

공인된 신학이 그 일들을 루터와 같이 본 것은 아니다. 다수의 개신교인들이 면죄부와 그것의 원래 의미에 대한 다양한 오해에 휘둘리고 있다. 그런 오해들이 생긴 것은 고해성사에 대한 견해와 관련되어 있다. 죄인이 자기 죄들을 고백했을 때 성경 말씀자기 죄들을 고백하는 자마다 죄 사함을 받는다에 따라 그는 곧바로 사함 받을 수 있다. 그러나 때로는 목회적 관점에서 볼 때 죄용서를 선언함과 함께 뉘우침이 확실하게 드러나기를 바라는 말을 부언하는 게 더 바람직해 보였을 것이다. 그래서 고해성사가 뉘우침의 진실성을 증명할 수도 있었을 것이다. 또한 어떤 사람이 죄에 대한 영벌에서는 면제되었다 하더라도 일시적으로 벌을 부과하는 것이 항상 의미가 없는 것은 아니었다. 그리고 사람들은 이러한 한시적으로 부과되는 일시적 처벌이 영원히 유지되리라는 것을 고려할 필요가 있었을 것이다. 연옥 교리는 강하게 이러한 방향으로 발전되었다.

사제에게는 교회의 고해성사를 정할 권리가 있었다. 그는 자기 죄를 고백하는 사람이 그 고백의 내적인 진정성을 어떤 형태로 나타내보여야 하는지를 정할 수 있었다. 여기서 제도교회는 보조수단을 만들었는데, 이것이 면죄부다. 따라서 면죄부가 다른 명백한 회개 표지의 자리를 대신하게 된 것이다. 면죄부를 실제 도입하는 문제는 논란거리였다. 그러나 이 상품이 불티나게 팔리게 되자 사람들은 면죄부 판매의 신학적 모호성을 면밀하게 살펴보는 것을 점점 더 소홀히 하게 되었다. 면죄부의 효과는 계속 커져갔다. 그리고 이생의 일시적인 벌뿐 아니라 기간이 정해져있는 연옥 벌 역시 면죄부를 통해 감경될 수 있다고 선포되었을 때 면죄부에 따르는 문제도 더욱 급박하게 또 다시 부상했다.

교회적 돌연변이는 계속해서 교회의 중대한 재정 협정들 전체에 연루되어 갔다. 로마의 성베드로대성당은 증축과 장식이 필요했다. 이러한 일들에는 많은 돈이 요구되었다. 교황은 돈이 없었다. 그러나 추기경들과 대주교들은 차례로 자신들의 주교좌를 보존할 수 있는 경우, 또한 자신들의 교구가 합병 등으로 넓어지는 것이 보장될 경우, 교황에게 돈을 제공할 준비가 되어 있었다. 이러한 일에는 교황의 승인이 요구되었기 때문이다. 그러나 비상非常 면죄부에도 교황의 승인이 요구되었는데, 결국 교황의 승인은 이 모든 사업계획을 가능하게 만들었다고 할 수 있다. 이러한 상황은 결국 면죄부 매매로 귀결되었는데, 여기에 루터는 테첼Tetzel의 이름을 결부시킨다.

1506년에 면죄부는 성베드로대성당 증축을 위해 발부되었다. 1514년에도 같은 목적으로 한 번 더 발부된다. 그런고로 교황은 여기에 한몫을 했다. 마인츠Mainz 대주교인 알브레흐트 폰 호헨촐레른Albrecht von Hohenzollern 역시 그러했다. 푸거Fugger 가의 대부업은 단지 서류작업에만 관여한 것이 아니었다. 테첼은 이 일들에 열정적으로 매진했다. 그래서 땅은 수탈당하고 군주들은 종종 큰 돈이 로마로 흘러가는 것을 고통스럽게 지켜봐야 했다. 루터는 1530년 아우크스부르크 제국의회에서 영적 군주들에게 이 일을 상기시켰다. "당신들은 나의 가르침이 처음에 당신들 모두에게 얼마나 값비싼 것이었음을 잊었는가? 모든 주교들이 나의 가르침에서 즐거운 마음으로 발견하게 된 사실은 나의 가르침을 통해 교황의 폭정이 크게 약화되리라는 것이었다. 그때 그들은 단정하게 내게 귀를 기울였고, 조용히 앉아서 어떻게 자신의 주교적 위엄을 회복할 수 있을까 숙고했다. 그때 루터는 면죄부를 그렇게 곧바로 공격하는 좋은 교사였다.... 루터는 그들의 총아였다. 그는 면죄부 장사에서 교회들을 깨끗하게 하였고 주교들을 위해 허리를 곧추세웠으며 교황에게

Johannes Tezelius Dominicaner Münch/mit seinen Römischen Ablaßkram/welchen er im Jahr Christi 1517. in Deutzschen landen zu marckt gebracht/wie er in der Kirchen zu Pirn in seinem Vaterland abgemahlet ist.

O ihr deutschen mercket mich recht/
Des heiligen Vaters Papstes Knecht/
Bin ich/vnd bring euch jtzt allein/
Zehen tausent vnd neun hundert carein/
Gnad vnd Ablaß von einer Sünd/
Vor euch/ewer Eltern/Weib vnd Kind/
Sol ein jeder gewehret sein
So viel ihr lege ins Kästelein/
So bald der Gülden im Becken klingt/
Im huy die Seel im Himel springt/

면죄부 판매인 테첼. 16세기 팜플랫.

곧바로 돌을 던졌다."[7] 메르제부르크Merseburg의 주교가 루터의 논제들이 자기 교구에 확산되는 것을 매우 기뻐했다는 사실은 잘 알려져 있다. 왜냐하면 이런 방식으로 가난한 사람들은 테첼의 행각이 사기라고 경고받게 되기 때문이었다. 면죄부 장사에는 이 일이 큰 손실이 되었을 것이다.[8]

테첼의 사기! 어느 주교가 면죄부 장사를 이렇게 부른다면 이 말에

[7] WA 30 II; 382ff.
[8] K. Aland, Die 95 Thesen Luthers, 14.

더 많은 내용을 보태야 한다. 그런데 실제로 그렇게 되었다. 루터는 나중에 이에 대해 썼는데, 보름스제국의회에서 성직자들에게 쓴 글과 1541년 한스 보르스트Hans Worst를 논박하는 글이 그것이다. 첫 번째 글에서 루터는 보통 사람을 위해 테첼의 발언 15개를 일일이 열거한다. 그들은 죄를 용서하시는 하나님의 은혜를 얻는 방편으로서 면죄부를 팔았다. 이렇게 그리스도의 피는 부인되고 복음과 성령은 모독을 당했다. 영혼들은 연옥 불에서 구원되었지만 하나님의 위엄이 크게 모욕당했다. 그러나 이 면죄부 판매는 엄청난 돈을 벌어들였다. 교황은 하늘에 좌정하고 복음은 교회에서 침묵해야 했으며 사람들은 부끄러움을 모르는 탐욕과 기만으로 돈이 마치 투르크제국과의 전쟁을 위해 사용되는 것처럼 거짓말하고 속였다. 오래된 면죄부는 무용지물인 것처럼 무효한 것으로 선언되었고 황금 연도의 치욕도 은으로 날조된 것이었다. 참으로 사람들은 면죄부를 매우 높게 평가했는데, 누가 성모를 모독해도 면죄부를 통해 용서받을 수 있다고 여겼다. 심지어는 이렇게까지 가르쳤다. '돈이 헌금함에 짤그랑 떨어지는 순간 영혼은 하늘로 튀어 올라간다.' 면죄부를 얻기 위해 통회와 자복이 반드시 요구되지는 않았다. 오늘 돈을 주게 되면 그것으로 충분했다. 심지어 베드로조차도 면죄부를 통해 받을 수 있는 정도의 큰 은혜를 제공하지는 못했다.[9] 1541년에 루터는 이 발언들 말고도 테첼이 말했던 다수의 다른 "끔찍하고 경악할 만한 항목들"을 언급했다. 교회들에 세워진, 교황의 문장이 찍힌 빨간 면죄부 십자가는 그리스도의 십자가만큼이나 힘이 있었다. 테첼은 베드로와도 바꿀 수 없는 사람이었다. 왜냐하면 그는 베드로 사도보다도 더 많은 영혼들을 해방시켰기 때문이다. "또한 돈을 마련하는 일은 오직 그만이 할 수 있었다."[10]

---

[9] WA 30 II; 382ff.
[10] WA 51; 539.

루터의 논제들

이 면죄부 장사를 대항하여 루터는 펜을 들었다. 루터는 나중에 쓰길, 자기는 면죄부가 무엇인지 몰랐다고 했다.[11] 그가 논제들을 작성했고[12] 14일 만에 이 논제들은 전 독일에 퍼져나갔다. 정말 루터는 면죄부의 내용이 무엇인지 몰랐을까? 우리는 이것을 다음과 같이 이해할 필요가 있다. 루터는 이때에야 비로소 면죄부 때문에 생긴 악이 얼마나 크고 강력한 영향력을 가지게 되었는지 알아차렸다. 면죄부 문제는 그 자체로는 루터에게 새로운 것이 아니었다. 그는 이전에 강의에서 벌써 값싼 은혜에 대해 불만을 토로했다. 즉 그리스도의 고난과 성인들의 순교의 값으로 받는 죄 사함에 대해 토로했다. 1516년 6월 26일의 설교에서 그는 교회의 축성과 여기에 결부되어 있는 면죄부를 논박한다.[13] "그래서 우리가 매우 꼼꼼하게 세워야 할 입장은 면죄부들, 즉 배상행위들이 우리에게 어떤 확신의 원인도 되지 않는다는 것이다.... 우리는 우리 본성의 질병이 완전히 치유되도록 전심전력을 다해야 한다. 또한 하나님을 사랑하고 이생을 미워함으로써 하나님께로 가기를 갈망해야 한다. 즉 우리는 열심을 다해 그분의 치유하시는 은혜를 추구해야 한다."[14] 루터는 자기 논제를 제출하기 정확히 일 년 전인 1516년 10월 31일에 누가복음 19장 8절로 삭개오의 부르심을 설교했다. 그리스도께서 우리에게 무의미 하다면 모든 것은 우리에게 위대하다. 하지만 만일 그리스도께서 우리에게 유의미 하다면 모든 것은 더 이상 무의미하게 될 것이다. 이 설교에서 루터는 '확신에 찬 사람들'을 논박했는데, 그들은 헛된 신뢰 속에서 삶을 영위한다. 루터는 참된 회개를 세 부분으로 구분하는

---

11 WA 51; 541.
12 WA 51; 540.
13 Brecht, Luther 1981, 181ff. 참조. W. Köhler, Dokumente, 94ff.
14 Köhler, Dokumente, 99.

데, 뉘우침, 고백, 그리고 만족 즉 속죄다. 실제로 여기에는 두 가지 구분, 즉 고백과 속죄만 존재한다. 그리고 여기서 그 모든 것은 루터가 "숨넘어가기 직전에 하는 뉘우침"이라 부른 그런 회개가 아닌, 진리에 도달한다. 설교자가 어떻게 내적이고도 참된 회개를 그렇게 쉽게 설교하는 동시에 그렇게 단순히 면별할 수 있는지 이해하는 것은 루터에겐 불가능한 일이었다. 1516년에 루터는 여전히 교황이 면죄부에 대해 선의를 가지고 있다고 믿고 싶어 한다. "그의 의도는 선하고 또 진실하다."[15] 그러나 그 설교자들은 어떠한가? 그들의 말은 어떤 관점에서는 참되지만 어떤 일들에 있어서 그들은 진실하게 말하지 않거나 잘못 이해하고 있다.[16]

그러나 이렇게 유보적이고 일면 온건한 판단 중에, 일 년 후에도 계속 유지된 것은 아무 것도 없었다. 루터는 망설이긴 했지만 마인츠의 대주교인 알브레히트에게 그가 어쨌든 테첼의 등장에 책임이 있다는 서신을 띄웠고, 동시에 다른 주교들에게도 서신을 보냈다. 그러나 동시에 루터는 자기의 논제를 95개조로 출판했다. 95개조 논제 중 첫 번째 조항이 전체의 어조를 결정한다. "우리 주님이시며 스승이신 예수 그리스도께서 '회개하라!' 등의 말씀을 하실 때 신자의 전 생애가 회개가 되기를 원하셨다." 루터는 여기서 신약성경에 나오는 개념인 '메타노이아'metanoia로 돌아가고 있다. 이것을 그는 에라스무스판 신약성경1516년에서 배워 알게 되었다.[17] 그러나 특히 루터는 다른 사람들에게 자기가 지금 확실히 인지하고 있는 사실, 즉 하나님의 은혜가 돈으로 살 수 없다는 것을 명확히 드러내었다. 하나님의 은혜가 우리의 삶을 규정하고 또 사제직을 통해 완수되는 예전적인 고해나 속죄로 획득될 수 없다는 것이다. 그럼에도 이것은 단지 내적인 고해에 관계된 것만은 아니다.

[15] Köhler, Dokumente, 102.
[16] Köhler, Dokumente, 102.
[17] Brecht, Luther 1981, 182.

테첼의 행동에 대한 책임이 있는 알브레흐트 폰 호헨촐레른. 뒤러Dürer의 판화(1523).

고해는 육신을 죽임으로써 볼 수 있도록 밖으로 나타난다. "그러므로 사람이 자신을 미워하는 동안에는, 즉 참된 내적인 고해가 계속 남아 있는 동안에는 처벌이 남게 되는데, 따라서 천국에 들어갈 때까지 남게 된다."

그럼에도 루터는 여전히 처벌 권한의 내부에 교황의 자리를 마련하고자 한다. 그는 일 년 전에는 교황에게 선의는 없다고 여기지 않으려 했고 지금 역시 과도한 정도까지는 그를 탓하지 않으려 한다. 교황은 자기 의지에 의거하여, 그리고 자기결정에 따라 부과된 벌 말고는 어떤 벌도 면제할 수도 없고 하지도 않을 것이다. 그는 자기가 하나님께서 면제하셨다고 선언한 것들 말고는 어떤 허물도 면제할 수 없다. 이 과정에 하나님은 사제를 끼워 넣으셨다. "하나님께서 사람을 전적으로 겸손하게 사제에게 예속하게 하시면서 동시에 그를 만사에 사제에게 예속하게 하시지 않고는 그 사람의 허물을 그냥 용서하시는 법이 없다." 이 사제는 이런 과정에 하나님의 대리인으로서 등장한다. 우리가 보듯이 이 시점에는 아직 계급제도에 대한 맹렬한 공격이 발견되지 않는다.

그러나 처벌 문제는 사제의 권한으로 제한된다. 사망의 경계 너머로는 교회의 권능이 더 이상 미치지 못하는 것이다. 처벌을 결정하는 것은 단지 살아있는 사람들에게만 해당된다. 교회의 처벌이 연옥의 벌과 거래될 수 있다는 교리는 주교들이 잠든 사이에 뿌려졌을 잡초다. 루터는 교회의 시벌을 이생에만 해당하는 것으로 환원시키고 다음과 같은 방식으로 교황이 이해하고 있음직한 면죄부에 대한 견해를 설명한다. 그러므로 교황이 의도한 것은 이와 같다. 즉 교황이 "모든 벌의 완전한 면제를 제공할 때 이것은 단순히 모든 벌이 아니라 자기 권한에 부과된 벌을 의미하는 것이다. 돈이 헌금함에 짤그랑 떨어지는 동시에 영혼이 연옥을 빠져나온다고 말하는 것은 인간이 만든 교리다. 돈이 헌금함에서 짤그랑 거릴 때 확실히 증가하는 것은 탐심과 탐욕일 뿐이다. 교회가 기도에 성공하느냐 여부는 오직 하나님만 결정하실 수 있다. 매매를 통해 연옥에서 영혼을 빼내올 수 있고 참회증서를 위해 회개는 필수적인 것이 아니라고 가르치는 것은 기독교적인 설교라 할 수 없다. 실제로 회개했다고 확인 된 모든 그리스도인은 면죄부 없이도 벌과 허물이 완전히 용서된다. 가난한 사람들에게 베풀고 도움이 필요한 사람들에게 필요한 것을 제공하는 것이 면죄부를 사는 것보다 더 나은 것이라고 그리스도인들에게 가르쳐야 한다. 왜냐하면 사랑의 역사가 사람 속에 사랑을 자라게 하고, 이로써 사람은 더 나아지기 때문이다. 그러나 면죄부로는 사람이 더 나아지지 않으며 단지 벌에서 해방될 뿐이다."

루터는 그리스도인들에게 다음의 내용을 말해주어야 한다고 썼을 때 스스로도 자신이 너무 낙관적으로 생각하고 있다는 것을 알았을 것이다. '교황이 그의 면죄부 사제들이 사람들에게서 어떻게 돈을 짜내고 있는지 알게 되었다면 그는 자기 양떼에게서 살과 피부와 뼈를 발라내어 성베드로대성당을 건축하지 않고 오히려 그것을 불태워 재로 만들어 버렸을 것이다.'

'교회의 보화'란 과연 무엇을 의미하는 것일까? 보화에 대해 기대하는 것은 무엇일까? 그리스도의 백성은 이 보화가 무엇인지 모른다. 이것에 대해 교황도 만족할 만큼 명백하게 기술하지 않았다. 그 보화가 그리스도와 기독교 성인의 공로 속에 존재할 수는 없다. 왜냐하면 이들은 교황 없이도 효력 있는 분들이기 때문이다. 즉 속사람에게는 은혜를, 겉사람에게는 십자가와 죽음과 지옥을 주실 수 있기 때문이다. 교회 속의 가난한 사람들을 교회의 보화로 여겨도 될까? 보다 나은 이해는 그리스도의 공로를 통해 우리에게 선사되는 교회의 열쇠들을 교회의 보화로 여기는 것이다. "교회의 진정한 보화는 하나님의 영광과 은혜의 가장 거룩한 복음이다."

이 은혜의 복음을 통해서만 우리는 죄 사함을 받을 수 있다. 가장 작은 죄라 할지라도 면죄부로는 허물을 없앨 수 없다. 교황은 더욱 큰 것들을 제공해야 하는데, 더욱 부요한 은혜, 즉 고전 12:28에 나오는 것과 같은 복음, 성령의 역사, 치유의 은사 등이다.

루터가 폭넓게 동의하는 것은 교황도 그런 설교의 엄청난 피해를 겪어봐야 한다는 것이다. 평신도들의 반박들을 합리적인 논쟁 대신에 폭력으로 침묵시켜한다면, 이로써 교회와 기독교 세계는 심각하게 불행한 상태에 빠져들게 된다. 그러나 합리적인 논쟁들은 찾아볼 수 없다.

"그런고로 사람들이 면죄부를 교황의 정신과 뜻에 따라 설교하게 된다면 이 모든 반박들을 쉽게 물리칠 수 있을 것이며, 더 확실히는 그런 반박들이 아예 존재하지도 않게 될 것이다.

그러므로 그리스도의 백성에게 '평강하다, 평강하다 하나 평강이 없도다!' 렘6:14,8:11,겔13:10,16라고 외치는 모든 선지자들은 물러가라!

그리스도의 백성에게 '십자가라, 십자가라 하나 십자가가 없도다!'라고 하는 모든 선지자들에게 복이 있기를!

그리스도인들에게 권면해야 하는 것은 그들이 벌과 죽음과 지옥을 통해 그들의 머리이신 그리스도를 찾아 따르도록, 그래서 차라리 확실한 평강보다는 많은 환난을 통해 천국에 들어갈 것을 신뢰하도록 하는 것이다. 행14:22"[18]

이러한 루터 논제들이 그 시점에 곧장 그의 신학으로 자리 잡게 된 것은 아니다. 루터는 교황을 너무 선대하고 있는 것이 아닌가? 우리가 우리 편의 어떤 공로도 없이 그리스도의 용서로 획득할 수 있다는 분명한 소리가 은혜의 나라를 통해 들리는가? 사람의 고해 순간을 너무 강조함으로써 그리스도의 공로를 희생하는 것은 아닌가?[19]

이런 것들을 고려한다면 사람들이 루터의 복음적 확신의 완전한 돌파를 95개 조항의 면죄부 논박 이후로 두는 것은 이해할 만하다. 그러나

---

18 Aland, Die 95 Thesen Luthers, 66.

19 신학적 평가는 다음 참조. K. Exalto, Luthers 95 Stellingen; M. Schmidt, Luthers 95 Ablassthesen; 참조. O. Bayer, Promissio. Geschichte der ref. Wende, Göttingen 1971, 164ff.

로마의 빌라도계단거룩한 계단. Sancta Scala. 무릎을 꿇고 이 계단을 오름으로써 수년의 연옥 생활이 감면될 수 있다. 루터도 1510-1511년 에 로마를 방문했을 때 이 계단을 무릎으로 올라갔는데, 이렇게 함으로써 참회와 은혜를 깊이 생각할 수 있게 되었다.

교회의 보화는 이미 알려졌는데, 즉 하나님의 은혜와 영광의 가장 거룩한 복음이 바로 그것이다. 또한 루터가 이 보화를 발견한 것만큼 힘을 다해 그것을 방어했다. 그는 1517년 10월 31일이 얼마 지나지 않아서 이 일을 시작할 수밖에 없게 된다.

면죄부와 고해성사

루터가 95개 조항의 면죄부 논박을 인쇄한 것은 신학적 토론을 이끌어내기 위함이었으나 성공하지 못했다. 분명한 것은 이 글이 매우 짧은 시간에 모든 사람의 손에 들어갔다는 사실이다. 그러나 이것이 루터의 의도는 아니었다. 그는 상황이 이렇게 된 것을 아주 흡족하게 여기지는 않았는데, 그 글의 일부분이 다소 불분명하다고 보았기 때문이다. 그래서 이미 발견된 그 논제들 사이의 충돌 때문에 루터는 사람들에게 면죄부에 대한 설교를 썼다.[20] 루터는 페트루스 롬바르두스Petrus Rombardus, 토마스 아퀴나스Thomas Aquinas, 그리고 다른 스콜라 신학자들의 견해를 언급함으로써 그것을 설명하기 시작한다. 그들은 고해성사를 세 부분, 즉 뉘우침과 고백, 그리고 속죄로 나누었다. 비록 이렇게 세 부분으로 나누는 것을 성경에서는 찾아낼 수 없긴 하지만 루터는 이렇게 나누는 것을 수용했다. 이 구분에 따른다면 면죄부는 특히 세 가지 중 마지막의 것, 즉 대체 가능한 속죄와 관련 된다. 루터는 하나님의 의가 과연 이러한 것들을 요구하는지에 대한 질문에 더 천착하려 하지는 않는다. 하지만 루터는 하나님께서 죄인에게 진정한, 그리고 참된 회개와 회심만을 요구하신다고 말한다. 여기에는 그리스도의 십자가를 지기 위해 마음을 올바르게 먹는 것이 동반된다. 면죄부에 있는 큰 위험은 바로 사람들이 선한 일을 멈추고 벌을 피하는 것이다. 죄인이 회개하고 죄를 멈출 때

---

20 Clemen I. 10.

하나님은 더 이상 그의 죄에 대해 생각하지 않으신다.겔18:21[21] 그러므로 누군가 자기 죄를 속죄할 수 있다고 생각하는 것도 역시 큰 오류다. "왜냐하면 분명 하나님은 죄인들을 언제나 그분의 측량할 수 없는 부요한 은혜로 무조건 용서해주시는 것이 아니기 때문이며, 그런 목적으로 그분은 사람들이 선하게 사는 것 외에는 아무 것도 원하시지 않기 때문이다."[22] 가난한 사람들을 생각하는 것이야말로 선하다고 말할 수 있는 삶에 속한다. 이러한 사회적 동기는 루터에게 좀 더 폭넓게 작용한다. 저 멀리 로마에 있는 아름다운 건물을 생각하는 것보다 가난한 사람들을 생각하는 것이 더 낫다. 물론 당장 이런 일이 일어나진 않겠지만 혹자기 주변에 더 이상 가난한 사람들이 없어진다면 주변의 교회들에 헌금을 할 수도 있을 것이다. 하지만 보상을 바라고 구제하지는 않는데, 이런 구제는 위험하기 때문이다. 따라서 연옥에 있는 영혼들의 문제는 잠정적인 미해결 상태로 남아 있다. 사람들이 그들을 위해 기도할 수 있다는 것이 그들을 위해 돈을 지불하는 것보다 나아 보이고, 또한 스스로 기도하고 스스로 일하는 것이 무료하게 지내는 것보다는 확실히 더 나아 보인다. 왜냐하면 만약 사람들이 그 일을 다른 사람이 하게 한다면 그 일은 가치 없는 것이 되기 때문이다.[23]

루터는 이런 식으로 사람들에게 더 가까이 다가서기를 원했다. 그리고 설교가 널리 알려지게 된 덕분에 루터의 의도는 성공적인 것처럼 보였다. 그러나 면죄부에 대한 좀 더 근본적인 설명도 확실히 불필요한 것은 아니었다.

루터는 이러한 설명을 면밀한 연구논문으로 내놓았다. 이 내용을 편지로 슈타우피츠에게 먼저 알렸다. 이 논문의 인쇄업자는 계속 출판을 미뤄서 루터를 꽤나 애먹였지만 일단 책이 출판되고 나서는 루터가 보기

---

[21] Clemen I, 12.
[22] Clemen I. 13.
[23] Clemen I, 14.

에 이 책은 자기를 비난하는 사람들에게 신학적 차원에서 비중 있게 제공하는 답변이 되었다. 루터는 회고하기를, 슈타우피츠가 한번은 자기 양떼에게 끊임없고 참을 수 없는 부담을 지워 그들을 괴롭히고 있던 고해신부들에 대해 이야기한 적이 있었다고 한다. 그때 그는 참된 속죄는 하나님과 의를 향한 사랑과 함께 시작된다고 언급했다고 한다. 다른 사람들이 속죄의 끝이자 완성이라 여기는 것을 슈타우피츠는 시작이라 보고 있었다. 여기에 이어서 루터는, 우리는 단지 성경이 말하는 대로 말할 수 있을 뿐이라고 말한다. 속죄는 메타노이아, 즉 심령을 상하게 하는 회심이다. 이는 바울 신학과 완전히 일치하는 내용이며, 또한 감정[생각]과 사랑의 변화를 지시한다. 이러한 요소가 와해되어 있다면 즉시 사람들은 라틴어로 속죄들satisfactiones. 만족들이라는 표현으로 지시되는 냉정하고 외적인 행위들 말고는 다른 고해성사를 인정하지 않게 된다. 그러나 핵심은 우리가 무엇을 행하는 행위가 아니라, 어떤 다른 성향의 믿음이다.

루터는 교황에 대한 공격 때문에 자신이 비난 받고 있다고 불평하곤 했다. 확실히 루터는 떠밀려 대중 앞에 나서게 되었지만 구석에 앉아서 자기 주위에서 노는 사람들을 즐겁게 지켜보는 것이 그의 습관이었다. 이제 자신이 지켜보는 대상, 비웃음을 당하는 대상이 된 것이다.

이렇게 과거를 전반적으로 회상한 후 루터는 교황에게 자기에 대해 잘 좀 말해달라고 슈타우피츠에게 부탁한다.[24] 편지에 뒤이어 이 『면죄부 논제 해설』에서 루터는 복음으로 자기가 통찰한 바를 요약한다. 그 요약은 하나님의 영광과 은혜의 가장 거룩한 복음이다. 루터는 이 복음

---

24 편지는 1518년 5월 30일에 작성되었다. WABr. 1; 525-527. 참조. Scheel, Dok., 9f.; D.C. Steinmez, Luther and Staupiz, An Essay in the Intellectual Origins of the Protestant Reformation, Durham 1980; 같은 저자, Reformers in the Wings. Grand Rapids 1981[2], 18-29. 위 편지에서 루터는 그가 폰 슈타우피츠를 위험에 빠트리지 않기를 원하는 동시에 그에게 감사를 표하고 싶어 했다. 1533년 초에 루터는 다음과 같이 말한다. "슈타우피츠가 이 교리를 시작한 사람이다." 참조. Scheel, Dok., 105.

이 교회에 거의 알려지지 않았음을 인정할 수밖에 없었다.[25] 그러나 그리스도는 이 복음 말고는 세상에 어떤 것도 남기지 않으셨다. 이 복음은 육신이 되신 하나님의 아들의 말씀으로서 어떤 공로도 없이 거룩함과 평안에 이르도록 우리에게 은혜로 주어졌다. 율법은 진노의 말씀이며 죽음을 이룬다. 율법을 통해 우리는 악한 양심과 안식하지 못하는 마음을 가질 뿐이다. 그러나 복음의 빛은 사로잡힌 자들과 애통하는 자들에게 이르러 이렇게 외친다. '내 백성을 위로하라!' "그리고 율법은 우리의 선행이 아니라 자비로우신 하나님의 은혜로 말미암아 그리스도 안에서 이루어지고 또 이루어질 것이다. 이것이 선행이 아니라 믿음을 통해서 된다는 것을 우리가 가르칠 때 이 복음에서 하나님의 참된 영광이 생겨난다. 하나님을 위해 무엇을 제공하는 것이 아니라 그리스도를 통해 모든 것을 받게 되며 모든 것에 참여하게 된다."[26]

이 해설에서 루터는 논제에서 보다 더 분명하게 자신의 견해를 제시했다. 논제에서는 공식적으로 토론하는 것에 치우친 면이 있다. 여기서 죄인이 하나님의 말씀에 자신을 내맡길 때 긍휼 가운데서 알려지시는 하나님의 영광의 빛은 더욱 강력하게 쇄도한다. 게다가 루터는 전면적인 교회개혁이 필요하다고 생각했고 또 이 생각을 거리낌 없이 표출했다. 그러나 이것은 교황에게 속한 일도, 추기경에게 속한 일도 아니고 온 세상에 속한 일이었다. 근본적으로는 하나님께 속한 일이었다. "이 개혁의 시기는 오직 시기들을 창조하신 하나님만 아신다. 그때가 이르기 전에는 그런 개혁이 아직 존재하지 않는다는 이 명확한 사실을 우리는 부인할 수 없다."[27]

후기의 루터에게는 95개 논제를 내놓은 것이 그의 투쟁의 시초였

---

[25] Clemen I, 132.
[26] Clemen I, 133. 보속에 대한 루터의 입장은 다음 참조. R. Schwarz, Vorgeschichte, 167ff. 또한 참조. G.J. Spykman, Attrition and Contrition at the council of Trent, Kampen 1955, 90-113.
[27] Clemen I. 146.

다.[28] 그는 더 이상 이 투쟁을 멈출 수 없었다. 실제로 루터가 전개한 일련의 도발들은 전 유럽에 반향을 불러일으켰다. 그리고 그것이 실제 이런 방식으로 진행되었다는 것을 부인할 수는 없다. 왜냐하면 루터는 '한 친구와 함께 자기 견해들을 손수 교회 문에 못 박아 게시했던 사람'이기 때문이다. 그 친구는 아그리콜라였다.[29] 그는 여기저기를 살펴보았다. 이것을 멜랑흐톤은 1546년에 회상했다.[30] 그 당시 멜랑흐톤의 위치는 안전하지 않았다. 그러므로 루터가 직접 교회 문에 게시했다는 강력한 확신이 없었다면 멜랑흐톤은 막 소천한 루터에 대해 강한 발언들을 과감하게 쏟아내지 못했을 것이다. 그러므로 우리는 그 일이 그렇게 되었다고 말한다.[31]

그리고 설령 그 일들이 성채교회의 문에다 못 박아 게시한 방식이 아니었다 하더라도, 그저 우연히 기회를 계속 만나 진행됐다 하더라도, 교회와 세상을 위한 보화가 오직 하나뿐이라는 사실을, 교회는, 유럽은 지금보다는 덜 선명하게 받아들였을까? 오늘날까지 그 보화는 하나님의 영광과 은혜의 가장 거룩한 복음이다.

---

28 WA 39 I; 6. 참조. Aland, Die 95 Thesen Luthers, 92, 95.

29 Aland, Die 95 Thesen Luthers, 103ff.

30 Aland, Die 95 Thesen Luthers, 48.

31 95개 논제 게시의 비역사적 성격 유무 논쟁에 대해서는 다음 참조. Aland, Die 95 Thesen Luthers, 113 ff; 같은 저자, Martin Luthers 95 Thesen. Mit den dazugehörigen Dokumenten aus der Geschichte der Reformation. Hamburg 1965; H. Bornkamm, Der Thesenanschlag (zur Frage des 31 Oktober 1517) in: Geist und Geschichte der Reformation, Festschriftf. H. Rückert, Berlin 1966. 참조. R. Bäumer, Die Erforschung der kirchlichen Reformationsgeschichte seit 1931, Darmstadt 1975, 97f.

3장

갈등

W. Borth, *Die Lutherache (Causa Lutheri) 1517-1524*, Lübeck/Hamburg 1970; **D. Olivier**, *The Trial of Luther*, St. Louis 1978; **G. Müller**, *Die römische Kurie und die Reformation 1523-1534*, Gütersloh 1969; **H. G. Leder**, *Ausgleich mit dem Papst?*, Stuttgart 1967; **R. Bäumer** u.a., *Lutherprozess*, Münster 1972. **J. Köstlin**. *Martin Luther* I/II, Berlin 1903[5].
하이델베르크논박에 대해서는 다음 참조. **W. von Loewenich**, *Luthers Theologie Crucis*, Witten 1967[5]; **H. Bornkamm**, Die theologischen Thesen Luthers bei der Heidelberger Disputation 1518 und sein theologia crucis, in: *Luther, Gestalt und Wirkungen*, Gütersloh 1975, 130-146; **O. Modalski**, Die Heidelberger Disputation im Lichte der evangelischen Neuentdeckung Luthers, in: *Lutherjahrbuch*, 47 (1980), 33-40; **L. Grane**, Die Heidelberger Disputation, in: *Modus Loquendi Theologicus*, 146-151; **P. Bühler**, Heidelberger Disputation. Theologia crucis und theologia gloriae im Streit um die Theologie, in: *Kreuz und Eschatologie*, Tübingen 1981, 102-120.

하이델베르크 논쟁

전 독일에 95개 논제에 대한 반응이 불거져 나올 때 루터는 그가 속한 아우구스티누스수도회 하이델베르크 회합에서 맡은 토론을 수행하기 위해 준비해야 했다. 마인츠의 대주교는 마인츠대학에서 조언을 얻었다. 그는 1517년 12월 1일, 그리고 10일 뒤에 한 번 더 루터의 논제에 대해 이 대학 교수회의 입장이 무엇인지 물었다. 12월 13일에 그는 마그데부르크Magdeburg에 있는 자기 조언자들에게 이렇게 썼다. 루터에게 "금지소송"을 걸어야 하고, 궁극에는 "그 소란스러운 수도사를 강하게 위협해야" 한다.[1] 테첼은 일련의 반박 논제들을 근거로 박사학위를 받음으로써 자신의 손상된 위신을 회복하려 했다. 사람들은 그가 박사학위를 받을 만하지 않다고 생각했고 대체로, 그의 학위논문 논제들이 프랑크푸르트의 교수인 콘라트 빔피나Konrad Wimpina에 의해 구성된 것이라 판단했다.[2] 대주교에게 제출된 마인츠대학 교수회의 보고서에서는 루터가 몇몇 신학자들의 견해에 반대하는 논제를 제시했다고 결론 내리고 있다. 이것 자체로는 그렇게 나쁘지 않았다. 사람들은 이 견해에 대해 논하게 될 것이다. 하지만 루터의 논제를 통해 교황의 권력이 위기에 처했기 때문에 이 일이 그저 학문적인 문제일 뿐이라고 결론지을 수는 없었다. 이는 교황의 수위권에 관련된 교회적인 문제였다. 그래서 가장 좋은 방도는 이 일 전체를 로마로 이송하는 것이었다. 즉 사람들은 대학이라는 영역 안에서 교회적인 문제를 논할 수 있는 루터의 권한에 대해 이의를 제기했다. 이제 이것은 학문적인 문제에서 교황의 교도권에 속한 일이 되었다. 마인츠의 대주교는 루터의 논제들을 로마로 급히 보냈는데 그는 이것이 "새로운 교리"에 연루된 것임을 분명히 했다. 곧

---

[1] Borth, Luthersache, 29f.
[2] Köstlin I. 168.

이어 독일 도미니코수도회에서도 루터의 문제가 로마에서 아직 미결로 되어 있는 것을 우려하기 시작했다. 테첼은 다음과 같이 자기 생각을 추가해서 전했다. '이것은 이단에 관련된 일이며 종교재판소에 제소하여 재판을 받아야 할 문제다.'

독일에도 잘 알려진 이러한 상황 가운데 슈타우피츠가 루터를 하이델베르크에서 열리는 수도참사회 회의에 초대해서 토론을 주도하게 한 것은 특별한 의미가 있었다. 슈타우피츠는 이단 심문을 피하는 가장 빠른 방편이 의견 철회를 하는 것이라는 사실을 지적했었다. 이것을 루터는 할 수 없었고 또 이 일을 할 만한 준비가 어떤 식으로든 되어 있지도 않았다. 자기를 위협하고 있는 위험을 충분히 감지한 채 루터는 '현자' 프리드리히 선제후의 보호 아래 하이델베르크로 떠났다. 프리드리히 선제후는 슈타우피츠에게 한 통의 편지를 보냈다. "당신을 비롯한 다른 아우구스티누스수도회 수도원장들이 마르틴 루터 박사를 하이델베르크 수도참사회 회의에 초청하였기에 루터는 그곳으로 떠날 준비를 마쳤다. 대학 때문에 우리는 그가 떠나도록 허락하는 것이 썩 내키지 않았다." 프리드리히는 루터가 대학에서 담당하고 있는 일 때문에 그를 매우 높게 평가했으므로 그가 그렇게 오랫동안 떠나있는 것을 탐탁하게 생각하지 않는다는 사실을 알리고 있다. 루터는 소속된 수도회 성직자로서의 의무를 수행할 수 있었으나 프리드리히가 정해놓은 경계 안에서만 가능했는데, 이것은 두 사람의 특별한 관계를 의미하는 일종의 접근 방식이었다. 테첼이 여기에 끼어들 여지는 없었다. 이제 루터는 이단을 대항할 수 있는 권한을 가지고 있으면서 이 권한을 사용하지 않는 사람들에 대해서도 공격했다. 루터가 어떤 사람들을 염두에 두고 있었는지는 명확했다. 이들은 파문된 사람들로 여겨져야 한다는 것이다. 그러나 테첼은 도미니코수도사였다. 그리고 두 탁발수도회가 서로를 잘 이해하지 못했다는 사실은 로마에도 잘 알려져 있었다. 수도회 사이의 이런 불화가 권한을 가진 판사들 앞에서는 일시적인 문제에 불과했다.[3] 하지만 어떤 식으로든 프리드리히는 루터가 하이델베르크에서 로마로 압송되는 것을 미리 막을 수 있었다. 자신에게 부여된 대학 업무를 계속 진행하기 위해 루터는 가능한 신속하게 비텐베르크에 돌아와 있어야 했다.

하이델베르크에서 행한 루터의 토론 덕분에 우리는 그의 신학적 입장에 대한 매우 간명한 개관을 서술할 수 있다. 루터가 여기서 방어한 논제들은 다른 많은 수도사들의 토론보다 훨씬 더 멀리 나아간다. 많은 사람들을 놀라게 한 듣도 보도 못한 새로운 신학이 거기에 들어 있다. 이런 상황은 하이델베르크의 많은 젊은 신학자들이 루터의 편을 들게 되었다는 사실에서 분명해진다. 슈바벤Schwaben의 요한 브렌츠Johannes Brenz, 그리고 에르하르트 슈네프Erhard Schnepf, 팔츠의 테오발트 빌리칸Theobald Billikan, 또한 젊은 도미니코 수도사였던 마르틴 부써Martin Bucer 등이 그들이었다. 당시 부써는 지식을 심화시키는 동시에 다른 사람들에게 강의하기 위해 하이델베르크에 체류하고 있었다. 특히 부써가 하이델베르크 토론 내용에 열정적으로 호응했는데, 우리는 그가 인문주의자 친구들에게 보낸 편지에서 이 사실을 알 수 있다. 부써는 그때부터 자신을 마르틴주의자, 즉 루터 추종자라 불렀고, 이후 부써는 평생 동안 자신의 고유한 방식으로 루터 추종자로 남아 있게 된다.[4] 사람들은 굳이 루터주의자가 되지 않더라도 십자가의 신학을 받아들일 수 있게 되었다.[5] 이는 하이델베르크 토론이 바로 십자가의 신학에 대한 것이었기 때문이다. 95개 논제에 관한 다양한 토론들이 진행되고 있는 그 순간에 루터 자신이 면죄부 문제를 완전히 잠재울 수 있으리라고는 누구도 생각할 수 없다. 물론 루터 입장에서 모든 95개 논제 하나하나는 대부분

---

[3] Borth, Luthersache, 41ff.

[4] Beatus Rhenanus에게 보낸 편지는 다음 참조. Correspondance de Martin Bucer, Tome I, publié par Jean Rott, Leiden 1979, 58-72; 72-76. 부써가 루터에게 보낸 것, 91-96.

[5] 다르게 판단하는 저자는 다음 참조. K. Koch, Studium Pietatis. Martin Bucer als Ethiker, Neukirchen 1962. 10-15. 이에 대해서는 다음 참조. W. Nijenhuis, Kerk en Theologie, 16e jrg., no. 2, blz., 173.

준비된 결론을 내릴 수 있는 것들이다.

루터는 자기 신학의 가장 깊은 동기에 의존하여 28개의 신학적 논제와 12개의 철학적 논제로 그것을 표현하려 했다. 사람들은 이 토론을 철학적 논제로 명명하곤 하지만, 그럼에도 이 토론에는 루터 신학의 근간이 깔려 있다. 예를 들면 첫 번째 논제를 살펴보자. 위기를 겪지 않으면서 아리스토텔레스 철학에 몰두하려는 사람은 누구든지 반드시 먼저 그리스도 안에서 어리석게 되어야 한다. 결혼한 사람만이 악한 욕망성욕을 선하게 사용할 수 있듯이 어리석게 된 사람, 즉 그리스도인이 된 사람 말고는 어느 누구도 철학을 다룰 수 없다. 이는 사실상 복음의 어리석음에서 해방된 독립적 철학함에 대한 기각을 의미한다.[6]

이미 예전에 루터는 아리스토텔레스를, 즉 스콜라주의 신학 활동 전체를 논박한 적이 있다. 지금 루터는 동일한 논박을 수행하는데, 그전에 그는 먼저 자신의 참된 신학이 무엇인지 설명한다.

생명에 이르게 하는 교훈이 율법에 풍부하게 존재함은 분명한 사실이지만 율법은 사람들을 생명으로 이끄는 어떤 일도 할 수 없다. 그것은 오히려 참된 의에 이르는 길을 막는다. 율법의 일들은 참된 의에 이르는 데에 더더군다나 별 소용이 없다. 인간의 모든 일이 비록 매우 값진 선善으로 보인다 하더라도 기껏해야 죽음의 죄로 간주될 뿐이다. 오직 하나님의 일만이 참된 불멸의 공로다. 첫 사람의 타락 이후 자유의지는 껍데기만 남은 말이 되었다. 자유의지가 스스로 할 수 있는 것quod in se est을 할 때 치명적으로 죄를 짓는다. 선을 행할 때는 자유의지가 종속적이다. 그리고 악을 행할 때는 항상 자유의지가 능동적이다.

루터는 근원적인 방식으로 인간의 능력들을 제거해버렸다. "인간이 스스로 할 수 있는 것을 통해 은혜에 이를 수 있다고 생각한다면 이는 자기 죄에 죄를 더하는 일이며, 그래서 배나 더 빚진 자가 된다. 사람들

---

6 Clemen V. 379f.

이 이렇게 말한다면 이는 절망의 원인을 제공하려는 것이 아니라 교만을 꺾고 그리스도의 은혜를 구하는 열심을 불러일으키려 함이다. 사람이 그리스도의 은혜를 받는 데 적합한 자가 되기 위해서는 자신에 대해 전적으로 절망해야 한다."

이러한 논제들 배경에 루터 자신을 깊은 의심으로 몰아넣어 하나님의 은혜만 소망하게 했던 그의 개인적 경험이 없었다면 우리는 루터가 인간의 오만을 꺾고 낮춤으로써 일종의 쾌감을 느낀다고 생각했을 것이다. 그러나 루터가 여기서 제기하는 것은 자신의 가장 깊은 존재와 동기를 따라 그려진 그의 삶이었다. 이렇게 루터는 겸비가 얼마나 유익한지를 가르쳤다. 겸비를 통해 우리는 우리 자신의 선의를 기각하고 그리스도의 은혜로 피할 줄 알게 된다. 인간론적인 근거들은 은혜를 위해 어떤 기초도 제공하지 않는다. 인간을 논하는 것은 배제된다. 인간은 죄의 종이며 죄에 종속된다. 자유의지가 주체적으로는 선행에 집중할 수 있지만 실제로는 악을 추구한다. 사람이 은혜를 받을 수 있기 위해서는 스스로 절망해야만 한다.

여기서 이런 질문이 제기되는 것은 당연하다. '루터가 이제 자기만의 방식으로 은혜 받을 준비praeparatio ad gratiam를 말한 것은 아닌가?' 그렇다면 아마도 이 준비는 바로 겸비 안에 들어 있을 것이고 종교개혁이 전하는 소식은 이런 내용이 되었을 것이다. '먼저 겸비하라. 그런 뒤 비로소 은혜를 구하라.' 그러나 이것은 완전한 오해다. 루터는 인간의 능력들을 고려한 준비를 근본적으로 거부했다. 오히려 그는 하나님 그분께서 소유하신 능력들을 가리켰다. 십자가와 고난은 참 신학을 위한 입구를 하나님 쪽에서 제공한다. 이에 관련되어 다음과 같은 잘 알려진 표현이 있다. '영광의 신학에 맞선 십자가의 신학!' "이름에 부합하는 신학자란 창조 사역에 내포된 하나님의 불가시적인 것을 관찰하는 자가 아니라, 하나님의 불가시적인 것이 가시적이라는 것과, 하나님의 등 뒤가 고난과 십자가 속에서 가시적이라는 것을 관찰하는 자다."

루터는 여기서 모세에게 일어난 일로 되돌아간다. 모세는 하나님의 영광을 보여 달라고 기도했다. 루터도 역시 "주여, 아버지를 우리에게 보여 주옵소서!" 요 14:8 라고 구하던 빌립을 염두에 두고 있다. 또한 루터는 자연 신학을 거부하는 바울의 로마서 1장 20~22절 말씀을 원용한다. 그리고 루터는 이 모든 것을 하나님의 계시라는 하나의 개념으로 묶는다. 이 개념은 '선험적인 것' a priori 에서 연역되지 않고, 숨겨진 얼굴 없이는 관찰할 수 없으며, 크고 강한 '경험적인 것' a posteriori 으로, 즉 '뒤쪽에서', '하나님의 등을 향해' 십자가와 고난을 통해 배워 알게 되는 것이다. 십자가와 고난을 루터는 단수가 아닌 복수로 표현하는데, '고난들을 통하여' per passiones 가 그것이다. 다양하고도 수많은 고난의 길을 통해 우리는 하나님을 알게 된다. 루터에 따르면 그리스도인은 하나님께서 놓으신 발자국을 뒤 따라가는 사람 이상도 이하도 아니다.

루터가 하이델베르크 아우구스티누스수도회의 닫힌 강의실에서 그렇게 했듯이 이러한 생각에 열중하는 사람은, 예컨대, 시대를 거스르며 사는 사람이다. 이런 사람은 루터가 깊이 연구한 타울러 Tauler 의 설교를 듣는다. 그는 루터가 강의한 로마서 강의, 비슷한 내용으로 강의한 히브리서 강의를 따라간다. 그러면 호들갑을 떨며 면죄부를 사고파는 일이 저 멀리 멀어진다. 또 로마 역시 저 멀리 멀어진다. 다양한 고난을 통해 당신을 계시하시는 그 하나님은 이제 가까워진다. 그리고 그는 루터가 한 논제에서 표현한 것을 배운다. "많이 일하는 자가 의로운 게 아니라 일한 것 없이 그리스도를 많이 믿는 자가 의로운 자다. 율법은 '이것을 하라!'고 말한다. 그러나 아무 일도 일어나지 않는다. 은혜는 '그분을 믿어라!' 말한다. 그러면 모든 일은 이미 일어났다."

이 모든 것은 참이다. 왜냐하면 참된 신학 논제 중 마지막이 바로 이것이기 때문이다. 즉 하나님의 사랑은 사랑의 대상을 발견하는 것이 아니라 창조한다.

루터는 이 논제들을 통해 신학이 무엇인지, 그리고 어디서 신학을 찾아야 하는지 제시하는 것을 목표로 삼았다. 루터는 어떤 표어를 선택한 것도 아니고 프로그램을 구성한 것도 아니다. 그는 성경에서 발견한 것을 간결하고 짜임새 있게 토론에 잘 맞도록 공식적으로 표명했다. 성경 주석 작업을 통해 태동한 초기 신학을 루터 자신이 요약했는데, 이것이 가장 좋은 요약일 것이다. 그리고 루터는 아직 비텐베르크로 돌아갈 수 없었다. 달리 말하면 루터는 자기 신학이 참이라는 것을 다시 새롭게 경험하게 된다. 에르푸르트에 있는 그의 선생들이 그를 받아들이지 않았는데, 이 또한 고난의 일부, 즉 십자가로 인한 고난의 일부였다.

아우크스부르크에서의 심문

일들은 더 멀리까지 진행되었다. 이 일을 교황은 내버려 두면 저절로 해결될 수도회 사이의 갈등으로 이해했다. 고민해야할 더 중요한 문제들도 많았다. 그러나 도미니코수도회는 루터에 대한 이단 혐의 때문에 열리는 재판이 진행되기 전에는 물러서려 하지 않았다. 당연히 루터에게 씌워진 혐의는 증명되어야 한다. 이에 '궁정신학자' 실베스터 프리에리아스Silvester Prierias에게 논란이 되는 루터의 논제들에 대해 보고서를 제출할 과제가 부여되었다. 8월 7일, 루터는 심문받기 위해 로마로 호출되었다. 루터는 이 도시를 잘 알고 있었는데, 이것은 1510년에 자신이 속한 수도회의 문제들을 최종적으로 논의하기 위해 해야만 했던 로마 순례 여행 덕분이었다. 그는 거기서 완전히 자격 없는 사제들을 보았다. 그들은 가장 거룩한 직분을 행하면서도 음탕했으며, 지극히 거룩한 것을 경멸하고 조롱했다. 루터가 처음으로 로마를 바라보았을 때 그는 땅에 엎드려 이렇게 외쳤다. "거룩한 로마여, 내가 문안하노라! 순교자들의 피 때문에 참으로 거룩하도다!"[7] 그러나 상황은 급변했다. 그곳의 사람

[7] WATr. 5; 6059.

들은 이 독일 수도사들을 경건하다는 이유로 비웃었다. 그들은 그리스도인을 엄청난 멍청이로 여겼다.[8] 그리고 나중에 루터가 최종적으로 내린 판단은 이렇다. '지옥이 있다면 로마는 지옥 위에 서있다.'[9] 이것만으로도 그가 로마로 가기를 거부할 이유는 충분했다. 그러나 루터가 로마에 가서 무엇을 찾을 수 있었겠는가? 자기 문제에 대한 교황 측의 심문을 독일에서 받을 수 있도록 하기 위해 루터는 1518년 8월 8일에 프리드리히 선제후에게로 돌아갔다.[10] 그는 로마 법정의 불가침권에 대해 회의적이었다. 게다가 그 일 전체가 루터뿐 아니라 작센의 대학, 즉 비텐베르크 대학도 겨누고 있었다. 차라리 독일에서 열리는 독립된 종교법정이 그 일을 제대로 다룰 수 있을 것이다. 영주들과 로마교황청 사이의 마찰들은 이미 15세기부터 일반적인 것이었다. 이 범주 내에서 프리드리히는 어떤 예외적인 것도 요구하지 않았다. 선제후의 생각으로는 이 법정이 교회 인물들로 구성될 것이 아니라 학자들로 구성되어야 했는데, 이 학자들에는 뷔르츠부르크Würzburg와 프라이징Freising의 주교들과 대학의 대표자들이 속했다.[11] 이 재판위원회는 이단이 생겼는지 아닌지에 대한 질문 말고 단지 그 오류들이 '학문적으로' 지지될 수 있는지 아닌지 하는 문제에 대해서만 판단해야 한다. 그것은 학문적인 문제이기에 학문적 판결이 내려지게 될 것이다. 그것은 이단 심문도, 종교재판도 아니기 때문이다. 다만 편견 없는 학문적인 검증만을 목적으로 삼았다. 사람들은 교황과 교황청에 대한 비판을 경험한다.

그러나 8월에 열린 심문은 '이단자로 선언된 자'haereticus declaratus를 상대로 한 것이었다. 이것은 일을 좀 더 단순하게 만들었다. 시간이 없다는 것이 문제가 될 수 있었다. 루터에게는 한 가지 가능성이 있었는데, 즉 자신의 견해를 철회하는 것이었다. 그는 더 이상 심문받을 필요가 없었다. 논의의

---

[8] WATr. 5; 5484.
[9] WATr. 3; 3201 b.
[10] Borth, Luthersache, 46.
[11] Borth, Luthersache, 47.

기회도 이제 더 이상 없었다. 철회 아니면 정죄, 둘 중 하나였다.

교황사절 카예타누스Cajetanus가 아우크스부르크제국의회에 참석했다. 그는 1518년 8월 23일에 세속 공권력의 도움을 받아 루터를 교황좌의 권세로, 재판권 안으로 불러 세우라는 과제를 받았다. 이것도 저것도 성공하지 못한다면 그는 공개적으로 루터를 이단자로 선언하고 출교시킬 수 있는 권한을 부여받았다.

카예타누스는 작센의 프리드리히에게 가서 루터를 자기에게 넘기라고 요청했다. 그러나 프리드리히는 루터의 뒷배가 되어주었다. 그는 추기경의 요청을 거절하면서 자기 생각에는 루터가 선의를 가지고 있다고 말했다. 사람들이 루터에게 오류가 있다는 것을 밝히게 되면 루터를 설득할 수 있을 것이라고 했다. 더욱이 그 문제는 여전히 마무리 않은 채로 있었다. 바로 루터를 통해 그 문제에 대한 감을 잡았을 것이 확실한 프리드리히가 보기에 그것은 학문적인 문제였다. 두 견해가 서로 대립하고 있었다. 즉 이단 심문이냐, 학문 토론이냐의 대립이었다. 사람들은

아우크스부르크에서 카예타누스 앞에 선 루터. 1556년의 목판화.

아우크스부르크에 있는 루터의 기념동상. 이 동상은 루터가 카예타누스의 심문을 받는 동안 머물렀던 곳에 세워졌다.

그 문제를 두 가지의 혼재로 보았다. 카예타누스는 다소 비공식적 대화를 통해 루터가 스스로 자신의 견해를 철회하도록 하려고 계획했다. 그래서 1518년 10월 12일, 카예타누스와 루터는 드디어 만났다. 토마스 아퀴나스 신학에 푹 젖어있는 학자이자 도미니코수도회의 수도원장이며 교황무류설의 대표자인 사람과[12] 교회의 문을 두드려 복음이 그

안으로 울려 퍼지게 했던 사람이 드디어 만난 것이다.

교회와 교회의 보화를 주제로 한 담화가 며칠 동안 계속 되었다. 면죄부를 논박한 95개 논제의 핵심이 대화의 중심 소재였다. 지엽적인 문제들이 아니라 교회가 가진 것이 무엇인가 하는 질문이 대화의 주제였다.

우리는 루터가 프리드리히의 궁정설교자 슈팔라틴Spalatin = Spalatinus에게 이 심문에 대한 소식을 적어 보낸 편지를 가지고 있다. 이 편지에서 루터는 카예타누스 쪽에서 '아버지 같이' 다루었었지만 동시에 명확하고도 한결같은 단호함을 드러내었다고 말하고 있다. 단호함을 유지하며 카예타누스는 루터가 스스로 철회하도록 설득하려 했다. 그러나 공개된 토론을 통해서는 아니었다. 왜냐하면 카예타누스가 이를 원하지 않았기 때문이다. '철회하라, 철회하라!'

카예타누스는 교회의 보화에 대해 언급한 교황 클레멘스 6세Clemens VI. 1342~1352년의 말을 지적했다. '이 교황이 외친 것, 그가 확정지은 것을 여기 지금 너는 보고 있다. 그리스도의 공로는 교회의 면죄를 위한 것이다. 너는 이것을 믿는가 아니면 믿지 않는가?' 그리스도께서 자신의 고난을 통해 보화를 획득하셨다고 쓰여 있는 곳을 루터는 낭독했다. "거기서 나는 이렇게 외쳤다. '존경하는 주교님, 그만 하시지요! 그리스도께서 자신의 공로로 보화를 획득하셨다면 그 공로 자체가 보화가 아니라 그 공로를 통해 생겨난 것, 즉 열쇠 직분이 보화입니다. 또한 내 논제는 정말로 선한 것입니다.'"[13] 루터는 계속 외쳤다. "그 문법구문을 우리 독일인들이 모른다고 생각하지 마십시오. 보화를 획득하는 것과 보화인 것, 이는 두 가지는 별개의 것입니다."

아우크스부르크에서 제기된 본질적인 질문은 바로 교회의 부富가 있

---

12 카예타누스에 대해서는 다음 참조. G. Hennig, Cajetan und Luther, Ein historischer Beitrag zur Begegung von Thomismus und Reformation, Stuttgart 1966; A. Bodem, Das Wesen der Kirche nach Kardinal Cajetan, Trier 1971.

13 WABr. I; 214.

카예타누스는 심문 기간에 이곳 푸거 궁전(지금은 은행 건물임)에 기거했다. 푸거 가는 마인츠 대주교의 자금을 공급했고 면죄부 수입을 관장했다.

는 곳은 어디인가, 교황의 권한은 무엇인가, 직분의 가치는 어떤 것인가, 성경의 의미는 무엇인가, 그리고 믿음의 필요성은 무엇인가에 대한 것이었다.[14] 한 마디로 요약하면 교회의 본질이 무엇인가에 대한 질문이었다. 카예타누스에게는 루터가 어떤 다른 교회를 세우려한다는 사실이 매우 분명해 보였다. 그러나 루터가 바랐던 것은 다름 아닌 교회에 대해 질문하면서 믿음에 대한 질문 역시 권리를 찾는 것이었다. 오직 그리스도에 대한 믿음이 의롭게 하며 가치 있게 하며 살리며, 성례를 온전히 준비하게 한다. 믿음이 없이는 모든 것이 불순종과 의심을 추구하는 것이 된다. 왜냐하면 의인은 믿음으로 말미암아 살기 때문이다.[15]

슈타우피츠가 중재를 시도했으나 실패했다. 그는 루터의 생각을 바꾸

---

[14] Lohse, Martin Luther. Eine Einführung, 58.
[15] Köstlin I. 208.

기를 거부했고, 또한 학식과 예리함으로 루터와 다투려 하지 않았다고 말했다. 이것은 카예타누스가 스스로 감당해야하는 일이었다. 이제 카예타누스는 순식간에 우호적인 목소리를 바꾸어 이렇게 말했다. "나는 더 이상 이 짐승과 이야기하지 않겠다. 왜냐하면 그는 마귀적인 눈과, 머릿속에 놀랄만한 사변들을 소유하고 있기 때문이다. 슈타우피츠는 루터에게 이렇게 말했다. "형제여, 이 일을 우리 주 예수 그리스도의 이름으로 시작했는지를 잘 생각하기 바란다." 루터에게 이 말은 하늘에서 임한 말씀이 된다. 1518년 11월 28일, 루터는 자신과 교황 사이의 문제를 보편공의회에 호소한다.[16]

라이프치히Leipzig 논쟁

누구나 일들이 급박하게 돌아가고 있음을 알 수 있었다. 루터는 좀 더 분명하게, 또한 좀 더 예리하게 말하도록 압박을 받았다. 아무튼 로마는 그를 악명 높은 이단으로 정죄하는 것 말고는 달리 할 수 있는 일이 없었다. 사람들이 실제로 이 일을 학문적인 문제로 설명했더라면, 사람들이 학문적 자유의 안전한 폐쇄적 세계로 그 갈등을 둘러쌀 수 있었더라면, 과연 무슨 일이 일어나게 되었을까? 그러나 일은 그렇게 흘러가도록 되어있지 않았다. 그것은 교회적 일이었다. 그것은 복음 이상도 이하도 아닌 문제였다. 그리고 그동안 다양한 정치적 측면들이 덧붙여졌다. 교황은 작센 선제후의 지원을 잃는 것을 별로 좋아하지 않았다. 그는 황제 선출이 임박해있었으므로 현자 프리드리히에게서 너무 많이 거리를 둘 수는 없었다. 이러한 구도 속에서 칼 폰 밀티츠Karl von Miltitz가 등장한다. 그는 독일로 파송되어 선제후에게 조심스럽게 접근했다.[17]

---

16 R. Bäumer, Martin Luther und der Papst, Münster 1970, 36-42; Lohse, Martin Luther. Eine Einführung, 59; Köstlin I, 212ff.

밀티츠는 선제후에게 그리스도의 귀한 피와 살의 표지인 황금 장미를 선사하려고 생각했는데, 이것은 교황을 위해 그의 호의를 얻어내기 위한 수단이었다. 하지만 당분간 그 장미는 수여되지 못했다. 프리드리히는 루터가 로마로 이송되도록 조처함으로써 자신의 배려를 증명하지 않을 수 없었다. 비텐베르크의 행정관도 연루되어야 했다. 그러나 도중에 본 밀티츠는 로마에 있는 사람들이 생각하는 것처럼 그 일들이 그렇게 단순하지 않다는 것을 깨달았다. 대다수의 백성들은 무식하지만 루터 편이었다. 폰 밀티츠가 독일의 기혼 여성들과 미혼 여성들에게 교황좌에 대해 어떻게 생각하느냐고 물었을 때, 그들은 어떤 의자가 로마에서 사용되는지 모른다고 대답했다. 교황 대사는 이러한 여행 경험을 루터에게 전했다. 그리고 그는 작센 수도사를 로마로 압송하는 일이 성공적이지 못하리라는 것을 깨달았다. 라틴어 저작 서문에서 루터는 폰 밀티츠의 등장에 대해 이런저런 얘기를 전한다.[18] 아마도 루터는 더 이상 일을 자극하지 않았을 것이고, 그래서 소문은 저절로 수그러들었을 것이다. 또한 교황에게 우호적인 편지를 써서 그 일들이 그렇게 잘못되도록 의도하지 않았다고 전했을 것이다. 사람들은 95개 논제들의 일 등을 조사하기 위해 누구의 편도 아닌 주교를 요청했다. 교황 대사는 테첼과 관계가 좋아졌다. 테첼은 수많은 불행의 원인이었다. 모든 것은 여전히 그의 도덕적 삶을 타박하고 있는 것처럼 보였고, 이것이 알려졌을 때에는 그에게 관심이 없었다. 밀티츠가 실제로 테첼에게 접근했는지에 대한 언급은 전혀 없었다. '밀티츠 계획'Miltitziade은 교착상태에 빠졌다.[19]

1518년 연말에 카예타누스는 교황 교서를 출판했다. 거기에는 면죄부가 분명한 교회 언어로 언급되어 있다. 루터는 더 이상 단지 '사소한 의견차이'opinabilia 뿐이라고 말하면 안 되었다. 교황은 프리드리히와 비

---

17 Köstlin I. 220ff.; H.-G. Leder, Augleich mit dem Papst?
18 WA 54; 184.
19 Borth, Luthersache, 57ff.; Leder, Augleich mit dem Papst?, 64ff.

텐베르크의 다른 행정관들에게 보낸 편지에서 루터를 사탄의 아들이요, 마귀에게서 나온 멸망의 아들 중 하나라 불렀다. 이런 칭호가 교황의 나중 편지 중 하나에서는 아마도 밀티츠의 낙관적 시각의 영향 아래서 좀 더 우호적으로 바뀌게 된다. 하지만 칭호에 드러난 핵심적인 입장들이 폐기된 것은 아니었다.

이런 상황들 가운데 양편의 논쟁이 여전히 의미가 있었는가? 아무튼 논쟁은 벌어졌고 이는 많은 흔적들을 남기게 된다. 에크Eck라는 사람, 상술하자면 슈바벤의 에크 출신 요한 마이어Johann Maier. 1486~1543년는 루터의 가장 맹렬한 논적 중 하나가 되었는데, 루터와 마주칠 수 있는 곳이라면 어디든지 활동했다.[20] 그는 큰 능력과 지식을 내보이도록 논쟁하는 방식을 통해 명성을 얻었다. 루터와 에크 가운데 우호가 생겼으면 하는 바람으로 쇼일Scheurl을 통해 루터의 95개 논제가 에크에게 전달되었다. 이 때 에크는 루터의 논제에 대한 짧은 논평, '오벨리스키'obelisci. 십자모양의 피뢰침들를 썼다. 이것이 출판되지는 않았지만 광범위하게 필사되고 퍼졌다. 이것은 결코 중단되지 않을 지면논쟁의 시작이었다. 루터는 일이 예상치 못한 쪽으로 발전하자 놀랐다. 직접적인 충돌만 없었을 뿐이다. 루터가 비텐베르크를 떠나 있었을 때 루터의 동료이자 루터에게 박사학위를 수여한 칼슈타트Karlstadt는 루터 대신에 논쟁했다. 그는 수많은 논제를 통해 루터의 입장을 옹호했다. 이렇게 칼슈타트와 에크 사이에 충돌이[21] 발생했다. 이것은 잠재적으로 은혜와 자유의지에 관한 문제였다. 루터는 다소간 중재를 시도했고 에르푸르트 혹은 라이프치히에서 열린 어느 논쟁에서는 명확한 결론에 이르기도 했다. 그러나 에크는 칼슈타트를 굴복시킬 뿐 아니라

---

[20] E. Iserloh, Joh. Eck (1486-1543). Schoastiker, Humanist, Kontroverstheologe, Münster 1981.

[21] Joh. Eck, Defensio contra Amarulentas D. Andr. Bodenstein Carolstatini invectiones, ed. J. Greving, Münster 1919. 또한 Obelisci van Eck, 16ff. 참조. H. Barge, Andreas Bodenstein van Karlstadt I. Nieuwkoop 1968², 114ff.; U. Bubenheimer, Consonantia Theologiae et Iurisprudentiae, Tübingen 1977; R.J. Sider, Andreas Bodenstein von Karlstadt, Leiden 1974.

루터와 에크의 라이프치히 논쟁. 1556년의 목판화.

독일 전역의 많은 사람들 입에 오르내리는 명성의 루터를 이기는 승자가 되는 것이 목표였다. 에크가 은혜와 자유의지뿐만 아니라 면죄부도 포함하고 있는 다수의 논제들을 출판했을 때 루터는 매우 놀랐다.

이에 루터는 그때까지 논쟁했던 사안들에 대에 총체적 논쟁을 준비했다. 당시 그는 실제로 자신의 관점으로 그 논쟁을 이끌어 가야한다고 생각했는데, 그것은 교황의 권한에 대한 문제를 제기하는 것이었다. 교황의 권능의 원천은 도대체 어디인가? 루터에게 교황의 수위권은 4세기에 처음 생겨난 것임이 분명해 보였다. 교황의 수위권을 성경과 초대교회에서 찾을 수는 없었다. 바로 이것이 요점이었다. 그렇다면 어떻게 여전히 교황 교서에 따라 면죄부를 논하는 것이 가능한가? 면죄부 논쟁은 교황 교서와 무관한 것이 아닌가? 하지만 교황의 장엄한 선포는 반드시 준수되어야 하는 것이 아닐까? 이즈음 루터에게는 이미 교황이 적그리스도가 아닌지 내적으로 의심하게 되었다는 것은 잘 알려진 사실이다.

게오르크 슈팔라틴. 독일어 본명은 부르크하르트Burckhardt. 작센의 선제후 프리드리히의 궁정설교자. 루터는 그에게 수많은 편지를 썼다. 루카스 크라나흐의 목판화.

"교황이 적그리스도인지, 그리스도의 사도인지 나는 모른다. 그러나 매우 유감스럽게도 그리스도께서는 교황이 순수한 진리라고 선포한 것들에 의해 모독당하셨고 십자가에 못 박히셨다." 이런 내용은 슈팔라틴에게 보낸 1519년 3월 13일자 루터 편지에 있다.[22]

그의 친구들은 이렇게 너무 나가버린 경솔함에 크게 놀랐다. 칼슈타트조차 아직 그렇게 멀리 갈 준비는 되어있지 않았다. 그는 자기 논제들에서 로마에 대한 순복을 명시적으로 표현하고 있었다.[23]

일이 어느 쪽으로 흘러갈지가 이렇게 분명해졌다. 에크는 이전에 출판한 일련의 논제들에서 교황이 4세기에 등장한 것이 아니라 언제나 베드로의 후계자로 여겨졌고 그리스도의 권능을 소유하고 있다고 주장했다. 그러므로 로마교회는 항상 다른 교회 위에 있었다는 것이다.

이러한 역사적 문제의 배경에는 원리에 대한 질문, 즉 신앙 문제에 대한 결정권이 실제로 로마의 교황에게 속한 것인지에 대한 질문이 숨겨져 있었다. 루터는 자신의 생각을 다음과 같이 피력했다. "로마교회가 다른 모든 교회 위에 있다는 것은 동결된 조항들에 의해, 즉 최근 4세기 동안 등장한 교황 법령들에 의해 증명된다. 이러한 주장에 반하여 1100년의 신뢰할 만한 역사는 성경 본문과 니케아공의회 결정이 모든 법령 중 가장 거룩하다는 것을 증언한다."[24]

교황의 권위와 그에 연관된 것에 대한 문제에 있어서 가장 큰 강조점은 공의회의 결정이 가지는 의미에 있다. 학생들의 호위를 받으며 루터는 친구들과 함께 라이프치히에 도착했다.[25] 8월 27일 월요일에 도마교회에서 12명의 찬양대 미사 노래가 울려 퍼지는 가운데 의식이 장엄하게 열렸다. 플라이센부르크Pleißenburg의 대강당에 마주선 연단 두 개가 마련되었다. 페트루스 모셀라누스Petrus Mosellanus가 특히 신학 문제에 있

---

22 R. Bäumer, Martinus Luther und der Papst, 54ff. 참조. Fausel I. 131.
23 Brecht, Martin Luther, 291.
24 WA 2; 161.
25 Brecht, Martin Luther, 295.

어서 토론 기술에 대해 연설을 했다. 그는 훌륭한 관찰자였는데, 이는 그가 자기 펜으로 두 인물에 대해 정확하게 서술할 수 있었기 때문이다. "마르틴은 키가 중간 정도이고 염려와 공부로 깡말랐고, 그의 뼈는 피부에 드러나 몇 개인지 셀 수 있을 정도였다. 남자답고 건강한 나이였고 분명하고 통쾌한 목소리를 갖고 있었다." 루터는 친근함과 공손함으로 좋은 인상을 주었다. 물론 어떤 사람들은 그가 자기를 강하게 비난하는 대적들을 향해 부주의하게 꽃다발에 코를 박고 킁킁댄다고 화를 내기도 했다.

칼슈타트는 무엇보다도 은혜와 자유의지 교리에 대해 논의함으로써 활동을 시작했다. 루터에게는 토론의 전체 과정이 교황의 권위 문제에 집중되었다. 이 문제에 대해 에크는 자기 교회를 세웠던 보헤미아형제단이 받았던 동일한 정죄를 루터가 피할 수 없을 것이라는 것을 분명히 드러내고자 했다. 그는 교회에 의해 정죄된 이 이단자들의 조항들을 루터에게 들이댔다. 하지만 루터는 물러서지 않고 그 조항들에서 선한 것을 밝히려 한 것처럼 보였다. 에크가 모인 많은 사람들에게 분명하게 남긴 인상은 루터가 콘스탄츠공의회에 대항하여 후스파가 선하고 기독교적으로 가르쳤다고 주장한다는 것이었다. 루터는 교황의 권위를 부인했다. 또한 그는 기독교공의회의 권위도 부인했다. 공의회의 권위는 루터도 인정하는 것이었지만, 그는 공의회도 성경에 묶여 있다고 첨언했다. 이렇게 일은 이르러야할 곳에, 즉 교회와 성경의 관계, 공의회와 하나님 말씀의 관계라는 자리에 도달했다. 이곳에서 부가적으로 연옥, 면죄의 시행, 참회 등과 같은 다른 논점들도 비교 되었다. 사람들은 자신들이 실제로 서로 적대적이라는 사실을 의식하고 수군거렸다. 이제 정말 루터는 어려움에 처하게 되었는가? 그는 공의회에 호소했다. 이 호소는 도대체 무슨 효력이 있었을까? 라이프치히에서 공의회도 오류가 있을 수 있다고 인정할 수밖에 없지 않았는가?

슈팔라틴에게 보낸 1519년 7월 20일자 편지에서[26] 루터는 이 토론에서 아무것도 제대로 다루어진 것이 없다고 생각한다고 썼다. 자기가 제시한 13개 논제 말고는 적어도 의미 있게 다루어진 것이 없다는 것이다. 토론은 끝났지만 루터는 만족하지 못했다. 그러나 그는 토론 내용에 대한 자신의 해설을 신속하게 출판할 수 있으리라 생각했다. 그는 자기 마음 깊은 곳에서 무엇을 알고 있었는지 말하지 않았다. 분열은 더 이상 막을 수 없었다. 공의회에 호소한 것은 내용상 이미 늦었다. 그러나 루터는 돌이킬 수 없었다. 왜냐하면 그는 하나님의 말씀에 붙잡혔기 때문이다. 아니면 자신의 말에 붙잡혔기 때문인가? 루터는 너무 멀리 간 것일까? 시련은 매일 그와 동행했다.[27]

---

26 WABr. I; 420.
27 Köstlin I, 238.

4장

종교개혁

J. Köstlin, *Luthers Theologie* I, Darmstadt 1968[3], 279ff.; **P. Wernle**, *Der evangelische Glaube nach den Hauptschriften der Reformatoren* I. *Luther*, Tübingen 1918, 23ff.; 78ff.; **O. H. Pesch**, *Hinführung*, 176ff.; **W. J. Koiman**, Vom der Freiheit eines Christenmenschen, in: **H. Berkhof** e.a., *Kerkelijke klassieken*, Wageningen 1949, 157-201; **E. Jüngel**, *Zur Freiheit eines Christenmenschen. Eine Erinnerung an Luthers Schrift*, München 1978; **G. Berner**, *La notion de liberté chez Luther*, Paris 1980; **B. Hamm**, Martin Luthrs Entdeckung der evangelischen Freiheit, in: *Zeitschrift für Theologie und Kirche*, 80 (1983), 50-68.

시련을 통해 루터는 점점 더 자신이 다루고 있는 문제가 결국 세상에서 가장 중요한 것이 아니라는 사실을 확신하게 되었다. 그의 가장 깊은 시련은 아무도 실제로 따르지 않는 것들에 결부된 것이 아니라 하나님 앞에 있는 자신의 내적 존재에 결부되어 있었다. 루터는 오직 그분의 긍휼만 필요했다.[1] 누가 그것들을 실제로 따를 수 있는가? 어느 한 순간에 그 자신이 사탄의 아들로 불리게 되었고 흑암의 통치자의 사생자로 불리게 되었다. 그를 이렇게 보고 있었던 것은 로마 교황이었는데, 바로 이 교황이 새로운 황제 선출에 연루되어 프리드리히에게 쓴 1519년 6월 7일자 편지를 보면, 프리드리히가 프랑수아 1세François I에게 투표하는 것은 상당한 가치 있어서 교황 자신이 '친구'인 루터를 추기경으로 서품하고 그를 위해 대주교 자리를 마련할 준비가 되었다는 내용이 들어 있다. 하나님을 위하여, 그리고 하나님과 함께 그 일들을 겪고자 하는 사람에게 교황의 그 모든 조작들이 무슨 의미가 있었을까?

루터는 자신이 갖지 못한 힘에 의해 강제로 떠밀려 길을 나서게 된 것이다. 어떤 논쟁, 어떤 공격이나 고발, 로마에서 들리는 어떤 위협이 와도 그를 더 멀리 나아가도록, 점점 더 확신이 강해지도록 몰아갈 뿐이었다. 눈에 띄는 것은 "비텐베르크에서 온 수도사"는 정말 수도사로 알려졌다는 사실이다. 다양한 팸플릿이나 글들[2] 가운데서 광범위하게 퍼진 루터상像은 그를 수도사로 보이게 했다. 사람들이 이전에 수도사들에게서 기대했던 것처럼 사람들은 이제 이 한 사람에게 위대한 것, 완전히 새로운 것을 기대했다. 이런 기대를 가졌던 것은 단지 학식 없는 사람들만 아니라 오래전부터 어려움에 처한 제국기사들도 역시 그랬다. 기사들의 지위는 도시의 등장으로 인해, 특히 전쟁 수행을 위한 정규군의 조직으로 인해 미묘하게 문제가 되기 시작했다. 이러한 부류들 중 루터와

---

[1] Köstlin I, 304.

[2] R.W. Scribner, For the sake of simple folk. Popular propaganda for the German Reformation. Cambridge 1981, 14ff.

접촉하고자 하는 사람들이 나왔다.[3] 독일 귀족 계층은 상황을 바꿀 수 있다는 가능성을 보며 등장했다. 그리고 스페인의 카를로스Carlos가 독일 제국의 황제가 될 것이라는 것이 확실해졌을 때, 다른 사람들과는 달리 아직은 부패하지 않았고 아마도 큰 이상을 품고 있을 젊은 남자 루터는 모든 것을 포괄하는 개혁을 위해 그 자신의 기획안을 썼는데, 바로 『그리스도인 귀족들에게 고함』이 그것이다.

그리스도인 귀족들에게 고함

이것은 로마와 타협점을 찾기가 불가능하다는 인식을 하기 시작했을 무렵 썼던 글인데 루터가 쓴 개혁 문서 중 첫 번째 것이다. 로마는 적그리스도가 되었다. '그의 악마적이고 적그리스도적인 권능으로 인해 기독교 세계의 실제적인 개선은 힘을 잃는다.'[4] 교황 쪽에서는 더 이상 어떤 거룩한 것도 기대할 수 없다. 그러나 독일 귀족들은 무엇인가 실제로 의미 있다면 그들 자신만의 이상을 내놓지 않을 수 없을 것이다. 그들은 개혁을 위해 분투할 것이다. 바로 이것은 루터가 자기만의 이상을 포기하거나 왜곡하지 않고도 다른 사람들의 이상과 갈망을 인정할 줄 안다는 본보기다. 몰락하고 있는 독일 귀족들은 루터가 독일에 새로운 미래를 가져다줄 것을 기대했지만 이는 헛된 바람이었다. 이 미래는 하나님 나라의 미래 이외에 결코 다른 것일 수 없었다.

자신의 글에서 루터는 자신이 로마제국의 상황과 매일 일상적인 삶의 상황에 대한 거대하고 상세한 지식의 소유자라는 증거를 제공한다. 이것은 수도사에게 기대할 만한 것이 아니었다. 그러나 그는 그 일들에 골몰했다. 이런 일의 좋은 예는 소위 "콘스탄티누스의 증여"라[5] 불리는 문서

---

3 Köstlin I. 303ff.
4 WA 6; 414.

An den Christli-
chen Adel deutscher Nation
von des Christlichen standes besserung.
D. Martinus Luther

"그리스도인 귀족에게"(1520)의 목판인쇄 제목.

---

[5] Köstlin I, 304f.

에 관한 라우렌티우스 발라Laurentius Valla의 글을 울리히 폰 후텐Ulrich von Hutten이 새롭게 출판했는데, 이 출판물의 편집자가 루터였다는 사실이다. 황제 "콘스탄티누스의 증여"는 공식적인 교회법으로 편입된 노골적인 위조문서이다. 이것은 콘스탄티누스가 수도를 로마에서 콘스탄티노플로 옮기면서 서로마와 이탈리아 속주들 전체에 대한 통치권을 교황에게 양도했다는 내용인데, 로마제국의 황위가 독일왕국의 황제에게 "대여 되었다"는 주장이 그 내용과 결부되어 있었다. 루터는 이 문제에 대해 슈팔라틴에게 이렇게 썼다. "하나님 맙소사! 로마 사람들의 어두움과 무가치함이 이와 같다니! 그리고 사람들은 하나님의 판결에 놀랄 수밖에 없는데, 저 로마 사람들이 이미 수세기를 지나면서 존속할 뿐 아니라 지배했으며 교회법 안으로 그렇게 불순하고 불손하며 부끄러움을 모르는 거짓말들을 받아들였다는 것이다. 그런데 이 거짓말들이 믿어야하는 교리가 되었다. 고통스럽게도 나는 교황이 완벽하게 실제로 세상이 기대하던 적그리스도라는 것을 더 이상 의심할 수 없다. 그의 삶, 행동, 말, 그리고 결정들은 적그리스도에 전적으로 부합한다."[6] 귀족들에게 쓴 글에서 루터는 이 '콘스탄티누스 증여'를 유래 없는 거짓말이라 부른다. 술 취한 농부가 거짓말을 해도 이보다는 더 세련되고 잘 들어맞게 했을 것이다.[7] 교황이 다양한 방면에서 행한 모든 조작을 이러한 시각에서 보았을 때 루터는 교황에게 이렇게 호소한다. "교황이 참으로 적그리스도라는 것을 증명하는 다른 어떤 악행이 없다 해도 그가 적그리스도라는 증거는 이 콘스탄틴 증여 문서만으로 충분할 것이다. 교황이여, 듣고 있는가? 가장 거룩한 자가 아니라 가장 죄 많은 자여! 하늘의 하나님이 당신의 교황좌를 지옥의 제일 밑바닥에 속히 가라앉게 하시리라."[8] 그러나 로마는 스스로를 강하고 난공불락의 벽 세 개 뒤로 몸을

6 Köstlin I, 305.
7 WA 6; 435.
8 WA 6; 453.

숨겼다. 로마추종자들은 능숙하게 자기들 둘레에 세 개의 벽을 세웠다. 이로써 그들은 지금 보호되고 있다. 그래서 어느 누구도 개혁을 실현할 수 없는 것이다. 첫째로, 사람들이 그들을 세속 권력으로 압박했을 때 그들은 자신들에게 세속 권력이 어떤 권한도 미칠 수 없고 오히려 영적인 권력이 세속적 권력 위에 있다고 주장했다. 둘째로, 사람들이 그들을 성경으로 경고했을 때 그들은 이에 맞서 교황 말고는 누구도 성경을 해석할 수 없다고 주장했다. 셋째로, 누군가 그들을 공의회의 권위로 위협했을 때 그들이 생각해낸 변명은 교황 말고는 누구도 공의회를 소집할 수 없다는 것이었다."[9] 지금 루터는 이 벽들을 무너뜨리고 싶어 한다. "하나님께서 우리를 도와주시고 여리고 성벽을 무너뜨린 나팔 중 하나를 우리에게 주시기를! 그래서 우리가 짚과 종이로 만들어져 있는 이 벽들을 불어 넘어뜨리고 죄를 벌하는 기독교적 회초리를 휘두르고 마귀의 궤계와 속임수를 백일하에 드러낼 수 있기를!"[10]

그리고 이제 드디어 종교개혁의 시간이 이르렀다는 것이 명확해졌다. 이제부터 모든 그리스도인은 서품되고 성별된 사람이라는 것이 첫째 증거다. 물론 세속 계급이 군주, 영주, 수공업자, 그리고 농민으로 구성되어 있는 것과 같이 독립적 성직계급이 교황, 주교, 사제, 그리고 수도사로 구성되어 있다는 사실은 사람들에게 잘 알려져 있었다. 그러나 이러한 구별은 별 의미가 없다. 왜냐하면 그리스도인 사이에는 '직분적인' 차이 말고 다른 어떤 차이도 존재하지 않으므로 모든 그리스도인은 참으로 성직 계급에 속하기 때문이다. 누군가를 그리스도인으로 만드는 것은 오직 세례, 복음, 그리고 신앙고백뿐이다. 사제로 기름 부음 받는 것, 수도사가 되기 위해 머리를 미는 것은 기름괴물, 즉 기름 부음 받은 기득권자를 만들 수는 있겠으나 참된 그리스도인을 만들 수는 없다. 세례를 통해 우리 모두는 사제 즉 제사장으로 서품된다.[11] 이 직분, 즉

---

[9] WA 6; 406.
[10] WA 6; 407.

모든 신자의 제사장직의 도움으로 이제 첫 번째 벽은 무너진다. 가장 근원적인 본질로 봤을 때는 서품된 성직과 전혀 다른 계급제도 대신에 루터는 교회회중을 전면에 내세운다. "만일 적은 무리의 경건하고 기독교적인 평신도들이 포로로 잡히고 광야로 옮겨진 곳에서 비록 그들에게 주교에 의해 서품된 사제가 없었지만 서로 일치단결하여 그들 가운데 결혼자건 미혼자건 상관없이 한 사람에게 세례를 베풀고 미사를 드리고 죄를 사하고 설교하는 직분을 맡기게 된다면, 그는 참으로 모든 주교와 교황이 그를 서품한 것과 같은 자격의 사제일 것이다."[12] 모든 사람이 세례를 통해 서품된 사제가 되는 바로 이 이유 때문에 어떤 사람도 "우리 모두가 동등한 전권을 가지고 부여한 그 일을 할 수 있다는 위임과 선거 없이" 사제직을 억지로 얻으려 하거나 스스로 월권해서는 안 된다. 왜냐하면 교회에 속한 것은 누구도 교회의 위임과 동의 없이 자기 것으로 취할 수 없기 때문이다. 다른 말로 하면 루터는 사제서품을 거부한 것이다. 루터는 분열을 하나의 교회 속에 감추는 것이지 다른 분열을 발생시키는 것이 아니다. 이 분열은 루터가 나중에 얼마 지나지 않아 재세례파와 신령주의자들의 견해에서 알게 될 고집스러움에서 생기는 것이다.

둘째 벽은 성경 해석의 권한의 벽이다. 로마교회는 이 권한을 자기에게만 귀속시켰다. 이로써 이전에 성경에 호소한 것 모두는 약화되었다. 그러나 고전14:30과 요6:45에 호소함으로써 루터는 이 월권을 거부한다. 그들은 모두 하나님에게서 배웠다. 이는 모든 그리스도인에게 다 해당된다. 그리고 교회에서 어떤 사람이 무엇을 알게 되었는데 또 다른 사람이 계시에 힘입어 더 나은 것을 안다면 전자는 후자에게 들어야 한다.

지식의 열쇠는 신자들에게 맡겨져 있다. 로마교회는 여기에다 베드로에게 주어진 열쇠권능에 호소해서는 안 된다. 죄 사함 때문에 주어진

---

11 WA 6; 408.
12 WA 6; 407.

것이 바로 그 열쇠다. 아브라함 역시 사라의 말을 들어야 했다. 그리고 하나님은 암나귀를 통해 발람에게 말씀하셨다. 모든 그리스도인은 무엇이 의이고 불의인지, 무엇이 신앙이고 불신인지 판단할 능력을 가지고 있다. 바로 이 종교개혁의 원리가 곧 널리 퍼져 임무를 수행하게 되는데, 그 원리란 설교되는 교리를 시험할 권한이 교회 즉 회중에게 속한다는 것이다.

종교개혁의 출발점인 처음 두 벽과의 관련 속에서 이제 세 번째 출발점이 등장하는데, 이것은 교황이 아니라 세속 정부가 공의회를 소집할 권한이 있다는 것이다. 이 일은 어느 누구도 세속의 칼보다는 더 잘할 수 없다. 특히 그리스도인들, 사제들, 성직자들이 만사에 함께 권한을 가진 동등한 구성원인 사회일 때 그 칼은 더욱 그렇다. 이런 사회의 구성원들은 적재적소 필요할 때마다 모든 사람 위에 계시는 하나님께 받은 자기 직분을 자유롭게 행사하게 될 것이다.[13]

이러한 세 가지 장애물을 제거한 후, 루터는 한 걸음 더 나아가 종교개혁이 필요한 요점들을 부각시킨다. 즉 루터의 개혁은 교회적이고 정치적이고 국내적이고 국제적인 삶의 영역으로 확대되었다. 고리대금 및 이자에 관련되어 있는 경제적인 문제들 역시 루터를 피해가지 못했다. 학문의 영역 또한 그러했다. 그는 어떻게 교육이 개혁될 수 있는지 제시했다. 사람들은 헛된 직위들은 잊어야만 하는데, 특히 신학에서 그래야 했다. 성령께서는 성경으로 참된 신학박사, 즉 신학교수를 만드신다. 성령의 사역을 행하도록 하는 것은 말씀이다. 칼슈타트는 학문으로 만들어야 했던 모든 것을 버렸으며 채식주의자가 되어 시골로 돌아갔다. 하지만 1530년대에는 비텐베르크대학조차 다시 학위들을 도입하게 된다. 물론 이것이 단지 젊은이들에게 열심히 공부하도록 하는 유인책 정도에 불과했지만 말이다.

---

13 WA 6; 413.

루터는 자신을 보헤미아 형제단인 후스파로 여겼다. 이 사진은 요한 후스Johannes Huss가 콘스탄츠 시에 머물렀던 거처의 작은 기념패. 후스는 교황의 권위 등과 같은 것을 인정하지 않는다는 이유 때문에 이곳 콘스탄츠에서 이단자로 화형 당했다.

이러한 루터 저술에서 배울 수 있는 것은 사회가 큰 도시의 사창가를 가지고 있다는 사실이다. '사회는 왜 사창가가 없을 수 없는가?' 라고 루터는 물었다. 이스라엘에는 이러한 상황이 존재하지 않았다. 사람들은 사회적인 변화를 경험하지 않을 수 없다. 즉 돈을 얼마 들이지 않고서도 부자가 될 수 있는 상업에 대해 반대한다. 반면에 농부로 사는 것이 모든 면에서 더욱 건전할 것이라고 생각한다. 부상하는 사치, 즉 의복과 값비싼 물건들과 금과 보석 등으로 사치하는 것을 본다. 요컨대 그것은 독일민족의 개혁을 위해 준비된 총체적 기획이다. 사치는 독일의 죄악이라 불리고, 특히 독일민족을 위협하는 죄악으로 떨어진다. 이 작센 사람 루터는 독일 민족을 사랑했다. 그래서 그는 자신의 제일 좋은 것으로 호의를 베풀었다. 즉 모든 국면에서 하나님의 말씀을 따라 사는 삶이 바로 그것이었다.

사람들은 이러한 호소를 통해 라이프치히 논쟁의 분위기가 개선되는 것을 경험한다. 사람들은 루터가 후스파의 사상을 가졌는지, 보헤미아형제단의 영에 오염되었는지 의심했던 것일까? 여기서 루터는 그들의 편을 든다. 우리는 너무 오랫동안 그들을 잊고 있었다. 그리고 조언과 교육 그리고 성직에 대한 이곳 사람들의 논쟁을 비텐베르크로 가져가자는 목소리에 동의하는 사람들이 생겼다. 젊은이들은 공부하러 와서 능력 있고 서품 받은 설교자로 귀향하려 했을 것이며 '절대 성직'을 예견했을 것이다.[14]

교회의 바벨론 포로

독일민족의 귀족들에게 보내는 글을 마무리하면서 루터는 다른 작품을 쓸 것임을 암시한다. "나는 지금까지 내 적들에게 종종 평화를 제공해 왔다. 그러나 이제 내가 보고 있는 것처럼 하나님은 그들을 통해 내가 내 입을 계속 더 벌리도록 밀어붙이셨다.... 좋다! 나는 로마와 로마 사람들에 관한 노래 하나를 알고 있다. 그 노래가 그들의 귀를 간지럽게 한다면 나는 그들을 위해 그 노래를 부를 것이고 목소리를 한껏 높일 것이다."[15] 루터는 실제로 자신의 글, 『교회의 바벨론 포로』에서 그렇게 했다. 글 제목은 교회사의 에피소드 중 하나에서 빌려온 것이다. 바로 그때 그 분열 때문에 교황은 자신의 교황좌를 아비뇽으로 옮겨야 했었다. 그러나 여호와를 위해 어떤 노래도 부를 수 없었던 바벨론 포로 시절에 하나님의 백성이 겪었던 소외에 대한 생각이 배후에 숨어 있는 것은 확실하다.

루터에게 교회에 나타난 실족과 소외의 가장 근원적인 원인은 무엇이었을까? 그것은 바로 면죄부였다. 지금 루터는 기꺼이 면죄부에 대한

---

14 H. Lieberg, A,t und Ordination bei Luther und Melanchton, Göttingen 1962, 181-190.
15 WA 6; 469.

자기 글들을 불쏘시개로 만든다. 왜냐하면 그의 적대자가 보여주었듯이, 악은 더 깊은 곳에 놓여있기 때문이다. "내가 원하든 원하지 않든 오늘까지 나는 더 많은 것을 배워야 한다. 매우 많은 선생들이 경쟁적으로 나를 압박하고 있다." 사람들이 면죄부를 방어하려고 쓴 것이 얼마나 큰 우상숭배인지 루터에게는 아주 명확해졌다. 에크는 교황의 수위권에 대해 루터에게 가르침을 준 사람이었다. 그래서 루터는 그 주제에서 큰 진보를 이루게 되었다. 이제 루터는 이전에 생각했던 것처럼 면죄부 문제가 인간의 법에서 일치점을 찾을 수 없는 것이라 보았다. 그러나 그는 로마 교황권은 바벨론제국과 큰 사냥꾼 니므롯창10:8~10의 독재와 다르지 않다고 보았다.

이제 루터의 공격은 특히 성례 교리에 관련된 것이다. 그는 7성례를 부인할 뿐 아니라 평신도들이 포도주를 나누는 분잔에서 배제되고 있다는 사실에 대해서도 논박했다.

성례에 대한 루터의 글은 그의 가장 중요한 신학 주저로 분류된다. 그는 성경에 호소한다. 그러나 루터는 스콜라 신학의 논점도 완전히 장악하고 있는 것으로 보인다. 성찬에서 교황 교회는 오직 사제만이 대표로 포도주를 받아 마심으로써 평신도에게 불의를 저지르고, 더 나아가서는 성경에도 큰 불의를 저지른다. 그렇게 함으로써 성례의 온전함이 훼손된다. 그리스도는 자신의 피를 평신도를 위해서도 흘리셨다. 보헤미아형제단이 분병분잔 하는 이중성찬을 집례 했기 때문에 그들을 이단이라고 사람들이 생각했다면 이제 진짜 이단은 그들에게 있는 게 아니라 로마교회에서 찾아야 한다는 것이 정말로 분명해졌다. 이런 상황에서 루터가 말하고자 한 바는 평신도에게 분잔해야 한다는 계명이 아니다. 참된 그리스도인들은 자신들이 지금 투르크 지배의 박해를 견뎌야 하듯이 이 독재를 인내할 수 있다. 그리스도인들이 그 성찬에 참여한다면 잘못은 그들에게가 아니라 이런 방식으로 지배력을 행사하는 자들에게 있다. 왜 사람들은 더 나아가지 않고 그것을 승인하는 것일까? 성찬

참여자들에게 포도주를 주지 못하도록 하는 것은 곧 빵도 같은 방식으로 거절할 수 있다는 뜻인데, 왜 그것을 승인하는 것일까?[16] 잘못은 평신도가 아닌 사제들에게 있다.[17]

그러나 화체설 교리는 훨씬 더 악하다. 이것은 신앙조항으로 그리스도인들에게 부과된 교리다. 사람들은 이단자들인 위클리프나 후스 등의 이름에 호소함으로써 이 문제를 단순히 거부할 수만은 없다. 교회는 1200년이 넘도록 화체설에 대해 몰랐다. 아리스토텔레스가 도입되기 전까지, 즉 그가 소위 철학으로 본질적 존재와 우유적 존재를 논함으로써 교회를 황폐화시키기 전까지 교부들은 이 교리를 전혀 몰랐다.[18] "불과 쇠, 이 두 실체가 달구어진 쇠에서는 섞여서 모든 부분이 불이고 또 모든 부분이 쇠이기도 하다. 이럴진대 왜 그리스도의 영화로워진 몸은 빵의 모든 부분에 현존할 수 없다고 하는가?"[19] 인간적인 개념들을 가진 아리스토텔레스를 우리는 언제부터 신령한 것들을 감별하는 감별사로 삼은 것인가? 왜 우리는 말씀을 신뢰하지 않는가? "나는 그리스도의 몸이 어떤 방식으로 빵이 됐는지 이해하지 못할 때도 어떤 경우에도 내 지성을 그리스도께 순종하도록 이끌었다. 그리고 그저 그분의 말씀 위에서 안식하며 나는 그리스도의 몸이 빵 안에 있다는 것 뿐 아니라 빵이 그리스도의 몸임을 확실히 믿는다.... 성령께서는 아리스토텔레스보다 훨씬 강하시다."[20] "철학이 그것을 이해하지 못한다 하더라도 믿음은 그것을 이해한다. 그리고 하나님 말씀의 권위는 우리 이성의 이해력보다 더 크다.... 그럼에도 불구하고 나는 하나님의 거룩한 말씀의 영광 덕분에 지혜롭게 될 것이다. 반면에 하나님의 말씀을 다른 의미로 바꾸는 인간적인 추론의 힘을 빌려오는 것을 나는 인정할 수 없다."

---

16 WA 6; 504.
17 WA 6; 507.
18 WA 6; 509.
19 WA 6; 510.
20 WA 6; 511.

그러나 이 성례를 둘러싼 가장 위험한 오해는 미사가 선행, 즉 제사라는 사상이다. 그리고 이 지점에 대해 먼저 루터는 깊이 있고 날카롭게 비판한다. 여기서 그는 성찬이 표지이자 인침이라는 유언, 즉 언약을 가리킴으로써 물질 아래 있는 성례 개념을 그 물질로부터 끄집어낸다. “이 유언은 태초부터 하나님의 모든 약속에 예표 되었다.” 이것이 의미하는 것은 성경에서 가장 많이 사용되는 단어들인 ‘언약’pactum, ‘계약’foedus. 언약체결, ‘유언’testamentum 등이다. 루터는 이러한 개념으로 그리스도의 성육신과 죽으심을 보고 이해한다.[21]

이제 사람들은 이러저러한 것들의 오용도 알 수 있다. 미사가 약속을 내포한다면 미사를 위한 선한 준비물은 오직 하나, 즉 믿음뿐이다. 그렇다면 우리는 우리의 행위나 능력이나 공로로 나아갈 수 있는 것이 아니다. “왜냐하면 약속하시는 하나님의 말씀이 있는 곳에 반드시 약속을 받는 인간의 믿음이 있기 때문이다. 우리 쪽의 어떤 열심 없이도 하나님은 은혜로, 공로 없이 주어지는 긍휼로 우리를 앞서시며 하나님 약속의 말씀을 우리에게 제공하신다. 하나님은 언제나 자신의 말씀을 보내셔서 그들을 치유하셨다. 그러므로 하나님께서 우리의 행위를 받으신 것이 아니라, 바로 저 방법으로 우리를 구원하셨다. 하나님의 말씀은 모든 것보다 우선한다. 그러므로 믿음이 따라오고 사랑은 믿음을 뒤따르는데, 이 사랑은 모든 선한 일들을 온전하게 한다. 왜냐하면 사랑은 악을 행하지 않기 때문이다. 또한 사람은 믿음으로 말미암지 않고서는 어떤 다른 방법으로도 하나님과 함께 행하거나 교제할 수 없다. 이것의 의미는 사람이 자신의 행위로 자기 구원의 주체가 되는 것이 아니라, 하나님께서 자신의 약속으로 구원의 주체가 되신다는 것이다. 이것은 마치 만물이 하나님 능력의 말씀에 달려 있고 반응하며 보존되는 것과 같다. 하나님께서 자신의 능력의 말씀으로 우리를 창조셨는데, 이것은 우리가 그분

---

21 WA 6; 514.

창조의 처음이 되도록 하시기 위함이다."[22]

이제 우리는 루터의 종교개혁 돌파의 요체 앞에 서있다. 하나님은 약속이라는 수단으로 우리와 교제하신다. 그분은 처음 아담에게서부터 그렇게 하셨다. 타락 직후 하나님은 약속을 주셨다. 그 약속으로 말미암아 아담은 하나님과 동행하며 살았다. "왜냐하면 하나님의 진리인 그 약속은 신자들을 지옥에서조차 지킨다."[23]

바로 하나님께서 은혜를 약속하시는 이 견고한 확실성이 글 전체를 통해 울려 퍼지고 있다. 또한 다른 성례인 세례를 다른 시각에서 보게 해준다. 물론 세례의 의미는 보존된 채로 있지만 사탄은 이 세례의 신앙적 사용을 멸시하도록 조작함으로써 사람들이 자신의 고해성사로 살아가게 했다. 자신이 세례를 받았으며 하나님의 약속이 자기에게 유효하다는 사실을 고려하면서 사는 사람은 거의 아무도 없었다.[24] 이것은 세례에 있어서 고려해야하는 가장 첫 번째의 것은 바로 하나님의 약속이다. 이것은 믿게 될, 그리고 세례 받게 될 사람은 구원받게 될 것이라 약속한다. 여기서 약속은 믿음을 요구하는데, 세례를 받을 그 순간뿐만 아니라 일생동안 그러하다.[25] 회개에 이른 사람이 무엇보다도 먼저 그의 세례와 하나님의 약속을 상기하게 된다면, 이것이 주는 위로는 결코 작지 않을 것이다. 침몰하는 배의 구명대는 회개가 아니라 세례의 약속이다.[26] 그러므로 세례를 볼 때, 특히 집례자를 주시할 때 집례 하는 사람이 아니라 하나님과 그리스도를 주시해야 한다. 왜냐하면 세례는 그분들께 속한 것으로 단지 집례만 사람이 할 뿐이기 때문이다.[27] 따라서 세례 자체가 구원하는 것이 아니라, 세례가 결부되어 있는 약속의 말씀을 믿는 믿음

---

[22] WA 6; 514.
[23] 참조. WA 6; 514. 516.
[24] WA 6; 527.
[25] WA 6; 527f.
[26] WA 6; 529.
[27] WA 6; 530.

만이 구원한다. 본래 의미대로 하면 믿음은 옛 사람이 수장되고 새 사람이 부활하는 것이다. 성례 자체에 의롭게 만드는 효력이 있는 것은 아니다. 우리는 표지보다는 말씀에 주목해야 하며, 행위보다는 믿음을 주시해야 한다. 하나님의 약속이 있는 곳에는 믿음이 있어야 한다. 약속과 믿음 둘 중 하나가 없다면 나머지 하나도 효력이 있을 수 없다. 그러므로 우리가 성례의 작용을 원한다면 우리는 약속 과 믿음 없이는 아무것도 얻을 수 없고 단지 심판만 발견하게 된다.[28]

이와 같이 약속과 믿음에 대한 루터의 견해 때문에 다른 성례들을 인정할 여지가 없었다. 루터는 다른 성례들을 폐기했다. 고해성사의 성례 역할만 잠정적으로 남겨 두었다. 여기서 루터는 성례 개념들을 종교개혁의 의미로 새롭게 정의했다.

루터가 이 논문에서 음조를 높인 부분이 있음은 사실이다. 그러나 그것은 그저 글의 제목이 제시하듯 전주前奏였을 뿐이다. 그럼에도 그 음조가 어떤 것인지는 명확하게 제시되었다. 따라서 우리는 그 고유한 가락이 많은 사람들에게 전수되었으리라 예상할 수 있는 것이다. 바벨론 포로에 대한 논문은 라틴어로 출판되었다. 이는 루터가 우선적으로 신학자들을 염두에 두었기 때문이었는가? 아니면 그가 성례 개념을 가진 로마 교회를 아직까지 어떤 의미로든 아꼈기 때문인가? 말씀이 그것을 자기에게 가르쳐준 대로 말했다는 사실이 어떤 의미인지를 루터는 알고 있었다. 짧지만 중요한 구절에서 루터는 교회에 미치는 하나님 말씀의 능력을 알려준다. 교회는 말씀에서 발견할 수 없는 새로운 은혜의 약속을 실행할 능력이 전혀 없단 말인가? 교회를 인도하는 분이 성령이 아니란 말인가? 하지만 이런 부분의 일도 루터는 말씀에 부합한 교회의 근본적인 결정을 지적했다. "교회는 항상 약속의 말씀으로 말미암아 믿음의 방편을 통해 태어나고, 또한 이것을 통해 양육되고 보존된다. 즉 교회는

---

[28] WA 6; 533.

하나님의 약속에 의해 세워진다. 반대로 하나님의 약속이 교회에 의해 확고해지는 것은 아니다. 하나님의 말씀은 언제나 비교할 수 없는 방식으로 교회 위로 높여진다. 그 말씀에는 확정되거나 규정되거나 지도되어야할 그 어떤 것도 존재하지 않는다. 오히려 사물들이 마치 피조물에 속한 것이 듯이 하나님 말씀으로 확정되고 규정되고 맞추어진다는 것이다. 누가 자기 아버지를 낳을 수 있는가?"[29]

교회는 약속으로 말미암아 살아 있다. 교회는 말씀 아래 있다. 이 말씀이 포로기를 끝낸다. 그리고 자유를 준다.

그리스도인의 자유

루터는 그리스도인의 자유에 대해 소논문 하나를 썼다. 이 역시 1520년에 쓴 종교개혁적인 글로 분류된다. 이 논문은 루터의 가장 훌륭한 저술 가운데 하나다.[30] 이 글에서 루터 자신은 내적으로 해방된 사람으로 묘사된다. 1517년 11월에서 1519년 1월 사이에 루터는 자기 이름을 헬라어 표현인 '마르티누스 엘류테리오스'Martinus Eleutherios로 바꾸어[31] 서명한 편지 몇 통을 신뢰하는 친구에게 보낸다. 이 헬라어 이름은 '해방자', '자유자'라는 뜻인데, 루터는 스스로 그렇다고 생각했다. 그는 다른 사람들을 자유롭게 하는 일을 자기 사명이라 보았다. 그리스도인의 자유에 대한 그의 논문은 교황에게 헌정된 작은 선물이다. 하지만 이 교황은 이미 루터의 저술을 금하는 교서를 발부함으로써 그를 위협했다. "종이의 분량으로 보면 이 논문은 작은 책이지만 의미로 본다면 그리스도인의 삶에 대한 총체가 이 책에 들어 있다."[32] 루터에게 그리스도인의 삶에

---

29 WA 6; 560f.
30 참조. W.J. Kooiman, Von der Freiheit.
31 예를 들면, 슈팔라틴과 랑(Johann Lang)에게 보낸 편지.
32 Köstlin I, 358.

루터는 『그리스도인의 자유』 라틴어판을 교황 레오 10세에게 헌정했다. 1587년의 목판화.

대한 총체는 자유다. 사람이 자신을 실현한다는 고대 헬라적인 의미의 자유가 아니다. 사람이 자유인으로 행동할 수 있다는 고대 로마적인 의미의 자유도 아니다. 사람이 자신의 힘을 보여준다는 고대 게르만적인 의미의 자유도 아니다. 오히려 그것은 성경적 그리고 기독교적 의미에서의 자유, 즉 그리스도 안에서의 자유를 의미한다. 이것은 로마에서 온 위협적인 교서에 대한 루터의 대답이었다. 에크는 교황 사절의 자격으로 이 교서를 독일에 가지고 왔다. 이런 상황에서 루터의 논문은 루터 자신의 생각과 행위의 가장 본질적인 동기들에 호소함으로써 그 자신의 뜻을 로마에 전하고 이해를 구하는 시도였다. 루터는 이 논문의 라틴어판과 독일어판을 둘 다 준비했다. 보통 사람이라도 무슨 일이 진행되고 있는지 알았을 것이다. 핵심은 그리스도를 통해 획득된 자유다. 이는 다음과 같이 두 관점에서 묘사될 수 있다.

'그리스도인은 만물을 다스리는 자유자이므로 어느 누구에게도 종속되지 않는다. 그리스도인은 만물의 충성된 종이므로 모두에게 종속된다.'

루터는 바울의 말을 인용한다. 고린도전서 9장 19절, "내가 모든 사람에게서 자유로우나 스스로 모든 사람에게 종이 된 것은..." 로마서 13장 8절, "피차 사랑의 빚 외에는 아무에게든지 아무 빚도 지지 말라." 갈라디아서 4장 4절, "하나님이 그 아들을 보내사 여자에게서 나게 하시고 율법 아래에 나게 하셨다."

루터가 말하는 자유는 하나님의 말씀 속에 있다. 그리스도는 말씀을 선포하시기 위해 세상에 오셨다. 그렇다면 그렇게 큰 능력을 가진 말씀은 무엇인가라고 사람들이 묻는다면 그 대답은 다음과 같을 것이다. '그리스도께서 전파하시고 복음을 내포한 설교 외의 다른 것이 아니다. 따라서 우리에게 요구되는 유일한 훈련은 우리가 그리스도의 말씀을 믿음을 견고하게 만들도록 사용하는 것이다. 이것만이 우리에게 구원을 주며 행함 없이 구원을 준다. 또 고려해야할 점은 성경이 복음과 율법으로 구분되어야 한다는 것이다. 계명들은 우리에게 여러 가지를 명한다. 그러나 이 계명들은 아직도 성취되지 않은 것들이다. 우리가 성취할 수도 없다. 우리가 지금 율법에서 우리의 무능을 배우고 두려워하며 스스로 보기에 겸손해진다면, 다른 말씀, 즉 약속과 용서의 말씀이 우리에게 임하여 이렇게 말한다—자유롭게 되기를 원한다면 그리스도를 믿으라. 그분 안에는 모든 은혜와 의와 평안이 너를 위해 약속되어 있다! 믿는다면 가지게 되리라. 믿지 않는다면 가지지도 못하리라. 이렇게 하나님의 약속들은 하나님이 우리에게 명령하시는 것을 제공한다. 그러므로 이 모든 것이 오직 하나님의 명령인 동시에 성취다. 하나님만이 약속하시며 하나님만이 성취하신다.'

루터가 여기서 말하는 믿음이란 하나님 말씀과 하나가 되는 믿음인데, 이것은 하나님 말씀의 모든 덕들을 영혼의 소유가 되게 한다. 이 믿음은 어떤 행함 없이도 하나님의 말씀과 연합하게 한다. 말씀과 믿음만이 영혼 안에서 다스린다. 말씀이 어떠하다면 영혼 역시 그러하다. 믿음이 하나님이 신뢰할 만한 분이시기에 하나님께 영광을 돌리듯이 하나님은 영혼에게 영광을 주며 그를 경건하고 진실하다고 여기신다.

더욱이 믿음은 신랑이 자신을 신부와 연합시키는 것처럼 그리스도와 영혼을 연합시킨다. 그들은 모든 것을 함께 가진다. 그리스도께서 가진 것을 영혼이 가진다. 그리고 영혼이 가진 것은 그리스도의 것이 된다. 여기서 "즐거운 교환과 투쟁"이 생겨난다. 즉 그리스도의 경건과 순결이 믿음으로 우리의 것이 된다는 뜻이다. 행위는 그런 것을 못하고, 선행도 못하며, 오직 마음의 믿음만이 그렇게 할 수 있다. 그러므로 믿음만이 인간의 의요, 모든 계명의 성취다.

이 모든 것은 설교의 요구 조건이다. 그리스도의 삶과 사역이 설교될 때, 우리가 심지어 그리스도와 함께 고난을 겪는다할지라도 그것만으로는 충분하지 않다. 오히려 우리를 위해 믿음이 생겨나도록 그리스도 자신이 설교되어야 한다. 그래야 우리가 자유롭고, 하나님 앞에서 왕과 제사장이 되는 것이다. 이제는 행위를 남기기 위해서가 아니라 사랑으로 모두를 섬기기 위해 만물과 만인을 섬기는 종이 되어야 한다. 선행은 결코 사람을 선하게 만들지 못하지만 반대로 선한 사람은 선행을 한다는 격언이 여기에 어울린다. 믿음이 없는 사람은 선행도 할 수 없다. 그러나 그리스도를 믿는 믿음이 있는 곳에는 그리스도께서 우리 안에 일하시고 우리는 이웃을 위해 그리스도께서 우리에게 행하신 것을 행한다. 그리스도께서는 마치 우리 자신이셨다는 듯이 우리를 온전히 영접하셨다. 그리

1520년 12월 10일, 루터는 수도원 법률서와 교황의 교서를 불태웠다. 1556년의 목판화.

고 우리에게서 이제 똑같은 선물들이 필요한 사람들에게 흘러가야 한다. "그리고 더더욱 나는 내 믿음과 내 의까지도 하나님 앞에서 내 이웃을 위해 내놓아야 한다. 이때 하나님은 그리스도께서 우리 모두를 위해 하신 것과 같이 내 죄를 덮으시고 제거하신다."

그리스도께서 우리를 위해 하신 일을 우리는 그분을 향한 사랑으로 이웃을 위해 행한다. 루터가 그리스도인의 자유에 대해 글을 쓴 이유는 그 자신이 하나님의 사랑 안에서 의롭게 된 자로 숨겨져 있음을 알았기 때문이다. 이는 숨겨진 자유인 동시에 속박된 자유다. 은혜로 숨겨지고 사랑으로 속박된다. 그러므로 이 논문과 이후에 루터가 쓸 다른 논문, 즉 『종속적 의지』 사이에는 모순이 없다.

루터가 그것들에 대해 얼마나 실제적이고 내적인 자유를 경험했는지는 같은 해 12월 10일에 드러났다. 이 날은 종교개혁 논문이 공개되고 출교 위협이 그에게 당도한 날이었다. 12월 10일, 멜랑흐톤은 비텐베르크 교회에 다음과 같이 공고했다. '비텐베르크에서 복음적 진리 연구에 도움을 받는 사람들은 오전 9시에 성문 밖으로 나와야 한다.' 이는 거기서 사도적 관습에 따라 불신앙적인 책들을 교황의 결정 및 스콜라 신학과 함께 불태우려 했기 때문이다. 수많은 사람들이 모여들었다. 교수 한 명이 화형대를 만들었고 루터는 여기에다 교황의 법전들을 올려놓았다. 그 사람이 불을 붙이자 루터는 교황교서를 불꽃 속에다 던져 넣었다. "당신이 주님의 거룩한 자를 애통하게 만들었으니 당신은 영원한 불이 당신을 소멸시키리라."[33]

종교개혁은 이때 사실이 되었다. 교회 문에서 울려 퍼졌던 망치소리가 하지 못했던 일을 불이 해냈다. 그리스도인은 자신의 자유를 경험하게 되었다. 또 교회는 교회로서 그 자유를 경험하게 될까?

---

33 Köstlin I, 375.

5장

보름스, 바르트부르크 성, 비텐베르크

D. L. Jensen, *Confrontation at Worms*, Provo 1973; **F. Reuter**, *Luther in Worms 1521-1971*, Worms 1973; **F. Reuter**, *Der Reichstag zu Worms von 1521. Reichspolitik und Luthersache*, Worms 1971; **J. Rogge**, *Luther in Worms. Ein Quellenbuch*, Witten 1971; **G. Rupp**, *Luther's Progress to the Diet of Worms*, London 1964.

양심을 거슬러 행하는 것은 위험하다.

루터 사건은 제국의회가 이것을 다룸으로써 이제 정치적인 질문이 되었다. 그것은 양심의 권리에 대한 질문, 자유의 본질에 대한 질문, 즉 이 자유가 공적인 삶에서 기능해야만 하는 것이지 않는가 하는 질문이었다. 1521년의 보름스 제국의회 이후 이 질문은 서유럽 정치에서 더 이상 배제될 수 없었다.[1] 그러나 루터가 연관되어 있는 자유는 규범이 없는 자유가 아니었다. 이 자유가 자율적인 인간을 의미하는 것은 아니었다. 이와 반대로, 자신을 자신의 양심으로 성경에 묶어두는 사람이 말하는 자유였다. "내 양심은 하나님의 말씀에 사로잡혔기 때문이다."[2]

교황청이 루터를 압박하여 그의 주장을 철회시키려 했던 시도는 실패로 돌아갔다. 이후 로마교회는 황제의 권위와 제국을 이 일에 끌어들였다. 젊은 황제 칼Karl은 어려운 문제에 봉착했다. 교황은 선거에서 그를 지원하기는커녕 반대로 그의 라이벌 프랑수아 1세를 황제로 세우기 위해 모든 노력을 기울였다. 하지만 황제 자신은 교회의 신실한 아들이었고 자기 조상들의 신앙에 대해 비판적으로 숙고할 수 있는 입장이 아니었다. 그는 황제의 자리에 오를 때 심문 없이는 아무도 정죄하지 않을 것이라고 서약해야만 했다. 그가 해야만 했던 것은 무엇인가?

교황청은 교회에 대한 칼의 신실함에 기대를 걸었다. 그러나 선제후 현자 프리드리히는 황제가 좌우간 루터의 말을 들어보려고 한다는 정도의 정보를 확보할 수는 있었다. 황제가 연루된 음모를 모두 묘사하는 것은 불가능하지만 다음과 같은 여러 가능성이 고려되었다. 즉 루터가 와서 자신의 주장을 완전히 철회할 경우, 루터가 와서 자신의 가르침을

---

[1] W. von Loewenich, Marin Luther, 185f.
[2] Köstlin I, 417; K.-V. Selge, Capta conscientia in verbis Dei, Luthers Widerrufsverweigerung in Worms, in: F. Reuter, Der Reichstag, 180-207.

방어할 수 있는 환경이 조성될 경우, 루터가 오지도 않고 발언할 수 있는 어떤 기회도 얻지 못할 경우 등등.

실제로 루터는 갈 수 있었다. 황제가 먼저 루터를 정식으로 초대하고 싶어 하지 않는다는 정보를 얻게 된 프리드리히는 루터의 주장을 먼저 철회시키라는 황제의 명령을 거절했다. 왜냐하면 그는 루터의 통행권을 보장 받기 어려운 상황이라고 판단했기 때문이다. 그러자 황제는 직접 루터에게 초대장을 보내어 "어느 한 시기에 그가 쓴 교리와 서적을 해명하도록" 했다.[3] 루터를 개인적으로 경호하기 위해 3월 26일에 제국의 전령관이 파송되었는데, 의전관은 정중한 초대장을 루터에게 전달했다. 이전에도 그는 슈팔라틴에게 서신을 보낸 적이 있다. 이 편지에는 루터의 교리에 대항하여 교회의 관습 이외의 어떤 논박 증거도 제시되지 않은 상황에서 루터가 홀로 보름스에 와서 자신의 교리를 철회하는 일은 결코 황제가 바라는 바가 아니라고 명시되었다. 철회는 루터가 비텐베르크에서도 할 수 있는 일이었다. 만일 황제가 루터를 제국의 적으로 간주하여 죽이고자 할 경우 그는 하나님의 말씀이 공격받도록 내버려두지 않을 것이다. 피를 보고자 하는 자들은 루터를 죽이기 전까지는 결코 잠잠하지 않을 것이다. 이 일이 일어날 수 있으려면 히브리어 교수 자리 문제와 '마리아의 찬가' Magnificat 해설 출판 문제는 정리되어야만 할 것이다. 이 문제에 대해 루터는 자기 친구와 이야기를 나누었다. 어쨌든 루터는 위기를 맞았다. 교황의 견해는 이단에겐 자유 통행권이 없다는 것이었다. 사전에 다양한 가능성들이 논의되었으나 전령관이 3월 26일에 루터에게 소환장을 들고 왔을 때 루터는 곧바로 그와 함께 떠날 준비가 되어 있었다.

4월 2일, 루터는 출발했다. 주일 일찍 그는 제국회의에 대해 언급하지 않고 성례를 받을 수 있는 고귀한 자격에 대해서만 설교했다. 동행하는

---

[3] Köstlin I, 402: Rogge, Luther in Worms, 61ff.

몇몇 친구와 함께 루터는 보름스로 떠났다. 가는 길에 알게 된 사실은 사람들이 루터를 잘 알고 있고 또 아주 귀하게 여긴다는 것이었다. 여행은 마치 개선행렬 같았다. 여기저기서 루터 일행에 대한 공식적 접대가 이루어졌다. 그러나 보름스로 떠나는 순간부터 이미 간계가 시작되고 있었다. 왜냐하면 도시들에서는 제국 회의에서 루터를 정죄한다는 공고가 이미 나붙었기 때문이다. 그럼에도 루터는 지체하지 않았다. 에버른부르크Ebernburg에 가서 교황 사절 글라피오Glapio와 담판을 지으라는 제국 기사단의 제안을 가진 마르틴 부써가 벌써 당도했다. 그러나 루터는 이것을 거절했다. 그는 보름스로 소환되었고 그곳으로 가길 원했다.

무슨 일이 일어났는지는 잘 알려져 있다. 4월 16일, 루터가 수도사 복장으로 덮개 없는 수레에 앉아서 제국 전령관의 인도를 따라 호위하는 숱한 기사들에게 둘러싸인 채, 인파로 꽉 차있는 도시에 도착했을 때, 그의 도착은 나팔소리를 통해 선포 되었다. 보름스 대성당 망루의 보초는 퍼레이드 행렬이 도착하는 것을 목격했다. 거리는 사람들로 넘쳤다. 요한기사단 숙소에서 루터는 방 하나를 배정 받았다. 이 숙소 건너편에

보름스 제국회의. 보름스의 루터기념삽화.

는 선제후가 머물고 있었다. 그는 통상 자기가 하던 대로 행동함으로써 마치 자기가 그 일 어느 것에도 전혀 관계되어 있지 않는 것 같았다. 하지만 이렇게 행동하면서 그는 제국회의의 심문 기간 동안 루터를 도울 몇 명의 자문단을 보냈다.

4월 17일 오후 4시, 루터는 제국회의에 출석해야 했다. 그는 6시에 입장하여 출석이 확인된 후 질문 받은 것 말고는 아무것도 말할 수 없었다. 그는 단지 짧고 굵게 자기 저서를 철회하도록 소환된 것으로 보였다. 두 가지 질문만이 그에게 주어졌다. 즉 '이것들이 당신의 책인가?' 그리고 '당신은 이 책들에 담긴 내용을 철회하기를 원하는가, 아니면 당신 입장을 고수하겠는가?'

선제후가 자문으로 임명한 슈르프Schurf가 루터의 대답 직전에 외쳤다. '책 제목들을 읊으라.' 책 제목들이 낭독 되었다. 그 후 루터는 대답했다. '내 책이 맞다.' 그러나 사람들의 최대 관심사는 루터가 그 책들을 철회하려고 하는지, 즉 믿음의 문제, 영혼 구원의 문제를 철회하려고 하는지 여부였다. 따라서 루터는 생각할 말미를 갖기를 원했다.

루터가 왜 이런 요구를 했는지 알기는 어렵다. 그는 자기가 쓴 내용 중 단 하나의 단어라도 취소할 계획이 전혀 없었다. 하지만 교황 사절이 전혀 참석하지 않은 이 독일 모임에서 루터는 독일 사람들이 로마에 대해 품은 갈망 한마디를 해주고 싶었다. 하지만 루터의 대적들은 루터가 요구한 연기에 대해, 하나님께서 그와 함께하시지 않는다는 식으로 설명했다. 왜냐하면 성령께서 약속하신 것이 이 시간 루터에게 주어지지 않았기 때문이다. 황제는 루터에게서 특이한 점을 찾지 못했다. '루터가 내겐 이단으로 보이지는 않는다.' 이것은 황제가 루터를 처음 보았을 때 한 말이다.

루터는 다음과 같은 질문에 직면했다. 즉 '증거를 제시하기 위해 그가 철회하라는 요구를 어떻게 활용할 수 있을까?' 그 다음날 저녁 6시가 지나서 루터는 자신의 답을 제시했다. 그는 자기 글을 세 종류로 분류했다. “가장 자비로우신 황제 폐하, 자비로우신 선제후, 군주, 그리고 귀족 여러분, 사람들이 최근에 제시한 책들은 나의 것이다. 그리고 그 중에는 성경을 주석한 교리서들 몇 권이 있다. 이 책들은 제가 쓴 것이고 잘못된 내용이 없다. 두 번째 종류는 내가 교황과 저의 대적들과 싸운 논쟁서이다. 만일 잘못된 내용이 있다면 바꿀 수 있다. 세 번째 종류는 단지 기독교 교리와 논쟁에 관한 책들이다. 나는 내 주장을 계속 고수하고 싶다. 또한 이것이 선하신 하나님의 뜻대로 되기를 바란다.” 루터는 요구에 대해 라틴어로 반복해서 대답했다. 이후 간결한 대답을 요구받았을 때 망설임 없이 그는 말했다. “폐하 및 여러분들께서 간결한 대답을 원하시니 뿔과 이빨 없이, 즉 꾸밈없이 대답하도록 하겠다. 나는 교황도 공의회도 믿지 않고 오직 명확한 것만 믿는데, 교황이나 공의회가 종종 오류를 범하고 상호 모순적이기 때문이다. 그러므로 내가 하나님의 말씀의 증거들이나 명확한 이성적 이유들에 의해 설복되지 않는 한, 나는 성경에서 도출한 구절들에 의해 설복된 이대로 있을 것이며 하나님의 말씀에 사로잡힌 내 양심에 머물 것이다. 나는 아무것도 철회할 수 없고 철회하지도 않을 것이다. 왜냐하면 그 양심에 반하여 행동하는 것은 위험하고 치명적이기 때문이다.”[4]

이후 이 사안에 대한 보충적 논의를 위해 몇 번의 작은 회합이 있었다. 트리어Trier의 주교는 루터와 대화하기를 원했고 몇 명의 선제후는 개인적으로 접촉하여 사안을 변경해 보려 했다. 이런 일들을 루터는 호의적으로 받아들였지만 바로 그 일들 때문에 매우 피곤했다. 황제에게는 이 사안이 명확하고 분명했다.

며칠 후 황제는 루터에게 통보하여 21일 이내로 돌아가도록 명령했다. 그때까지는 루터의 안전통행권이 유효할 것이다. 하지만 돌아가는 길에 루터가 백성을 동요시키는 설교나 저술을 못하도록 금지했다.

---

[4] Köstlin I, 417; Rogge, Luther in Worms, 76 ff; 89ff.

작센의 선제후 프리드리히. 브레텐Bretten의 멜랑흐톤 기념관에 있는 그림.

이미 보름스에서부터 바르트부르크 성주 대리인은 무슨 일이 일어날지 촉각을 곤두세우고 있었다. 선제후 프리드리히는 루터를 납치하는 계획을 승낙했으나 루터가 이 일에 대해 전혀 눈치 채지 못하도록 했다. 그래서 이 일은 루터를 위한 일이었지만 루터와 무관하게 준비되었다.

돌아가는 길에 루터는 황제에게 편지 한 통을 더 썼는데 이 편지에서 그는 자기 책들이 반박되지 않았지만 사람들이 성경을 호소하기를 원하지 않는다는 사실에 낙담했다고 말했다. 루터는 자신이 어느 편에도 속하지 않았으며 지식을 갖춘 세속 및 교회 재판관들에게 복종할 준비가 되어 있음을 알렸다. 오직 모든 것을 위해 올바른 말씀, 하나님의 분명하고 자유로운 말씀만이 만사와 만인의 재판관으로 남아 있을 것이다.

내적으로 자유롭지만 하나님의 말씀에 결박된 루터는 자기 양심의 소리를 따랐다. 사람 마음의 내적인 소리가 자기 소리를 자유롭게 들려주기 위한 권리를 획득하기까지 얼마나 오래 걸리겠는가? 그럼에도 루터에게 보름스에서의 일들은 자유에 대한 인권 이상이었다. 그것은 하나님의 말씀에 복종함으로써 획득하는 그리스도인 자유의 은사였다.

젊은 귀족 외르크

1521년 5월 25일 황제는 보름스칙령에 서명했다. 이 칙령은 사실상 5월 8일에 전체 제국의회가 작성했던 것이었다. 루터는 교황교서에 근거하여 완고한 이단으로 규정되었다. 교서에 따르면 저 사악한 원수처럼 루터는 악취를 풍기는 구덩이에 많은 옛 이단들을 불러 모았고, 새로운 이단을 추가했으며, 소요와 살인과 타살을 야기하는 가르침을 선전했다는 것이다. 따라서 제국에서의 추방이 그에게 선고된 것이다. 그를 숨겨주거나 음식을 제공하는 사람은 모두 벌을 받게 될 것이다. 그 루터는 반드시 체포되어야 하고 황제에게 넘겨져야 한다.

그러나 이 칙령은 아무런 성과도 내지 못했다. 몇 년이 흐른 뒤 탁상담화에서 루터는 일이 어떻게 진행되었는지 말했다. "선제후는 자기 부하들과 의논했고 자문단에게 나를 숨겨주라는 지시를 내렸다. 선제후는 그 장소를 몰랐다. 그래서 맹세해야 할 자리에 서게 될 경우 선제후는

귀공자 외르크Jörk=Georg**로 변장한 루터.** 루카스 크라나흐의 그림.

선한 양심으로 그 장소를 모른다고 맹세할 수 있게 되었다. 하지만 그는 게오르크 슈팔라틴에게 자기가 원하면 그 장소를 알 수 있을 것이라 말했다. 선제후는 어느 귀족에게 그 계획을 실행하도록 맡겼다. 암스도르프Amsdorf도 이 일에 대해 알고 있었는데, 더 이상은 아는 사람이 없었다. 아이제나흐Eisenach 가까운 숲에서 말 탄 사람들 네 명이 다가오는 것을 암스도르프는 보았다. 그래서 그는 내 충고에 따라 마차로부터 멀리 떨어졌다. 그 사이 말 탄 사람들은 움푹 꺼진 길로 접근해왔고 마부를 활로 위협했다. 그는 곧바로 내가 마차에 있다는 것을 알려줬다. 그래서 그들은 욕을 하면서 나를 마차 밖으로 끌어냈다. 암스도르프는 굉장히 당황하여 외쳤다. '이 무슨 무례함인가? 우리는 이미 당신들의 수중에 있지 않은가?' 이런 말로 그는 마부를 조롱했다. 이렇게 나는 마차에서 끌려나왔고 말에 태워졌다. 기사들은 추격자들을 따돌리기 위해 빙 둘러 말을 몰았으며 여러 우회로를 거치느라 그날 낮을 다 보냈다. 한밤중에 나는 아이제나흐 바르트부르크 성에 도착했다. 거기서 나는 젊은 귀족 외르크로 위장하여 자주 사냥에 나섰고 일거리를 찾아다녔고 아이제나흐의 프란치스코 수도사들과 자주 회동했다. 그러나 이 모든 일들이 들키지 않고 진행이 되었는데 기사들은 이다지도 과묵했다."[5]

루터는 1522년 3월 1일까지 바르트부르크 성에 머물렀다. 그는 계속 턱수염을 깎지 않아야 했고 기사 예법을 익혔다. 루터가 외출할 때는 칼을 찼고 금목걸이를 둘렀으며 말몰이꾼이 그와 동행했다. 먹고 마시는 것은 아주 좋았지만 이것은 루터에게 불행이었을지도 모른다. 음식이 바뀐 것이 불만스러웠고 그의 몸도 역시 음식에 적응하지 못했다. 불편한 생활에 그의 망상도 일조 했다. 나중에 루터는 찬장에 앉은 유령들, 그가 창문 밖으로 던져버린 큰 검은 개, 한밤중에 계단에서 들려오던 발소리 등의 동화 같은 이야기를 들려준다. 그러나 그가 악마와 실제 몸으로 싸웠고 악마의 머리에 잉크병을 던졌다는 등의 이야기는 사람들이 루터와 엮는, 그리고 지금도 계속 들려주는 많은 전설들 중 하나다.

[5] WATr. 5; 5353.

저 유명한 '벽에 묻은 잉크 자국'은 바르트부르크 성에만 있는 게 아니라 코부르크Coburg 성, 비텐베르크 그리고 아이스레벤에도 있다. 루터가 악마를 잉크로 때린 것은 확실하지만 이는 다른 방식으로 이루어진 일이다. 왜냐하면 상상 속의 분노에 찬 잉크병 공격보다는 필사 잉크, 그리고 인쇄 잉크가 마귀에게 더 큰 손실을 입혔기 때문이다.

또한 루터는 바르트부르크 성에서 지속적인 돌파를 수행함으로써 자기가 하고 있는 일이 복음과 그리스도에게 속해 있다는 사실에 대한 확신을 계속 반복해서 확인해야 했다. 그가 이것을 의심해서가 아니다. 제국의 추방이 그의 가장 깊은 존재를 흔든 것도 아니다. 교황청의 추방 명령도 역시 아니다. 그러나 옛 시련들이 다시 찾아왔는데, 그것은 악한 영들, 공중의 권세 잡은 자들, 육체의 정욕과의 싸움이었다. 루터는 그의 친구들이 수천의 마귀로 인해 그를 신뢰하지 못하게 되었기 때문에 그를 위해 만족스럽게 기도해줄 수 없다고 생각했다.

게다가 루터는 그의 책들을 잃어버렸다. 히브리어 성경과 그리스어 신약만 가지고 있었다. 그러나 그는 이것들만 가지고 작업을 해서 겨우 3주 만에 시편 68편에 대한 주석을 증보했다. 그리고 매우 신속하게 비텐베르크에 있는 친구들과 편지를 주고받을 수 있었다.[6] 멜랑흐톤에게 보낸 서신 가운데 1521년 5월 12일자 편지에는 이렇게 기록되어 있다. "나는 여기에 앉아서 온종일 교회 형상만 쳐다보고 있다. 시편 89편에 나오는 구절을 보라. '주께서 모든 사람을 어찌 그리 허무하게 창조하셨는지요?' 오, 하나님, 도대체 로마교회의 이 가증한 적그리스도 제국은 얼마나 가공스럽게 하나님의 진노가 나타나는 것인지요? 그리고 나는 내 마음의 완고함을 저주했다. 왜냐하면 나는 결국 낙담한 내 백성을 애도하기 위해 눈물을 뿌리면서 올라가지 않았기 때문이다.... 그러므로 너는 자신을 말씀의 종으로 준비하고 예루살렘의 성벽과 탑이 네

---

6 Köstlin I, 437.

위에 무너져 내릴 때까지 그것들을 건축하라. 너는 네 소명과 은사를 알고 있다. 내 기도가 효험이 있다면나는 이에 대해 의심하지는 않는다만, 나는 특히 너를 위해 온전히 기도한다. 나를 위해서도 기도하라. 그리고 이 짐을 함께 지자. 우리만 아직도 전방에 서있다. 그들은 나 다음에 너를 찾고 망치려 들 것이다."

그것은 멜랑흐톤과 루터 중 누구에게 가장 시급하게 기도가 필요했을지 묻는 질문이다. 멜랑흐톤은 비텐베르크에서 여러 소요 사태들이 생겼을 때 초조해했고 자기에게 닥친 난관을 잘 극복할 방도를 찾지 못했다.

루터는 밧모섬과 같은 시기를 잘 활용했다. 그는 『마리아의 송가 해설』을 거기서 완성했다. 또 그는 마리아를 복되다 칭찬했는데, 이는 그녀가 은혜를 획득해서가 아니라 겸손 가운데 은혜로 말미암아 살았기 때문이다. 그럼에도 루터는 마지막에 그리스도의 은사를 언급한 뒤 이렇게 적고 있다. '그분의 자애로운 어머니 마리아의 간구를 통해 그것이 우리에게 그리스도를 주소서!' 이 기간 동안 단조롭게 낭송하고 하던 그런 기도들을 루터는 이후 포기하게 된다.

'밧모섬'에서의 기간을 보내는 동안 썼던 글들에서 몇몇 짧은 출판물들은 주목할 만하다. 고해에 대한 책자를 언급하자면, 여기서 교황이 고해를 수여할 권리가 있는가 하는 물음이 논의된다. 비텐베르크의 적은 무리의 가난한 회중에게 그는 시편 37편 해설을 헌정한다. 라토무스Latomus를 논박하는 글에서 루터는 죄와 은혜에 대한 중요한 질문들을 다룬다. 여기서 그는 문자적으로 성경만 가리킨다. 스콜라신학 서적들의 학문적 도구들을 그는 사용하지 않는다. 하지만 그는 자신의 성경책이 있었다. "우리는 성경이 순수하다는 사실에 깨어있어야 한다. 이는 인간이 하나님이 하신 것보다 더 명확하고 확실하게 말할 것이라고 가정하지 않기 위해서이다."[7] 더 나아가서 사람은 은혜에 의지하는 것을 배워야

[7] Köstlin I, 448.

바르트부르크 성.

한다. 이 은혜는 영혼의 어떠함이 아니라 허물이 있는 사람들에게 향하는 하나님의 은혜로운 돌이키심이다.favor Dei

그러나 루터 손에서 나온 가장 중요한 작품들은 『설교노트』인데, 이는 설교를 준비하기 위해 연구한 내용들을 모은 것이다. 루터는 이 작품들을 교회력에 따라 작성했다. 그는 복음의 힘 있는 선포에 기여하기를 원했다. 이 선포를 통해 그는 설교단에서 온갖 성인전들을 말하는 것에서 빠져나올 수 있었을 것이다. 사람들은 이 책들을 곧장 설교단에서 활용할 수 있었는데 루터가 이런 일을 우선적으로 염두에 두고 쓴 것은 아니었다. 이 책은 큰 인기를 끌었고 나중에 루터는 이것을 자신이 작성한 것 중 제일 좋은 책이라 간주했다.[8]

따라서 루터가 이룬 성취는 거의 상상하기 어려울 정도였다. 약 11주만에 신약성경을 그리스어에서 독일어로 번역했다. 이 번역은 원문 번역이었으므로 평범한 사람들을 대상으로 한 것이었다. 루터는 불가타보다

---

[8] Köstlin I, 457.

는 그리스어 본문을 더 신뢰했다. 루터는 멜랑흐톤 만큼 그리스어에 대한 전문 지식이 있는 것은 아니었다. 암스도르프에게 보낼 1522년 1월 13일자 편지에서 드러나듯이 루터가 이러한 자신의 형편에 부담을 느끼고 있었다는 것은 별로 놀라운 일이 아니다. "나는 내 능력 밖의 일이라 부담이 되긴 하지만 그동안 성경을 번역할 것이다. 지금 나는 번역의 의미가 무엇인지, 왜 지금까지 어느 누구도 공개적으로 자기 이름을 걸고 번역을 시도하지 않았는지 깨달아가고 있다. 구약은 내가 그대들 없이는, 조력 없이는 감당할 수 없을 듯하다."[9] 루터는 번역 작업의 비밀을 자신의 신학에서 드러내었다. 루터는 자신이 그리스어도, 라틴어도 완벽하게 정통한 것이 아니라는 것을 알고 있었다. 그러나 그는 라틴어 학자와 그리스어 학자와 함께였기에 번역 작업을 착수할 수 있었다. "왜냐하면 언어 자체가 신학자를 만들지는 않기 때문이다. 하지만 언어가 도움을 주는 방편임에는 틀림없다. 이에 우리는 먼저 본질을 알아야 한다. 그것을 하나의 언어로 표현하기 이전에 말이다."[10] 루터는 자신이 작센 설교단 언어로 알려주는 것처럼 방향을 잡았는데, 이로써 전 독일이 그의 번역을 이해할 수 있게 되리라 생각했다. 아무튼 그의 번역은 독일어의 통일을 크게 신장시키는 일에 강력한 매개가 되었다. 루터가 비텐베르크로 돌아온 뒤 번역을 완수하기 위해 더 작업을 진행했다. '9월 성경'은 비텐베르크에서 1522년에 출간된다.

1530년에 루터는 성경 번역에 대해 작은 책자Sendbrief vom Dolmetschen를 하나 쓴다. 여기서도 그는 성경 번역이 쉬운 일이 아니었음을 알려준다. "나 루터 박사가, 교황주의자들이 성경의 어느 장을 정확하고 훌륭하게 독일어로 번역하고자 하는 소망을 다 함께 가지고 있었다고 예상할 수 있었더라면, 나는 신약을 번역하는 일에 매우 과감하게 그들을 돕고 또 도움을 구했을 것이다." 그러나 그들은 그렇지 않았다. 확실히 그들은

---

9 WABr. 2; 423.
10 WATr. 2; 2758 b.

루터의 번역을 통해 독일어를 배울 수 있었다. 그럼에도 그들은 이에 대해 루터에게 감사하지 않았다. 루터는 감사할 줄 모르는 제자들뿐만 아니라, 심지어 적들조차도 말할 수 있도록 가르쳤다는 것에 기쁨을 느꼈다.[11]

성경을 번역하는 방식에 대해 언급하는 곳에서 루터는 어떤 히브리어나 그리스어 단어에 알맞은 독일어를 찾아내는 것으로는 충분하지 않다고 말한다. 번역자는 글자를 그대로 두고 독일인이 히브리어에 담긴 내용을 어떻게 표현할 것인지 물어야 한다. 그렇지만 너무 자유롭게 막 나가서는 안 된다. 종종 번역자는 본문을 문자 그대로 고수해야 하고 거기서 벗어나지 말아야 한다. 이러한 경우 루터는 차라리 말씀보다는 독일어에서 손해를 감수하는 길을 택하도록 권한다. "아, 번역이란 우쭐대는 성인들이 생각하는 것처럼 아무나 할 수 있는 작업이 아니다. 여기에는 올곧고 경건하며 미쁘고 부지런하고 세심하고 학식이 있고 경험 많고 숙련된 마음이 요구된다."[12] 가짜 그리스도인이나 열광주의자는 번역 작업을 감당할 수 없는데 이는 보름스에서 중요한 선지서 번역을 맡았던 한스 뎅크Hans Denck의 예를 봐도 알 수 있다고 루터는 생각한다.[13] "그러나 그리스도께 온전한 영광을 돌리지 않았던 유대인들이 있었다. 이것 외에는 열정과 기예가 충분했다."[14] 루터에 따르면 번역은 단어의 문제가 아니라 내용의 문제다. 이렇게 그는 롬 3:28에 대한 자신의 번역인 "오직 믿음으로"를 방어했다. 단어로만 보자면 그리스어 원문에는 '오직'이라는 단어가 존재하지 않는다. 그러나 의미를 이해하려 하면 이 번역은 필수적이다. "왜냐하면 우리는 사람들이 어떻게 독일어를 말하는지, 이 당나귀들이 하듯이, 라틴어 문자들에 묻지 말아야 하기

11 WA 30, 2; 633.
12 WA 30, 2; 640.
13 한스 뎅크는 1532년에 미가서 번역 및 해설을 출간했다. H. Denck, Schriften 3. Teil, Gütersloh 1960, 7-98. 참조. 1. Teil, Bibliographie, Gütersloh 1955, 46ff.
14 WA 30,2; 640.

바르트부르크 성에 있는 루터의 작업실.

때문이다. 오히려 우리는 집에 있는 어머니, 길에 다니는 아이들, 많이 배우지 못한 장터 남자에게 물어야 한다. 그리고 그의 입을 보아야 하고 이렇게 본 것을 따라 번역해야 한다. 이럴 때 그들은 우리가 그들과 독일어로 말하고 있다는 사실을 이해하며 깨닫게 된다."[15] 즉 바르게 언급한 것처럼, 번역을 단순히 통속어에 끼워 맞춘 것이라고 받아들인다는 뜻은 아니다. 만사에 원문이 의도하는 '내용 자체'zaak zelf를, 경험 많고 숙련된 마음만이 이해할 수 있는 단어로 표현해야 한다는 것이다.[16]

비텐베르크의 소요 사태

---

15 WA 30,2; 637.
16 G. Krause, M. Luther, Auggew. Schr. V, Frankfurt 1982, 140.

루터가 바르트부르크 성에 머무는 동안 비텐베르크에서는 아무도 예상치 못했으나 특별히 루터의 눈에는 위험하게 보일 수 있었던 방향으로 진행되는 여러 사건들이 발생했다. 칼슈타트는 비텐베르크를 떠난 후 얼마간 개혁 운동을 이끌어가는 역할을 맡게 되었다.[17] 그가 아우구스티누스를 깊이 연구하여 면죄부 투쟁에 관여했던 초기에는 어떤 의미에서 루터의 경쟁자였지만 나중에는 매우 신속하게 루터를 넘어서 급진주의로 향했다. 루터와 칼슈타트의 관계는 종교개혁 역사에서 거의 치명적인 것이었다. 헤센의 필립이 나중에 중혼한 일로 정치적 측면에서 파국을 맞았던 사건은 신학적 측면에서 칼슈타트에게 부정적 영향을 주었다. 만약 루터가 이 일을 자신이 칼슈타트를 바라보는 관점에서 보지 않았더라면 남독일인들과 스위스인들의 관계는 완전히 다른 식으로 발전되었을 것이다.

1521년 많은 수도사들이 수도원에서 나오게 되었다. 루터는 수도서약에 대한 글을 출판하였기에 이 일에 직접 관련이 있었다. 그는 이 글을 자기 아버지에게 헌정했다. 이로써 루터는 자기 아버지에게 설명하기를, 그리스도께서 많은 표징과 능력으로 자기가 한 서약에서 자유하게 하셨고 오직 그리스도에게만 복종하는 자신을 모든 이를 섬기는 데서 성립되는 자유 가운데 두셨다는 것이다. 루터는 이 글에서 수도사와 수녀들의 고뇌하는 양심을 도우려 했다. 그러나 그들 모두가 이제 확실히 수도원을 나와야 한다는 새로운 법을 만드는 것은 전혀 루터의 의도가 아니었다.

교회의 바벨론 포로에 대한 글에서 루터는 같은 방식으로 일종배찬 시행을 거부했다. 평신도들도 잔을 받을 수 있다는 것이었다. 오히려

---

[17] 참조. Loewen, Luther and the radicals, Waterloo 1974; J.S. Preus, Carlstadt's ordinaciones and Luther's liberty. A study of the Wittenberg movement 1521-'22, Cambridge/Londeon 1974.

칼슈타트. 뒤 배경의 사람들은 그에게 감동을 받은 성상파괴자들.

이것은 루터에게 그리스도인의 자유의 본질이었다. 선택 가능한 것이 언제나 당위적인 것은 아니었다. 이것을 칼슈타트는 잊고 있었다. 루터가 연약한 자들을 바라보았던 곳에서 그는 그 일들을 마음대로 적용했다. 그리고 사태는 매우 신속하게 통제를 벗어나게 되었다. 일들이 전개되는 추이가 더욱 급박해진 것은 츠비카우Zwickau로부터 토마스 뮌처Thomas Müntzer의 친구 몇 사람이 멜랑흐톤을 방문했을 때였는데, 이들은 자기들이 본 것, 즉 앞으로 일어날 일들을 위한 징조로서 하늘로부터 곧장 주어지는 이상들과 계시들에 관한 이야기들로 강한 인상을 남겨보고자 했다. 1521년 12월 초에 루터는 비텐베르크를 몰래 방문했다.

젊은 귀족 외르크Jörk = Georg라는 신분으로 그는 멜랑흐톤 집에 머물렀다. 그러나 루터는 자기가 들은 이야기들 때문에 경악했다. 그는 일련의 일들이 말씀의 사역이 아니라 완고한 인간의 사역이라고 결론 내렸다. 지금 그들은 예전에 수도원에서 수도사들이 추구하던 것과 같은 육적인 동기들을 좇고 있는 듯이 보였다. 그런 사역들에 복이 임할 수 있었을까? 사람들이 공개적인 혼란에 직면했을 때 축복을 기대할 수 있었을까? 바르트부르크 성으로 돌아와서 루터는 "폭동과 반란을 경계하기 위해 모든 그리스도인들에게 전하는 충성된 경고"라는 글을 썼다. 여기서 그는 비텐베르크 왕복 여행 내내 자기를 지배했던 불안감을 떨쳐 내려고 했다. 이 불안감은 도처에서 위협했다. 그러나 도처에서 사람들은 잘못된 방편에 집착하고 있었다. 교황의 지배는 사람의 손으로는 파괴되지 않을 것이었다. 하나님께서 친히 처벌하셔야만 했다. "폭동은 이성적이지 않다. 또한 죄인들과 연관된 것이 아니라 오히려 무죄한 자들과 연관된다."[18] "나는 폭동을 당하는 사람들의 일이 너무 불의할지라도 그들과 같은 편이 될 것이다. 그리고 나는 언제나 폭동을 일으키는 자의 일이 너무 의로울지라도 그들을 대항할 것이다. 왜냐하면 폭동은 결코 무죄한 피와 상처 없이는 일어나지 않기 때문이다."[19] 폭동은 마귀가 마음 안에 심는 것이며 복음의 교훈에 악취가 나게 한다. 그렇다면 무슨 일이 일어나야 하는가? 먼저 우리는 허물을 고백해야 한다. 이 허물은 우리의 죄로 말미암아 우리 위에 지워진 것이다. 두 번째로 우리는 교황 체제에 대항하여 겸손하게 기도해야 한다. 세 번째로 우리의 입은 그리스도의 영의 입이 되어야 한다. 그리스도께서는 친히 자신의 입으로 교황을 이미 난처하게 만들기 시작하셨다. "복음을 널리 전파하라. 그 확장을 도우라! 인간의 법은 아무것도 아니라는 것을 가르치고 말하고 쓰고 설교하라! 아무도 교황이나 수도사나 수녀가 되지 못하도록 가르치고

---

18 WA 8; 680.
19 WA 8; 680.

도우라! 그리스도께서 장차 2년 동안 그분의 입과 그분의 영으로 타작하실 때 일어날 수 없는 일이 무엇인가?"

한 걸음 더 나아가 우리는 경솔하게 되지 않도록 조심해야 한다. "겨우 책 한 두 쪽 읽고, 혹은 겨우 설교 한 편 듣고서는 재빨리 전진하여 오직 자신들만의 방법으로만 행하는 자들이 있는데, 이들은 복음적이지 않은 사람들을 능가한다." 이것으로는 아무 선한 것도 기대할 것이 없다. 이런 식으로는 복음이 마음에 역사할 수 없다. 이렇게 사람들에게서 진리를 쫓아내는 것에 대해 많은 사람들이 경악하고 견디지 못한다.

루터는 스스로 '루터교도'라 불리는 것을 경계했다. "루터가 무엇인가? 가르침은 내게서 온 것이 아니다! 사람들을 위해 못 박힌 것은 내가 아니다.... 비루한 누에고치인 내가 어떻게 감히 그리스도의 자녀들을 내 이름을 따라 불리게 할 수 있겠는가? 그럴 수는 없다. 친구들이여, 모든 당파의 이름을 지워버리고 그리스도를 따라, 그분의 가르침을 가진 우리를 그리스도인이라 부르자."[20] 오직 온유함으로 복음의 말씀을 선포해야 하며 무지한 자들과 연약한 자들을 설득해야 한다. 그러나 폭력으로는 아무 것도 시작할 수 없다.

루터가 보기에 비텐베르크 사람들의 행동은 기독교적 사랑과 온유한 심령으로 행한 것이 아니었다. 루터는 열광자들의 활동도 그런 것으로 보았다. 그는 열광주의자들 때문에 이런저런 곤란을 당하고 있던 멜랑흐톤에게 이렇게 썼다. '그 사람들에게 자기들이 진짜로 부름을 받았는지 한 번 물어보라!' 루터는 츠비카우 선지자들이라는 이 사람들의 말을 별로 신뢰하지 않았다. 그들은 자기들이 성령의 직통 계시로 말미암아 부르심을 받았다고 떠들었다. 우리는 오늘날 사람들을 통해 부르심을 받는다.

그와 같이 멜랑흐톤도 한 번은 시험해 보아야만 했다. "성령께서 그들

---

20 WA 8; 685.

에게 어떤 식으로 역사하실까? 영적 시련과 신적 산통 속에서, 죽음에 대한 두려움과 지옥의 고통 속에서 무엇을 그들이 경험했는지 한 번 물어 보라. 모든 것이 순탄하고 순종적이며 그들의 말대로 헌신적이고 경건하다는 소리를 듣는다면 당신은 반드시 그들에게 동의하기를 거절해야 한다.... 하나님의 분노하시는 냄새가 더 이상 악취를 풍기지 않기 위해서는 마치 하나님께서 옛 사람과 그렇게 한가롭게 잡담하실 수 있는 것인 양, 도리어 옛 사람을 먼저 죽이시지도 시들게 하시지도 않아야 하는 것인 양."[21]

루터 자신은 시련이 무엇인지 너무 잘 알고 있었다. 그러나 그는 그의 친구 멜랑흐톤이 얼마나 겁 많은 사람인지도 알게 되었다. 이렇게 겁을 먹으면서 멜랑흐톤은 자신이 상대하고 있는 열광주의자들이 어떤 사람들인지 알게 되었다. 그러나 거리를 둔초연한 도움이 그렇게 만족할 만큼 도움을 주지 못한 것으로 드러났을 때, 참으로 종교개혁이 폭동으로 변하기 일보 직전에, 복음이 폭력과 뒤섞여버렸을 때, 성상들이 파괴되고 오색 유리창이 깨지고 모든 사태가 통제를 벗어나기 일보 직전에, 루터가 돌아왔다. 이러한 루터의 귀환은 종교개혁에 재앙이 되었는지, 아니면 칼슈타트의 극단주의에 보다 직접적인 결과를 야기한 것은 아닌지, 혹은 원천적인 불이 열기를 잃어버린 것은 아닌지 논란거리다. 루터에게 귀환은 필수불가결한 것이었지만 다른 많은 사람들에게 그것은 또 다른 의미를 지니고 있었다. 선제후 프리드리히에게 보낸 편지에서 루터는 곧장 그리스도의 보호하심에 자신을 맡겼다고 말했다. 그를 보호해줄 다른 남자가 있다는 것이다. "나는 당신보다 더 높은 보호를 받으며 비텐베르크로 왔습니다. 그렇습니다. 선제후가 나를 보호하기보다는 오히려 내가 그를 더 보호하게 될 것이라고 나는 생각합니다."[22] 이렇게 루터는 귀환했다. 그는 일주일을 연속해서 설교했다. 이 일련의 설교가

---

21 WABr. 2; 424.
22 WABr. 2; 454.

바로 사순절설교다. 그는 이 설교에서 사람이 하나님 앞에서 사나 죽으나 스스로 감당해야 할 개인적인 책임이 있다고 역설했다. 이러한 처방전은 매우 명확했는데, 루터는 연속해서 점점 더 강한 처방을 내렸다. 믿음은 아마도 충분히 있었겠지만 사랑도 그랬을까? 그는 다음과 같이 질문한다. '그리스도인의 자유가 뜻하는 바에 대한 통찰이 정녕 있었는가? 하나님의 말씀, 자기만의 길을 가는 그 말씀이 역사하시는 방식을 보는 통찰력이 정녕 있었단 말인가? 내가 했던 것은 무엇인가? 내가 잠자고 있었을 때나 친구들과 비텐베르크 맥주를 마시고 있었을 때 말씀은 자신의 사역을 수행했다.' 마지막으로 이것은 매우 날카로운 말이었다. '황제든 어느 누구든 나를 쫓아오지 못하도록 나는 차라리 자원해서 떠나버리고 싶다. 그렇게 되어야 한다면 나는 이곳으로 복음을 가지고 왔다는 것을 유감스럽게 여길 것이다.' "복음이 계속해서 설교되고 받아들여지기 전에는 어떤 개혁도 부과되어서는 안 된다." 이것이 종교개혁을 대하는 루터의 철칙이었다. 수도사로서의 삶과 거의 완전히 작별하고 서원을 파기한 사람이 귀환하는 날 새 수도사 복장을 갖췄는데, 그는 이 옷을 1524년 10월 9일까지 입었다. 이것 역시 그리스도인의 자유였다. 루터는 시계를 일부러 되돌렸을까? 그가 시계를 잠시 멈추었던 것은 시계가 정확한 시간에 다시 시작하도록 하기 위해서였다.

6장

종교개혁과 혁명

G. Maron, Bauernkrieg, in: *Theologische Realenzyklopädie*, Band V, Berlin 1980, 319-338; **M. Kobuch/E. Müller**, *Der Deutsche Bauernkrieg in Dokumenten*, Weimar 1977; **G. Franz**, *Der Deutsche Bauernkrieg*, Darmstadt 1972^{9}; **G. Franz**, *Der Deutsche Bauernkrieg, Aktenband*, Darmstadt 1968; **G. Franz**, *Quellen zur Geschichte des Bauernkrieges*, Darmstadt 1963; **H. -U. Wehler**, *Der Deutsche Bauernkrieg 1524-1526*, (=*Geschichte und Gesellschaft. Zeitschrift für historische Sozialwissenschaften*, Sonderheft 1), Göttingen 1975; **W. Wibbeling**, *Martin Luther und der Bauernkrieg. Eine urkundliche Darstellung*, Schlüchtern 1925; **P. Blickle**, *Die Revolution von 1525*, München/Wien 1975; **P. Blickle** (Ed.), *Revolte und Revolution in Europa.* Referate und Protokolle des internationalen Symposiums zur Erinnerung an den Bauernkrieg 1525 Memmingen, 24-27 März 1975), *Historische Zeitschrift*, Beiheft 4, neue Folge, München 1975; **B. Moeller** (Ed.), *Bauernkriegs-Studien*, Gütersloh 1975; **J. Forschepoth**, *Reformation und Bauernkrieg im geschichtsbild der DDR. Zur Methodologie eines gewandelten Geschichtsverständnisse*, (=*Historische Forschungen*, Band 10), Berlin 1976; **M. Ruppert**, *Luther en de boerenopstand*, Kampen (1983).

농민봉기

하나의 관점 이상으로 농민봉기는 종교개혁 운동에 대한 비판적 시험들 가운데 하나다. 루터에게 그것은 복음 자체를 위협하는 것으로 보였고 루터의 복음을 핍박하는 것 이상의 어떤 의미도 없었다. 즉 그 핍박은 "지금까지 교황과 황제가 했던 것보다 더욱 심각한" 것이었다.[1] 그 원인은 "복음이라는 이름으로 복음을 반대하는 사람들의 행위와 취급이었다."[2] 악마는 교황의 핍박으로 루터를 손에 넣을 수는 없었다. 그래서 악마는 이제 농민의 편에 섞여 있는 살인을 교사하는 선지자들과 이단의 영들이라는 수단을 사용하는 것이다. 루터에 따르면 복음의 전진을 방해하는 것은 단지 혁명이라는 결과를 초래하는 일반적 무질서뿐만 아니라, 특히 복음 그 자체를 불행한 방법으로 세상적인 동기들과 뒤섞어버림으로써 세상 나라와 하나님 나라를 혼돈하도록 만드는 사람들의 행동이다.

농민계급의 폭동은 이미 오래 전부터 시작되었다. 우리는 14세기부터 거의 서부 유럽 전체가 반란 운동에 시달렸다는 것을 안다. 사람들이 기억하는 최근의 봉기는 핍박 받는 농민계급의 문장인 농민동맹 '분트슈'Bundschuh. 신발동맹의 것이었는데, 이 문장이 보름스제국회의 동안에도 여전히 루터를 위해 사용됨으로써 다수의 제후를 놀라게 했다. 낮은 계급의 귀족이 종교개혁의 깃발 아래 자신들의 지위 회복을 위한 헛된 노력을 쏟아 부은 이후, 농민들은 자신들의 사회적 지위를 개선하고 옛 권리를 되찾을 수 있는 호기가 도래한 것으로 생각했다. 농민계급에 대한 핍박은 특히 낮은 귀족의 편에서 증가했는데, 결과적으로 자유로운 독립적 자본시장의 번영이 곤경에 빠지게 되었다. 사람들은 다른 사람들에 대한 걱정을 토로하기 시작했다. 모든 종류의 봉사가 요구되었고

---

1 루터의 자세를 설명할 수 있는 상당 부분이 여기에 있다.
2 WA 18; 316.

루터는 봉기한 농민들의 공명정대함과 선한 양심에 호소했다. 19세기의 인쇄.

과세와 세금은 인상되었으며 농가들과 땅에는 막중한 부담이 부과 되었는데, 이것들은 견디기 힘들뿐만 아니라 굴욕적이기까지 했다.

봉기운동은 세 가지 국면으로 구분될 수 있는데, 첫째로는 더 이상 순종이 취소되지 않는 국면이 있었다. 즉 옛 개혁운동들의 경우다. 예컨대 황제 '지그문트의 개혁'Reformatio Sigismundi이 그런 점에서 자주 언급되었다. '지그문트의 개혁'이란 황제 지그문트의 것으로 알려진 일종의 자료인데, 후스Hus를 반대하는 황제의 행동으로 그 문서의 이름이 알려졌으나, 다른 한편으로는 모든 종류의 폐단들에 대한 열린 시각을 갖고 있었던 것인지도 모른다.[3] 특히 그 문서는 노예 신분에 반대했다. 한 이슬람교도는 그것을 이렇게 말했다. "우리는 당신 그리스도인들보다 좀 더 자유롭고 모든 점에서 좀 더 나은 권리를 행사한다."

두 번째 국면은 루터의 개혁운동과의 관계에서 찾은 것이다. 전국 방방곡곡에 복음은 울려 퍼졌다. 그리스도인의 자유는 설교 제목이었다. 그 연결점으로는 독일남부에서 발생한 12조항인데, 여기에는 농민들의 열망이 전형적인 방법으로 표현되어 있다. 츠빙글리적 경향의 복음주의자 그룹에서 유래한 12조항은 많은 다른 선언문들을 아주 빠르게 압도했다. 3개월만에 그것은 최소 25판을 거듭하면서 독일 전역에 퍼졌다. 복음에 호소함으로써, 그리고 몇몇 주요 성경구절을 설명함으로써 하나님의 말씀을 순수하게 설교할 권리를 요구했다. 첫 조항은 이렇다. "우리에게 거룩한 복음을 순수하고 분명하게 설교해야 하고 어떤 인간적인 첨가나 교리, 혹은 명령도 없어야 한다." 우리는 오직 참된 믿음으로만 하나님께 나아갈 수 있다. 사람은 곡식의 십일조는 기꺼이 바치되, 적합한 설교자를 청빙하기 위한 목적으로 그렇게 할 것인데, 그를 임명하고 그에게 급료를 지불하는 일을 사람들이 직접 할 수 있어야 할뿐만 아니라, 필요할 경우에는 다시 해임할 수도 있어야 한다. 아주 중요한 조항이 제3조인데, 여기에는 노예 신분이 그리스도인의 자유와 충돌하는 것으로 간주된다. 즉 노예 신분은 그리스도께서 자신의 고귀한 피 흘리심으로 우리를 구원하시고 속량하셨으며 영주와 대가들뿐만 아니라 단순한 사람들까지 아무도 배제하지 않으셨다는 사실과 충돌한다. 왜냐하면 그것은 우리가 자유인이고 자유인이기를 원한다는 성경 기록과 일치하기 때문이다. 노예 신분이란 절대적인 의미에서 그런 것이 아니다. 마치 사람들이 전적으로 정부를 더 이상 인정하고 싶지 않는 것과 같다. 왜냐하면 우리가 선택하고 세운 정부에 대해 우리는 모든 적절하고 기독교적인 일들에서 기꺼이 순종하기를 원한다.[4] 이 조항들은 복음적인 진정성

---

[3] Kirchen- und Theologiegeschichte in Quellen, R. Mokrosch/H. Walz, Mittelalter, Neukirchen 1980, 208-210; H. Bornkamm, Mitte, 315.

에 대해 논했고 성경에 대한 호소를 부인할 수는 없었고 입안자들은[5] 비난에 대항하여 사전에 무장했었다. 결과적으로, 수천 명이 동시에 그렇게 했을 때 그리스도인의 자유에 대한 호소가 믿을 가치가 없는 것처럼 보이지 않을 수 없었다. 사람들이 복음에 따라 살려고 하는데 누가 폭도로 비난받아야 한단 말인가? 하나님께서는 이스라엘을 바로의 손에서 해방시키셨다. 그런데 그 하나님께서 지금은 자신의 백성을 구원하실 수 없단 말인가?

반항적인 농민들이 힘으로 자신들을 조직했던 위대한 운동, 사나운 폭풍은 남부와 동부로부터 천천히 일어나 독일 전역을 강타했는데, 막을 수 없었고 소름 돋는 일이었다. 루터가 특별히 그것을 경험했던 때는 농민봉기가 이미 세 번째의 가장 위험한 국면으로 접어들었다. 이 국면은 열광주의자[6] 토마스 뮌처Thomas Müntzer의 혁명적 묵시적 사상계와 결합되어 있었다. 뮌처의 소름 돋는 행적은 이미 수차례 루터의 길을 이탈했다. 뮌처는 비텐베르크에서의 소요와 관련되어 있었는데, 이 소요 때문에 루터는 바르트부르크 성을 떠나지 않을 수 없었다. 뮌처는 사납고 열정적인 설교자로 발전하여 자신의 고유한 사회적 신학인 이단적이고 신비적인 신학을 설교했다. 이 신학을 그는 중세 신비주의에서 빌려

---

4 조항들은 다음 참조. G. Franz, Quellen, 174-179; H. Bornkamm, Mitte, 318ff.

5 작성자들은 메밍겐(Memmingen) 출신이었다. 참조. H. Bornkamm, Mitte, 320; 비교. G. Franz, Die Entstehung der 12 Artikel in: Archiv für Reformationsgeschichte 36 (1936), 193-213.

6 G. Franz (Ed.), Thomas Müntzer, Schriften und Briefe. Kritische Gesamtausgabe, Gütersloh 1968; W. Elliger, Thomas Müntzer, Leben und Werk, Göttingen 1975; E. Block, Thomas Müntzer. Theoloog van de revolutie, Utrecht 1960; J. M. Stayer/W. O. Packull, The anabaptists and Thomas Müntzer, Dubuque/Toronto 1980; K. Honemeyer, Thomas Müntzer und Martin Luther. Ihr Ringen um die Musik des Gottesdienstes, Berlin 1974; C. Hinrichs, Luther und Müntzer. Ihre Auseinandersetzung über Obrigkeit und Widerstandsrecht, Berlin 1962[2]; E. Mühlhaupt, Luther über Müntzer, Witten 1973; R. N. Crossley, Luther and the peasants' war: Luther's Actions and Reactions, New York 1974; L. B. Volkmar, Luther's Response to Violence, New York 1974.

온 요소들로 세웠는데, 요아킴 피오레Joachim Fiore의 사상계에서도 일부 빌려왔다. 하지만 그는 단지 루터의 행적을 따라 발전했으나 지속적으로 루터를 대항함으로써 발전했다. 뮌처가 보기에 루터는 실제로 영적인 경험이라곤 전혀 이해하지 못한 살아 있는 연한 육고기, 비텐베르크의 게으른 똥돼지에 불과했다.

이제 두 사람의 영적 경험 사이에는 너무나도 큰 차이가 있었다. 루터의 경험은 하나님에 대한 깊은 두려움과 거룩한 경외심이 특징이었다. 루터의 시련 속에는 죄와 겸손에 대한 의식이 있다. 그리스도께서 자신의 신부를 품으시는 포옹은 죽음과 지옥이다. 하지만 이 죽음과 지옥은 가장 달콤한 열매들을 맺는다. 뮌처에게 경험들은 뮌처를 선택된 자로, 부름 받은 자로 묘사할 만큼 아주 고결하다. 그 경험들에 따르면 이 사람 뮌처만이 유일한 길을 볼 수 있다는 것이다. 즉 뮌처만이 유기된 자들을 대항하는 결정적 전투를 위해 경건한 자들을 불러 모으는 것을 알 수 있다는 것이다. 이제, 뮌처는 그 전투를 위해 하나님께서 부르시고 선택하신 자가 자신이라는 것을 알았다. 그는 자신의 청중에게서 모든 의심을 제거할 수 있는 말의 위력, 그들을 손아귀에 넣고 의지 없는 도구로 만들 수 있는 말의 위력을 준비했다. 추방된 뮌처가 프랑켄하우젠Frankenhausen에서의 결정적인 전투 직전에 장악했던 수천 명의 사람들이 뮌처에게 자극을 받아 봉기했을 때는 이미 늦었다. 1525년 5월 15일, 뮌처는 수많은 농민들에게 설교했다. 그가 설교하는 동안 나타났던 구름 속의 무지개는 하나님의 원조를 의미하는 징후로 보였고 또한 그렇게 설명되었다. 헤센의 필립과 그와 함께 했던 군주들은 헛되이 농민들에게 뮌처와 그의 추종자들을 넘기도록 타일렀다. 뮌처는 적의 총탄이 농민들을 상해할 수 없을 것이라고 외쳤다. 아마도 그는 그들 모두의 마음을 사로잡았을 것이다. 하지만 성령의 도래를 위한 그들의 기도는 폭력적인 진압을 대항하는데 별 도움이 되지 못했는데, 이 폭력적인 진압에 의해 그들은 제거되었다. 1525년 5월 27일, 뮌처는 수많은 다른

사람들과 함께 처형되었고 이것으로 독일 전역을 완전히 파괴할 위험은 일시적으로 종결되었다.[7]

루터의 자세

루터의 자세에 대해 말할 수 있는 것은 그의 자세가 시종일관 완전히 동일했다는 것뿐이다. 루터의 자세는 모든 면에서, 즉 루터의 대적들 편에서뿐만 아니라 루터의 지지자들 편에서도 날카로운 비판을 받았다. 하지만 루터의 생각은 바뀌지 않았다. 그와 같은 저항을 경험했을 당시 루터는 아마도 자신의 입장을 더욱 확고하게 고수하려고 했을 것이다. 루터는 면죄부논쟁과 성찬논쟁을 할 때도 그렇게 했다. 하지만 루터의 자세를 단순히 완고한 것으로만 기술하는 것은 잘못일지 모른다. 처음부터 루터가 따라간 노선은 하나였다. 이 노선은 루터가 바르트부르크 성에서 작성한 저술에 나타난 내용뿐만 아니라, 봉기에 대해 말한 이전의 저술 "폭동과 반란을 경계하도록 모든 그리스도인들에게 주는 신실한 충고"에 나타난 내용까지도 원리적으로 모두 해명할 수 있다.[8] 그 당시 폭동은 아직 발생하지 않았으나 루터는 그런 분위기를 감지했다. 1523년의 저술에서 루터는 정부의 업무에 대해 개인적으로 언급했다. "세상 정부에 대하여, 그리고 어느 정도까지 정부에 순종해야 하는지에 대하여."[9] 몇몇 군주들은 신약성경의 판매를 금지하는 명령을 공포했다. 루터의 판단에 따르면 이런 금령은 군주들의 권한 밖에 있는 것이었다. 복음에 열중하는 것은 정부의 업무가 아니다. 복음으로 나라를 다스릴 수는 없다. 아마도 그것은 사람들이 양의 우리에 늑대들과 사자들과

---

7 농민봉기의 경과에 대해서는 다음 참조. W. Elliger, Thomas Müntzer, 698-822.
8 참조. 5장의 '비텐베르크의 소요 사태'.
9 WA 11; 245-281.

귀족들을 넣어 두고서는, "저기가 목장이다. 서로 정직하고 평화롭게 지내야 한다!"라고 말하는 꼴이 되고 말 것이다.[10] 하지만 반대로 정부는 마치 자신이 하나님의 보좌에 앉아서 양심과 믿음을 통제할 권리와 "자신의 광포한 이성으로 성령을 학습할" 권리를 가진 것처럼 행세해서도 안 된다.[11] 세상 통치영역과 영적 통치영역 사이에는, 하나님 나라와 세상 나라 사이에는 엄청난 차이가 있다. "여기서 우리는 아담의 자녀와 모든 사람을 두 부분으로 나누어야 한다. 아담의 자녀들은 하나님 나라에 속하지만 모든 사람은 세상 나라에 속한다. 하나님 나라에 속한 사람들은 그리스도 안에 있고 아래에 있는 참된 신자들이다."[12] 하나님 나라 옆에는 세상 나라, 혹은 율법 아래 있는 나라가 있다. 그리스도인이 아닌 모든 사람들이 거기에 속한다. "왜냐하면 소수만 믿고 지극히 일부의 사람들만 기독교적인 방법으로 행동하여 악을 저지르지 않으려고 하기 때문에.... 하나님께서는 그리스도인들과 하나님 나라 옆에 다른 통치영역을 그들을 위해 마련하셨고 그들을 칼에 맡기심으로 그들이, 비록 자발적으로 그렇게 하기를 원할지라도, 악을 행할 수 없도록 하셨고, 그들이 악을 저지를 경우에는 두려움 없이 죄를 지을 수도 없고, 즐겁고 행복하게 죄를 지을 수도 없도록 하신다. 이것은 마치 사람들이 거칠고 화난 동물을 사슬과 끈으로 묶는 것과 같다."[13] 온 세상은 악하다. 그리고 천 명 중에 참된 그리스도인은 겨우 한 명 정도다. 그러므로 하나님께서 막지 않으셨다면 세상은 스스로 황폐하게 되었을 것이다. "그러므로 하나님께서는 두 통치영역을 제정하셨다. 즉 하나는 사람들을 그리스도인으로 만들어서 성령을 통해 그리스도의 지배를 받아 경건하게 살도록 하는 영적인 통치영역이고, 다른 하나는 비그리스도인들과 악인들을 통제함으로써 그들이 외적으로 평화를 유지하고 강제로 평온을 유지하

10 WA 11; 252.
11 WA 11; 246.
12 WA 11; 249.
13 WA 11; 251.

지 않을 수 없도록 하는 세상 통치영역이다."[14] 이 두 나라를 서로 구분해야 할뿐만 아니라, 또한 상호 분리하고 따로 갈라놓아야 한다. 하나는 경건하게 한다. 다른 하나는 외적인 평화를 위해 존재한다. 그리스도의 영적 통치영역 없이는 아무도 경건하게 될 수 없다. 외적인 통치영역이 사람들을 경건하게 만드는 일을 할 경우, 그것은 엄청난 위선에 이르게 될 것이다.[15] 왜냐하면 사람들은 믿은 것처럼 가장하겠지만 실제로는 믿는다고 생각하지 않을 것이기 때문이다. 그리스도께서는 비록 그리스도인이 공의를 따르지 않을지라도 결코 세상의 검을 사용하지 않을 것이라고 말씀하실 때, 그것은 내적인 신앙 때문인 것으로 보이는데, 즉 이런 내적인 신앙 때문에 그들은 기꺼이 악을 인내하고 아무도 스스로 악을 행하지 않는다는 것이다. 그들의 성품은 성령에 의해 그와 같이 된다. 지금 온 세상이 순수한 그리스도인들로 구성되어 있다면 그와 같은 모든 말들은 유효한 것이겠지만, 그렇지 않기 때문에 그런 말들이 다른 통치영역 아래, 즉 칼의 권세 아래 있는 세상에는 적용되지 않는다. 참된 그리스도인이 아닌 자에게는 평화와 선행을 강요해야 한다. 그러므로 그리스도께서는 결코 검을 잡지 않으셨고 그리스도인들 상호간에도 검은 필요 없다. 하지만 만일 모든 사람에게 검이 필요하지 않으리라 기대한다면 성경을 바꾸어야 할지도 모른다. 실제로 그리스도께서는 사랑하시는 그리스도인들에게만 검이 필요 없다고 말씀하신다. 그리스도인이 자신의 고유한 일과 복음을 위해 검을 취해서는 안 된다. 그것은 악한 자들을 처벌하는 것과 관련된다. 그렇다면 그리스도인이 악한 자를 처벌할 수 있다는 것은 아주 분명한 사실이지만 정부로서만 그렇게 할 수 있다.

정부의 업무가 무엇인지는 다음 사실로부터 드러난다.[16] 세상 나라에

---

14 WA 11; 251.
15 WA 11; 252.
16 WA 11; 261ff.

서는 그리스도의 나라에서와는 다른 법이 적용된다. 그리스도의 나라에서는 오직 하나님의 말씀만 적용된다. 강요로, 외적인 법으로 믿음을 가르칠 수는 없다. 사람의 영혼을 "취하는 일은 각기 개인이지만 조정하는 일은 오직 하나님의 능력뿐이다."[17] 하나님만이 영혼에 대한 지배능력을 갖고 계신다.[18] 그러므로 정부가 검으로 믿음을 확장하려고 시도해서는 안 된다. 하지만 정부가 최소한 검으로 이단을 저지할 수는 있다. "하나님의 말씀은 오직 여기서만 싸워야 한다. 하지만 말씀이 성취하지 못하는 곳에서 세상 권력으로 성취되는 것은 아무 것도 없다. 비록 그 세상 권력이 세상을 피로 가득 채울지라도 말이다. 이단은 영적인 것으로 어떤 쇠로도 정복될 수 없다.... 그렇게 할 수 있는 것은 오직 하나님의 말씀뿐이다...."[19] 또한 비록 사람들이 유대인들과 이단들을 폭력으로 불태운다 해도 이것으로는 단 한 명도 승복하거나 개종되지 않았다.[20]

정부가 믿음의 일에 참견할 때, 이것이 바로 정부의 권한 남용이다. 그러므로 군주들은 이성적으로 주의 깊게 통치해야만 한다. 이런 점에서 많은 것을 개선할 수 있다. 영적인 군주들은 말씀에 헌신해야 하고, 세상 군주들은 폭리, 살인, 간통, 다른 악한 일들이 통용되지 않도록 자신들의 고유한 업무에 헌신해야 하고, 사람들은 쇠로 영혼을 다스리거나 편지로 육체를 다스리지 않도록 그 업무를 뒤바꾸지 말아야한다.

루터는 백성이 폭압적인 군주들을 경멸하게 될 것이라 경고했다. 하지만 사람들이 악당과 불한당으로 간주하지 않는 소수의 군주들도 있다. 보통 사람들은 군주들의 재앙인 '경멸'을 열렬히 환호한다. "내가 두려운 것은 군주들이 군주답게 행동하지 않는 한, 또한 이성적이고 신중하게 통치하는 것을 새롭게 시작하지 않는 한, 그것을 저지할 수 없다는 것이다. 결국에는 사람들이 당신의 독재와 악의를 막을 것이고, 막을 수 있

17 WA 11; 263.
18 WA 11; 265.
19 WA 11; 268.
20 WA 11; 269.

고, 막기를 원한다. 친애하는 군주들과 귀족들이여, 당신이 지향하는 곳을 알라! 하나님께서는 그것을 더 오래 지속하길 원하시지 않는다. 오늘날 세상은 당신이 사람들을 야생 동물처럼 사냥하고 몰았던 이전과 다르다."[21]

이 저술에서 루터는 정부의 부르심에 대해 지적했다. 하지만 동시에 그리스도인이 폭력으로 정부에 저항해서는 안 되고 오직 진리를 고백하는 것으로만 저항할 수 있다고 천명했다.[22]

폭력 사태가 발생하기 전에 이미 루터는 이런 방법으로 정부들을 향해 경고했던 것이다. 그렇지만 봉기 소식이 이미 그에게 도달했을 그 때에도 그는 평화를 호소했다.[23] 그리고 이때도 그는 특별히 군주들에게 일을 합리적으로 처리하도록 호소했다. 사람들은 루터와 다른 복음주의 신학자들에게 농민봉기의 12개 조항에 대해 반응해줄 것을 요청했었다. 이런 요청이 없었더라도 루터는 그 조항들에 대응하지 않을 수 없었는데, 이유는 사람들이 복음에 호소했기 때문이다. 그 요청은 진심으로 받아들여졌을까? 복음을 희생시켜 자신들의 목적을 달성하기 위한 기회로 삼으려 했던 주모자들이 아마도 대다수 군중 가운데 많지는 않았을 것이다. 루터는 위험을 감지했다. 또한 그는 사람들이 공개를 꺼린다는 것과 복음의 가르침을 받기 원한다는 것도 감지했다.

그러나 먼저 루터는 여기서도 군주들에게 호소했다. "당신이 그와 같은 신적 진노의 원인이기 때문에 항복하지 않을 경우 틀림없이 당신을 향해 발포할 것입니다."[24] "친애하는 귀족들이여, 당신을 대적하는 것은 농부들이 아니라, 하나님이시다. 하나님께서 당신들의 격분을 벌하시기 위해 친히 준비하신다. 당신들의 지배 아래 있는 많은 사람들은 루터의

---

21 WA 11; 270.
22 WA 11; 277.
23 Ermahnung zum Frieden auf die 12 Art. der Bauernschaft in Schwaben, WA 18; 291ff.
24 WA 18; 294.

가르침을 전멸시키기 위해 땅과 사람들을 희생할 각오가 되어 있다고 말했다. 당신들은 어떻게 할 생각인가?"[25]

농민봉기가 루터 가르침의 결과라고 말해서는 안 된다. 수많은 군주들뿐만 아니라, 에라스무스와 같은 다른 사람들도 그런 식으로 말했다. 반대로 루터는 항거한다. 이와 달리 복음은 무엇을 할 수 있는가? 당신들은 복음을 핍박했다. 반대로 우리는 그런 당신들을 위해 기도했다. 만일 내가 원했더라면 지금 나는 아마도 혼자서 기뻐할 수 있을 뿐만 아니라, 농민들과 어울릴 수도 있을 것이다. 하나님께서 지금까지 그러셨던 것처럼 나를 보호하기를 바라나이다. 어떤 것이든 조처를 취할 필요는 있다. "왜냐하면 그 일이 너무 크고 위험하기 때문이다. 그것은 하나님의 나라뿐만 아니라 세상의 나라와도 관련되기 때문이다." 이 폭동이 지속된다면 두 나라 모두 침몰하게 될 것이고, 결국 독일 영토는 영원히 파멸하게 될 것이다. 그러므로 군주들은 자신들의 이성을 사용해야만 한다. 사람들은 복음을 위한 자유를 주어야만 한다. 그러므로 농민들이 요구할 때, 아무도 그것을 거절하지 말아야 한다. "그렇다. 정부는 복음이든 거짓말이든 각자 배우고 싶은 것이나 믿고 싶은 것을 방해해서는 안 된다. 정부는 폭동과 불화를 가르치는 일을 막아내는 것으로 충분하다."[26]

루터는 농민들의 정직함과 선한 양심에 대해 호평한다. 그들이 그것을 가질 때, 그들은 용감하게 앞장서서 달리고 하나님께서는 그들을 도우실 것이다. 하지만 그들은 자신들의 계획을 위해 하나님의 이름을 사용하는 것에 주의해야 한다. 당신들은 당신 자신들을 기독교 모임과 연합이라 부르고 하나님의 권리에 따라 행동하기를 원한다. 루터가 그들에게 경고하는 것처럼 또 하나 더 주의해야 하는 것은 하나님께서 전능하신 하나님, 무서운 하나님이시라는 사실이다. 그리고 농민들이 하나님의 이름을 잘못 사용하는 문제는 쉽게 증명할 수 있다. 그들은 검을 취했다. 검을

---

[25] WA 18; 295.
[26] WA 18; 298f.

취하는 자는 검으로 망하게 될 것이다. 어떻게 검으로 하나님께서 세우신 정부를 공격할 수 있단 말인가? 정부가 악하다는 것이 그들의 행동을 정당화하지 않는다. 아무도 그 자신의 재판관이 될 수는 없는데, 이것은 기독교의 법과 복음이 우리에게 가르칠 뿐만 아니라, 자연법도 가르치는 것이다. 그리고 기독교의 법은 고난과 고난, 십자가와 또 다시 십자가로부터 세워진다. "사랑하는 친구들이여, 그리스도인들은 절대 다수로 결집할 수 있을 만큼 그렇게 많지 않다. 하나의 그리스도인은 아주 보기 드문 한 마리 새다." 여기서도 루터는 복음의 논점이 위험에 처한 것으로 본다. 교황과 황제가 마무리 지을 수 없었던 것을 악마는 이런 반란을 일으키는 농민들을 이용하여 성공적으로 해낼 것이다. 즉 복음을 탄압하게 될 것이다. 왜냐하면 농민들은 살인을 교사하는 선지자들과 이단의 영들이 이끄는 대로 따르기 때문이다. 또한 이들이 스스로 하나님과 구원자가 되기를 원하기 때문에 하나님께서는 그들을 도우실 수 없다. 12개 조항의 작성자는 루터가 보기에 결코 정직하고 공정한 사람이 아니다. 그 작성자는 수많은 성경 본문을 옆 여백에 기록했다. 하지만 참고 구절들을 찾아보는 사람은 그 구절들이 작성자의 주장과 반대 내용이라는 사실을 알아 챌 것이다. 그 모든 조항들은 일시적인 삶을 지향하는 반면에 복음은 그런 세상의 일들 때문에 걱정하지 않고 외적인 삶을 오직 고난과 부당과 십자가와 인내의 자리, 그리고 일시적 것들에 대한 경멸의 자리에 둔다. 열정적으로 복음을 듣는 것은 좋은 일이다. 하지만 정부가 그것을 방해할 때에는 묵묵히 가야 한다. "정부는 도시를 지켜야 하지만 복음을 따라야 한다.... 복음은 결코 머물 육적인 공간이나 장소가 필요하지 않다. 복음이 머물기 원하고 머물러야 하는 곳은 마음뿐이다."[27] 그렇다면 그 복음을 어떻게 도시들과 성들을 지키는 것과 조화시킬 수 있을까?

---

[27] WA 18; 323.

루터가 이런 방법으로 12개 조항에 대해 발 빠르게 대처했는지는 상상에 맡긴다. 루터는 처음 세 조항에 대해 논평하는데, 즉 자체적인 복음 설교자는 정부의 허가를 받아야만 일할 수 있을 것이다. 십일조를 폐지하는 것은 날강도 짓이다. 그리고 노예제도를 반대하는 것에 대해 루터는 그리스도인의 자유란 육체적 자유와 완전히 다른 무엇이라고 언급함으로써 거부한다. 아브라함과 다른 선조들은 노예들을 가지고 있었고 신약성경에서도 노예에 대해 가르친다. 그리고 노예는 좋은 그리스도인이 될 수 있고 그리스도인의 자유를 누릴 수 있다. 이것은 마치 포로나 환자가 내적으로 자유로울 수 있는 것과 같은 것이다. 루터는 다른 조항들에 대한 판단을 주제 넘는 것이라 생각하여 이것들을 직업적인 법률가들에게 떠넘기면서 농민들이 성경과 경험을 반대한다고 첨언한다. 떼로 모여 소란을 떠는 것은 어디에서도 선한 결말을 보지 못했다고도 말한다. 하지만 루터를 가장 짜증나게 만드는 것은 군주들 편이든 농민들 편이든 어느 편도 순수한 양심을 가질 수 없다는 사실이다. 죽음 때문에 놀라는 자는 영원히 죽을 수밖에 없다. 독일 땅은 철저하게 파괴될 것이다. 그러므로 심사숙고해야만 한다. 실패하라! 그러면 루터는 무죄다. 루터는 자신이 양 편 모두를 위해 기도한다는 말을 전하도록 호소하면서 마무리 짓는다.[28]

그러나 그것은 이미 너무 늦어버렸다. 루터가 이런 글을 쓰는 동안에도 참상을 더 이상 막을 수는 없었다. 야만적인 폭력 조직으로 수천의 농민들이 땅과 도시를 정복한 반면에, 수많은 군주들은 깜짝 놀라 마비 증세를 일으켰다. 작센의 선제후는 끝장을 경험하지 않았다. 그가 죽어 갈 때 그의 영혼은 하나의 질문 때문에 고통스러워했는데, 이것은 그의 형제도 몰두했던 질문이었다. 즉 그들은 자신들의 신하에 대해 불의했는가? 혹 완전히 다른 시대가 도래 했는가? 그래서 혹 국민이 하나님으로

28 WA 18; 332f.

부터 힘을 얻게 되는 것인가?

이런 생각들이 루터를 괴롭히지는 않았다. 루터는 군주들이 자신들의 부르심을 이해하도록, 그리고 그들의 부르심에 맞게 폭력을 사용하도록 그들을 설득했다. 그리고 그는 평화에 대한 자신의 호소문에 짧은 글을 추가할 수 있었는데, 거기에 그는 농민들을 무자비하게 말로써 징계했던 반면에, 군주들에게는 지체 없이 그들을 공격하도록 호소했다.

상당히 불행하게도 이러한 호소 역시 다시 한 번 너무 늦은 것으로 보였다. 왜냐하면 그것이 출간되었을 그 때는, 심지어 평화를 위한 경고와 독립적으로 분리되어 출간되었을 그 당시에는, 이런 출간이 마치 루터가 이번에는 군주들 편에 설 차례인 것처럼 보였기 때문이다. 그 군주들은 대량 학살로 농민들을 진압한 승리를 자축했다. 마치 루터의 행동이 그와 같은 끔찍한 보복행위와 연관된 것처럼 보였던 것은 루터가 이렇게 기록했기 때문이다. "천국을 군주는 학살함으로 얻을 수 있고, 다른 사람들은 기도함으로 얻을 수 있는 그와 같이 이상한 시대를 우리가 겪고 있다."[29] 이제는 친구와 적 모두가 루터에게 그 죄를 덮어씌웠다. 최소한 루터는 이것을 의도했었다. 그것은 그가 자신의 서신에서 농민들을 가혹하게 구석으로 몰아붙이는 것에 대해 설명하려고 시도했던 것과 같다.[30] 모두가 '자비를! 자비를!'이라고 외쳤다. 봉기의 순간에는 참된 자비만이 폭력을 가능한 과감하게 제압할 수 있었다. 사람들은 여자와 아이들이 능욕을 당하고 살해될 때 자비를 외치는가? 혹은 구원할 기회를 사용하는가? 여기서도 루터는 다시 두 왕국으로 되돌아간다. "이 두 왕국을 잘 구분할 수 있는 사람은 나의 가혹한 책에 대해 그렇게 분노하지 않게 될 것이다. 하나님의 나라는 은혜의 나라이고 자비의 나라이지, 분노나 처벌의 나라가 아니다. 하지만 세상 나라는 분노와 엄격의 나라이고, 오직 처벌과 방지와 강요만으로 조직되고, 오직 악인

---

[29] WA 18; 361.
[30] Ein Sendbrief von dem harten Büchlein wider die Bauern 1525, WA 18; 334ff.

들을 저지하기 위해서만 일한다."[31] 지금 그 나라들을 혼합해서 가져오는 사람은 하나님의 나라에 분노를 들여오는 것이다. 이것은 폭도의 지도자Rottengeister들이 하는 것과 같다. 왜냐하면 이들은 거짓 선자지들이며 세상 나라에 자비를 가져오기 때문이다. 그리고 그것은 정확히, 사람들이 악마를 하늘에 앉히고 하나님을 지옥으로 끌어내리는 것과 동일하다. 루터는 탄식하기를, 사람들은 내 책을 잘 읽어야 하고 내가 무엇을 썼는지 보아야 한다. 즉 기독교 정부가 가능한 빨리 그 폭동을 진압해야 했는데, 이것은 결과적으로 법 대신에 은혜가 적용되도록 하기 위해서다. 이후 몇몇 사람들이 저지른 야만성을 루터는 진심으로 거절했다. "그럼에도 불구하고 사람들은 그들을 인내해야 한다. 비록 이것 때문에 하나님께서 우리를 처벌하길 원하실지라도! 나는 두 가지 때문에 두려워했었다. 만일 농민들이 주인이 된다면 악마는 수도원장이 될 것이다. 만일 그런 폭군들이 승리한다면 그의 어머니는 수녀원장이 될 것이다. 그러므로 나는 기꺼이 농민들을 잠잠하게 만들었을 뿐만 아니라, 올바른 정부를 가르쳤을지도 모른다. 하지만 농민들은 듣고 싶어 하지 않았기 때문에 자신들의 품삯을 받은 것이다. 정부들도 역시 듣고 싶어 하지 않는다. 그렇다면 그들 역시 자신들의 품삯을 받게 될 것이다. 하지만 농민들이 그들을 살해했더라면 아마도 그것은 유감스러울 것이다. 하지만 여전히 그것은 아마도 일종의 부드러운 여우꼬리일 것이다. 그들이 회개하지 않는다면 지옥 불은, 지옥에서 몸이 떨리고 치가 떨리는 것은 그들의 영원한 품삯이 될 것이다."[32]

루터가 제후들의 종이 되었다는 것 때문에, 그리고 절묘한 타이밍에 편을 바꾸었다는 것 때문에 비난 받는 것이라고 말할 수는 없다. 루터는 오직 하나의 편만 알았는데, 그것은 복음의 편이었다. 루터가 두 나라를 구분한 것은 복음을 순수하게 지키기 위한 것이었을 뿐이다. 루터가

[31] WA 18; 389.
[32] WA 18; 401.

아주 격렬한 상황에서도 변함없이 복음의 선을 예의주시했다는 것은 확실하다. 그리스도인 개인에게 할 수 있는 요구, 즉 부당한 일을 저지르기 보다는 차라리 그것을 당하고 말아야 하며 참아야 한다는 요구를, 루터가 사회적으로 아주 낮은 신분의 사람들에게 정당하게 부과했는지가 문제라는 것은 반드시 논해야 한다. 아마도 사람들은 루터가 바로 자신의 두 나라 교리를 더 분명하게 구분해야만 했다고 말할 수 있을 것이다.[33] 하지만 루터에게 이것이 그의 시대에 어떻게 가능할 수 있었을지는 의문으로 남는다. 루터는 자신의 일, 즉 복음의 일을 일방적으로 농민의 편에 연결하길 원하지 않았는데, 이것은 그가 1521년에 기사들과 연합하기를 원하지 않았던 것과 같다.[34] 종교개혁 역시 농민봉기와 이에 대한 루터의 자세로 중단되지는 않았다. 그렇지만 교회의 삶을 위해 질서를 세울 때가 왔던 것이다. 루터가 거기로 옮겨가기 전에 삶을 위해 하나님께서 정해 놓으신 질서에 순종하는 증표를 세웠는데, 그것은 그가 결혼한 것이었다.

악마를 대적하기 위한 결혼

참으로 이것은 루터가 이 끔찍한 소란의 기간 한 복판에서 결혼했다는 놀라운 사실을 해명할 가장 깊은 동인들 가운데 하나였을 수밖에 없다. 카타리나 폰 보라Katharina von Bora와의 결혼에 관한 진지한 소식을 전하는 최초의 것은 농민봉기에 대한 이야기로 가득한 편지에서다. 1525년 5월 5일에 루터는 만스펠트 영주의 궁정 자문관 요한 루헬 박사Dr. Joh. Ruhel에게 이런 편지를 썼다. "그리고 나는 그와 같이 악마를 대적하기 위해서라도 그것을 완수할 수 있다. 그렇다면 내가 죽기 전에 나의 카티와

[33] W. von Loewenich, Marin Luther, 251.
[34] W. von Loewenich, Marin Luther, 251.

결혼하게 될 것이다."[35] 이 편지에는 온통, 반드시 그것을 종식시켜야 하는 군주들의 처지와 우유부단함에 대한 진지한 이야기뿐이다. 루터 자신도 연속적인 사건들을 보면서 죽음으로 휩쓸려 들어가게 되리라 예상한다. 사건이 일어날 때마다 그는 시대의 종말이 가까이 왔다고 의식했다. 그리고 루터는 자신의 종교개혁 성향에 대한 분명한 증거를 제시하기 위해서라도 그것이 필수적이라고 생각했다.

많은 사람들이 루터의 조언으로 결혼했다. 왜 루터 자신은 결혼하지 않았는가? 1524년 11월 30일에 그는 자신의 친구 슈팔라틴에게 이런 편지를 썼다.[36] "지금까지 그것은 내게 너무 피곤한 일이었고 지금도 그런 것처럼 내가 결혼하는 일은 일어나지 않을 것이다. 물론 내가 혈육의 사람이 아니기 때문에 그런 것은 아니며 또한 내가 목석과 같기 때문도 아니다. 하지만 나의 의미는 결혼하는 것에 있지 않다. 왜냐하면 죽음과 어쩔 수 없는 이단처벌이 매일 나를 기다리고 있기 때문이다. 그러므로 나는 내 속에 있는 하나님의 일을 실증내지 않을 것이다. 하지만 나는 내 마음을 의지하지도 않을 것이다. 그러나 나는 하나님께서 나를 너무 오래 살도록 하지 않으시기를 바란다."

마지막 문장의 정신은 그 후 오래지 않아 루터에게 정확히 정반대의 정신을 갖도록 했고 또한 결혼도 하도록 했다. 그렇게 한 것은 그의 친구들이 권유했기 때문이었는가? 그것은 확실히 그렇지 않았을 것이다. 특히 카타리나와의 결혼과 관련한 문제는 전혀 그렇지 않았을 것이다. 루터 자신은 그녀가 거만하다고 생각했다. 아마도 그녀에게서 이런 인상을 받게 된 것은, 루터가 그녀의 결혼을 성사시키기 위해 헛되이 시도했으나 그녀가 보기 좋게 거절해버린 사건 후에, 그녀가 루터의 친구 암스도르프에게 찾아와 암스도르프나 루터와는 결혼할 수도 있다는 것을 알렸을 때였으리라. 그녀는 여러 명의 수녀 가운데 한 사람이었

---

35 WABr. 3; 480.
36 WABr. 3; 393.

루카스 크라나흐가 그린 카타리나 폰 보라 Katharina von Bora.

다. 그 수녀들은 님프쉔Nimbschen의 한 수도원 밖으로 자신들을 유괴하도록 만들었는데, 다수가 비텐베르크로 곧장 왔고 루터는 그들이 결혼을 잘 할 수 있도록 노력했다. 카타리나는 귀족 가문의 출신으로 10살 때 수도원에 곧장 들어와 거기서 보살핌을 잘 받았던 것으로 보인다. 그러나 종교개혁이 거기서도 소란을 일으켰고 지금 그녀는 비텐베르크에 있었다. 그녀가 암스도르프에게 한 말을 루터가 듣게 되었고 그것은 그를 놓아주지 않았다. 후에 루터는 말하기를, 그가 버려진 자들을 불쌍하게 생각하기를 하나님께서 원하셨다고. "하나님의 은혜는 나를 위해 가장 행복한 결혼을 허락하셨다."[37] 그렇게 해서 그의 외로움이 종결되었다. 나이 든 수녀와 함께 루터는 여전히 커다란 수도원에 머물렀다. 한 번은 그가 말하길, 1년 동안 자신의 밀짚침대가 부풀어 오르지 않았다고. 가난과 외로움은 날마다 그를 따라다녔다. 자신의 결혼을 통해 루터는 아버지의 소원을 이루었는데, 아버지는 그의 결혼 직전에 루터에게서 장손을 보길 원하셨다고 알려주었다. 루터는 자신의 성격대로 솔직하게 그 일들을 잘 착수하도록 결정했다. 그는 카타리나와 결혼하기로 결정했다. 또한 이 문제에 대해 더 이상 왈가왈부하지 못하도록 했다. 특별히 결혼식은 공식적으로 폐쇄적인 작은 모임이 되었다. 다섯 명의 증인만이 수도원의 결혼식에 참석했다. 그들 중에는 카타리나에게 자신들의 집을 거처로 내주었던 루카스 크라나흐Lucas Cranach와 그의 아내, 그리고 결혼식 주례를 담당한 목사 부겐하겐Bugenhagen이 있었다. 6월 13일에 공식적인 약혼식이 거행되었는데, 이 자리에서 증인들은 법 규정을 지키게 하는 의무를 완수했다. 다음 날 아침에는 동일한 작은 모임에서 만찬이 거행되었고, 14일 후인 6월 27일에는 루터의 부모님을 포함하여 훨씬 많은 사람들이 만찬 자리에 초대되었다. 루터는 직접 초대장을 보냈다. 그리고 그의 친구들과 지인들에게 참석하여 당황스러

---

[37] WATr. 4; 503.

움이 기쁜 놀라움이 되도록 해달라고 당부해야만 했다. 루터가 모든 사람들에게서 좋은 결과를 얻었는지 의문이 남을 수 있다. 암스도르프에게 그는 이런 소식을 전했다. "내가 마치 결혼이 이런 일들에[=종교개혁에] 유익하기라도 한 것처럼 생각하여 들어야할 많은 말들을 듣기도 전에 갑자기 결혼했다는 소문은 사실이다." 사실 이 말은 멜랑흐톤에게 해당하는 경우였다. 멜랑흐톤은 루터의 약혼과 결혼 사이에 상당한 시간이 경과하도록 했고, 이것은 신부에 대한 온갖 추문이 나돌기에 충분한 기회였다. 루터는 이것을 예방하고 싶었다. 그의 친구들은 그렇게 말하지 않을지도 모른다. '왜 당신은 다른 사람을 생각하지 않았는가!' 어쩌면 우리는 멜랑흐톤에게서 루터의 이런 행보에 대한 일종의 숨겨진 실망감을 느낄 것이다. 멜랑흐톤은 그리스어로 작성된 편지를 쓴다.다른 사람이 그것을 읽게 될 수도 있다고 상상해보라! "갑작스럽게 루터는 자신의 결심에 대해 친구들 가운데 단 한 명과도 의논하지 않고 보라와 결혼했다."[38] 그는 당시의 이런 경솔한 행보에 대해 불평하기를, "지금은 지극히 선한 사람들이 인내하지 않을 수 없는 시기다." 루터가 분명 다른 사람들과 함께 인내하지 않고 스스로 탐닉하며 체면을 구기고 있지만 독일은 그의 영과 권위가 너무나도 필요하다. "일반적으로 남자를 유혹하기는 쉽다. 그래서 수녀들은 남자를 호주머니에 넣기 위해 모든 기술을 동원했다. 비록 그가 고결하고 깨어 있는 남자지만, 아마도 저 수녀들과의 번잡한 교류가 그를 부드럽게 만들어 그에게 불을 붙게 만들었는지 모른다." 멜랑흐톤이 카메라리우스Camerarius에게 권면하기를, 자신이 누군가에게 이것을 쓰는 것은 평정심을 가지고 이 일들을 받아들이도록 하고, 또한 성경이 결혼을 권한다는 사실을 잊지 않도록 하기 위해서라는 것이다.

루터에게 결혼은 엄청난 변화를 의미하는 것이었다. 그의 집은 모든 면에서 살기 좋은 곳이 되었다. 물건은 청소되었고 정원은 수리되었으며

---

38 멜랑흐톤의 편지는 다음 참조. Studien Ausgabe. Gütersloh 1971, VII, 1, Ausgewählte Briefe, 238ff.; H. Boehmer, Luther im Lichte der neueren Forschung, 175f.

멜랑흐톤Melanchthon. 독일어 본명은 슈바르체르트Schwarzerd. 알브레흐트 뒤러Albrecht Dürer의 1526년 판화.

좋은 식수공급은 오래 걸리지 않았다. 그곳에 채소가 재배되었는데, 루터 자신은 거기서 엉뚱한 생각들을 하곤 했다. 즉 자신의 종과 함께 목수가 될 가능성에 대해서도 상상했는데, 만일 자신이 목수가 된다면 그는 아마도 복음 연구의 길을 완전히 벗어나야 할지도 모른다. 하지만 그는 자신이 상상하는 무엇이 될 기회를 얻지는 못했다. 학생들이 집에 찾아왔다. 멜랑흐톤에게도 그런 학생들이 많았는데, 마치 다수의 교수들이 그런 날에는 멜랑흐톤이 강의뿐만 아니라, 교육적인 일로 분주할 것이라고 생각할 정도였다. 그래서 멜랑흐톤은 명성을 얻었는데, 그는 그것을 너무 조직적으로 수행했다. 루터도 역시 명성을 얻었다. 그의 탁상담화는 유명하게 되었다. 이런 것들이 없었더라면 우리에게는 그의 생애에 대한 이야기 가운데 아주 많은 상세한 부분들이 알려지지 않은 채 남게 되었을 것이다. 루터의 생애와 종교개혁의 역사를 알기 위해서는 이제 그의 탁상담화들이 그의 작품들과 함께 중요한 원자료가 된다. 사람들이 그 모든 것을 다루지는 못했다. 다행스럽게도 카티는 자신이 무엇을 원하는지 알았으므로 찬 음식 외에는 먹지 않았다. 루터는, 비록 더 이상 오래 살 생각이 없었음에도 불구하고, 정반대로 많은 사람들이 생각했던 것들을 충분히 즐길 수 있었다. 왜냐하면 좋은 가정이 목사 사택에 있었기 때문이다.

7장

에라스무스와의 단절

C. Augustijn, *Erasmus en de Reformatie. Een onderzoek naar de houding die Erasmus ten opzichte van de Reformatie heeft aangenomen*, Amsterdam 1962; **E. -W. Kohls**, *Luther oder Erasmus*, Band I, Band II, Basel 1972, 1978; **R. Stupperich**, *Erasmus von Rotterdam und seine Welt*, Berlin/New York 1977; **E. G. Rupp/S. Watson**, *Luther and Erasmus: Free Will and Salvation*, Philadelphia 연도미상; **B. Lohse**, Luther und Erasmus, in: *Lutherdeutung heute*, Göttingen 1968, 47-60; **O. J. Mehl**, Erasmus contra Luther, in: *Lutherjahrbuch*, 29 (1962), 52-64; **H. Bornkamm**, Erasmus und Luther, in: *Das Jahrhundert der Reformation*, Göttingen 1961, 36-54.

나는 에라스무스에게 아무 것도 배운 게 없다 Ex Erasmo nihil habeo

루터는 탁상담화1532에서 이렇게 말했다. "나는 에라스무스에게 아무 것도 배운 게 없다. 왜냐하면 나는 슈타우피츠 박사로부터 모든 것을 배웠기 때문이다."[1] 후자는 무슨 뜻일까? 루터가 수도원의 친구에게 모든 것을 배운 것은 아니다. 그러면 전자는 무슨 뜻일까? 루터에게 에라스무스는 큰 의미가 있다. 로테르담Rotterdam의 인문주의자는 다양한 방법으로 종교개혁을 도왔다. 당연히 루터에게도 어마어마한 도움을 주었다. 에라스무스는 많은 자료들을 루터에게 제공했다. 교부들의 작품들과 루터가 독일어로 번역할 수 있었던 헬라어 신약성경 편집본은 루터가 실제로 사용했던 것들이다. 에라스무스의 다른 여러 작업이 없었더라면 루터의 사역은 불가능했다. 에라스무스의 스콜라 신학에 대한 신랄한 비난은[2] 루터의 스콜라 철학에 대한 더 깊이 있는 신학적 비판을 가능하게 했다. 그리고 에라스무스가 전개한 '근대적 경건'과 연관된 종교적 형태의 인문주의는 종교개혁의 예비단계로서 큰 역할을 했다. 이런 관점에서 보면 루터가 '에라스무스로부터 아무 것도 배운 것이 없다'라고 말한 것은 옳지 않다.

하지만 신학의 본질과 종교적 경험이라는 가장 본질적인 측면에서 살펴보면 루터와 에라스무스는 전적으로 상호 대립적이다. 그 면에서 보면 루터의 말은 옳고 폰 슈타우피츠가 에라스무스보다 훨씬 많은 영향을 주었다. 루터는 슈팔라틴에게 보낸 중요한 1516년 10월 19일자 편지에서 자신과 에라스무스와 차이가 있다는 것을 표현했다. 특별히 아우구스티누스에 대한 입장과 관련해서 그렇다. 여기에서 서로의 차이가 점점 분명해진다는 것을 감지할 수 있다. 죄와 은혜의 의미에 대한 견해

---

[1] WATr. 1; 173.

[2] 특히 그의 『우신예찬』 참조.

에라스무스의 「우신예찬」Moria Encomium**의 제목 페이지.** 여기서 그는 성직자로 용을 찔렀다. 그의 비판이나 비판의 맹렬함이 루터의 비판이나 맹렬함에 비해 그렇게 근본적이지 않았다.

에서 에라스무스는 루터보다 아우구스티누스와 거리가 멀다. 루터가 요한 랑Johann Lang에게 쓴 1517년 3월 1일자 편지에 있는 에라스무스에 관한 글은 유명하다. "나는 우리의 에라스무스 책을 읽지만 날이 갈수록 그분을 향한 나의 열정이 줄어간다." 사실 루터가 수도사들과 사제들의 무능함을 즐겨 공격했지만 동시에 에라스무스가 그리스도 안에 있는 하나님의 은혜를 충분히 장려하지 않는 것에 대해서도 두려움을 표현했다. 프랑스에서 바울에 관한 연구로 공적을 세웠던 인문주의자 자크 르페브르 데타플러Jacques Lefèvre d'Étaples = Faber Stapulensis를 루터가 지지한다. 루터는 에라스무스에 대해 기록하길, "에라스무스에게는 인간적인 일이 하나님의 일보다 더 높은 위치에 있다." 그러면서 루터는 비판하지 않고는 무슨 일이나 그대로 받아들이지 않는 친구 에라스무스를 경고한다. 언어를 많이 안다고 교양 있는 그리스도인은 아니다. 히에로니무스Hieronymus가 다섯 언어를 알았다고 한 개의 언어만 구사했던 아우구스티누스보다 더 위대하다 할 수 없다. "오직 은혜가 아니라 인간의 자유의지에 공로를 돌리려는 사람의 판단은 다른 소리로 들린다."[3] 이미 이 편지에 오직 은혜에 반대되는 자유의지 주제가 핵심 주제로 등장하는 것이 신기하다.

루터에 대한 에라스무스의 태도는 처음에 상당히 동정적이었다. 하지만 에라스무스는 루터 추종자들이 에라스무스의 이름과 명성을 희생함으로써 곳곳에서 점점 많아지는 것을 이해할 수 없었을 뿐만 아니라 견디기 어려웠다. 루터는 훌륭한 이념들을 가지고 있었으나 그의 비판은 너무 지나친 것이었다. 그는 스스로 자제할 필요가 있었다. 그래서 에라스무스는 루터를 위해 면죄부 문제를 거론했다. 그리고 저명한 학자들의 모임을 구성함으로써 충돌을 해결해보려 했다. 모든 것이 잘 될 것이라고 여겼다. 하지만 아무런 소용이 없었다. 에라스무스는 교회가 분열될까 두려웠다. 분열이 불가피한 상황이 되었을 때 에라스무스는 냉정을 되찾고는 만나는 사람마다 자기가 원하거나 혹은 의도했던 것이 아니었

[3] Scheel, Dok., 301.

로테르담Rotterdam**의 에라스무스.** 뒤러의 1526년 판화.

다고 말했다. 자신은 어떠한 책임도 없다고 말했다. 처음에는 중도 입장을 취하면서 해결 방안을 찾았다. 글에 루터의 이름을 쓰지 않고 비난과 공격을 하지 않을 작정이었다. 하지만 결국 타협은 더 이상 지속될 수 없었다. 루터가 보기에 에라스무스는 은혜에 대한 존중이 부족했다. 그러므로 에라스무스의 조롱은 도를 넘은 것으로 보였다. 왜냐하면 에라스무스처럼 거룩한 것들을 가지고 조롱하는 일은 없기 때문이다. 그렇다면 루터의 조롱은 달랐을까? 루터의 조롱은 덜하고 인문주의자들처럼 거칠지 않았을까?

에라스무스는 루터에 대한 자신의 비판이 피상적이고 냉소적인 공격과는 달라야 한다고 느꼈다. 비판은 문제의 본질을 건드리는 것이어야 했다. 에라스무스는 오랫동안 몇 개의 중심 주제들을 가지고 비판했다. 하지만 본격적으로 행동해야 할 때가 되었을 때에는 결국 자유의지라는 주제가 등장했다. 루터는 어쨌든 이 주제를 존중했다. "나는 당신을 진심을 다해 칭찬한다. 내가 공개적으로 말하건대, 당신은 다른 사람들과 달리 문제의 요점으로 곧장 달려간 유일한 사람이다. 당신은 교황제도, 연옥, 면죄부 등과 같이 바보 같은 주제로 지금까지 나를 따라다니며 힘들게 했던 사람들처럼 나를 골치 아프게 하지 않았다. 당신은 문제의 핵심을 본 유일한 사람이다...."[4]

루터가 1517년 3월 1일에 쓴 편지에서 이미 지적한 것처럼 처음부터 이 문제는 있었다. 인문주의자들도 이미 그것을 감지했다. '자유의지'라는 논제가 인문주의자들에게는 실없는 주제 같았지만 그들을 당황스럽게 만들었다. 몇몇 군주들이 말한 것처럼 자유의지에 대한 루터의 논제는 인간의 책임을 완전히 제거해 버렸다. 그것은 정직한 자들의 도덕적인 삶을 개발할 수 있는 여지가 전혀 없었고 하나님을 죄의 원인자로 만들었다. 그러므로 에라스무스는 바로 그 점에 있어서 자신이 갈채를 받을 것이라 기대할 수 있었고, 자신이 실제로 전 종교개혁 운동을 출발시켰다는 비난에서 벗어날 수 있을 것이라 기대할 수 있었다.

에라스무스는 인간의 의지가 은혜의 과정에서 배제되지 않도록 표현

---

[4] WA 18; 786.

할 의무감을 가졌다. 그는 자유의지를 "인간이 스스로 영원한 구원으로 이끌 수 있거나 혹은 거절할 수 있는 의지의 힘"으로 정의했다.[5] 그러나 이 정의는 뭔가 분명하지 않았다. 이 정의는 루터가 1520년 교황의 파문교서를 불사름으로 보여주었던 내적 혐오로 암시되었다.[6] 루터는 이렇게 주장했다. "교황의 천박함과 현혹을 여러 다른 문제에 대해서는 인내해야 할 것 같지만 이 중요한 사안에 대해서는 아니다. 그들이 여기서 그렇게 터무니없다는 것이 측은할 뿐이다. 왜냐하면 그렇게 함으로써 그들은 우리가 그리스도 안에서 하나님으로부터 받은 모든 것을 잃어버리기 때문이다.... 누가 그리스도를 부인하고 그분의 은혜는 너무 적게 의존하고 자유의지에 너무 많이 의존하는가?.... 나는 '자유의지'라는 단어가 발명되지 않았더라면 하고 바랄 뿐이다. '자유의지'라는 단어는 성경에도 없다." 루터는 라틴어로 출판된 자신의 『변호』라는 책에서 슈팔라틴에게 쓴 편지처럼 "라틴어 배를 위해 아직 소금이 더 곁들여져야 한다!"고 했다. "그것들을 여기 아래로 내려다보면 그것들이 임의로 우연히 우리 앞에 나타나지만 위로 올려보면 모든 것이 필요하다."

그것들은 '라틴어 위장'에 잘못 떨어진 이 마지막 단어들이었다. 그와 관련하여 에라스무스는 자유의지에 대한 글에 썼다. 당연히 그가 반대했던 것은 모든 것이 단순히 하나님의 뜻과 능력으로 결정된다는 생각이다. 그는 인간의 책임이 손상당하도록 내버려두고 싶지 않았다. 그러나 그는 인간의 영원한 구원에 기여하는 것이 무엇인지 설명하지 않았고, 또한 그럴 수 있는 실제 행동이 무엇인지도 설명하지 않았다. 그가 기록한 것처럼 그는 불가해한 문제들이 공개적으로 다루어지지 않도록 하려했다. 또한 이렇게 함으로써 경건의 문제로 넘어가지 못하도록 했다. 그러므로 에라스무스는 자신의 견해를 지지하는 것으로 보이는 본문들만 토론하도록 제한했다. 반면에 상충되는 본문들을 조화롭게 하려고

---

[5] W. von Loewenich, Martin Luther, 255.
[6] Köstlin I, 376.

시도했다. 하지만 그가 제시했던 예들은 실제적인 질문에 명쾌한 답을 주지 못했다. 왜냐하면 하나님께서 그런 의미에서 최초의 동자이시므로 영혼의 세계에서 최초의 동자들은 하나님께 돌려져야만 하기 때문이다. 하지만 하나님께서 마지막 날에 보상하시리라는 협력 사역에 대한 언급이 맨 먼저 있었다. 가장 강력한 듯 보이는 에스라무스의 논지는 '만일 루터의 관점을 고수할 경우, 선함뿐만 아니라 악함에 대해서도 역시 하나님 탓으로 돌려야 한다!'는 것이었다. 인간의 도덕적 노력은 그로 인해 완전히 맹목적인 것이 되고 사악함은 점차 만연하게 될 것이었다.

에라스무스는 모든 영광이 그리스도께 돌아가는 것만으로 충분하다고 말했지만 사실은 군주와 고위성직자들에게 그 자신의 영광을 구걸했던 것이다. 오직 하나의 관점에 대해서만 유독 그는 아주 단호했는데, 즉 인간 의지의 가치에 관한 루터의 분명한 관점을 거절하는 것이었다. 나머지 모든 것들에 관한 그의 주장은 막연했다. 그는 말로써 자신이 결정적이고 최종적인 진술들의 반대자라는 사실을 숨기려고 했다. 회의주의자들과 더불어 에라스무스는 성경과 교회가 그런 문제들에 대해 결정적으로 논하지 못한다는 입장을 더 선호했다.

에라스무스는, 비록 이전에 자신의 냉소주의로 모든 것을 의심했음에도 불구하고, 이제는 깨어서 교회에 대한 자신의 입장이 의심 받는 것을 반대했다. 그는 한 개인이 성경에 호소하는 것을 거절했는데, 이유는 그렇게 되면 결국 모든 것이 불확실하게 될 것이라고 생각했기 때문이다. 즉 자격 있는 교회적 교리의 권위를 가진 주석가를 불필요하게 만드는 사람에게는 성경이 결코 명료한 것이 될 수 없었다. 에라스무스는 하나님께서 헌신된 교회 직분자들에게 성경을 권위 있게 선언할 능력을 주셨다고 믿었다. 마치 하나님이 세례 받지 않은 자보다 세례 받은 자에게 먼저 은혜를 주시는 것과 같은 이치라는 것이다. 혹시 평신도에게 성직자보다 더 많은 것이 계시되었다고 하더라도 그것을 권위 있게 확인해 줄 사람이 아무도 없다는 것이다. 뿐만 아니라 하나님은 1,300년 동안이나 자신의 교회를 잘못된 길로 방황하도록 내버려두셨을 리가 없다는 것이다. 에라스무스는 이렇게 자신의 마음 속 깊은 속에 항상 존재했던 그것을 고집했다. 자신의 풍부한 문학적 능력과 다른 여러 재능에도 불구하고, 거룩한 것들을 조롱함으로 종교개혁을 자극했음에도 불구하고, 에라스무스가 결코 놓지 않았던 것이 무엇인지 이제 너무 분명하게 밝혀졌는데, 그것은 최후의 가장 거룩한 것들을 추구하는 인간에 대한 그의 의존성이었다. 참으로 에라스무스는 안도의 한숨을 쉬며 이 고백을 받아들였던 교회에 의존적이었다. 이렇게 많은 사람들은 구원을 교회와 사람들, 더 깊게는 인간 스스로, 그리고 자신의 뜻과 선의에 의존했다. 하나님의 은혜는 그런 것들에 의해 좌우되었다. 은혜는 인간의 의지적인 결정에 구속되었다. 그리고 에라스무스가 루터를 독립적인 인간, 곧 에라스무스 자신보다 훨씬 멀리 가버린 방종하고 야만적인 병사가 아니라, 의존적인 인간, 즉 처음부터 끝까지 하나님의 은혜만 온전히 의지하는 의존적인 인간으로 볼 수 있는 능력이 없었다는 것은 명확한 사실이었다.

루터에 의하면 에라스무스는 자신이 할 수 있는 능력 아래에 머물렀다.

루터는 루터 자신이 아닌 멜랑흐톤에게 보낸 책을 읽고 있었을 때 짜증이 났다. 루터는 약삭빠른 전향, 기술적인 항로변경, 별 논지도 없는 소심한 주장에 싫증이 났다. 루터는 별 중요한 것을 발견하지 못했다. 그는 그렇게 많이 배운 학자가 생산해 내는 그 결과물을 쓰레기처럼 취급했다.[7]

종속의지

---

7 Köstlin I, 659.

루터의 책은 1525년 12월에야 출간되었다. 물론 에라스무스의 책은 이미 1524년 9월에 출판되었다. 멜랑흐톤은 에라스무스에게 그의 책이 비텐베르크에 잘 도착했다는 격려의 편지를 보냈다. 아마도 멜랑흐톤은 싸움이 너무 격해 질까봐 두려웠을 것이다. 그리고 어쩌면 소원대로 된 것처럼 생각했을지도 모른다. 이 문제에 관하여 멜랑흐톤은 루터의 입장에 항상 동의하기가 어려웠는데, 루터가 말하는 의지가 너무 지나치게 예속적이라고 느꼈기 때문이다. 하지만 루터의 생각은 완전히 달랐다. 루터는 인문주의자의 군주 에라스무스에게 전혀 존경심을 가지지 않았다. 루터에게 에라스무스는 속빈 호두, 개골거리는 개구리, 손에 잡히지 않는 미끌미끌한 뱀장어였다. 두 사람의 단절은 1524년 이후 분명해졌다.

에라스무스의 책에 답변하기 위해 루터는 전력투구해야만 했다. 그가 작업을 진행함에 따라 점점 그 일에 희열을 느꼈을 뿐만 아니라, 종속의지에 관한 작업이 자신의 교회를 위한 어른용 대大신앙교육서와 함께 소중하게 간직해야 할 최고의 일로 여기게 되었다.

처음에는 루터가 슬픔을 감추지 못했다. 루터가 보기에 에라스무스는 이전에 이야기 되지 않은 어떤 것도 말하지 않는다. 심지어 궤변가들의 말이 때론 에라스무스의 말보도 더 나았다. 그런 논제에 깊이 관여하는 것이 지나쳐 보이기도 한다. 왜냐하면 필립 멜랑흐톤이 『신학총론』Loci Communes. 일반 논제들이라는 최초의 종교개혁 교의학 서적에서 이미 다 다루었기 때문이다. 루터는 멜랑흐톤의 책에 대해 말하기를, "불멸의 책일 뿐만 아니라, 교회 정통 표준의 자리를 차지할 것이다." 루터는 멜랑흐톤을 언급하며 에라스무스를 기선 제압했다. 에라스무스는 루터와 비텐베르크 친구의 사이가 갈라지길 원했지만 그렇게 되지 않았다. 멜랑흐톤의 책과 비교할 때 에라스무스의 주장은 그야말로 어리석은 이야기에 불과했다.[8]

그의 책을 분류하는 일과 관련하여 루터는 그 대적자의 입장을 지지한

1525년의 루터. 크라나흐의 그림.

다. 그는 성경 구절들에 호소하는 것을 반대한 다음, 자신의 생각대로 인간 의지의 종속을 지지하는 몇 개의 본문을 변호한다. 이어서 그는 바울과 요한 서신의 본문을 인용한다.

루터가 자신의 여러 글에서 이미 소리 높였던 뜨거운 분위기를 여기서도 읽을 수 있다. 루터는 그 명백함을 아주 분명하게 방어한다. 그리스도인은 매우 명백한 언어로 말할 수도 있는 사람이다. 그렇다면 루터는 그런 그리스도인이 되길 원한다. 하지만 그 명백함은 성경에 기초해야 했다. "나는 하나님의 방법으로 성경에서 우리에게 전해진 명백한 부분

---

8 WA 18; 601.

들에 대해 말하고 있다."[9] 루터는 우리가 확고하게 붙잡고 확증하고 고백하고 보호하고 끝까지 고수해야 하는 '연결하는 진술들' verbindende uitspraken을 좋아한다. 그리고 루터의 판단에 따르면 그리스도인들에게는 그런 '주장' assertio, 즉 일종의 확실성 같은 것이 아무 것도 없다. "그런 확실성, 즉 확신을 버려라. 당신은 기독교를 너무 과대평가한다. 분명 성령께서 친히 하늘로부터 그 확신을 그들에게 베푸심으로 그들은 그리스도께 영광을 돌리고 죽을 때까지 그리스도를 고백하고 살게 되는 것이다.... 그것에 대해 논란을 벌이는 것은 시간을 죽이는 죄다. 그런 '연결하는 진술들'이 제거되도록 승인할 그리스도인이 누가 있겠는가? 만일 그렇다면 그것은 전체 종교와 모든 경건을 부정하는 것과 같고, 따라서 세상에 그 어떤 종교나 경건함이나 신앙적 진술도 존재하지 않을 것이다."[10] 루터는 바로 이 점에서 성령께서 결코 회의주의자가 아니시라는 강력한 확신으로 반격한다. 우리의 마음 속에 성령께서는 결코 의심스러운 일이나 생각을 기록하시지 않고, 오히려 각자의 경험보다 더 확실하고 강력한 증거들, 즉 명백한 증거들을 기록하신다.[11]

루터가 확실성, 즉 확신을 그처럼 강력하게 강조하는 것은 성경이 모든 면에서 분명할 것이라는 사실을 의미하지 않는다. 물론 우리는 성경과 하나님 자신을 구분해야 한다. "그것은 두 가지 측면이 있다.[12] 하나님에게는 많은 숨겨진 일들이 있다. 성경에도 그런 것들이 없겠는가? 있다. 일의 신적 절대성 때문만 아니라 단어나 문법적인 애매함 때문에도 그렇다. 그러나 이런 것들은 성경 전체의 지식을 결코 방해하지 않는다. 성경 가운데 그 어떤 고상한 주제들은 인봉이 해제되고 무덤문의 돌이 열리고 지고의 비밀이 계시되었는데도 아직 숨겨져 있어야 할까? 그리스도, 하나님의 아들, 성육신, 삼위이시며 동시에 한 분이신

---

9 WA 18; 603.
10 WA 18; 604.
11 WA 18; 605.
12 WA 18; 606.

Loci Com-
munes/
das ist /die furne-
mesten Artikel Christ-
licher lere /
Philippi Melanch.
Aus dem Latin verdeudscht/
durch
Justum Jonam.

Wittemberg.
M. D. xxxviij.

멜랑흐톤의 『신학총론』 제목 페이지. 루터의 교리에 대한 최초의 학문적 요약본.

삼위일체 하나님, 우리를 위해 고난 당하셨지만 동시에 영원한 주님이신 그리스도! 이런 주제들이 이제 거리에서 선포되고 알려지면 안 되는가?

만약 그리스도를 성경에서 제거해버린다면 당신은 그곳에서 더 이상 무엇을 발견하겠는가? 비록 성경의 몇 곳은 아직도 어둡지만 우리에게 보존된 성경 내용은 대부분 알려져 있다. 성경 내용이 가장 밝은 조명 가운데 온전히 존재한다고 인정하는 동시에 몇 개의 불명확한 단어들을 때문에 내용이 불명확하다고 주장하는 것은 참으로 바보요, 하나님을 모독하는 자다."[13]

루터는 이 성경의 명료성에 대한 설명으로 종교개혁적인 성경해석에 아주 결정적인 의미가 있는 중요한 일을 시작했다. 성경에 호소하는 것이 최종 권위를 가진다. 이것이 가능할 수밖에 없는 이유는 각 단어의 뜻이 분명하기 때문이 아니라, 성경 내용이 그리스도에 관한 것이기 때문이다. 유명한 문구 '그리스도께 종사하는 것'Was Christum treibet은 루터가 성경책이 정경에 속하는지 아닌지를 결정하는 기준이었고 해석학에서도 가장 큰 의미가 있다. 개혁주의 개신교가 루터의 시각보다 에라스무스가 성경을 접근할 때 사용했던 문법적 해석 등의 관점에 더 가까웠다고 가정할 경우, 실제로는 루터의 원리가 개혁주의 개신교에도 통용되었다. 모든 본문이 설교 본문은 아니다. 설교 본문으로서 성경은 먼저 그리스도로부터 분명하게 드러난다. 만약 그리스도를 제거하면 성경에는 아무것도 남지 않는다.

이제 인간이 선택하는 결정의 문제에 관한 루터의 글에서 두 번째 중요한 문제를 만난다. 루터의 책은 유스투스 요나스Justus Jonas에 의해 독일어로 곧장 번역되었다. 요나스는 책 제목을 대부분의 번역보다 더 정확하게 붙였는데 그것은 '자유의지는 아무 것도 아니다'라는 부제와 함께 『종속의지에 관하여』De servo arbitrio라는 것이었다. 루터는 심리적 측면이 아닌 신학적 문제를 말한다. 그는 모든 일상사에서 행해지는 인간 의지의 자유를 부정하지 않는다. 루터는 정신적 측면의 소원의지

---

13 WA 18; 606.

유스투스 요나스 Justus Jonas. 루터의 가까운 동료 가운데 한 사람.

voluntas를 말하는 것이 아니고 모든 일과 관련하여 내려야만 하는 결정의 지arbitrium를 말한다. 루터가 가장 원하는 것은 그 모든 용어들을 다 없애 버리는 것이다. 그것이 가장 쉽지만 불가능하기 때문에 이 문제를 잘 구분해야 한다. "인간은 자신 위에 있는 일이 아니라, 자기 아래 놓여 있는 일에 자유의지를 발휘한다." 말하자면 모든 일에서 사람은 자유롭게 결정한다. 하나님이 기뻐하는 대로 일이 결정되고 인도되느냐의 질문은 차치하고 말이다. 하지만 이 문제는 인간이 복과 영원한 심판과 관련된 문제를 자유롭게 결정할 수 있느냐 없느냐에 관한 것이다. 루터는 이 질문에 '아니오'라고 대답한다. 이 문제에 있어서 인간은 사로잡힌 자요, 구속된 자요, 종속된 자다. 하나님의 뜻이든지 사탄의 뜻이든 둘 중 하나에 종속된 자다. 이 지점에서 루터는 잘 알려진 것처럼 사람이 탈 수 있는 등 가진 동물 그림을 사용한다. 인간이 그런 동물이라고 하자. "만약 하나님이 그 동물 위에 앉아 계신다면 인간은 하나님이 뜻하시는 대로 가길 원하고 또 그렇게 간다. 사탄이 그 동물 위에 앉아 있다면 사탄이 원하는 곳으로 가길 원하고 또 그렇게 간다. 이 둘 중 하나에 접근하거나 요청하는 것은 인간의 결정과 무관하다. 오히려 두 운전자가 그를 차지하고 소유하기 위해 서로 싸운다."[14]

모든 의지를 다해 인간이 하나님께 대항하는데도 그와 같이 의지박약을 설교해야 하는지 질문할 수도 있다. 그러나 루터도 이것을 의미했다. 인간은 스스로 하나님에게 대항하길 원한다. 유다는 그와 같이 자신의 의지로 그리스도를 배신했다. 루터가 스스로 쉽게 벗어날 수 없는 과거 스콜라주의적인 분류를 사용할 때, 하나님의 뜻과 의지는 오직 죄인의 구원의 근거가 된다는 점에서 하나님의 일하심을 주장한다. 이런 영역에서 자유의지는 아무 것도 아닌, 단지 바보스러운 명칭에 불과하다. 루터는 책 마지막 부분에서 그것에 관한 견해를 표현했다. "자유롭고 솔직하게 고백하자면, 만약 이런 일이 일어날 수 있다고 할 경우에, 나는 내게 자유의지가 주어져 다양한 방법으로 구원을 추구하거나 혹은 추구하지 않게 되는 일이 벌어지는 것을 전혀 원하지 않을 것이다. 첫 번째 이유는 내가 수많은 돌발 상황이나 위험, 그리고 수많은 악마의 공격을 대항할 수 있을 것 같지 않기 때문이다. 따라서 하나의 마귀가 모든 사람보다 강하기 때문에 어떤 인간도 구원 받지 못하게 될 것이다. 그리고 두 번째 이유는 혹시 위험이나 돌발 상황이나 마귀들이 없다고 하더라도 불확실함 가운데 일하다가 헛수고로 공중에 날려 버리도록 치달아갈 것이기 때문이다. 내 양심은 내가 영원이 살고 일하더라도 하나님을

---

14 WA 18: 635.

만족하게 해 드릴 수 있는 정도로 성취할 수 있다는 확실함과 확신을 얻지 못할 것이다. 어떤 일이 완성되더라도 하나님께서 기뻐하실지 아닐지, 혹은 하나님께서 훨 더 많은 것을 원하신 것은 아닌지 불안한 의심이 항상 남아 있을 것이다. 모든 행함으로 거룩하게 되려는 내 경험이 그것을 잘 말해 준다. 나는 큰 상처를 입은 후에 그것을 배워야 했다.

그러나 이제 하나님께서 나 자신의 의지와 상관없이 복을 주셨고 그분의 것으로 삼으시고, 내 노력이나 혹은 행위로가 아니라, 그분의 은혜와 긍휼하심으로 구원하시겠다고 약속하셨다. 이제 나는 그분이 신실하시고 나를 속이시지 않음을 분명히 확신한다. 그리고 그분은 크시고 위대하셔서 그 어떤 사탄이나 돌발 상황이 그분을 지배하거나 나를 그분으로부터 빼앗을 수 없다."[15]

그래서 루터는 행위로 거룩하게 되는 어떠한 형태도 부정한다. 여기서 루터의 일관적인 신학 작업이 진행 된다. 루터가 하나님의 말씀에 근거하여 그리스도인에게 요구하는 연결 진술, 즉 명백한 확신은 은혜, 곧 오직 은혜에 의존한다. 하나님은 나의 의지를 그분 자신의 것으로 취하시기 때문에 나는 확신한다.

루터는 죄인이 은혜의 길을 발견하지 못하고 그 길로 걷지 않을 때에라도 이 교리를 견지하기를 주저하지 않았다. 하나님이 죄인의 죽음을 원하지 않으신다는 말이 정말 맞는가? 하나님이 그것을 원치 않으면 어떻게 죄인이 멸망할 수 있는가? 루터는 이 질문에 대해 딱 맞아 떨어지는 논증을 하지 않고 구체적인 이런 질문과 관련해 분명한 본문에 대해 숨겨진 하나님의 뜻과 계시된 하나님의 뜻에 대해 말한다. "하나님은 복음이 선포되게 하신다. 그러나 하나님은 스스로 그 속에서 전체로 완전하게 말씀하시지는 않는다. 말하자면 복음 설교 가운데 선포된 하나님은 죄와 죽음을 옆으로 치우시며 그것들이 극복되도록 일하신다. 하지

---

[15] WA 18; 783.

만 광대하심 가운데 숨겨진 하나님은 죽음에 대해 슬퍼하시지 않고 죽음을 칭송하시지도 않는다. 하지만 하나님은 삶과 죽음, 그리고 만물 안에서 만물을 통치하신다. 왜냐하면 하나님은 당신의 말씀에 의해 스스로 제한을 받게 하시지 않았기 때문이다. 하나님은 스스로 모든 것에 대해 자유를 취하셨다."[16]

루터의 이런 진술로 우리가 다음과 같은 역설을 분명하게 이해할 수는 없다. '하나님이 우리를 살리실 때 그분은 우리를 죽이신다!' 즉 '하나님께서 우리를 깨우시자마다 우리를 먼저 무덤으로 데려가신다.' 이런 말들은 루터에게 종종 발견되고 이런 저런 방식으로 복음에 대한 그의 관점과 관련된다. 여기서 루터는 약간 다르게 이야기한다. 즉 루터는 하나님에 관해 말하면서 하나님의 깊고 이해할 수 없는 위엄을 존중하고 경배하길 원했다. 하나님은 하나님이시라는 것이다. 이 점에서 에라스무스보다 루터는 더 분명했다. 루터는 하나님 자신과 그분의 말씀을 구별할 수 있었다. 그것은 두 가지 일이다. 하지만 루터는 이런 일들을 신비주의적이거나 철학적인 방식으로 좀 더 깊이 파고들어갈 마음이 없었다. 루터는 마지막까지 신앙고백이나 예배 가운데 신비가 더럽혀지지 않고 남겨지길 원했다.[17] 오직 그 수준에서만 루터는 인간적인 의지의 자유가 아니라 하나님의 끝없이 긍휼히 여기시는 의지의 확고함 가운데 그리스도인의 자유가 있다고 믿었다. 종교개혁이 르네상스와 인문주의와 구별된다는 것을 지속하려면 이런 문제들을 거론하는 것은 반드시 필요했다. 종교개혁의 실체를 펼치는 일을 위해 에라스무스는 자신이 원했거나 알았던 것보다 훨씬 더 많이 기여했다. 에라스무스는 루터가 은혜의 충족성이라는 고상한 말을 이끌어내도록 만들었다. 그래서 종교개혁이 인문주의와는 완전히 다른 무엇이 되게 했다.

루터는 비텐베르크에서 멜랑흐톤과 협력하여 학문을 증진함으로 인

---

[16] WA 18; 685.
[17] Lohse, Martin Luther. Eine Einführung, 76; O. H. Pesch, Hinführung, 244ff.

문주의의 열매를 끌어들였다. 그는 사랑으로con amore 그 일을 했다. 하지만 1540년대 초, 인문주의 영향을 받은 여러 신학자들이 신앙고백들을 다시 하나로 통일하려고 했을 때 루터는 거절했다. 특별히 레겐스부르크 Regensburg 1541 종교회의는 전혀 성공적이지 못했다. 그 절벽은 매우 깊었다.[18]

[18] R. Stupperich, Der Humanismus und die Wiedervereinigung der Konfessionen, Leipzig 1936; C. Augustijn, De Godsdienstgesprekken tussen Rooms-Katholieken en Protestanten van 1536-1541, Haarlem 1967; G. Müller (Ed.), Die Religionsgespräche der Reformationszeit, Gütersloh 1980.

8장

루터와 츠빙글리

W. Köhler, *Zwingli und Luther. Ihr Streit über das Abendmahl nach seinen politischen und religiösen Beziehungen*, Band I. *Die religiöse und politische Entwicklung bis zum Marburger Religionsgespräch*, Leipzig 1924; Band II. *Vom Beginn der Marburger Verhandlungen 1529 bis zum Abschluss der Wittenberger Konkordie von 1536*, Gütersloh 1953; **E. Bizer**, *Studien zur Geschichte des Abendmahlsstreits im 16. Jahrhundert*, Gütersloh 1940; **E. Grötzinger**, *Luther und Zwingli. Die Kritik an der mittelalterlichen Lehre von der Messe – als Wurzel des Abendmahlsstreites*, Zürich/Gütersloh 1980; **G. May** (Ed.), *Das Marburger Religionsgespräch 1929*, Gütersloh 1970; **W. van 't Spijker**, Gij hebt een andere geest dan wij, in: *Uw knecht hoort.* Theologische opstelling aangeboden aan W. Kremer, J. van Gendereen en B. J. Oosterhoff, Amsterdam 1979.

성찬론 논쟁의 시작

성찬의 의미를 둘러싼 엄청난 논쟁은 농민혁명, 그리고 루터와 에라스무스 사이의 관계 단절과 더불어 발발했는데 이는 개신교를 루터 진영과 후에 개혁주의자들로 분류되는 츠빙글리 진영으로 영구히 나누는 계기가 되었다. 가장 중요한 논쟁 참여자들은 루터와 츠빙글리였다. 그러나 이 두 인물을 중심으로 많은 다른 사람들이 그룹을 형성했는데 그 가운데는 그들과 다른 견해를 지닌 자들도 있었으므로 여기서 그 미묘한 차이들을 모두 살펴보는 것은 불가능하다.

양자 사이의 공통적인 견해는 본질의 변화, 즉 화체설을 주장하는 로마교의 가르침을 거부하는 것이었다. 루터는 이 거부에 있어서 아주 세련된 형태의 주장을 내세웠다. 이로 인해 많은 사람들이 그를 따랐다. 루터에게 매우 중요한 것은 약속 개념의 발전이었다. 그는 이 개념을 자신의 모든 종교개혁 설교에 활용했는데, 자신의 성례와 성찬의 견해에도 적용했다. 그리스도께서 제정하신 성찬 말씀에서는 그것이 약속, 유언, 언약에 관한 것이다. 이런 것들은 하나님께서 우리에게 오시는 수단이요, 또한 오직 믿음으로만 받을 수 있다.

이 논쟁의 기원에는 다양한 요소들이 함께 작용했다. 그 중에서 가장 중요한 것은 과거에 루터가 칼슈타트에게 부여했던 몫이었다. 그는 칼슈타트와 뮌처를 한 그룹에 속한 것으로 간주했다. 하지만 이것이 칼슈타트를 정당하게 취급한 것은 아니었다. 칼슈타트는 순혈종의 루터주의자는 아니었다. 또한 혁명적 신령주의자도 아니었고 아주 제한적인 인물로서 농민혁명의 주도적 인물도 아니었다. 그는 비텐베르크에서 종교개혁 초기에, 특히 루터가 부재했던 기간에 종교개혁을 주도했다. 또한 농민혁명이 발발하자 여러 곳에서 설교했다. 하지만 그의 영은 뮌처의 영과 달랐다. 루터 자신은 이를 알고 있었을 것이다. 만약 그렇지 않았다면 루터는 그의 신혼시절에 그를 비텐베르크 수도원으로 피신시키지 않았을 것이다. 그러나 그 후에 칼슈타트는 자신만의 방향으로 스스로 발전해갔는데, 그가 스트라스부르를 자기 구역으로 정하고 거기에서 자신의 견해를 변호했던 것은 커다란 결과를 낳은 사건이었다. 그리스도께서 "이것은 내 몸이다!"라는 성찬 제정의 말씀에서 그분 자신의 몸을 지칭하신 것이다! 이로 인해 성찬에서 그리스도의 임재라는 문제가 통째로 사라져버렸다. 왜냐하면 그리스도께서 성찬 제정에서 자신의 몸을 지칭하셨을 때, 사실상 바로 그분 자신의 몸을 의미했기 때문이다. 외적 표식에 아무런 가치를 두지 않는 경건한 내심만을 다루는 것이기 때문에 우리가 어떤 방식으로 그리스도의 몸을 받을 수 있는가에 대해서 신경을 쓸 필요가 없는 것이다. 우리는 칼슈타트와 같은 신학적 지식과 자격을 가진 사람이 세상에서 비롯된 문제에 대한 도움을 제공하기 위해서 이런 어리석은 주석적 속임수를 필요로 했는가에 대한 의문이 제기될 수 있다.[1]

이제 이 문제를 풀기 위해 츠빙글리가 왔는데, 이것은 어떤 경우에도 아주 매력적인 것이었다. 네덜란드 사람 코르넬리스 훈Cornelis Hoen의 제안과 관련하여 그는 "이것이 내 몸이다!"라는 말씀을 "이것은 내 몸을 의미한다!"로 해석했다. 루터는 츠빙글리의 해석에서 칼슈타트와 뮌처의 주장과 동일한 것을 발견했다. 그 결과 츠빙글리는 말씀과 은혜의 수단들의 의미를 부인하는 '열광주의자'Schwärmer, 즉 신령주의자로 영구히 낙인찍혔다. 루터가 이해할 수 없었던 것은 사람들이 죄용서와 은혜에 관하여, 이성의 조명에 관하여, 그리고 이 모든 것을 성령 사역의 열매로 간주하는 방식으로 성부 하나님께서 끌어가심에 관하여 말할 수 있다는 것이다. 성령의 사역에 관한 츠빙글리의 설명이 루터에게는 열광주의자들의 주장이었다. 루터 자신은 그리스도의 사역, 그리스도의

[1] 칼슈타트의 개념에 대해서는 다음 참조. R.J. Sider, Andreas Bodenstein von Karlstadt, Jeiden 1974, 140ff; 291ff.

울리히 츠빙글리 Ulrich Zwingli.

십자가에 대해서 더 많이 생각했지만, 츠빙글리는 십자가가 의미하는 승리와 성부 우편에 좌정하신 승천의 그리스도에 대해서 생각했던 것이다.

언젠가 한 번은 비텐베르크에서 유아세례의 정당성에 대해 츠빙글리가 의문을 제기했다는 소문이 돌았는데, 그 때 루터는 그에 대해 영구히 굳어져버린, 다른 어떤 것도 달라질 것이 없다는 인상을 갖게 되었다.

한 번은 루터가 칼슈타트에 관하여 이렇게 말했다. '그에게 사탄은 순수하게 영적이지만 성령께서는 여기서도 육신이 되신다.' 여기서부터 루터뿐만 아니라, 멜랑흐톤조차도 스위스 종교개혁이 금요일에 소시지를 먹는 문제를 다루기에 바빠 보이는 것을 이해하기 어려웠다. 거기에 과연 중요한 사안이 있었는가?

종교개혁의 두 방식은 상호 간의 대립으로 보였고 실제로 이는 대립적이었다. 이는 츠빙글리가 1524년 11월 16일에 루터교 목사 로이틀링겐 출신의 알베르Alber te Reutlingen에게 자신의 입장을 변호하는 내용을 담은 편지에 잘 드러난 것으로 보인다. 이와 동시에 비텐베르크에는 루터와 좋은 관계를 유지했던 스트라스부르의 대사가 나타났다. 루터는 그 의도를 불신했고 1524년 12월 14일에 『열광주의를 반대하는 스트라스부르 신자들에게 보내는 편지』를 작성했다. 루터는 아무도 자신을 믿어야할 의무는 없지만, 자신이 은혜와 율법과 믿음과 사랑에 관하여 지금까지 복음을 순수하게 전했다고 기록했다. 단지 성상파괴, 그리고 이와 유사한 외적인 것들에만 주목하는 칼슈타트가 영향력을 행사하게 될 것을 루터는 진정으로 두려워하지 않을 수 없었다. 사람들은 루터와 마찬가지로 칼슈타트도 신뢰하지 않아야 했고 칼슈타트가 설교하는 그리스도가 아니라, 단지 그리스도, 즉 모범의 그리스도만 신뢰해야 했다. 새로운 예언자들은 그리스도에 대하여 "하늘의 살아있는 소리"로 말하고 자신들의 신비주의적 용어로[2] 말한다. 또한 그와 같은 사안들에 대해서도 많은 말을 한다. 그러나 칼슈타트가 그의 모든 성상파괴자들과 함께 성상을 파괴한 것보다 루터가 자신의 저술로써 성상을 훼손한 것이 훨씬 더 심각했다. 그러므로 그 사람과 그의 신학적 견해들은 경고를 받아야만 했다.[3] 1524년 말과 1525년 초에 연속적으로 칼슈타트에 대항하는 루터의 책, 『하늘의 예언자들에 대항하여: 형상과 성례에 대하여』를 출간했다.[4] 성찬과 관련하여 루터는 교황주의자들이 이 논쟁에서 건지려

---

[2] Köstlin I, 684. 칼슈타트의 신비에 대해서는 다음 참조. Sider, Andreas Bodenstein, 202ff.

[3] Köstlin I, 684.

[4] Köstlin I, 685.

고 한 기쁨을 비통하게 생각함으로 시작했다. 칼슈타트는 "건전한 생각을 지닌 훌다Hulda 여인"에게 마음이 끌렸다. 그는 성경에 더욱 귀를 기울이게 되었다. "이것은 ~ 이다."라는 말씀은 마치 어머니가 요람을 가리키면서 "이 아이가 내 아이다"라고 말하는 것과 같이 그리스도의 몸과 관련된 모든 것을 지칭한다고 이해되었다. 칼슈타트가 변호하기를 원했고 나중에 반복적으로 언급된 말씀은 요한복음 6장 63절, "육은 무익하니라!"였다. 루터는 이전에 이 말씀을 믿음 없이 단지 그리스도의 육체에 대해 언급하기만 했던 유대인들의 불신앙과 관련시키기도 했다. 이제 그는 이 표현을 단지 한 번 더 유대인들의 육적 사고에 관련시키기를 원했으며 전체적으로 그리스도의 몸에 대해서 더 이상 언급하기를 원하지 않았다. 루터는 칼슈타트의 견해에서 우연한 일탈을 보았는데, 그것은 단지 그의 성찬에 관한 부분에서 뿐만 아니라 그런 방식으로 잘못 설정된 구원방법에 관한 전체 개념에서도 나타나는 일탈이었다.[5] 먼저 말씀을 통해 그리스도의 죽음의 의미가 우리에게 가르쳐지고 그 열매가 우리에게 주어진다. 여기서 우리는 천상의 소리가 아닌 외적인 말씀을 들어야 한다. 따라서 이 예언자들을 내보내버려야 한다. 이들은 부름 받지 않았고 사람들을 위로할 수도 없다.[6]

츠빙글리가 루터의 이런 말을 읽었을 때 대답할 필요를 느꼈다.[7] 1525년에는 로마의 견해를 반박하는 츠빙글리의 『참된 종교와 거짓된 종교에 대한 주석』이 발간되었다. 그러는 사이에 루터의 작품도 루터의 이름 없이 출간되었다. 『알베르Alber에게 보내는 편지』가 출간되었고 츠빙글리는 이듬 해 2월에 『그리스도의 성찬에 대한 분명한 교육1526』에서 모든 문제들을 상세하게 다루었다. 여기에는 먼저 루터의 반대자들 가운데 누구도 견줄 수 없는 주석적 견해가 제시되었다. 출발점은 그리스도

5 Köstlin I, 690; Köstlin I, 67f.
6 Köstlin I, 691.
7 Köstlin II, 72; Köstlin I, 283ff.

의 육체를 먹는 것을 그를 신뢰하는 것으로 표현되는 요한복음 6장이었다. '나를 믿는 자는 더 이상 목마르지 아니할 것이요...' '나를 믿는 자는 영생을 지녔노니...' 이 빛으로 '육은 무익하다'63절는 그리스도의 진술이 설명되었다. 츠빙글리는 그리스도의 육체를 먹는 것을 다른 방식으로 설명했는데, 거기에 두 종류의 구원의 길, 즉 먹는 것과 믿는 것이 있다는 방식으로 그들을 설득하려고 했다. 나아가 츠빙글리는 설명하기를, "내가 너희와 함께 하리라"는 말씀을 그리스도의 신적 본성에 적용하기 위해 그리스도의 승천이 우리를 거기로 데려가야만 한다고 했다. 육체적 임재는 인간적 본성이 아닌 신적 본성에 관한 일이다. 이것을 근거로 츠빙글리는 그리스도의 실제 몸이 성찬에 임재한다는 주장을 수용하지 않았던 것이다. 즉 "이것은 내 몸이라!"는 말씀을 문자적 또는 '천하게 육적'인 것으로 받아들이지 않아야 한다. 이 말씀은 성경의 여러 곳에서 언급된 것과 마찬가지로 상징적으로 해석되어야 한다. 이에 대한 예로서 그리스도께서 "나는 포도나무요"라고 언급하신 포도나무의 이미지를 들 수 있다. 하나님 말씀의 이 '명백한 증거들'은 우리에게 확신을 제공하지 않을 수 없을 것이다.[8] 츠빙글리는 모든 논쟁에서 차분하게 말하는 방식을 유지했는데, 이것은 알베르에게 보낸 편지의 표현과는 꽤 대조적인 것이었다. 이 편지에서 그는 다른 견해의 지지자들에게서 발견되는 농민들의 세계와 철학자들의 허세를 다루었다.[9]

바젤의 외콜람파디우스Oecolampadius는, 비록 자신만의 독특한 방식이었지만, 츠빙글리와 스트라스부르의 다른 종교개혁자들인 부써와 카피토Capito의 길을 따랐다. 외콜람파디우스는 1525년에 『주님의 말씀에 대한 순수한 해설』이라는 제목을 지닌 책을 출판했다.[10] 이 책에서 그는

---

[8] Köstlin II, 74; G. W. Locher, Zwingli's Thought. New Perspectives, Leiden 1981, 220ff.; Köstlin I, 462ff.

[9] Ad Matthaeum Alberum de coena dominica epistola. Corpus Reformatorum, Vol. 90, H. Zwinglis sömtliche Werke, III, Leipzig 1914, 322-354.

[10] KöstlinII, 76; E. Staehelin, Oekolampad-Bibliographie, Nieuwkoop 1963^2,

성찬의 의미를 찾는데, 말씀의 살아있는 음식으로 내적 인간을 먹인다는 사실에서 찾는다. 그에게 성찬은 믿음을 지니고 사색하는 공동체의 행위일 뿐만 아니라, 또한 하나님의 영을 통해 제공되는 하나님의 은혜 수단이기도 했다. 하나님의 영은 사람의 영에게 역사하시는데, 사람이 단지 이해하기만 하는 것에 역사하신다.[11] 외콜람파디우스는 교부들에 대한 상당한 지식을 소유하고 있었다. 그는 육체적 임재의 가르침이 먼저 스콜라주의자들에 의해서 도입되었다는 사실을 보여주려고 시도했다. 그는 사랑과 평화의 정신으로 루터의 이름을 거명하지 않았다. 아마도 이 사람의 견해에 대해 잘 모르는 자는 그의 가르침이 동시에 거부되었다는 사실도 거의 알아채지 못할 것이다.[12] 상황이 이렇게 맞물려 돌아간 것은 칼슈타트의 신비주의적 견해를 수용했던 제일순위의 신령주의자 카스파르 슈벵크펠트Kaspar Schwenkfeld가 무대에 등장했던 것과 같은 시기였다.[13] 이 단계에서 스트라스부르의 종교개혁자들이 이 모든 사실들을 다른 방식으로 처리하려 했던 것은 헛된 일이었다. 성찬의 방식보다 더 중요한 것은 성찬의 목적이었다.[14] 루터는 그들에게 대답하기를, 침묵으로 일관할 때는 지나갔으며 츠빙글리와 외콜람파디우스의 글들을 살펴보지 않을 수 없었다고 대답했다. 루터는 이들과 논쟁했던 목사들을 직접 지지했다.[15] 루터가 성찬에 관한 자신의 1526년 설교가[16] 발간되었다는 사실을 전혀 몰랐을 때 성찬 문제가 점차 붉어지기 시작한 것으로 보였다. 그 후에 열심 있는 자들이 살펴볼 수 있는 다양한 글들이 지속적으로 시장에 등장했다. 외콜람파디우스는 남부 독일의 목사들에

55, No. 113; E. Staehelin, Das theologische Lebenswerk Joh. Oekolampads, Lipzig 1939, 276ff.

11 KöstlinII, 77; Köstlin I, 117f.

12 KöstlinII, 77.

13 KöstlinII, 78.

14 Köstlin I, 290.

15 Köstlin I, 294.

16 Köstlin II, 83; H. Bornkamm, Mitte, 460ff.; Köstlin I, 383ff.

대한 자신의 답변으로 자신을 방어했다.[17] 츠빙글리는 성찬 말씀에 대한 친밀한 주해를 제공했다.[18] 그 후에 그는 『예수 그리스도의 이 말씀, "이것이 내 몸이다!"는 오래된 유일한 의미를 영원토록 갖게 될 것이며 루터는 최근에 발간한 자신의 책으로 자신의 생각과 교황의 생각을 전체적으로 증명하지 못했다!』라는 상세한 제목을 지닌 책을 출간했다.[19]

이 제목에 언급된 최근 발간의 루터 책이란 그가 1527년에 발간했던 『그리스도의 말씀, "이것이 내 몸이다!"는 확실하다: 열광주의자들에 대항하여』[20]라는 제목을 지닌 책을 가리킨다. 루터는 화난 자들의 공격을 물리치려고 했지만 전혀 도움이 되지 않았다. 그는 다시 한 번 자신의 견해에 대한 근본적인 설명을 제공했다. 이것은 성찬에 관한 대작으로 『그리스도의 성찬에 관하여』1528라는 제목의 책이었다.[21] 이제 어떤 사람도 자료의 결핍에 대해서 불평할 수 없게 되었다. 루터의 견해가 상세하게 설명되었던 것이다. 하지만 어느 면으로 살펴봐도 루터의 생각은 조금도 변하지 않았다. 처음부터 그랬던 것처럼 두 견해는 서로 대립적이었다. 논제들은 흐려졌고 서로 화해시키는 말을 생각하는 것은 불가능해 보였다.

츠빙글리는 루터의 모든 욕설을 진정 루터의 탓으로 돌리고 싶어 했다. 하지만 그 자신의 결점이 개선되어야 할 여지가 더 많았다. 그의 주장은 전혀 새로운 것이 아니었다. 츠빙글리는 그리스도의 양성교리를 발전시켰다. 그는 사람의 몸과 영혼에 대한 이미지를 활용하여 그리스도의 양성의 관계를 보여주려고 했다. 그는 인간적 의식과 신적 의식 사이의 차이를 명확하게 설명하려고 했다. 신적 본질의 속성들이 인간적

---

[17] Staehelin, Theol. Lebenswerk, 309ff.

[18] Amica Exegesis, id est: expositio eucharistiae negocii ad Martinum Lutherum, 28 febr. 1527, Zwingli Werke V, 795-977.

[19] Dasz diese Worte: Das ist mein Leib usw. ewiglich den alten Sinn haben werden...20 juni 1527, Zwingli Werke V, 795-977.

[20] Köstlin II, 84.

[21] Köstlin II, 98.

본질에 전달된다는 루터의 견해를 논박하기 위해 츠빙글리는 자신의 모든 능력을 총동원했다. 그렇게 함으로써 구원의 진정성이 위태로워지지 않았는가? 그리스도께서 이미 자신의 지상 생애 동안 하늘에 계셨다면 그분의 고난과 죽음의 의미는 무엇이었는가? 그는 외쳤다. "루터여, 다시 한 번, 다시 한 번, 다시 한 번, 마르키온Marcion이 당신을 정원으로 초대하길 원한다."[22] 실제로 츠빙글리는 루터가 구원의 실제를 위협하는 이원론을 주장한 것으로 의심했다.

루터의 반론은 맹렬했다. 루터의 판단에 따르면 츠빙글리는 다른 모든 열광주의자들보다 더 위험했고 츠빙글리의 모든 새 책들은 이단적 사고를 지닌 것뿐이었다. 츠빙글리가 그리스도의 고난에 대해 말했던 것, 즉 그리스도의 고난이 인성에 따라 발생하지 않았더라면 더 이상 고난이 없게 될 것이라는 주장에 대해 루터는, 만약 츠빙글리가 옳다면, 자신이 더 이상 그리스도인이 되기를 원하지 않을 것이라고 말했다. 왜냐하면 그럴 경우 그리스도께서는 다른 한 명의 거룩한 자에 불과했을 것이기 때문이다. "…. 진실로 하나님의 아들, 즉 하나님이신 사람이 우리를 위해 십자가에 달리셨다."[23] 성찬에서 인간 예수의 임재와 관련하여, 하나님께는 임재하시기 위한 가능성들이 우리가 상상하는 것 보다 훨씬 더 많았다는 것이다.[24] 이 책 마지막 부분에서 루터는 자신이 이해한 모든 신앙 조항들을 요약했는데,[25] 이렇게 함으로써 누군가 다른 것을 루터 자신의 탓으로 돌리지 못하도록 예방했다. 이것은 성찬에서 그리스도의 임재라는 질문이 루터 신학 전체에 얼마나 중요한가를 보여주는 증거다. 루터에게 성경의 원리는 시급히 해결되어야 할 문제였지만, 성

---

22 Zwingli Werke V, 941.

23 Köstlin II, 99.

24 Köstlin II, 100.

25 Köstlin II, 101; C. J. Munter, Het avondmaal bij Luther, Groningen 1954, 30ff.; 1519년 루터의 개념에 대한 보스(F. T. Bos) 연구 논문은 다음 참조. J. T. Bakker en J.P. Boendermaker (ed.), Luther na 500 jaar, Kampen 1983, 58-77.

경의 권위가 교회에서 제공되는지 성경 자체에서 제공되는지의 문제를 배경으로 삼지 않았고, 또한 율법과 복음에 관한 모든 문제를 배경으로 삼지도 않았다. 당연히 성경 원리는 그리스도에 대한 루터의 고백과 함께 걸려 있는 문제, 약속의 성격과 효력에 대한 루터의 견해와 함께 걸려 있는 문제, 육신적 삶에 이르기까지 걸쳐 있는 문제였다. 반면에 하나님의 구원의 객관성에 대한 중점은 매우 강하게 강조되었다.

루터와 대조적으로 츠빙글리의 견해는 전적으로 달랐고, 믿음에 대한 그의 방식도 완전히 달랐다. 그렇다면 츠빙글리의 방식은 사람들이 읽을 수 있을 정도로 더 영적이고 더 지적이었는가? 루터가 그를 단지 신령주의자, 열광주의자, 그리고 혁명가들과 같은 부류로 간주했을 때, 과연 루터는 정당하게 평가한 것인가? 인문주의 영향력은 여기서 단순히 형식적인 문제 이상의 것이었는가? 은혜 개념이 훼손되었고, 그리스도 밖에 있는 이방인들을 하늘에 앉힌 선택론에 의해서도 훼손되었는가?[26]

우리는 두 종교개혁자의 출발점에 차이가 있었기 때문에 접근방식에 있어서도 차이가 있었다고 생각한다. 그러나 거기에는 더 많은 오해, 잘못된 생각, 내키지 않는 마음이 있었다. 무엇이 이런 것들을 한 참 후에 슬퍼하도록 만들었는가? 실제는 다르지 않았다. 제국의 상황이 빚어낸 급박한 현실은 두 진영을 만나도록 이끌었던 것이 아닌가?

마르부르크 담화

헤센의 필립은 어떤 경우에도 두 진영을 화해시켜야만 한다고 확신했다. 황제 칼 5세는 프랑수아 1세와의 평화를 원했고 교황과의 지속적인 관계를 원했다. 그는 제국에서 이 문제에 대한 질서를 세우고 싶었다.

---

26 Köstlin II, 103; 비교. R. Pfister, Die Seligkeit erwählter Heiden bei Zwingli, Zollikon 1952; Locher, Zwingli's Thought, 54ff.; 114f.

헤센의 필립 영주.

1529년 제국회의는 개신교도들을 서로 만나도록 강요했다. 루터는 이 제국회의에 대해 기록하기를, 슈파이어 전체가 악마들로 가득 찰 것이고 복음에 대한 수많은 공격이 계획되었을 것이다. 루터가 예상은 적중했다. 이전 제국회의에서 결정했던 승인, 즉 종교개혁의 책임을 각자에게 맡기도록 승인한 결정을 철회했다. 종교개혁의 모든 진행은 저지되었다. 몇몇 군주들은 이에 항거했지만 황제는 모든 종류의 항거에 폭력을 행사하기로 했다. 이런 상황에서 작센의 요한과 헤센의 필립은 언약을 체결했다. 루터는 이 모든 일들 가운데 침묵을 유지했다. "제국회의는 그리스도의 반대자들과 그들 영혼의 독재자들이 분노를 제대로 식힐 수 없었다는 점을 제외하면 거의 아무런 열매도 없이 종료되었다."[27]

이런 상황에서 필립은 츠빙글리에게 연락했다. 스트라스부르도 포함되었다. 복음주의 진영의 군주들 사이에 강력한 유대관계가 있어야 하며 이것이 현실이 되어야 한다는 것이었다. 하지만 이것에 대해 어떤 말을 할 수 있을까? 츠빙글리는 아주 강력하고 이상적인 계획을 지니고 있었다. 유럽을 가로지르는 북부 지역에 연합전선이 형성되어야 하고, 이를 통해 황제 지역이 고립되도록 해야 한다는 생각이었다. 이런 방법으로 구원을 기대할 수 있었다. 부득이한 경우에는 황제에게 폭력을 동원해서라도 복음이 옳다는 것을 이해시켜야만 했다.

그러나 정부에 대한 루터의 관점은 이런 몽상을 허용하지 않았다.[28] 무엇보다도 그에게 종교적 타협은 견디기 어려운 것이었다. 말씀에 대한 고백은 정치적 연대와 거의 관련이 없었다.[29] 사람들은 하나님 말씀의 진리에 권력을 행사하고자 했다. 루터는 군주들이 츠빙글리의 견해로 너무 많이 기울어지는 경향 때문에 가능하다면 스위스 종교개혁이 독일에서 여과되기를 기다릴 수밖에 없다고 생각했다. 츠빙글리는 배제되어야만 했다. 또한 선제후는 만약 반드시 대화를 해야 한다면 외콜람파디우스와 대화하는 것이 더 낫다고 생각했다.[30] 그러나 헤센의 필립은

---

[27] Köstlin II, 120.
[28] 비교/ G. Wolf (Ed.), Luther und die Obrigkeit, Darmstadt 1972.
[29] 수많은 자료에 대해서는 다음 참조. H. von Schubert, Bekenntnisbildung und Religionspolitik, Gotha 1910.
[30] Köstlin II, 122.

그의 이상이 진행되도록 허락하지 않았다. 그는 선제후를 설득하여 협력하도록 했고, 선제후는 결국 루터와 멜랑흐톤, 그리고 스위스인들을 마르부르크로 초대하도록 허락했다.

그 결과 1529년 10월 1일에 '친밀한 대화'가 시작되었다. 스위스 사람들과 스트라스부르 사람들은 이미 9월 27일에 도착했다. 3일 후에 루터와 그의 일행이 도착했다. 먼저 츠빙글리가 멜랑흐톤과, 그리고 루터가 외콜람파디우스와 탐색전을 펼친 후, 루터와 츠빙글리 는 서로 대면했다. 멜랑흐톤은 성찬뿐만 아니라 은혜의 수단으로서 말씀과 이 말씀과 관련된 성령의 사역과 같은 다른 주제들도 대화에 포함시켰다. 다른 주제들에 대해서는 상당한 의견 차이가 발생하지 않았다. 하지만 성찬에 관해서는 동의하기 어려웠다. 루터와 외콜람파디우스의 대화는

마르부르크 담화를 그린 19세기 그림.

교과서적으로 진행되었다. 외콜람파디우스는 그의 친구 츠빙글리와 반대되는 입장에서 자신을 표현했으나 루터는 아마도 그렇게 느끼지 못한 것 같다. 루터는 이 대화가 친밀하게 진행되었다고 느꼈다.

다음 날 거의 50명에 달하는 많은 무리가 대화를 나누었다. 루터는 확고한 증거로 자신의 믿음을 해명하기 위해서 왔다고 설명했다. 또한 그는 먼저 다른 주제들을 논의하고자 했는데, 루터는 스위스 사람들이 그것들을 올바르게 가르치지 않았다고 생각했고 스트라스부르 사람들에 관해서도 동일한 의미로 표현했다.[31] 이에 사람들은 놀라움을 금치 못했다. 그리고 성찬에 관하여 논의하기를 원하자 루터는 어쩌면 이 주제들을 다시 거론할 수 있을 것으로 생각하여 동의했다. 루터는 자신이 알렸던 것과 같이 이것들을 언급했는데, 이것은 자신이 입을 열지 않았다고 사람들이 말하지 못하도록 하기 위한 것이었다. 이제 그는 자신의 견해에 반대하는 스위스 사람들의 주요 반론을 요약했다. 그리고 그들의 반론을 증명하도록 요구했다. 그 사이에 그는 분필을 가지고 탁자 위에 "이것은 내 몸이다!"라고 썼다. 루터는 한 쪽 그룹 앞에서 말했고, 츠빙글리와 외콜람파디우스는 주로 다른 쪽 그룹 앞에서 말했다. 그러나 한 쪽에서도 다른 한 쪽에서도 새로운 논쟁이 발생하지는 않았다. 분위기는 좋았고 어려운 말들은 오가지 않았을 뿐만 아니라 어떤 사람도 이단으로 몰리지 않았다. 하지만 그들의 입장은 상반적이었다. 요한복음 6장에 대한 호소는 루터에 의해 거부되었고, 그리스도의 몸이 신적 전능에 의해, 즉 그리스도의 인간적 몸이 모든 곳에 있을 수 있다는 루터의 해설은 츠빙글리에 의해 수용되지 않았다. 사실상 논의는 계속 되었다. 어쩌면 사람들이 단지 정치적 상황의 압박으로 모였을 뿐이라는 사실이 아주 분명해졌다. 그러나 이것이 사실이었다 할지라도 이 모임은 일종의 퍼레이드, 즉 일종의 실속 없는 공연 보다는

---

[31] W. van't Spijker, Gij hebt een andere geest dan wij.

더 많은 의미를 지닌 것으로 보였다. 그들은 서서히 상호 참여의 영향력을 경험했고, 이런 의미에서 상호 접근에 대해 논할 수 있었다. 루터는 최종적으로 15개 조항의 고백서를 작성했는데, 거기에는 삼위일체, 그리스도의 위격, 원죄, 믿음, 칭의, 그리고 더 많은 주제들이 논의되었고 모든 사람들이 동의했다. 단지 성찬이라는 하나의 주제에 대해서만 마음이 나뉜 채로 남게 되었다.

사람들이 여기서 반드시 밝혀야만 하는 것은 루터의 입장만 홀로 존중을 요구한다는 사실이다. 믿음의 문제에 대해서는 어떤 일이 벌어져도 협상이 불가능하다. 그러나 만일 여기서 두 진영이 서로를 실제로 발견할 수만 있었더라면 역사가 얼마나 엄청나게 다른 방향으로 흘러가게 되었을지 모르는 일이다. 츠빙글리는 눈물을 흘리며 이렇게 말했다. "비텐베르크 사람들 외에는 내가 기꺼이 일치하고 싶은 사람은 이 땅에 아무도 없다." 그리고 루터는 자신의 견해를 단념할 수 없었다. 루터가 처음부터 내뱉기 시작했던 거친 말, 즉 스트라스부르 사람들이 잘못 가르쳤다는 그의 말을 스트라스부르의 야콥 슈투름Jacob Sturm이 마지막에 루터에게 상기시켰을 때, 슈투름은 스트라스부르의 교리를 설명할 기회를 마르틴 부써에게 주도록 요구했는데, 이것은 루터로 하여금 그 교리를 평가하도록 하기 위한 것이었다. "누가 나를 재판관으로 세웠는가?"라고 루터는 대답했다. "그럼에도 우리는 형제요, 서로 지체인가?"라고 대답했다. 루터에게는 형제가 없었다. 그래서 길은 둘로 나뉘었다. 그들은 형제가 아닌 친구로서 각자 자신의 길을 갔다. 그는 특히 멜랑흐톤에게 빚을 지지 않을 수 없었다. 그는 스위스 사람들과의 화해가 황제와 화해를 영원히 불가능하게 만들 것이라고 생각했다. 이 때문에 그들에게 형제애는 거부되었고 그들은 기독교적 사랑으로 그렇게 할 수 있었다. 명료성을 위해서 루터는 이 기독교 사랑을 원수에게도 빚진 사랑으로 이해해야 한다고 설명했다. 이렇게 15개 조항 가운데 가장 중요한 조항이 다음과 같이 기술되었다. "비록 우리가 그리스도의 참된 몸과

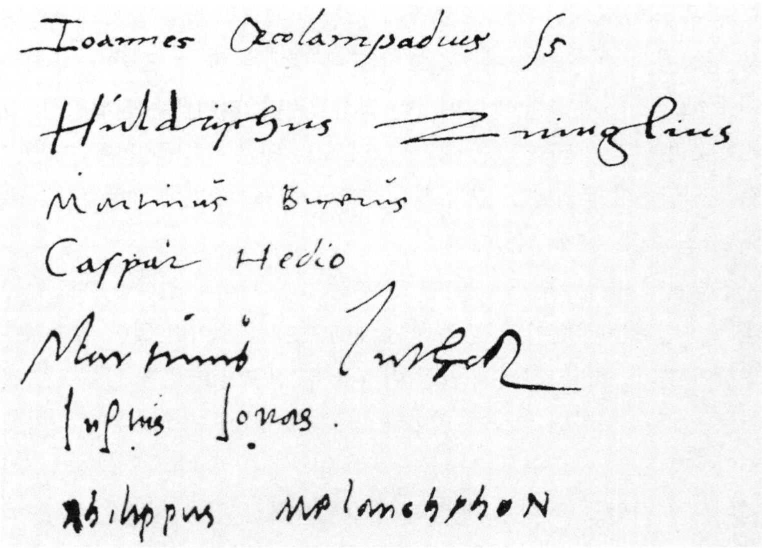

협약의 서명들. 위로부터 아래로 요한 외콜람파디우스, 훌드리히 츠빙글리, 마르틴 부써, 카스파르 헤디오; 마르틴 루터, 유스투스 요나스, 필립 멜랑흐톤.

피가 육체적으로 떡과 포도주에 임재 하는가에 관한 질문에 관하여 일치를 이루지 못했지만, 각자의 양심이 허락하는 한도 내에서 한 쪽은 다른 한 쪽을 향하여 기독교 사랑을 보여주고, 양쪽은 모두 하나님께서 자신의 영을 통해서 올바른 이해를 우리에게 주시도록 열심히 기도해야 할 것이다. 아멘!"[32]

이렇게 양쪽은 서로에게 다가갔다. 이 대화의 마지막 부분에서 루터는 외콜람파디우스에게 다음과 같이 첨언했다. '당신은 하나님께서 당신들을 회심하게 하시도록 기도해야 한다.' 이에 대해서 그는 다음과 같이 답변했다. '당신들도 그렇게 할 수 있기를 바란다. 왜냐하면 당신들에게 이것이 더 빨리 필요하기 때문이다.' 공식문서에는 다음과 같이 기록되

32 마르부르크 조항에 대해서는 다음 참조. G. May, Das Marburger Religionsgepräch.

었다. '양쪽은 이것들에 대한 올바른 이해를 주시는 성령을 달라고 기도할 것이다.'

츠빙글리는 집으로 돌아와서 이 조항들을 스위스 사람들이 하듯이 자신의 방식으로 설명했다. 하지만 스트라스부르는 사람들이 루터와 연대를 강화할 수 있도록 열심히 노력했다. 1531년에 츠빙글리는 전사했다. 그가 곧장 하나님의 심판을 받았다고 루터는 생각했다. 즉 사필귀정이었다는 것이다. 그와 같이 거친 표현이 루터의 특징이었다. 그러나 부써는 츠빙글리가 위대한 인물이며 이런 인물을 용서하는 것이 마땅하다고 말했다. 1536년에 성사된 비텐베르크 일치신조Wittenberg Concord는 부써의 활동 덕분이라는 점을 기억해야 한다. 그것은 한 번도 제 역할을 감당하지 못한 협정이었다. 츠빙글리는 더 이상 없었지만 여전히 자신의 지역을 지배하고 있었다. 생애 중반에, 발전의 중도에 생을 마감해야 했던 인물의 유업을 관장하는 거의 열매 없는 과제를 맡게 된 것은 불링거Bullinger였다. 그는 아무도 수용하지 않았던 논제들을 항상 변호해야 했다. 왜냐하면 그의 스승이 그렇게 가르쳤기 때문이다!

1530년대 중반에는 루터 또한 지속적으로 다른 일에 매여 있었다. 그는 영구히 물러났지만 부써는 그에게 교회연합을 집요하게 요구했다. 그러나 여기서도 정치적 요소는 더 긴밀한 사회생활을 위해 필수적이었고 정치적 연대와 교회적 고백 사이의 관계는 차츰 이전과 달라지기 시작했다. 접근하기 유리한 환경이 조성된 것으로 보였다. 1536년 5월 29일에 하나의 문서가 서명되었는데, 거기에는 성례전에서 주고받는 빵과 포도주와 더불어 그리스도의 몸과 피가 참으로 본질적으로 임재한다는 내용이 들어 있었다. 몸은 빵 속에 공간적으로 갇힌 것이 아니다. 성례의 집행 없이는 몸은 빵과 결합되지 않은 채 남아 있다. 몸은 빵이 만져짐과 동시에 임재하며 참으로 제공된다. 또한 이 성례는 교회에서 이를 집행하는 자나 받는 자의 합당함의 여부와 상관없이 효력을 지니고 있다. 그러므로 바울의 주장에 의하면 그리스도의 말씀과 제정을 보존하

스트라스부르 종교개혁자 부써. 브레텐의 멜랑흐톤 기념관에 있는 입상.

기 위하여 합당하지 않은 자들도 몸을 받게 된다. 그들은 이것을 받기는 하지만 회개와 믿음 없이 성찬을 잘못 사용하는 것이기 때문에 그들의 심판을 위해 받는 것이 된다. 왜냐하면 성찬은 회개하고 그리스도를 믿는 자에게 그리스도의 은택이 적용되며 그들도 그리스도의 일원이 된다는 것을 증거 하기 위해 제정되었기 때문이다.[33]

이 문서로 부써와 그의 동료들은 루터의 소원대로 회심하게 된 것이다. 주님을 믿지 않고 성례에서 단지 빵과 포도주만을 보는 자들은 그리스도의 제정의 말씀을 거절한 것이기 때문에 성례를 통해 아무 것도 받지 못한다는 점을 설명할 수 있는 가능성이 그들에게 있었다. 루터는 그들이 이 사실을 이렇게 표현한 것인지에 대해 아무런 불평도 하지 않았다. 그는 성찬에서 그리스도의 참되고 본질적인 몸이 임재 한다는 자신의 견해를 견지하고 있었던 것이다.

스위스에서 이 문서는 거의 지지를 받지 못했다. 스트라스부르에서는 1549년에 부써가 떠난 후에 완전한 루터파 입장을 확장하려는 노력이 시도되었다. 남부 독일에서는 과거에 츠빙글리 영향 아래 있던 모든 지역이 비텐베르크와 연대를 맺게 되었고 아우크스부르크 신앙고백서의 영향 아래 놓이게 되었다. 그러나 헤센의 종교개혁을 지속하기 위하여 헤센의 영주 필립 공은 이제 부써를 가장 신뢰하게 되었다. 부써는 재세례파들과 논쟁을 벌였고 스트라스부르에서 자신이 원하는 대로 교회를 조직할 수 있었다. 그는 스트라스부르에서 이룰 수 없었던 것을 헤센에서 이룰 수 있었는데, 이것은 나중에 개혁파 개신교가 독일에서 뿌리를 내리려고 했을 때 상당한 의미를 지니게 되었다.[34]

---

[33] Köstlin II, 346.
[34] W. Diehl, Martin Butzers Bedeutung für das kirchliche Leben in Hessen 1904.

9장

교회생활의 재건

C. Clemen, *Quellenbuch zur praktischen Theologie* III. *Quellen zur Lehre von der Kirchenverfassung*, Giessen 1910; **K. Müller**, *Kirche, Gemeinde und Obrigkeit nach Luther*, Tübingen 1910; **E. Sehling**, *Geschichte der protestantischen Kirchenverfassung*, Leipzig/Berlin 1914; **J. Heckel**, *Initia iuris ecclesiastici Protestantium*, München 1950; **J. Heckel**, *Das blinde undeutliche Wort 'Kirche'*. Gesammelte Aufsätze, ed. by S. Grundmann, Köln/Graz 1964; **J. Heckel**, *Lex Charitatis. Eine juristische Untersuchung über das Recht in der Theologie Martin Luthers*, Darmstadt 1973[2]; **H. Reller**, *Vorreformatorische und reformatorische Kirchenverfassung im Fürstentum Braunschweig* - Wolfenbüttel, Göttingen 1959; **H. -W. Krumwiede**, *Zur Entstehung des landesherrlichen Kirchenregiments in Kursachsen und Braunschweig* - Wolfenbüttel, Göttingen 1967; **H. Bornkamm**, Die Neuordnung der Kirche, in: *Martin Luther in der Mitte seines Lebens*, 425-442; **H. A. Oberman**, Martin Luther - Vorläufer der Reformation, in: *Verifikationen*. Festschrift für G. Ebeling, ed. by E. Jüngel u.a., Tübingen 1982, 91-119.

이신칭의와 교회법

1520년, 루터가 자신을 출교로 위협한 교서와 함께 교황의 규정집을 불에 던졌을 때 교회법적으로는 일종의 공백이 발생한 것으로 보였다. 단단하게 질서가 잡힌 교회 공동체의 필요성을 루터 스스로 느끼기까지는 상당한 시간이 걸렸다. 심지어 과연 죄인을 의롭게 하시는 설교에서 즉시 교회법의 노선이 도출될 수 있었는지 의문이 든다. 왜냐하면 믿음으로 모든 신자는 그리스도 안에서 하나님과 직접적인 관계를 맺기 때문이다. 그리고 사랑으로 인하여 그는 그의 이웃과 직접적인 관계에 들어서기 때문이다. 따라서 교회의 법은 영혼과 그 영혼의 하나님 사이에서 어느 한쪽으로 밀쳐질 수 없다. 동일한 경우가 신자와 그의 형제 사이에서도 그렇게 될 수 없다. 여기서는 모든 것이 규칙에 의해 이끌리지 않는 직접성과 자발성에 대해서 말할 뿐이다. 그래서 법이라는 것은 단지 사죄로 이끄는 안내자의 기능을 할 뿐이다. 또 법은 공공생활의 단정함을 위해서만 의미가 있을 뿐이다. 즉 신자는 자신 안에 다른 종류의 법을 가지고 있다. 즉 자발적으로 사랑하는 사랑의 법이다.

시편 첫 강의에서 루터는 그리스도의 신비한 몸[1]에 대해 조명을 하는데, 무엇보다도 이를 의인의 회중이요[2] 선택 받은 자들의 모임으로 보았다. 반면 의로운 자들과 불의한 자들의 모임은 세례 받은 자들의 회중으로 보았다. 처음 언급된 의인의 회중은 그리스도의 나라에서 동일한 시민들이다. 이들은 루터가 불가시성이라는 용어로 말한 영적인 교회를 형성한다. 반면 두 번 째 언급된 교회를 루터는 가시적 공교회라고 간주하였다. 영적인 교회는 무엇보다도 숨겨진 교회ecclesia abscondita로서[3] 존

[1] P. Kawerau, Luther, Leben, Schriften, Denken, Marburg 1969, 142.
[2] WA 4; 236.
[3] P. Kawerau, Luther, 143.

재한다. 이 교회는 외면적인 법으로는 접근할 수 없다. '그리스도의 교회의 전체구조는 내적으로 하나님 보시기에 눈에 불가시적이다.' 이로써 교회의 선한 법은 인지의 영역에서 벗어나게 된다. 이는 루터가 결국 그의 95개 논제에서 형성한 논점인데, 즉 교회는 단지 하나님께서 법적으로 의롭다고 선언하신 것을 법적으로 의롭다고 선언할 수 있을 뿐이라는 것이다. 외면적인 문제들, 성직자의 일은 세속 법 아래에 있게 되었다. 반면에 영적인 교회는 하나님의 법에 따라 산다. Ecclesia spiritualis vivit iure divino.

따라서 이제 모든 문제는 가시적 교회와 불가시적 교회 사이의 관계가 어떠한가에 대한 질문, 어떤 사람이 말씀과 성령의 관계에 대한 분명한 통찰력을 가지고 있을 때에만 대답할 수 있는 질문에 집중된다. 말씀의 설교는 공개적으로 일어난다. 그러나 성령의 불가시적인 역사가 어떻게 이러한 가시적인 설교에 대해 믿음을 일으키는가?

오래지 않아 그 질문들은 아주 명확하게 알려질 것이다. 그러는 사이에도 루터는 계속 생산적인 활동을 하고 있었다. 그의 손으로 빛을 본 다양한 단편들을 정교하게 다듬어서 짧게 개관한 사상을 내놓았다.

그 몇 가지 실례를 쉽게 제시할 수 있다. 1523년에 루터는 다음의 소책자를 발간하였다. "그리스도인의 모임과 회중이 모든 교리를 판단하고 또 모든 교사를 청빙하고 임직하고 해임할 수 있는 권리와 권세를 가진 것에 대하여." 기독교 회중, 즉 교회는 복음의 순수한 설교에 의해 식별 가능하다. 비록 복음전파가 미약하고 부족할지라도, 복음이 전해지는 곳에 그리스도인이 없다는 것은 불가능하다는 것이 우리의 확신이다. 인간적인 규정과 법과 관습으로 설교를 판단해서는 안 된다.[4] 사람의 영혼은 영원한 것이어서 현세적인 어떤 것보다 훨씬 높다.[5] 그러므로 영혼은 영원하신 말씀으로 다스려져야 하는 것이다. 회중은 하나님 말씀

---

[4] WA 11; 408.
[5] WA 11; 409.

의 도움을 받아 복음을 따라 설교되고 있는가를 결정해야 한다. 이것이 하나님의 법이요, 영혼 구원은 이것을 요구한다. 회중은 말씀 없이는 살 수 없기 때문에, 또한 주교들이 자신들의 직무를 이해하고 영적 통치를 실행하는 것을 기대할 수 없기 때문에, 회중 스스로 나서야 한다. "하나님께서 하늘로부터 새로운 설교자를 보내주실 것을 사람은 하나님께 요구하지도 기대하지도 말아야 한다. 따라서 우리는 성경을 고수하고 우리 가운데 사람들이 적합하다고 생각하는 사람, 하나님께서 지각을 밝혀주시고 은사를 입혀주신 사람을 청빙하고 임직해야 한다."[6] 그리스도인은 하나님의 말씀을 배울 권리와 권세를 가지고 있을 뿐만 아니라, 또한 이것을 행할 의무도 있다.[7] 만약 그만 홀로 있는 환경이라면, 어떤 사람이 그를 임직하지 않아도 그는 스스로 복음을 전할 의무가 있다. 만약 그리스도인이 많이 있는 곳에서도 이런 의무가 있기는 하지만, 그는 이 의무를 자신에게 강요하지는 말아야 한다. 그런 곳에서 다른 사람들의 지시에 따라 설교하려면 그는 반드시 청빙되어야만 한다. 그리스도인은 복음 선포의 권세를 가지고 있지만 그 일은 질서 있게 일어나야 한다. 이러한 토대에서 기독교 회중은 직접 자기들의 사역자를 임직해야 한다. 그리스도인이 없을 때에 복음을 전하는 것이 그리스도인의 의무라면, 하물며 복음을 가진 회중일 경우에는 더욱 그러하지 않겠는가! 주교들에게서는 더 이상 기대할 수 없지만 그들이 협력하기를 바랄 경우에도 그들이 회중을 무시하고 그 일을 할 수는 없을 것이다.[8] 루터는 여기서 『그리스도인의 자유』라는 자신의 책에서 이미 숙고한 사상을 실행 한다. '그리스도인은 무엇보다 영원한 것에 관한 경우에만 모든 사람에게 종속적이다. 우리는 모두 말씀으로 서로를 섬긴다. 그러나 이것은 질서 있게 진행되어야 한다. 모든 사람이 권세를 가지고 있기에

---

6 WA 11; 411.
7 WA 11; 412.
8 WA 11; 414.

모든 사람은 다른 사람의 위임을 얻어야 한다.'[9]

같은 해에 루터는 자신에게 어떻게 합법적인 설교자를 가질 수 있는지에 대해 질문한 보헤미아 형제들에게 준 조언에서 이것을 다시 한 번 말했다.[10] 그는 라틴어로 조언했는데, 대단히 신중하게 표현하려고 했기 때문이다. "제사장은 장로 혹은 사역자와는 다르다. 전자인 제사장은 태어나지만 후자인 장로나 사역자는 만들어진다."[11] '그리스도께서는 제사장으로 태어나셨고 모든 신자는 그분의 몸에 참여한 그분의 형제들이다. 따라서 모든 그리스도인은 복음을 전할 임무를 받았다. 모든 신자의 이 제사장 직분에 힘입어 보헤미아 형제들에게 조언하는 것은 어렵지 않다. 즉 사람들로 하여금 교회로 모이게 하라. 두 세 사람이 모인 곳에 주님께서 그 가운데 계시기 때문이다. 거기서 사람들은 말씀에서 보다 더 강력한 자를 임직하고 공적으로 회중을 섬기는 직무를 주라.'[12]

루터가 『독일어 미사』1526를 위해 쓴 유명한 서문에서는 실제 그가 그러한 방향으로 생각했다는 사실을 얼마든지 확인 수 있다. 이제 우리는 이제 한 걸음 더 나간다. 농민봉기가 대부분 진정되었다. 루터의 이상적인 교회에 관하여 우리가 읽고 있는 것은 더욱 더 주목할 만하다. 즉 '참된 복음주의적 질서는 사람들이 공개적으로 특정한 장소에서 "모든 민족 아래에" 회집하는 것에 있지 않고, 오히려 진정한 그리스도인이 되기를 원하며 그래서 손과 입으로 복음을 고백하며, 특히 구별된 집에서 기도와 성경읽기, 세례 등을 위한 회집에 등록하며 모이는 것에 있

---

9 H. Bornkamm, Luther, Gestalt und Wirkungen, 119: "Der tief charismatische Grundzug in Luthers Kirchengedanken ist nicht zu verkenne."

10 De instituendis ministris, WA 12; 160ff. 참조. H. Bornkamm, Luther, Gestalt und Wirkungen, 119ff.; Köstlin I, 631ff.; W. Brunotte, Das geistliche Amt bei Luthers, Berlin 1959, 76-95.

11 "Secerdotem non esse quod presbyterum vel ministrum, illum nasci, hunc fieri", WA 12; 178.

12 H. Bornkamm, Luther, Gestalt und Wirkungen, 120; Köstlin. Martin Luther I, 631.

다.' 이런 식으로 사람들은 그리스인답게 행동하지 않는 자들을 마태복음 18장에 나오는 그리스도의 규율을 따라서 권면할 수 있다. "간단하게 말해서 진정한 그리스도인이 되기를 갈망하는 사람들이 있다면 그때에 질서와 예의가 속히 만들어질 것이다. 그러나 내가 여전히 그러한 회중을 세울 수 없는 것은 내게 아직도 그런 사람들이 없기 때문이다. 또한 아직도 많은 사람들이 거기로 나아가지 못하는 것을 보고 있기 때문이다."[13] 이것을 루터는 1526년에도 여전히 자기의 이상으로 보았다. '교회는 스스로 세워가는 것이다!' 그 교회는 설교의 교회요, 성찬의 교회일 뿐 아니라 동시에 교회권징도 행사하는 교회다. 루터는 바로 이와 같은 교회가 되길 원했다. 그러나 그것이 만인제사장 사상에서 직접적으로 나온 것이라고 할지라도 루터는 이러한 이상을 내려놓아야 했다. '내게 아직도 그런 사람들이 없다.' 주목할 만한 것은 마르틴 부써가 바로 이 문장을 그의 『마태복음 주석』1527에서 취하여 루터가 이에 대해 말한 것과 거의 같은 용어로 이러한 이상을 설명하였다는 점이다. 그런데 부써는 이러한 입장을 견지하여 자기의 후기 신학에서 보다 광범위하게 확대하여 스트라스부르 40년 사역의 마지막에 '기독교 교제공동체'에서 구체화시키려고 하였다.

루터는 자신의 견해를 불가피하게 포기해야만 했다. 그가 자유 교회들의 자유로운 연합으로 본 것은 현실로 나타나지 않았다. 그 대신에 '군주적 교회통치' Landesherrliche Kirchenregiment, 즉 그 지역의 군주가 지도하는 일종의 교회정치형태가 등장하게 되었다. 이러한 방향으로 발전하게 된 데에는 다양한 원인이 있다. 루터 자신이 말했던 것을 우리는 진지하게 생각해보아야 한다. 즉 루터는 "진정한 그리스도인이 되기를 바라는" 자들의 교회를 세우기 위한 사람들을 가지고 있지 않았다. 이처럼 발전이란 현실에 대한 타협으로 보아야 한다. 또 다른 중요한 원인 중 하나는

---

13 WA 19; 75.

농민봉기의 기간에 발생한 혼란이었다. 여기서는 일종의 자발성이 작용했는데, 농민들은 그 자발성을 그리스도인의 자유에 호소했고, 심지어 루터가 자기 책에서 기독교 회중의 권세에 대해 직접 표현한 사상에 호소했던 것이다. 그런데 농민들이 설교자를 선출할 때 군주의 소원을 전혀 고려하지 않았다. 이 점은 루터가 자신의 논문에서 생각하지 못했던 것이다. 이런 이유로 루터는 자신의 이상에 대해 회의를 가지게 되었다. 세 번째 원인과 관련하여 우리는 독일 전역에서 감지할 수 있는 보편적인 흐름을 주목해야 한다. 즉 여러 자치 지역들이 도시들과 농민들에 대항할 뿐만 아니라, 또한 제국정부에도 대항하기 위해 자신들의 힘을 강화하기 시작했다는 것이다. 1555년에 표현된 "그의 종교는 그 지역의 통치자의 것"cuius regio, eius religio이라는 원칙은 1520년대에 이미 신뢰할 만한 사상적 소재였다. 선제후는 교회와 관련된 일에 동의하지 않는 자는 며칠 안에 자기의 일을 정리하고 갈 길을 가도록 공포했다. 그 원리가 공식적으로 인정을 받기까지는 30년의 세월이 걸렸지만 실제로는 1520년대에 이미 실행되고 있었다.

시찰* 사역의 시작과 이로 인한 "군주적 교회통치"의 형성은 지방의 군주로부터 비롯되었다.[14] 작센의 요한 프리드리히 공작은 루터에게 시찰을 시행함으로써 그 지역의 소요를 종식시키도록 제안한 장본인이었다. "불행하게도 너무나 많은 광신자들이 있는데, 이들은 여기 있는 우리를 번잡한 일로 성가시게 한다. 하지만 나는 당신이 시간을 내어서, 바울

---

* '비지타티오'(visitatio = visitation)라는 단어는 오늘날 '심방'의 기원에 해당하지만 사실상 교인이나 지역교회를 감시 감독하기 위한 방문 즉 시찰을 의미한다.

[14] H. Bornkamm, Luther, Gestalt und Wirkungen, 425ff.; H. -W. Krumwiede, Zur Entstehung des landesherrlichen Kirchenregiments in Kursachsen und Braunschweig, Göttingen 1967, 48ff.; H. Reller, Vorreformatorische und reformatorische Kirchenverfassung im Fürstentum Braunschweig, Göttingen 1959, 61ff.; E. Sehling, Die evangelischen Kirchenordnungen des XVI. Jahrhunderts, 1. Abt., 1. Helfte. Die Ordnungen Luthers, Leipzig 1902; Der Unterricht der Visitatoren 1528, Ed. by H. Lietzmann, Bonn 1912.

작센의 요한 프리드리히 Johan Friedrich **공작.** 그는 루터를 세워 감독 순찰함으로써 국가적인 불안을 종식시키려 했다. 루카스 크라나흐의 그림.

이 했던 것처럼 한 도시에서 다른 도시로 선제후 영토를 돌아다니면서 신자들의 도시들에 설교자들이 잘 갖추어졌는지 살펴보는 것 외에 달리 더 좋은 방법이 없다고 생각한다. 당신이 정부와 협력하여 덕스럽지 못한 설교자들을 해임시킬 수 있는 일보다 더 기독교적인 일을 우리에게서 행할 수는 없다고 나는 믿는다."[15] 이런 방향의 시도는 즉시 이루어졌으나 결과는 매우 나빴다. 복음의 빛이 떠올랐음에도 불구하고 상당수의

---

15 H. Bornkamm, Luther, Gestalt und Wirkungen, 428.

설교자들은 잘못된 견해를 확산시킨 것으로 드러났다. 두 번째 시찰 기간에도 개선된 소식은 없었다. 이제는 사람들이 상황을 심각하게 받아들이기 시작했다. 시찰 사역이 세상의 나라에 대한 자신의 견해와 거의 일치하지 않는다는 이유로 루터가 처음에는 세상 정부의 이러한 활동에 대해 다소 망설였던 것은 사실이지만, 이제 그는 자신의 망설임을 포기했고, 심지어 양심적으로 군주들을 위로해야 했는데, 여기서 루터의 양심이란 아마도 필요가 이런 조치를 요구한다는 뜻일 것이다. 나아가 루터는 실제적인 제안까지 했다. '영토를 여러 구역으로 분할해야 하며 일종의 지침도 있어야 한다.' 이 일에 대학이 동참했고 명칭들에 관한 소개도 이루어졌다. 지침은 1527년 6월 16일에 공식적으로 공포되었다. 시찰의 목적은 이중적인 것이었다. 반드시 실시되어야만 했던 것은 설교자의 능력에 대한 일종의 조사, 즉 설교자의 교육과 행실과 관련한 역량 조사였다. 이것과 더불어 감시하는 일도 반드시 실시되어야 했는데, 이런 방법으로 필요한 수단들이 공급되어야 했고 공급될 수 있었다.

대학이 지목하는 시찰위원들 가운데 한 명인 멜랑흐톤은 지침안내서로 사용할 수 있는 형식을 기안했다. 그는 설교자가 실제로 복음에 대한 열정을 갖고 있으리라고는 크게 기대하지 않았다. 그가 크게 반대했던 것들 가운데 하나는 사람들이 일반적으로 겸손과 참된 회개 없이 너무 빨리 복음을 누린다는 것이었다. 그래서 단지 복음의 일부만, 즉 죄용서와 같은 것만 선호되고, 회심은 사라져버린다는 것이다.[16] 그러므로 멜랑흐톤이 신학적 조언을 통해 율법을 먼저 강력하게 설교해야 한다고 촉구했을 때, 그는 아그리콜라Agricola와 충돌하게 되었다. 왜냐하면 아그리콜라는 멜랑흐톤이 율법과 복음에 대해 잘못 생각한다고 판단했기 때문이다. 이 충돌은 10년 후에 싸우게 될 일종의 작은 예고편이었다. 비록 사람들이 엄청난 결과들을 예상하지는 못했지만 그와 같이 교회시

16 H. Bornkamm, Luther, Gestalt und Wirkungen, 434f.

찰은 공식적으로 시작되었다. 사람들이 설교자들에게 무엇을 설교해야 할 것인지 규정해서는 안 되고 다만 인내해야 한다고 루터는 생각했다. "질서를 만드는 것과 도입된 질서를 지키는 것, 이 둘은 서로 별개의 일이다.... 사람들은 할 수 있는 대로 많은 것을 실천해야 하고 뒤로 미루지 말아야 한다. 세상 통치에서도 그러한 것처럼 다른 것은 그냥 두고 하나님께 맡겨야 한다."[17]

루터는 교회시찰 규정의 서문을 썼는데, 거기서 그는 이 사역의 신적 특성을 설명했다. 사도들은 결코 산책을 한 것이 아니라 순회를 하였다. 주교들이 소홀히 해왔던 것을 이제 군주들이 장악해야 한다. 루터는 세속 군주의 이러한 활동에 대해 어떤 기초를 제공했을까?

이것에 대해 루터는 광범위하게 말했다. '우리는 이러한 감독과 시찰의 직분을 간절히 제정하려고 했다. 하지만 우리 중 누구도 이를 위해 부름 받은 자가 없었기 때문에 아직 지금까지는 아무도 이것을 실행하지 못했다. 이제 불확실한 것 대신에 확실한 것을 취하기 위하여 우리는 모든 그리스도인의 특성인 사랑의 직분을 도입했다. 그리고 기독교 선제후에게 호소하여 시찰위원을 임명하도록 그에게 요청했다.' 이것을 근거로, 이미 어떤 사람들이 그렇게 생각했던 것처럼, 개혁가들이 그들의 걸음을 퇴보시켰다고 추정해서는 안 된다. 루터는 이런 것을 공개적으로 집필하여 어둠을 피하지 않는 법을 보여주었다. 교회시찰의 성격을 계명 안에서 찾아서는 안 된다. 사람들은 새로운 규정을 도입하기를 원하지 않는다. 교회를 건설하기 위해 사랑을 높이 평가하도록 하자. 그런데 루터는 일탈적인 사고와 특히 억지를 결코 허용할 수 없다고 썼다. 영적인 것을 가르치고 다스리는 것은 결코 정부의 직무가 될 수 없다. 그러나 세상 정부는 불화와 분파와 폭동을 제지할 의무만 있다. 왜냐하면 경건한 황제 콘스탄티누스Constantinus도 교회공의회를 소집했기 때문이다. 이

[17] H. Bornkamm, Luther, Gestalt und Wirkungen, 437f.

와 같이 루터는 1918년까지 독일의 지배적 교회기구 형태인 군주에 의한 교회통치의 길을 열어주게 되었던 것이다.

이 국가교회 제도의 폐단을 여기서 나열할 필요는 없다. 또한 루터가 이로써 독일 개신교회에 항구적인 무엇을 제시하려고 했다는 것을 보여줄 수도 없다. 그러나 그런 발전이 한 차례 그와 같이 있었을 뿐이다. 이는 제국 안에서 대세에 적합한 것이었고, 나라들 간에 힘의 균형을 깨뜨리는 것을 의미하지 않았기 때문이다. 우리가 말한 대로 그것은 사실상 1555년에 아우크스부르크 종교평화에서 확정한 것과 동일했다. 오직 믿음으로 의롭게 되는 복음 설교의 봉사를 위해 지역마다 감독하는 교회가 존재했다. 즉 그 교회 안에서 정부는 감독 직무의 일부를 넘겨받았다. 정부의 이런 감독 직무는 설교와 함께 오랜 시간 동안 잘 이루어졌으므로 복음적인 감독의 약화가 이러한 시스템에 있다고 증명할 수 없다. 이것은 마치 치리회 시스템 자체가 순수한 설교를 보장할 수 없는 것과 같은 이치다. 분명한 것은 루터의 원천적 이상이 그런 방향은 아니었다는 점이다. 그리고 그의 원천적 이상에는 개혁주의자들이 보다 더 긴밀하게 잘 어울리는 것이었다고 말할 수도 있다.

신앙교육서와 예전

복음주의 생활의 건설을 위해 가장 큰 의미가 있는 것은 백성을 가르치는 일이었다. 이에 대해 루터는 정부를 향하여 말했다. 그는 기독교 학교를 설립하고 보전하는 것이 그들의 직무임을 별도의 책, 『독일 전역 모든 도시의 시의원들에게, 그들이 기독교 학교를 설립하고 보전하는 것에 관하여』1524에서 지적했다. 그의 글, 『독일 귀족에게』1520에서도 그는 동일한 어조로 강타했다. 그러나 이것은 이제 더욱 필연적인 것이 되었다. 에라스무스는 종교개혁이 현실 문명의 종식을 뜻할 것이라고 쉬지 않고 암시했다. 그것은 곧 루뱅Louven의 이단 우두머리들이 과거에 에라스무스를 공격한 고발 내용이기도 했다. 처음에는 이 말이 맞는 듯했다. 학생들은 짐을 쌌다. 그들은 칼슈타트의 모범을 따라 박사 학위를 하는 것이 시간과 돈 낭비라고 여긴 자들이었다. 왜냐하면 세상은 보다 더 중요한 것을 필요로 한다고 생각했기 때문이다. 그런데 멜랑흐톤이 비텐베르크로 온 일은 그 어리석은 모토를 끝장내었고 교육에 대한 관심은 갈수록 증가하게 되었다. 루터는 시의원들에게 해마다 대포와 길과 도로와 댐과 그러한 것들에 재정을 지출함으로써 도시가 현실의 평화 중에 살 수 있어야 한다고 말했다. 그렇다면 왜 사람들이 가난하고 불쌍한 청년들을 위해 더 많은 것을 지출하지 않겠는가? 미사와 면죄부와 기관들과 탁발수도사들, 형제단들과 순례자들을 위해 이전에 지출되었던 그 모든 돈들이 학교를 위해 사용된다면 분명히 그 모든 것을 폐지시킨 그 복음이 진보하게 될 것이다. 특히 루터는 복음의 지식을 위한 언어의 중요성을 지적했다. '복음이 오직 성령으로 왔고 또한 매일 그렇게 온다 할지라도 그럼에도 불구하고 언어라는 도구를 통해 왔고, 또한 언어를 통해 복음이 자랄 뿐만 아니라, 보전되기도 해야 한다는 것을 부정해서는 안 된다....' "복음이 우리에게 그렇게 사랑스럽다면 우리는 이제 언어에 관하여 매우 철저하게 깨어 있어야 한다."[18] 루터는 헬라어와 히브리어의 가치가 크다는 것에 호소하였다. 이것들은 거룩한 언어들이기 때문이다. 우리는 여기서 언어 없이 복음을 분명하게 보전할 수 없다는 사실을 말해야 한다. "언어는 성령의 검을 넣는 칼집이며, 옷을 넣은 옷상자이며, 마실 것을 놓는 그릇이며, 음식을 놓은 방이며, 사람들이 빵과 생선을 보전하는 광주리이다."[19] 교회의 설교가 실제로 지속될 경우 교육의 질을 생각하지 않을 수 없다. 이것이 바로 루터가 촉구한 순수한 종교개혁의 동기였다.

---

18 WA 15; 37.
19 WA 15; 38.

독일교회에 보내는 그의 선물인 『독일어 미사』1526에서도 동일한 어떤 것이 울려 퍼지는 것을 볼 수 있다. 루터는 모든 예배가 독일어로 시행되는 것에 대해 오랫동안 주저했다. 토마스 뮌처는 1523년에 알슈테트Allstedt에서 이 일에 앞장 선 사람이었다. 다른 도시에서도 사람들은 모든 예배에서 민족의 언어라는 노선을 향해 신중한 걸음을 내디뎠다. 그러나 칼슈타트가 그런 일을 행한 첫 번째라는 사실이 루터를 주저하도록 했다. 1525년 10월 29일에 루터는 설교에서 다음과 같이 변호했다. "나는 오랫동안 독일어 미사를 반대했다. 왜냐하면 무계획적으로 아무렇게나 일을 하는 자들이면서 하나님께서 과연 이를 원하시는지 묻지도 않는 분파주의자들에게 빌미를 주지 않으려고 했기 때문이다. 그러나 이제 많은 나라에서 많은 요구가 빗발쳤기 때문에 우리는 더 이상 변명할 수가 없다…'[20] 루터는 자세한 강론에서 이렇게 대답했다. '아무도 이것이 강제적 처방이라고 생각하지 말라. 그것에 관한 어떤 법도 만들지 말아야 하고, 누구의 양심도 속박해서는 안 된다.' 루터의 『독일어 미사』 출판은 다른 사람 위에 군림하거나 법으로 다스리기 위할 목적이 아니었다. 그러므로 루터에 따르면 그리스도인의 자유가 여기서도 적용된다.

이 책이 시장에 나왔다는 것이 이제 곧장 라틴어 미사를 폐지해야 한다는 의미는 아니다. 라틴어 미사를 예배에서 제거해서는 안 된다. 청소년을 위해 루터는 이러한 미사를 민족 언어로 출간했다. 하지만 루터는 여기서도 언어를 대단히 높이 평가한다. 그는 심지어 4개 언어로 즉 독일어, 라틴어, 헬라어, 히브리어로 미사를 유지하고 싶어 했다. 루터는 이런 방식으로 청소년들 기꺼이 양육함으로써 다른 나라에서도 그리스도를 위한 유익을 도모했다. 보헤미안이나 발도파가 한 것처럼 한 가지 언어로 말해서는 안 된다. 왜냐하면 그럴 경우 사람들은 그 이상을 넘어서지 못하기 때문이다. 독일어로 드리는 예배에서 필요한

---

[20] Köstlin II, 15.

요한 부겐하겐. 1523년부터 비텐베르크 도시설교자. 루카스 크라나흐 막내 아들의 목판화.

가장 중요한 것은 바로 좋은 교과서였다. 즉 아주 단순하면서도 훌륭한 신앙교육서였다. 여기서 다음 세 가지가 다루어졌는데, 십계명, 신앙고백, 주기도문이 그것이었다. 이와 관련하여 루터는 교회교육을 위해 많은 지침을 제공하는데 이것은 지금까지도 의미가 있는 것들이다. 이어서 루터는 비텐베르크에서 교육이 어떻게 구체적으로 실행되었는지 알려주었다. 즉 매주일 세 번 설교가 있었다. 아침 5시 혹은 6시에는 서신서 본문을, 8시 혹은 9시에는 복음서 본문을, 오후에는 구약 본문을 설교했다. 루터는 특정한 발췌 본문을 다룬 선구자였다. 그러나 그는 동시에 한 성경을 이어서 계속하여 설교할 가능성도 보았다. 비텐베르크 예배는 사람들이 종래에 항상 익숙한 것에서 크게 벗어나지 않은 요소들로 구성되었다. 이런 점에서 취리히와 스트라스부르에서의 예전 변화는 훨씬 더 근본적인 것이었다. 비텐베르크 일치신조를 체결하기 위해 비텐베르크에 와 있던 남부 독일인들이 부겐하겐의 설교를 들었을 때, 그들은 과거를 완벽하게 연상시키는 그 모든 것을 이상한 눈으로 쳐다보았다. 그리고 이것에 대해 비텐베르크 사람들과 대화를 나누었다. 즉 성상들과 제단 위의 촛불, 찬란한 미사의 제의, 심지어 성찬에서 빵을 높이 드는 것에 관한 대화였다. 스트라스부르 사람들은 이곳의 종교개혁이 더 개혁되어야 한다고 생각했다. 하지만 부겐하겐은 그들을 다음과 같이 안심시켰다. '어떤 성상에도 경배하는 일이 없으며, 촛불과 그런 나머지 것은 단순하고 경건한 사람들을 위해 보전할 뿐이다.' 이 외에도 그는 성찬을 그러한 일이 없이 오히려 남부 독일 사람들보다 더욱 단순하게, 또한 자주 시행한다는 것을 확신시켰다. 실제로 그들은 그 다음에 루터가 사제 복장이 아닌, 보통의 깨끗한 복장으로 설교하는 것을 보았다.[21]

1523년에 이미 루터는 예배에서 반드시 필요한 변화에 대해 논했다. 우리는 이것을 논한 두 개의 글에 대해 감사해야 한다. 『교회 예배의 질서』와 라틴어로 집필된 소책자, 『미사와 성찬의 양식』ormula missae et communionis이 그것이다.[22] 첫 번째 글에서 루터는 무엇보다 세 가지의 악습이 예배에 삽입되었다는 것을 강조했다. 첫째, 사람들은 하나님의 말씀을 입 밖에 내지 않았다. 즉 설교를 생략했다. 물론 말씀을 낭독하고 노래했다. 하지만 그것이 전부였다. 둘째, 사람들은 설교 대신에 온갖 우화와 전설을 도입하여 심각한 정도를 넘어섰다. 셋째, 사람들은 예배가 선행이라고 생각했는데, 이런 생각 때문에 믿음을 무시했다. 만약 사람들이 이런 악습을 폐지하려고 할 경우, 설교하는 일이 필수불가결하다. 설교가 없다면 차라리 회집하지 않는 것이 더 낫다. 루터는 '연속 강독'lectio continua, 즉 성경 책들을 연속적으로 취급하는 방법을 고수했는데, 이렇게 함으로써 회중이 성경 전체를 신뢰하도록 했던 것이다.

---

21 Köstlin II, 343.
22 Köstlin I, 522, 524; WA 12; 35ff.; 12; 205ff.

그러나 이 모든 것이 한 시간 안에 끝나야 한다. 그렇지 않으면 이전에 수도원에서 일어났던 것처럼 사람들이 나귀의 일로 성가시게 되기 때문이다.[23] 두 번째 글에서 루터는 성찬이 시행되는 예배의 주요 요소들에 대해 논했다. 루터가 '미사'라는 용어 사용을 반대하지는 않았다. 그는 성찬을 예배의 절정으로 간주했기 때문에 주일마다 예배가 성찬으로 마무리 되어야만 했다. 로마교의 다양한 관습과 관련하여 루터는 너그러운 입장을 취했다. 루터는 그것에 대해 내적 자유의 문제라는 입장이었고, 다른 사람들도 그런 자세이기를 기대했다.

1523년에 루터는 세례 책자를 집필하여 국가 언어를 사용하도록 했다. 1526년에 이 세례 책자는 항상 좀 더 개혁되어야 한다는 요구에 맞추어 새롭게 출간되었다. 그러나 비록 루터가 세례에서 외적인 요소들이 큰 의미를 가지고 있지 않다고 지적했음에도 불구하고 온갖 그 외적인 요소들은 여기서도 보존되었다.[24] 루터는 로마교의 예전에서 이 예식의 대단히 오래된 부분을 그대로 유지했는데, 대표적인 예가 바로 소위 '대홍수기도'이다.[25] 따라서 개혁교회의 예전에서도 한 요소가 되었다.

루터가 개신교회의 찬송을 위해 기여한 공헌은 비교불가의 의미를 지닌다. 이 점에서도 토마스 뮌처가 앞서 갔다. 루터는 뮌처의 구성과 작업 방식에 대해 다양한 반론을 제기했다. 그래서 루터 본인이 직접 작업했다. 이 영역에서도 루터는 놀라운 은사를 발휘했다. 그는 작사를 할 수 있었고 심지어 자신의 노래들을 위해 탁월한 멜로디로 작곡했다. 콘라트 루프Konrad Rupf와 요한 발트Johann Walter와 협력하여 그는 교회

---

23 WA 12; 36.

24 WA 19; 537f.

25 K. Honemeyer, Th. Müntzer und M. Luther, Ihr Ringen um die Musik des Gottesdienstes. Untersuchungen zum 'Deutschen Kirchenampt', 1523, Berlim 1974. 대홍수기도의 내용에 대한 역주: "오 전능한 영원하신 하나님. 당신은 엄정한 심판으로 믿지 않고 회개하지 않는 세상을 심판하셨습니다. 그러나 믿는 노아와 그의 8명은 당신의 크신 자비로 건지시고 보전하셨습니다. 이것이 바로 세례가 의미하는 바입니다. 이제 비옵기는 무한한 자비로 이 아이에게 은혜를 보여주소서."

찬송의 갱신을 위해 많은 선한 일을 했다.[26] 시편 46편을 자유롭게 재현한 "내 주는 강한 성이요"는 모든 개신교의 소유물이 되었다.

그러나 예전 전체의 갱신은 루터에겐 두 번째로 중요한 일이었다. 이런 이유로 루터는 『독일어 미사』1526의 강연에서 첫 번째로 중요한 신앙교육서의 필요성을 힘주어 강조했다. 교회시찰과 관련하여 루터는 이러한 필요성을 체득했다. 사람들은 루터를 독촉하여 이러한 결함을 채우도록 했다. 하지만 그는 다른 사람이 이 일을 하면 좋겠다고 생각했다. 그런데 부겐하겐이 없는 동안 잠시 비텐베르크에서 설교할 기회를 얻게 되었을 때, 그는 이 기회를 이용하여 신앙교육서 내용을 이런 방식으로 몇 차례 검토하게 되었다. 바로 이 설교학적 작업에서 루터의 신앙교육서가 나왔다. 루터의 설교는 기록되고 확장되었다. 그와 같이 그는 지신의 설교에서 시작된 신앙교육서의 형식을 자신이 직접 조정했다. 그래서 특히 대교리교육서, 즉 어른용 신앙교육서는 설교자와 교사와 집의 가장들과 믿음에서 더욱 깊이를 더하려는 사람들을 위한 교과서요, 강독 책이요, 묵상의 도구가 되었다. 대大신앙교육서보다 약간 나중에 출간된 소小신앙교육서는 둘 다 1529년에 출간됨 특별히 청소년을 목적으로 한 것이었다. 이 두 권의 교리서는 몇 세기 동안 국민들에게 일종의 보증수표였다. 신앙고백의 직접적인 방식이 큰 영향력을 행사하였고, 많은 조항들이 너무나도 명확하여 루터의 신학을 배우기 위해서는 이러한 보조 자료를 결코 내버려 둘 수 없었다.

주목할 점은 사안을 논하는 방법이다. 즉 믿음의 관점이 내용을 추구하지 않고 한 단계씩 앞으로 나아가지만, 그러나 믿음의 부요에서 나와서 그 증거를 행한다는 것이다. 아우크스부르크의 제국의회에 제출된 신앙고백서와 함께 이 신앙교육서는 명확하면서도 단순하고 잘 요약된 훌륭한 신앙교육서로 오늘까지 루터교회의 신앙문서에 속한다. 루터

---

[26] Köstlin II, 14f.

자신의 '신앙교육서'로 아이들을 가르치고 있는 루터. 19세기 그림.

자신도 묵상을 위해 이것을 사용했다. 한번은 그의 아내가 너무 지나치게 걱정하고 있었는데, 그 때 루터는 소리쳤다. "당신은 신앙교육서와 신앙고백서를 배우는가?"[27] 그것은 실제로 매일 믿음을 실천하기 위한 책이었다.

---

[27] 1546년 2월 10일자 편지. WABr. 11; 290ff.

10장

계속되는 투쟁

H. Rückert, Luther und der Reichstag zu Augsburg, in: *Vorträge und Aufsätze zur historischen Theologie*, Tübingen 1972, 108-136; **H. Bornkamm**, Reichstag und Kofession von Augsburg (1530), in: *Martin Luther in der Mitte seines Lebens*, Göttingen 1979, 586-603; **J. Köstlin**. *Martin Luther* II, Berlin 1903^5, 195-244.

코부르크 성에서의 루터

아우크스부르크의 중요한 제국의회1530에 루터 자신은 정작 참석할 수 없었다. 여전히 제국의 추방이 계속 유효했기 때문이다. 만약 그가 선제후의 영지 밖에 있을 경우 그의 생명이 위험에 처할 수 있을 것이다.

코부르크 성.

이런 이유로 루터는 아우크스부르크에 가능한 가까이에 위치한 코부르크 성에 기거하게 되었다. 그래서 조언을 하는 것이 이런 식으로 가능해야 했다. 전령이 아우크스부르크에서 코부르크 성까지 가는데 3일에서 5일까지 걸렸다. 1530년 4월 29일에 루터는 이미 아우크스부르크 제국의회에 모이는 성직자들에게 주는 권면을 글로 쓴 적이 있다. 이 글에 관하여 들은 바 있는 황제는 그 글의 출판과 판매를 금지했지만 비텐베르크에서 그 책은 인쇄되어 6월 7일에 이미 아우크스부르크에서 판매되었다. 이런 방식으로 루터는 제국의회에 나타나게 되었다. 그래서 그는 자신의 『아우크스부르크 신앙고백서』Confessio Augustana를 제출하게 된 것이었다. '우리 일은 이미 이같이 진행되어 왔기에 제국의회가 필요 없다. 이것은 우리가 온전함에 이르렀기 때문이 아니라 다만 바울의 규칙을 따라서 덧붙이자면빌3:16 우리에게 옳은 길과 선한 시작이 있기 때문이다.' 로마 교회의 다양한 악습들이 루터에 의해 언급되는데, 그는 어떤 한계 안에서는 타협이 이를 수 있다고 설명했다. '다만 복음을 자유롭게 하라. 감독들이 자기들의 직부를 수행하지 않고 하거나 혹은 할 수 없다면, 우리가 그들을 대신하여 불쌍한 국민을 섬기게 하라.'[1] 사람들은 이것이 큰 짐을 뜻할 것이라며 무서워할 필요가 없다. 루터는 모든 것이 대가 없이 일어날 것이라고 제안했다. 다만 설교가 이루어져야 한다는 것이다. 루터는 본래 이것을 하지 않으려고 했다. 왜냐하면 국민들의 감사하지 않음에 대해 지쳐 있는 상태가 정도를 넘어섰기 때문이다. "예수 그리스도라 불리는 한 분이 계신다. 그 분이 '아니오'라고 말씀하신다." 루터는 그 분을 따르고 싶었다. 그는 그 분에게 많은 감사를 빚진 자였다. 그래서 감독들은 그들의 품위를 보전할 수 있었다. '우리는 단지 복음을 위한 자유만을 바란다! 여러분은 우리를 위해, 우리는 여러분들을 위해 평화를 협조할 수 있다.' 경우에 따라 루터는 감독들이 자신들의

---

[1] WA 30, 2; 340.

관할권을 보전하는 것을 돕기 위해 전력투구하길 원한다. 이것은 감독들이 감독직의 어떤 것을 계속 지켜가도록 하기 위함이다. 이런 식으로 복음이 설교되었을 것이고 감독들은 이것이 방해받지 않도록 돌보았을 것이다. 루터는 바로 이런 극단까지 가려고 했다. 이것은 일종의 최후통첩인데, 이것으로 복음 설교에 대한 자유가 보장되어야만 했다.[2]

루터가 제안했던 이것들은 10년 후에 레겐스부르크Regensburg 종교회의에서 복음주의자들의 진영으로부터 나온 제안들과 같았다. 그때 가장 큰 문제는 이런 것이었다. '우리가 어떻게 계속 갈 것인가?' 그리고 확신이 있었는데, 그 확신은 루터가 이렇게 말하는 것과 같은 것이다. '복음이 들려지는 곳, 그곳에 종교개혁은 반드시 따라온다.'[3] 이로써 루터는 별도로 감독들의 공연한 소란을 증가시키게 되었다. 반면 그는 한 걸음도 더 나아갈 수 없었고 필연적인 신앙 항목 리스트 또한 너무 길기까지 하였다: 율법, 복음, 외와 은혜, 성령의 은사, 참된 회개, 믿음, 사죄, 기독교적 자유, 자유의지, 사랑, 십자가, 소망 이외에도 루터는 더 많은 신앙의 항목에 대해 이야기 하려고 하였다: "감독들은 이러한 일에 언제나 부패하였습니다." 온 세계가 이전에는 이렇게 선하게 설교된 적이 없다고 증거한다. 그러나 분명한 것은 좋게 설교가 되는가 아닌가의 여부는 바로 이러한 항목에 달려 있다는 것이다.[4]

루터는 이러한 것들을 참 기독교적 교회에 속한 것으로 말하였다. 그런데 거짓 교회에서 사용되는 리스트는 세 배나 더 길었다. 그는 제국의회에서 멜랑흐톤이 한 것처럼 그것을 뒤집지 않았다. 5월 11일에 멜랑흐톤이 아우크스부르크 신앙고백의 초안을 루터에게 보냈을 때, 루터는 그의 친구에게 다음과 같이 썼다: "아주 마음에 듭니다. 내가 이것을

---

[2] WA 30, 2; 341f.

[3] "Die Lutherisschen bleiben wol Meister, weyl Christen bey ihn und sie bey ihn bleiben", WA 30, 2; 345.

[4] WA 30, 2; 347.

더 개선하거나 수정할 것이 없을 정도입니다. 또 그렇게 하는 것이 마땅하지 않을 것입니다. 왜냐하면 나는 그렇게 신중하게 일을 할 수 없기 때문입니다. 우리가 바라고 기도하는 대로 우리 주 그리스도께서 도우셔서 많고도 큰 열매를 맺으시기를 바랍니다."[5] 우리가 참 교회의 신앙항목 리스트를 이 신앙고백서에 나타난 것과 비교한다면 이것이 정도에 미치지 못함을 볼 수 있다. 전체적으로 볼 때 많은 논점들이 다루어지지 못하였다. 성찬에 대한 조항들은 로마 카톨릭 신학자들, 이들이 의도적으로 화체설에 대해 말하지 않을 경우 여기에 날인을 할 수 있을 만큼 구성되었던 것이다. 이 신앙고백서는 아우크스부르크의 복음주의자들이 분명하게 재세례파들이나 열광주의자들과 아무런 관계가 없다는 것을 분명하게 보여주어야 했고, 츠빙글리의 제자들과도 혼돈해서도 안 되었기 때문이다. 그 결과 로마 교회와의 크고도 고유한 대조가 모호하게 되었다. 나중에 루터는 이 고백에서 필요 이상의 것이 인정되었다고 말한 적이 있다. 아우크스부르크 신앙고백서는 평화를 위해 많은 것이 이야기되지 못하였고, 많은 민감한 문제들이 덮이게 되었던 것이다.

그럼에도 불구하고 이 모든 것은 아무런 유익이 되지 못하였다. 제국의회가 복음의 자유를 제공하지 않았던 것이다. 필립이 멜랑흐톤의 관대함에 대해 루터에게 불평하고, 그가 약한 자들을 위로하고 굳세게 하도록 요청하였을 때, 루터는 다음의 글을 썼다. "사랑하는 독일 사람에 대한 경고"$_{1531}$.[6]

이는 폭력의 가능성을 진지하게 고려한 글이었다. 제국의회는 평화를 강화시키지 못하였다. 아니 정반대였다. 여기서 루터는 완고한 바로와 비교하기를 시작하였다. 그러나 그는 누구든지 원수의 폭력에 대해 두려

[5] Melanchthon, Corpus Reformatorum 2; 41. 비교. Luther und Melanchthon. Referate des zweiten internationalen Lutherforscherkongresses, ed. by V. Vajta, Göttingen 1961, 28.
[6] Köstlin II, 251.

워할 필요가 없다고 생각하였다. 자신이 그렇게 살아왔었다. 코부르크 성에서 루터는 방 벽에 큰 글자로 다음과 같이 썼다. "나는 죽지 않고 살아서 주님의 일을 전할 것입니다." 이 확신으로 그는 용기를 잃을 수 있는 일부 국민들에게 권면하는 글을 썼다: "소요가 일어날 경우 사람들은 복음주의자들에게 그 책임을 돌리지 못할 것입니다. 농민봉기에서처럼 루터와 그의 사람에 대해 그렇게 할지라도 그러나 하나님은 거기에서 그를 구원하실 것입니다. 교황주의자들이 전쟁을 바란다면 그때 주님은 루터 없이 유다 마카베오를 부를 것입니다. 이 전쟁을 막는 자는 결코 선동가로 매도될 수 없을 것입니다. 폭동이란 정부를 인정하지 않고 법을 인정하지 않는 자들입니다. 그러나 피에 굶주린 사람에 대한 저항에 대해서는 정당방위로 간주해야 합니다." 루터는 이 점에서 판단을 하려고 하지 않았다. 오히려 그는 법률가들과 기존의 법을 지목하였다: "이 법률가들이 좋은 평판을 찾을 것입니다. 그러나 분명한 것은 황제의 나라와 자연법을 대항하는 반당反黨을 다룬다는 점입니다. 왜냐하면 사람들은 제국의회에서 어떤 경우에도 참된 것을 하려고 하지 않습니다. 심지어 복음의주의자들은 신앙고백서를 반박하는 사본조차 받을 수 없었습니다. 사람들은 하나님의 법과 세상법을 대항하는 살인자처럼 다루었습니다. 사람들이 그에 대해 말하는 것처럼 황제가 무기를 잡는다면 그는 자기의 법과 자기의 맹세와 의무를 거스르는 것이어서, 그래서 누구도 거기에 순종할 필요가 없습니다. 사람들은 하나님을 거스르는 잔인무도한 일에 참여하게 될 것입니다."[7]

루터는 이러한 일을 마치 독일인 선지자와 또 그의 국민의 신실한 선생으로서 강력한 소명의식을 가지고 글을 썼다.[8] 그런데 이 시점에서

---

7 Köstlin II, 251ff.; WA 30, 3;291. 비교. G. Wolf (Ed.), Luther und die Obrigkeit, Darmstadt 1972; K. Schwarzwäller, Theologische Kriterien für politische Entscheidungen bei Luther, in: Kerugma und Dogma 26 (1980), 88-108; E. Wolgast, Die Religionsfrage als Problem des Widerstandsrechts im 16. Jahrhundert, Heidelberg 1980.

그가 황제를 그의 그릇된 조언자들에 대해서 보호를 해 주는 것이 주목할 만하다. 그의 이름이 악용되었고 그래서 루터는 그를 변호하려고 하였던 것이다.[9]

그러나 이것으로 루터가 저항을 승인한 사실이 사라지는 것은 아니다. 세례에서 우리는 복음을 수호하기로 서약하였다. 만약 황제가 교황에 의해 속는다면 우리는 황제가 아니라 교황에 대항을 하게 된다.[10] 그런데 만약 거기에 저항하지 못한다면 사람들은 교황제의 참혹함에 참여하게 될 것이다. 로마에 있어 본 사람이라면 사람이 말할 수 있는 것 이상으로 심각하다는 것을 알고 있다. 그러한 경우에 황제에 대한 순종을 취소하지 않는다면, 그때 우리는 자기 양심에다 모든 신성모독과 이단사설을 짊어지게 될 것이다. 우리는 사람보다 하나님께 더욱 순종해야 한다: "이것을 나는 친애하는 독일국민들에게 경고하려고 합니다. 위에서 강조한 것처럼, 내가 여기서도 강조하는 것은 나는 누구도 부추기거나 자극하여 전쟁이나 소요, 저항으로가 아니라 다만 화평을 위해 몰아가고 싶습니다."[11] 그럼에도 불구하고 모든 일이 더 이상 보전되지 않았다. 복음주의 제후들이 황제의 폭력에 응하기 위하여 동맹을 하게 된 것이다. 1531년에 쉬말칼덴 동맹Schmalkaldische Bond, 황제가 신중하게 촉구한 군사동맹이 이루어졌다. 아우크스부르크에서 일 때문에 변화가, 심지어 루터의 생각에서도 변화가 일어나게 되었다. 법학자들이 루터가 제시한 조언 때문에 그에게로 돌이켰고, 그렇게 되었을 때 루터가 법률가들에게 책임을 전가하였다는 것이 주목할 만하다. 그러나 그들에게는 복음이 책임지지 못하는 저항의 상황에 대해 명분을 찾는 것이 충분할 만큼 탁월하였고, 즉 정당방위라고 이름이 붙여져야 했다. 이것이 혹시라도 루터 스스로 두 왕국 사상이 모자란다는 것을 들여다볼 수 있는 표식이

8 WA 30, 3; 290.
9 WA 30, 3; 297.
10 WA 30, 3; 299.
11 WA 30, 3; 320.

었다면, 그렇다면 그가 다른 것을 말하지 않았을까? 정부는 강제로 믿음을 영혼에 주입할 수 없다. 그들이 인정하지 않는다면 그리스도인은 자기 양심에 따라 하나님을 섬길 수 있는 다른 장소를 찾아야 한다. 그러나 이러한 논점은 제국의회 이후에는 더 이상 동일한 단순함으로 변호되지 못하였다. 소극적인 불순종으로는 충분하지 않다. 루터는 정당방위라고 부르면서, 황제가 만약 복음을 금지한다면 그에게 순종할 수 없다고 하였다. 청신호가 켜졌고, 복음의 기치 아래에서 정치적인 동맹이 더 이상 불가능한 것만은 아니게 되었다. 헤센의 필립의 중혼重婚이 황제의 관용에 이끌리지 않았더라면 우리의 생각으로 그 동맹은 지켜졌을 것이다. 그런데 전쟁이 일어났을 때 개신교는 황제와 겨룰 만큼 충분한 힘을 가지지 못하였다. 복음을 위한 전쟁이 패배하였다. 그러나 그때는 이미 루터가 세상을 떠난 뒤였다.

엄해지는 루터

루터는 점점 그렇게 호감이 가지 않는 특별한 성격에 빠지게 되었다. 그가 성격이 너무 강하여 아마도 사람들에게 모욕을 주거나 창피를 줄 정도였던 것으로 보인다. 이러한 징후에 대해 사람들이 이미 문헌에서 충분히 주목하였기 때문에 누구에게도 더 이상 미지의 것이 될 수 없게 되었다. 루터는 자신의 약점을 가졌고, 이것은 아주 신중하게 표현되었다. 루터는 욕설에서 너무 통렬하였고, 그가 이것을 즐기는 것처럼 비쳐지기도 하여서, 이것이 어떻게 복음 그 자체와 어울릴 것인지는 우리에게 수수께끼와 같다. 나이가 들어가면서 더욱 심해졌고 갈수록 심해졌다. 그의 탁상담화는 대부분 모음집으로 출간되었는데, 이는 그 자료가 너무 많아서 이기도 하지만 때로는 많은 사람들이 눈살을 찌푸리는 그런 언어를 사용하여 이루어진 것이기 때문에 그러하기도 했다. 사람들은

아우크스부르크 제국회의가 개최된 주교 궁정.

이러한 대화가 루터의 아내 앞에서 일어난 것이라는 점을 염두에 두어야 한다. 그의 편지들의 일부가 공식적인 인쇄본에서 생략된 것은 사람들이 이것이 모든 이의 눈에 가져오는 것이 적합하지 않다고 생각하였기 때문이다.

그러한 것들이 현대적인 출판업자의 손에 들어가게 되었다. 루터가 직접 시장에 준 작품의 인쇄본이라면 사정이 다르다. 그런데 루터는 아주 친한 친구들이나 특정한 수신인에게 쓴 편지 뿐 아니라, 그의 많은 책에서도 분명하게 그렇게 하였다. 그래서 부분적으로 이러한 것을 어떤 사실에서 말할 수 있는데, 이는 다음과 같은 생각에서 비롯된 것이었다. "모든 사람이 아는 것, 비록 부인들의 방 문 앞에 있다고 할지라도 이에 대해 우리도 강하게 말할 수 있습니다."[12] 가끔 우리에게도 그런 감정이

---

[12] H. Boehmer, Luther im Lichte der neueren Forschung, 153.

올 수 있다, '마치 우리가 우연히 대기실에 온 것처럼'이라고 한 보헤미아 사람이 루터의 탁상담화에 대해 말하였다: "대화의 어조가 우리에게는 아주 강하고 거칠고, 무례하게 보였습니다."[13] 그는 자신의 글에서 다음의 내용을 담지 않았다: "그의 논쟁 목적을 위해 그는 그의 대적들에게 호의를 베풀지 않고 가둔 동물원을 만들었습니다. 왜냐하면 그는 서커스의 요술방망이로 갑자기 돼지, 나귀, 늑대, 곰, 염소, 개, 원숭이, 양, 소 등으로 바꾸는 것을 좋아하고, 또 그것들을 계속해서 아주 귀여운 가축처럼 취급하는 것을 좋아했기 때문입니다."[14] 심지어 강단에서도 그는 우리에게 익숙하지 않은 언어, 사람들이 다 아는 것들이지만 이에 대해 말하지는 않는 언어로 말하기도 하였다. 친한 친구인 마태시우스Mattesius가 이르기를 [루터] 박사가 부끄럽지 않은 회화를 사용해 본적이 없다고 강조한 것은 우리가 주목할 만하며 또 의미심장하다. 분명한 것은 시대가 바뀌었고, 이는 루터 당대에 아주 익숙한 것이었다는 점이다.

그런데 우리가 그의 책에서 인지할 수 있는 대로 그의 인격적인 분노의 어조와 번개처럼 번쩍이는 정죄의 어조는 이와 전혀 다르다. 특히 이는 그의 후대에서 더욱 강하였다. 무엇보다 교황주의자들, 터키인들, 유대인들을 그는 한 선상에 두었고, 이들을 동일한 도구로 공격하였다. 여기서도 우리는 그의 대적자들이 그보다 더 낫지 않았다는 것을 기억해야 한다. 에크, 칼슈타트, 뮌처, 코흘라에우스 등 그 외 많은 사람들의 책을 읽는 자는 그들이 동일한 방법으로 일한 것을 보게 된다. 그러나 루터의 재능은 결코 그들보다 아래에 있지 않았다. 에크는 헤크 박사Dr.

---

[13] H. Boehmer, Luther im Lichte der neueren Forschung, 152.

[14] H. Boehmer, Luther im Lichte der neueren Forschung, 152. 다음과 같은 글에서 츠빙글리는 루터의 언어사용에 대해 비난했다. Dass diese Worte...: "Es wirt nie gottes wort oberhand gwünnen, mit schwermer, tüfel, schalck, kätzer, mörder, ufrürer, glychssner oder küchler, trotz, botz, plitzg, donder, po, pu, pa, plump und derglychen schelt-, schmütz - und schentzel - wort", Zwinglis Werke V, 811f.

Gek, 미치광이 박사 혹은 드레크Dreck, 배설물 박사로, 쉬뱅크펠트Schwenckfeld는 판 스팅크벨트 씨heer Van Stinkveld, 더러운 들판 씨로 불렸으며, 자기 무기로 염소를 치던 엠저Emser 박사는 세례 받은 라이프치히의 염소가 되고, 이런 식으로 사람들은 끊임없이 계속할 수 있었다.

루터는 복음의 일이 곧 자신의 일이라는-그 역이 아니라-외양에서 벗어나지 않았다. 그러나 그럼에도 이는 깊은 곳에서는 더 이상 외양의 문제가 아니었다. 그는 현재 있는 그대로, 또 그의 인생 대부분에서 그렇게 한 대로 너무나도 온전히 복음에 헌신하였기에 그 자신에게 죽음에서의 생명이란 곧 이전처럼 그가 복음을 변호하였다는 것을 뜻하였다. 어떤 방법으로든 어떤 기회든. 때를 얻든지 못 얻든지, 행복하든지 혹은 덜 행복하든지. 그는 자신이 말하고 쓴 단어들 배후에, 다른 것으로는 달리 표현할 수 없는 부름을 받은 양심을 가졌다. 때로 그는 이를 중단하려고 하였다. 또 때로는 복음이 다시 지나갈 것이라고도 생각하였다: 그것은 마치 지나가는 소낙비와 같은 것이어서 사람이 때를 활용하지 않으면 그때는 복음이 지나간다는 것이다. 이는 그가 하인에게 연장을 사도록 임무를 줄 때 한 유머에서 볼 수 있다. 즉 이로써 그 직무를 알도록 할 뿐 아니라 육체의 움직임을 통해 변비와 싸우기 위함이라는 것이다. 어쨌든 그 하인이 이로 인하여 한편으로 자기 가족을 부양할 수 있다면 그 유머는 가벼운 놀림이 될 수 있다. 그러나 그것이 심각하게 진지한 것이 될 수도 있었다: 도대체 그 목적이 무엇인가? 루터는 가끔 한쪽에 치우쳐서 임무를 줄 때가 있었는데, 그가 자기 아내에게 다음의 내용으로 편지를 썼을 때이다. 즉 비텐베르크에서 어떤 것도 이루어지는 것이 없다는 이유로1545년 7월 28일 모든 것을 팔고 자기에게로 와야 한다는 것이었다. 그런데 사실은 이 모든 것은 그의 영원한 분투에 의해 된 것이었다: 나는 과연 선한 길에 있는가? 나는 오직 이것을 알고 싶을 뿐이다. 다른 모든 것은 그릇되었는가? 이러한 분투는 여러 특성을 가지고 있다. 그러나 루터는 언제나 이로 인하여 복음과 관련한 자기의 소명을 확증하였다. 만약 지금 우리가 성격이 강하고 매너가 없던 루터를 자기 당대의 창문에 둔다면마치 우리보다 나은 것처럼!, 그렇다면 그의 무례함이나 유머 뒤에, 그리고 그의 조롱과 분노 뒤에 복음의 진리에 대한 확신과 자기의 보내심에 대한 진리 이 외에는 어떤 것도 없다는 것을 알게 될 것이다.

사람들이 루터의 복합적인 성격의 특별한 측면을 심리학의 도움을 입어 밝히려고 노력하였다. 그래서 우울증, 편집증, 기타 심리적인 발작 등 같은 용어들이 나왔다. 그 중에 특히 첫째 나오는 우울증은 우리가 루터가 한 작업 능력을 생각할 때 전혀 가망성이 없다. 그가 자주 아팠을 지라도 그는 상상을 초월하는 생산성을 가졌다. 루터의 질병에 대해 우리가 상세하게 알 수 있다. 칼빈의 개인 생애에서 대해서는 아는 것이 적지만, 루터에 대해서는 우리가 많이 알고 있다.[15] 칸첸바흐Kanzenbach는 루터가 아플 때 그의 생산성이 어떠하였는지 그 리스트를 문헌으로 만들었다. 이는 다음과 같다:

- 1521년-7개월을 아팠다변비, 생산성: 70편의 설교, 100통의 편지, 30개의 문헌
- 1527년-8개월을 아팠다, 생산성: 60편의 설교, 100통의 편지, 15개의 문헌
- 1530년-10개월을 아팠다만성 위장병, 이명〈耳鳴〉, 생산성: 60편의 설교, 170통의 편지, 30개의 문헌
- 1536년-8개월을 아팠다어지럼증, 담석, 생산성: 50편의 설교, 90통의

[15] H. Boehmer, Luther im Lichte der neueren Forschung, 158; F. W. Kantzenbach, Martin Luther. Der bürgerliche Reformator, Göttingen/Zürich/Frankfurt 1972, 79f.; M. U. Edwards, Luther's last battles, 6019; F. S. Keil, Des seligen Zeugen Gottes D. Martin Luthers merkwürdige Lebens-Umstände bey seiner medicinalischen Leibesconstitution, Krankheiten, geistlichen und leiblichen Anfechtungen..., Leipzig 1764.

편지, 10개의 문헌
· 1543년-10개월을 아팠다, 생산성: 3편의 설교, 85통의 편지, 10개의 문헌
· 1545년-죽기 1년 전 10개월을 아팠다담석으로 인한 고통, 생산성: 35편의 설교, 80통의 편지, 15개의 문헌

이 간단한 개관은 우울증이나 그와 유사한 것을 보여주지 않는다. 루터는 믿기 힘든 작업 능력을 가졌다. 그의 육체의 고통은 특히 그의 말기에 증가한 짜증으로 일부 설명할 수 있다. 그의 불면증은 증가하였고, 종이에 글자를 아예 쓸 수 없을 때도 있었다. 그럼에도 그의 집필의 흐름은 계속 되었다. 만약 우리가 그가 비텐베르크의 안팎에서 꽃피운 활동을 포함한다면 즉, 그의 강의1535-1545년까지는 성경의 첫 권에 대해 강의하였고, 이사야 53장으로 강의가 교체된다와 그가 주도한 논쟁들을 생각한다면 우리는 그 규모에 대해 놀라게 된다. 논쟁들 중에는 다음과 같이 중요한 것들이 있었다. 즉 이신칭의, 무율법주의, 사람에 대한 논쟁 등 하나하나가 신학적으로 중요한 것이어서 거기서 우리는 1530년 이전에 형성된 그의 신학을 찾을 수 있다.

그럼에도 우리가 루터의 후기 문헌의 어조에서 그의 엄청난 무례함과 강함을 단지 합리적으로 그의 짜증으로만 돌린다면 우리는 큰 오해를 하는 것이다. 그러기에 이는 너무 심하다.

로제Lohse가 루터의 논증 방식을 그의 책인 "한스 보르스트에 대항하여"1541에서 분석한 적이 있다.[16] 사람들은 또 이러한 것을 루터가 시간이 경과하면서 유대인에 대해, 그리고 유대인을 대항하여 쓴 책, "그리스도가 유대인으로 나신 것에 대해"1523와 "유대 나라와 세상의 종말"1525, "유대인과 그들의 거짓말"1543, "쉠 함포라Schem Hamphora와 그리스도의

[16] Lohse, Martin Luther. Eine Einführung, 92f.

혈통"에 대한 설교에서도 그렇게 할 수 있다.

첫 문헌에서 루터는 복음의 새로운 빛이 많은 유대인을 믿음으로 이끌 것이라는 희망을 피력하였다. 왜냐하면 루터의 믿음은 이전에 아브라함의 믿음이었기 때문이다. 이는 루터에 의해 진술될 뿐 아니라 아마도 모든 개혁가들에 의해 나누어진 견해이기도 하다: 새로운 믿음은 본질적으로 새로운 것이 아니며, 심지어 로마교회보다 더 오래되었다. 아브라함은 이전에 믿음으로 말미암은 의로 산 그리스도인이었다. 루터는 유대인들이 지금까지 교황과 그의 동류들에 의해 경악할 정도로 그릇 다루어졌다고 생각하였다. 그래서 루터는 예수 그리스도와 함께 때가 충만하였고, 그가 참된 메시야임을 증명하기 위해 노력하였다.[17]

이 문헌에서 우리는 그가 발견한 어떤 놀라움을 맛보게 되는데, 이것이 얼마나 컸던지 루터는 유대인 역시 온전한 새로운 빛을 옛 언약의 성경에 내던지는 것이 전혀 불가능하지는 않다고 여겼다.

이 믿음이 유대인을 그리스도에게로 이끌 수 있을 것이다. 그러나 사람들은 여기서 인내를 가지고 관대함을 실천해야 했다. 이는 유대인을 향한 루터의 선교적인 자세를 보여주는 것이었다.

그런데 후기의 문헌들은 다른 때에 유대인이 품은 희망을 다 없애버렸다. 루터가 얼마나 파괴적으로 진술하였던지 제3제국 시대에 그의 문헌이 나치에 영감을 주어 잔혹한 행동으로 이어지게 하였던 것이다. 유대인이 그의 성경주석에 설득이 되지 않은 것처럼 보였다. 1536년에 루터가 세 사람의 학자 랍비들과 가진 대화는 무위로 끝이 나고 말았다. 1536년 8월 6일에 선제후는 자기 영지에서 유대인들의 체류허가를 중단시켰다. 이후에 사람들이 중재를 호소하였을 때, 그는 유대인들이 이전의 호의적인 체류허락을 악용했다는 것 때문에 이를 거절하였다. 이제 대립이 첨예하게 되었다. 이에 더하여 개신교 진영에 유대인의 옛날

---

[17] WA 11; 307ff.

해석의 영향이 중요한 기여를 시작하였다는 사실이 전달되었다. 옛날 랍비들의 문헌들이 연구되고 인용되었다. 루터는 그의 해석학이 채택되지 못하는 것을 보았다. 그리고 이제 한 가지 해결책이 있다는 것을 보았다. 이는 비록 불가능할지라도 그들이 자기들의 나라로 돌아가는 것이었다. 왜냐하면 땅의 약속이 새 언약의 약속에 속하였기 때문이다.

다른 문헌들에서도 루터는 자기의 통찰력을 증명해보였다. 그러나 그의 문헌, "유대인과 그들의 거짓말"에서는 유대인에 대한 그의 거부감이 가장 심하게 나타났다. 그는 그리스도를 대항하는 랍비들의 신성모독을 더 이상 참을 수 없었다. 그들의 잔혹함이 하늘에까지 소리쳤던 것이다. 그들은 말하기를 우리가 자기들을 감금하였다고 한다. 그러나 오히려 그 역이다. 유대인들이 우리를 자기들의 게으름과 폭리로 감금하고서 우리를 우리 얼굴의 땀으로 일하게 한다.

루터가 한 구체적인 제안은 '혹독한 자비'의 결과였다. 회당은 불태워져야 하고, 그들의 집은 파괴되고, 그들의 종교서적은 제출되어야 하며, 랍비들은 더 이상 가르칠 수 없고, 거래는 금지되며, 폭리는 거부되며, 그들의 돈은 반납해야 했으며, 다른 한편 그들의 젊은 남녀 유대인에게 일을 시켜야 했다.

이러한 설명은 노인이 된 사람의 통렬함을 지목하는 것으로 설명될 수 없다. 오히려 이는 우리가 그의 생애 말기에 루터에게 찾아 온 묵시적인 인생의 감정을 고려할 때 더욱 분명해진다. 또 루터가 유대인들을 항상 열광주의자들, 교황주의자들, 터키인들과 하나로 묶은 그 맥락을 지적하는 것으로도 될 수 없다. 도리어 그것들은 그의 어조를 설명하지 못하며, 우리를 더욱 무겁게 하는 구체적인 제안들에 대해 훨씬 적은 변명이 될 뿐이다. 그럼에도 불구하고 우리는 어쨌든 그의 신학의 중심인, 오직 믿음으로 의롭게 된다는 깊은 확신과 연관 짓지 않으면 안 된다. 그래서 오늘날 우리는 다음의 질문을 던진다: 즉 사람들이 과연 이러한 중심에서 이러한 자세를 필연적으로 가지고 있는가이다. 이를 우리는 근본적으로 부인하고 있다. 그러나 루터에게는 사정이 달랐다. 그는 자기 동료들에게 랍비들의 성경해석에 대해 근본적으로 경고하고자 하였다. 왜냐하면 이들은 자기들의 생각을 성경에다 새기기 때문이었다. 따라서 후기의 문헌들은 더 이상 유대인들을 향하지 않고, 이들에 대해 즉 유대인들이 철회되어야 한다는 것을 말하였다. 왜냐하면 이들은 메시야, 곧 칭의와 온전한 구속을 위해 주신 그리스도를 거부하기 때문이다.[18] 이와 같이 우리는 이러한 문헌에서도 그의 발견 시작부터 자기를 이끈 루터의 심오한 확신을 볼 수 있다.

우리는 거지들이다.

'하나님 앞에서' 완전을 향한 추구를, 루터는 수도원에서 질문들을 수용함으로 하게 되었다. 이는 마치 병원에서 머무는 것과 거의 다름이 없었다. 이는 대략 그러했다. 수도원에서 그는 평화를 찾았다: "내가 만약 수도원에 가서 수도복을 입고 빡빡 깎은 민머리로 하나님을 섬긴다면 그 분이 나에게 보상해주시고 환영을 할 것이라고 나는 생각하였습니다."[19] 그 의심이 그를 수도원의 문 앞에 데려 온 것이었다. 그는 관례적인 조사 이후에 허락되었다. 그러나 루터는 거기서 치료를 찾지 못하였다. 이를 그는 자기 앞에 열린 복음으로 인하여 얻게 되었다.

---

[18] 참조. W. Bienert, Martin Luther und die Juden; Ein Quellenbuch mit zeitgenössischen Illustrationen, mit Einführungen und Erläuterungen, Frankfurt 1982; M. U. Edwards, Luther's last battles, 115-142; Lohse, Martin Luther. Eine Einführung, 95; H. A. Oberman, Wurzeln des Antisemitismus, Berlin 1981; H. A. Oberman, Luther, Israël en de Joden, in: J. T. Bakker/J. P. Boendermaker (Ed.), Luther na 500 jaar, Kamepn 1983; H. A. Oberman, Luthers Stellung zu den Juden: Ahnen und Geahndete, in: H. Junghans (Ed.), Leben und Werk, 519-530; E. Vogelsang, Luthers Kampf gegen die Juden, Tübingen 1933.

[19] M. Brecht, Martin Luther, 58.

그의 생애 마지막에 루터는 천국 문 앞에서 서게 되었다. 그는 마차 거지처럼 문을 두드렸다. 그렇지만 의심은 없었다. 믿음을 확신하며 루터는 마침내 숨을 거두었다. 그가 아브라함의 죽음에 대한 강의에서 강조한 대로 하나님의 성도들은 하나님의 약속 안에서 죽는 것이다. 그들은 그리스도의 품 안에서 들어가며, 그들이 자는 동안 그리스도께서 통치하시는 것이다.[20]

루터는 그의 생애 내내 죽음과 싸웠다. 한 번 이상 그는 이러한 의미에서 자신을 내버려두기도 하였다. 고타Gotha에서 얻은 극심한 질병으로 그는 무덤의 가장 자리에 가기도 하였다. 의사들이 문자 그대로 극약처방으로 그를 치료하고자 하였다.[21] 루터는 차라리 죽고 싶다며 그의 생각을 밖으로 드러내었다. 그는 이미 자신이 묻히기를 바라는 장소를 물색하기까지 하였다. 그러나 그는 회복되었고 집으로 다시 돌아올 수 있었다.

9년 후에야 루터는 아이스레벤에서 죽게 되는데, 이곳은 그가 만스펠트의 백작들 간의 분쟁을 조정하기 위해 간 곳이었다. 루터는 이를 의무로 느꼈는데 왜냐하면 그곳에서 자신이 태어났기 때문이었다: “나는 이곳 아이스레벤에서 태어나고 세례를 받았네. 아마도 여기서 또한 죽어야 할지 모르네.” 라고 루터는 자기 친구들에게 말하였다. 그가 이를 확실하게 염두에 두었다는 것이 분명하다. 그는 죽을 준비를 갖추었던 것이다. 2월 7일에 그는 유명한 가정 성경주석에 친필로 요한복음 8장의 말씀을 기록하였다: “사람이 내 말을 지키면 영원히 죽음을 보지 아니하리라.” 그는 우리가 보고 매일 경험하는 것을 거슬러서 이 말씀을 믿을 수 없을 만큼 비치도록 기록하였다. 그럼에도 불구하고 이는 진리이다. 누구든지 진지하게 하나님의 말씀을 행하고 믿고 이로써 자고 죽는 자는 그가

---

20 20장의 “죽음의 한복판에서 우리는 삶을 영위한다.” 참조.

21 치료수단: Knoblauch und Pferdeäpfel, F. S. Keil, Des seligen Zeugen Gottes III, 101.

죽음을 눈앞에 두고 인지하기 이전에 잠이 들어서 그곳으로 가게 된다. 그는 확실하게 말씀 안에서 복된 자이다. 이는 그가 그렇게 믿고 행한 대로이다. 한 주간 후에 루터는 마태복음 11장 말미를 가지고 세상의 지혜와 아이들에게 계시하신 지혜에 대해 마지막으로 설교하였다. 그러나 그의 약함이 강단에 선 그를 급습하였고, 그래서 그가 유스투스 요나스Justus Jonas에게 자신이 곧 죽을 것이라고 말하고, 이 사람이 그에게 그리스도의 능력을 가리킬 때, 그는 이를 철회하고 다음과 같이 반복하여 말하였다: "주님, 당신의 손 안에. 내가 내 영혼에게 명하노니."

그의 입에서 나오는 다음의 고백을 사람들이 기록하였다: "오 하늘에 계신 아버지 하나님, 우리 주 예수 그리스도의 아버지이시여, 당신은 모든 위로의 하나님이십니다. 당신께서 저에게 사랑하는 아들 예수그리스도를 계시해주셔서 감사드립니다. 그를 내가 믿고 설교하였으며, 불쌍한 교황과 모든 경건하지 않은 자들이 부끄럽게 여기고 박해하고 모독하는 그 분을 내가 사랑하고 믿은 것을 고백합니다. 내가 당신께 비옵기는 나의 주 예수 그리스도께서 내 영혼에게 명하시옵소서. 오, 하늘의 아버지여, 비록 내가 나의 이 몸을 떠나고 이 세상에서 잡아 채일지라도 지금 내가 당신께 영원히 거할 것과 당신의 손에서 누구도 나를 뺏지 못할 것을 확실하게 아나이다." "우리에게는 도우시는 하나님이 계시며, 죽음에서 건지실 여호와 주께서 계십니다."

요한 마태시우스Johannes Matthesius가 루터의 생애와 죽음에 대해 1562-1564까지 설교를 하였다. 이 모든 자료는 비텐베르크 교회를 위한 그의 설교에 빚진 것이다.[22] 루터의 죽음 이후 루터가 잃은 영혼이 되었다는 것을 지목하는 이상한 소문이 돌았다. 이에 대해 모든 사람이 루터가 어떻게 죽었는지를 아는 것이 중요하였다. 이런 이유로 마태시우

22 D. Martin Luthers Leben in Predigten von M. Johannes Matthesius, in: A. F. Cohrs, Martin Luther, dargestellt von seinen Freunden..., Berlin 1933, 268ff.

스는 자기 설교에서도 그의 친구들이 어떻게 자기에게 말하였는가를 알렸다: "존경하는 아버지여, 당신은 그리스도에 대한 믿음을 끝까지 견지하시겠으며, 당신이 설교한 그 교훈으로 죽으시겠습니까?." 루터가 다음과 같이 말하였고, 사람들은 분명하게 이를 들을 수 있었다: "예!." 그리고 그는 육체의 고통 없이, 수고 없이, 큰 인내 중에 1546년 2월 18일에 새벽 3시에 많은 백작들과 귀족들과 박사들과 그의 자녀들의 입회 하에 예수님의 이름으로 잠들게 되었다." 시신은 비텐베르크로 옮겨졌고, 성城 교회에 매장되었다.

멜랑흐톤은 루터의 부음 소식을 접하자마자 다음의 외침과 함께 그의 강의를 중단하였다: "아, 세상의 마지막 시대에 교회를 인도한 이스라엘의 인도자요 병거께서 돌아가셨습니다. 왜냐하면 어떤 인간적인 총명도 사죄의 교리와 하나님의 아들에 대한 믿음의 교리를 발견하지 못하였지만, 하나님께서 이 사람을 통하여 이를 계시하셨고, 그리고 하나님에 의해 우리 눈앞에도 일으켜 주셨습니다."[23]

멜랑흐톤이 루터 기념 강연에서 모든 교회에 대해 루터의 의의를 다음과 같이 추모하였다: "경건하고 기독교적인 심령이라면 하나님께서 이 사람 루터를 통하여 자기의 교회에 주신 하나님의 선하신 행동을 영원히 항상 다시 새롭게 자랑하고 찬양할 것을 의심하지 않습니다." 또한 멜랑흐톤은 그의 청중들이 이러한 교리에 거하며 그 약속을 계속 붙잡을 수 있도록 촉구하였다: "이러한 은혜롭고 소중하고 대단히 위로가 되는 약속으로 말미암아 우리는 우리 자신을 자극하여 이러한 하나님의 교리를 부지런히 배우고, 모든 인류 족속과 이 세상의 각 정부가 오직 하나님의 교회를 위하여 보전된다는 것을 알도록 할 것입니다."[24]

멜랑흐톤은 극도의 집중력으로 루터의 죽음의 시간에서 전 세계 역사의 한 가운데에 교회가 그 중심으로 주어진 것을 보았던 것이다. 그런데

23 A. F. Cohrs, Martin Luther, 289.
24 A. F. Cohrs, Martin Luther, 317.

아이스레벤에 있는 루터가 죽은 초상집.

그 교회의 비밀은 복음으로서, 루터가 인도한 그 복음이다. 이 복음의 비밀은 그의 영적인 방황 초기에 수도원에서 한 보상이나 공로가 아니었다. 그것은 성경에서 계시되고 오직 믿음으로 말미암아 우리가 참여하는 은혜였다.

루터의 죽음 이후 사람들은 그의 책상에서 라틴어로 기록된 작은 편지를 발견하였다. 그 안에는 성경을 이해하는 비밀 즉 하나님의 약속으로 사는 삶의 비밀이 묘사되었다: "농부의 일을 배우는 데는 5년이면 충분하다. 국사國事를 통달하는데는 25년이면 충분하다. 그러나 성경을 진실로 이해하려면 100년 동안 교회를 인도해봐야 한다!"

그리고 그 아래에 독일어로 다음이 있었다: "Wir sind pettler. Hoc est verum."

즉 "우리는 거지입니다. 이것은 진실입니다"이다.

율법의 행위가 아니라, 오직 믿음으로 구원을 받는다. 거지로써. 이는 진실이다![25]

[25] H. A. Oberman, Wir sind pettler. Hoc est verum. Bund und Grnade in der Theologie des Mittelalters und der Reformation, in: Zeitschrift für Kirchengeschichte 78 (1967), 232-252. 참조. H. Bornkamm, Luthers geistige Welt, Gütersloh 1960^4, 310ff.

제2부

11장

언약신학

J. T. Bakker, *Coram Deo. Bijdrage tot het onderzoek naar de structuur van Luthers Theologie*, Kampen 1956; **L. Grane**, *Modus Loquendi Theologicus. Luthers Kampf um die Erneuerung der Theologie (1515-1518)*, Leiden 1975; **B. Hägglund**, *Theologie und Philosophie bei Luther und in der Occamistischen Tradition*, Lund 1955; **W. Link**, *Das Ringen Luthers um die Freiheit der Theologie von der Philosophie*, München 1955^{2}; **W. von Loewenich**, *Luthers Theologiea Crucis*, Witten 1967^{5}; **R. Prenter**, *Spiritus Creator. Studien zu Luthers Theologie*, München 1954; **G. Rupp**, *The Righteousness of God: Luther Studies*, London 1968^{3}; **S. Watson**, *Um Gottes Gottheid. Eine Einführung in Luthers Theologie*, Berlin 1967^{2}; **R. Weier**, *Das Theolgieverständnis Martin Luthers*, Paderborn 1976; **P. Wernle**, *Der evangelische Glauben nach den Hauptschriften der Reformatoren*, Tübingen 1918.

루터는 신학을 어떻게 이해했는가?

'루터에게 신학의 본질이란 과연 무엇일까'라는 질문에 골몰하면 당혹스러움을 느끼게 된다. 왜냐하면 루터는 어떤 신학 체계도 남기지 않았기 때문이다. 또한 신학이라는 단어의 현대적 의미로 발전시킬 수 있는 어떤 신학적 원리도 개발하지 않았기 때문이다. 루터는 철학에 관하여 매우 부정적으로 표현했다. 현대신학은 거의 50%가 철학으로 이루어지는데, 이것이 종교성의 현대 형식들을 점점 묽게 만든다. 마치 그의 시대에 종교적 형식들과 개념들과 관련하여 그랬던 것과 같이 루터라면 그런 철학적인 것들을 철저하게 배제했을 것이다. 그럼에도 불구하고 루터는 멜랑흐톤이 그랬던 것처럼 신학을 매우 훌륭하게 평가할 수 있었다. 하지만 그는 사물을 이해하기 위해 본질적인 것이 무엇인지 일종의 총론 형식으로 묘사하려는 어떤 노력도 시도하지 않았다.

그럼에도 언제 어디서나 루터는 자신이 어떤 활동을 하든 위대한 신학자였다. 그는 사물을 정밀하게 분석할 수 있었으나 대개의 경우 그렇게 하지 않았다. 그가 분석적인 방법을 사용하여 저술한 신학 작품은 단지 소수에 불과하다. 대부분의 경우 그는 자신이 논했던 주제들을 그와 같은 방법으로 다룰 시간이 부족했다. 심지어 그는 에라스무스Erasmus에 대항하여 자유의지의 의미를 논한 대작에서조차 지극히 부분적으로 그 분석 방법을 추구했을 뿐이다. 그의 행동 양식은 그의 존재 양식과 완벽하게 일치하는 것이었다. 그는 곧장 에라스무스의 핵심을 파악한 후, 다른 사람의 논지가 아닌 자기 자신의 것으로 문제를 제기하고 다루었는데, 마치 그것들을 하나님께 배운 것처럼 다루었던 것이다.

그러므로 박꺼르J.T. Bakker는 『하나님 앞에서』Coram Deo라는 책 제목의 부재 "루터 신학의 구조에 대한 연구 논문"에서 루터 신학의 특징적 의미를 설명한다.[1] 사람은 하나님 앞에서 살아가는 존재다. 그러므로 그는 항상 거기에 있다. 그리고 그것으로 감동과 영향을 받지 않은 그의 삶과 사상은 단 한 조각도 없다. 루터는 천부적인 직관력으로 모든 환경에서 그것이 무슨 내용인지 표현할 줄 알았고 그 직관력이 루터 신학의 구조까지도 결정했다. 그 신학 구조가 신학의 주제와 연결되어 있다는 것은 틀림없다. 몇몇 진술들은 그러한 특징을 잘 보여준다.

아주 잘 알려진, 일반적 종교개혁적 진술이 있는데, 그것은 신학 속에서 하나님의 지식과 사람의 지식에 관한 것이다.[2] 이런 요건은 거의 모든 1세대 종교개혁자에게서 발견된다. 하지만 루터에게 그 요건은 특히 유난스럽게 강력하다. 왜냐하면 그것이 내용적으로만 아니라 구조적으로도 루터 신학을 결정하고 지배하기 때문이다. 루터는 이것을 자신의 시편 51편 해설에서 설명했다. 이 시편의 주제 역시 신학의 주제다.[3] "신학의 실제 대상은 죄로 인해 죄인이 된 사람이고, 또한 이 죄인을 의롭게 하시는 하나님과 구원자이시다. 이것 외에 신학의 대상으로 무엇인가를 찾고 논하는 것은 잘못이며 독약이다."[4]

신학을 이렇게 정의함으로써 루터는 신학을 철학으로부터 보호한다. 그것은 성질상 철학자들의 지식과는 완전히 다른 어떤 지식을 의미한다. "하지만 죄에 관한 지식이란 인간의 영혼이 고민하는 일종의 심사숙고나 반성이 아니라, 참된 발견이요, 실제 경험이며 가장 심각한 영적 결핍이다. 그러므로 신학에서는 인간이 이성적 존재로 정의되지 않는다. 왜냐하면 그런 정의는 물리학적인 것이지 신학적인 것이 아니기 때문이다. 시편 51편에서와 신학 전반에서는 인간에 관한 신학적 지식과 하나님에 관한 신학적 지식을 논함으로써 아무도 하나님의 주권에 대해서뿐만 아니라, 하나님께서 창조하신 것과 하나님의 능력이 얼마나 대단한가에

---

[1] J. T. Bakker, Coram Deo, 16ff.; P. Bühler, Die Anfechtung bei M. Luther, 204.
[2] P. Althaus, Die Theologie M. Luthers, 21; G. Ebeling, Lutherstudien I, Tübingen 1971, 221-272. 특히 255ff.
[3] WA 40, 2; 319-329.
[4] WA 40, 2; 327.

대해서도 제 멋대로 상상하지 못하도록 한다. 또한 인간에 대해서도 제 멋대로 상상하지 못하도록 한다. 즉 인간을 자기 능력의 주인과 주체로 취급하는 법률가들이나 인간을 환자로 취급하는 의사들과는 달리 [신학자들은] 인간을 죄인으로 본다."

루터는 시편 51편 해설에서 지적하기를, 다윗이 일종의 "절대자" 하나님과 대화하는 것으로 생각해서는 안 된다. 그렇지 않다. 그가 말하는 하나님은 자신의 말씀과 약속으로 섭리하시고 통치하시는 분이시다. 하나님에 관한 지식은 자신의 말씀과 약속을 통해 그리스도 안에서 자신을 계시하신 바로 그분에 관한 지식과 맞아 떨어진다.[5]

루터의 이런 생각을 읽어내는 사람은 거기서 루터 자신이 발견한 복음을 알게 된다. 즉 죄인이란 하나님 앞에서는 죄인일 수밖에 없지만, 그럼에도 불구하고 하나님께서 그를 그리스도 안에서 무죄로 판결하신다는 것이다. 이런 방식으로 루터는 하나님을 아는 지식과 인간 자신을 아는 지식을 연결한다. 그리고 이처럼 신앙 지식의 이중적 단순성은 루터 신학의 주제와 구조에 있어서 전형적 특징이다.

이러한 사상은 인간에 관한 루터의 논쟁에서 온전히 다시 만나게 된다.[6] 루터의 인간론은 순수한 신학적 인간론이다. 이것은 마치 루터 신학이 신앙 경험의 순수한 실천 신학인 것과 같다. 1536년에 제기한 자신의 논제들에서 루터는 인간에 대한 철학적 지식의 절대 불충분성을 강조한다. 이와 같은 철학적 방법으로는 기껏해야 "죽을 지상의 인간"이라는 정의에 도달할 수 있을 뿐이다. 하나님께서 인간이 낙원에서 타락한 후에 인간의 이성을 제거하지 않고, 도리어 확실하게 허용하셨다. 하지만 신학을 철학과 비교할 경우 우리가 인간에 관하여 거의 아무 것도

---

[5] WA 40, 2; 329.

[6] G. Ebeling, Lutherstudien II, 1. und 2. Teil. Text of the theses II, 1, 15-24; G. Ebeling, Das Leben - Fragment und Vollendung. Luthers Auffassung vom Menschen im Verhältnis zu Scholastik und Renaissance, Zeitschr., f. Theol. und Kirche, 72 (1975), 310-334.

모른다는 것은 두 말할 것 없이 명확하다. 인간이 근원 자체이신 하나님을 알지 못한다면 자기 자신을 알 수 있는 희망은 전혀 없다. 따라서 인간에 대한 철학적 탐구는 불충분하고 부정직하며 불확실하다. 이와 반대로 신학은 전체적이고 완전한 인간을 충분히 지혜롭게 정의하되, 그가 하나님의 피조물이요, 하나님의 형상이지만, 지금은 그 자신의 힘으로는 결코 극복할 수 없는 죄와 죽음의 지배를 받게 되었다고 정의한다. 인간은 사탄의 지배에 붙잡혀 있는 상태에서 해방되기를 원한다. 우리는 자연적인 능력에 관하여 논할 경우 불행하게도 신학과 달리 철학적으로 사색한다. 구원을 가능하게 하는 자연적인 능력을 인간에게 돌리는 사람들은 모두 인간이 어떤 존재인지 파악하지 못할 뿐만 아니라, 그들이 그나마 인간에 대해 알고 있는 것조차도 제대로 파악할 수 없다. 인간은 믿음으로 의롭게 되어야 한다. 이렇게 말하는 자는 인간이 죄인이고 불의하며 하나님 앞에서 유죄하다고 진술한다.[7] 이것이 바로 인간, 즉 구원 받아야 하고 의롭게 되어야 하는 인간에 대한 정의다.

그것은 어떤 구원의 길도 결코 인간에게서 발원되지 않는다는 뜻이다. 그 길은 오직 그리스도 안에 있고, 그분의 십자가에 있다. 하나님께서는 자신의 말씀과 약속을 입으신 그리스도 안에서 자신을 계시하신다. 그리스도의 이름은 하나님의 이름으로 이해할 수 있다. 우리는 오직 그리스도 안에서만 하나님을 알 수 있는 것이다.

십자가의 신학

매우 치밀한 방법으로 루터는 신학의 주제와 구조에 관한 자신의 견해들을 초기 시편 강의에서 제시했는데, 특히 유명한 하이델베르크 논쟁에서 공식화했다. 여기서 루터는 십자가 신학을 영광의 신학과 대립시켰

[7] 32번과 33번 조항.

다. 루터는 영광의 신학을 스콜라 신학에서 발견했는데, 이 스콜라 신학은 하나님의 존재하심에 관한 사상 체계가 너무 지나치게 세밀하다. 루터는 성경을 가까이 함으로써 그 체계 전체를 한쪽으로 밀쳐버렸다. 이런 일이 하루 만에 이루어지지 않았다는 것은 명백하다. 또한 여기에 다양한 영향이 작용했다는 것 역시 자명한 사실이다. 하지만 루터가 그 문제를 아주 정교하게 공식화된 형태로 표현한 것은 루터 신학 전체를 위한 일종의 징조였다. 또한 종종 루터는 다른 사람들의 말을 차용하기도 했지만, 루터가 하는 말은 경우마다 달랐는데, 예컨대 타울러Tauler와도 달랐고 제르송Gerson과도 달랐으며, 또한 한 때 루터에게 영향을 주었던 많은 사람들과도 달랐다. 십자가의 신학이 바로 루터 자신의 신학이다. 루터는 자신이 복음에서 발견했던 것을 그와 같은 이름으로 불렀다.

종교와 신학 분야에서 위대한 인물들은 다음과 같은 질문을 던졌다. '나는 어디서 하나님 그분을 찾을 수 있는가?' 하지만 그들은, '나는 어디서 하나님에 관한 이론, 또는 심지어 하나님 찾기에 관한 이론을 찾을 수 있는가?'라는 질문을 던지지는 않았다. 그와 같은 이론들은 차고 넘쳤다. 하지만 '나는 어디서 하나님을 찾을 수 있는가?'라는 질문은 남아 있었다. 이 질문과 더불어 루터에게는 다른 고민거리도 있었는데, "주여, 주의 영광을 내게 보이소서!"출33:18라고 말했던 모세에게서 그 고민거리를 발견했다. 또한 "주여, 아버지를 우리에게 보여 주옵소서. 그리하면 족하겠나이다!"요14:8라고 말했던 빌립에게서도 발견했다. 그 주제는 아우구스티누스의 고민거리이기도 했다. "하나님과 영혼 외에는 아무 것도 없는가? 그렇다. 그 외에는 결코 없다."

루터는 수도원에 입문하기 전부터 그 주제를 가지고 씨름했다. 하지만 수도원의 경건으로는 그 문제에 대한 해답을 찾을 수가 없었다. 루터는 수도원에서 하나님을 발견했음에도 불구하고 그것은 모든 수도원 영성과 대립적인 것이었다. 루터는 하나님을 그리스도 안에서, 그리스도의 십자가와 고난에서 발견했다. 이것을 밝히는 일이 루터에게는 일종의 부르심이었는데, 이 사건은 폰 슈타우피츠가 1518년에 하이델베르크에서 개최하는 관습적인 토론에 참여하도록 그를 초청했을 때 발생했다.

루터가 십자가의 신학으로 깨달았던 것은 무엇인가? 이 질문에 대한 대답은 루터가 그것을 영광의 신학과 대립시킨 것을 통해 알 수 있다. 영광의 신학이라는 용어의 의미를 루터는 스콜라 신학에 대해 사용한다. 그 용어가 사용되는 것은 주로 두 가지 이유 때문이다. 영광의 신학은 불신앙적인 조급증에 휘말려 성급하게 미래로 가려고 할 뿐만 아니라, 또한 영광의 신학이라는 지식의 통로로 그 미래를 가까이 가져올 수 있는 것처럼 생각한다. 스콜라주의 신학이란 피조물에서 출발하여 창조주에게 도달하고 가시적인 것들에서 출발하여 불가시적인 분께 도달하는 것이다. 또한 스콜라주의는 페트루스 롬바르두스Petrus Lombardus처럼 그 길을 갈 수 있을 것으로 생각했다.[8] 인간은 하나님의 불가시적인 것들을 지성을 통해 볼 수 있고, 피조물로부터 출발하여 창조주께 도달하는 길을 갈 수 있다. 스콜라주의 전체가 바로 이러한 논지의 결과물이다. 즉 그것은 바울이 말한 로마서 1장 19절, "이는 하나님을 알 만한 것이 그들 속에 보임이라. 하나님께서 이를 그들에게 보이셨느니라."는 말씀과 잘 어울린다고 생각했다는 것이다. 페트루스 롬바르두스는 하나님께로 통행할 수 있는 인간의 길을 만드는 몇 가지 합리적인 방법을 열거하는데, 이것은 확실한 것으로부터 확실하게 알지 못하는 것을 향해 올라가도록 하기 위한 방법이다.[9] 이러한 지식 이론의 방법을 루터는 철저하게 거절한다. 인간으로부터 출발하여 하나님께 도달할 수 있는 길은 없는 것으로 보인다. 방향이 바뀌어야 한다. 왜냐하면 오직 하나님

---

[8] Mag. P. Lombardi, Sententiae in IV Libris Distinctae, T. I, P. II, L. I & II, Romae 1971, 68f.; 비교. H. J. Iwand, Nachgelassene Werke, 2, Vorträge und Aufsätze, München 1966, 385, footnote 10.

[9] "ut per certum incertum posset sciri," P. Lombardus, Sententiae in IV Libris Distinctae, T. I, P. II, L. I & II, 69.

으로부터 출발하여 인간에게 도달할 수 있는 길만 존재하는 것으로 보이기 때문이다. 여기서 루터가 동시에 거부하는 것은 첫 번째 견해와 두 번째 견해를 혼합하는 것이다. '그 길을 안다는 것은 곧 인간이 그 길을 갈 수 있는 가능성을 의미한다'는 개념이 스콜라주의의 출발점이었다. 이런 지식 이론의 낙관주의ken-theoretisch optimisme 곁에는 도덕적 낙관주의가 있는데, 도덕적 낙관주의란 인간이 자신의 운명을 좌지우지할 가능성에 대해 상당히 관대하게 생각하는 것이다. 이런 생각을 루터는 저 첫 번째 견해만큼이나 단호하게 거부했다. 인간이 그 길을 알았다 하더라도 아직은 그 길을 갈 수 없다. 루터는 영광의 신학 반대편에 그리스도의 십자가 신학을 놓았다. 십자가에 달리신 그리스도 안에 참된 신학과 신지식이 있다. 루터가 5장 12절에 대한 자신의 주석에서 이와 같이 간결하게 표명했다. "십자가만이 우리의 신학이다."[10]

이것으로 루터가 의도했던 것은 그가 믿음을 "역사적 지식"kennis van de geschiedenis과 대조되는, 일종의 명백한 확실성, 확고한 신뢰, 그리스도와의 내적 관계로 정의했을 때와 동일한 것이었다. 이 때 처음으로 인간은 구원하는 지식, 즉 그리스도를 아는 지식에 참여한다. 그것은 인간이 하나님 앞에 서 있다는 사실과 연관된다. 하지만 인간은 그리스도 안에서만, 즉 그분의 십자가를 통해서만 하나님 앞에 설 수 있다. 이 때 비로소 인간은 자신을 알고 자신의 하나님을 알게 된다.

하지만 이것으로는 아직 십자가의 신학이 의미하는 것에 대한 설명이 충분하지 않다. 하나님께서는 자신을 십자가에서 계시하신다. 그 십자가에서 하나님께서는 자신을 숨기셨고 모든 영광을 내려놓으셨다. 여기서 십자가에 달리신 그리스도의 분노가 우리에게 공개된다. 루터는 바울이 십자가의 분노라 부른 그것을 매우 진지하게 생각했다. 루터는 그 십자가를 이해할 수 있거나 수용할 수 있도록 하려고 하지 않았다. 루터는

---

10 WA 5; 176.

그 분노에 대해 왈가왈부하길 원했던 것이 아니라, 오히려 다만 하나님께서 자신의 말씀을 통해 제시하신 그 길과 정확히 같다는 사실과, 하나님으로부터 인간에게 도달하는 길이 달리 없다는 사실을 보여주길 원했던 것이다. 그것은 인간의 통찰력을 묻는 것이 아니라, 회심과 죽음과 십자가에 함께 못박힘을 묻는 것이다.

이런 방식으로 십자가는 우리가 하나님을 아는 길이 된다. 또한 다른 길은 결코 그 길이 될 수 없다. 이 십자가에서 우리의 모든 도덕적 이상은 산산이 부서진다. 이 십자가에서 우리의 교만도, 우리의 낙관주의도 철저하게 파괴된다. 우리는 그 방법으로만 하나님을 알 수 있다. 아니, 오히려 하나님에 의해서만 알려질 수 있다. 우리가 하나님께 도달 할 수 있는 다른 길은 전혀 없다. 여기서 우리의 모든 고유한 지식은 무지가 된다. 뿐만 아니라 여기서 우리의 모든 고유한 행위 역시 우리를 가장 심각한 심판의 자리로 끌고 가는 자기 의가 된다. 우리는 우리의 공로를 통해서가 아니라, 그리스도의 공로로 구원을 받는다. 우리의 구원은 다만 그리스도와 교제함으로, 즉 십자가에서 죽으신 그분의 고난에 동참함으로 받을 수 있을 뿐이다. 수많은 고난과 십자가로 말미암아 그리스도와 함께 죽는 자들만이 배울 수 있는 것이 십자가의 신학이다. 그것은 겸손의 길이요, 시련의 길이요, 자기 부인과 자기 비하의 길이다. 한 마디로 그것은 은혜로부터 시작되는 절대적인 생명의 길이다.

루터는 영광의 신학을 철저하게 거부함으로써 이성주의와 도덕주의의 공통적인 뿌리를 뽑아버렸다. 이성주의 반대편에는 그리스도를 통한 하나님의 자기 계시가 있다. 그리고 온갖 고상한 것으로 치장된 도덕주의 반대편에는 하나님의 유일하고 독보적인 사역이 있는데, 이 사역은 오직 믿음으로만 수용 가능한 것이다.[11] 알트하우스Althaus가 다음과 같이 기술한 것은 사실이다. “루터가 내적 유사성, 즉 종교적 지성주의

[11] P. Bühler, Kreuz und Eschatologie, Tübingen 1981, 107f.; H. J. Iwand, Nachgelassene Werke, 2, 389f.

특징과 도덕주의 특징 사이의 내적 유사성을 통찰했다는 점, 그 둘 다의 반대편에 십자가를 놓았다는 점은 루터 신학의 가장 심오한 내용에 속한다."[12]

철학과 신비주의를 거절하기

십자가 신학을 분명하게 표방함으로써 루터는 철학을 철저하게 배제했다. 하지만 이것이 루터 때문이 아니라는 것은 분명하다. 당시 루터 견해에 반대하는 심각한 저항은 스콜라 신학자들 편에서부터 시작되었다. 루터의 친 스승들은 오히려 그와 다른 길을 가야 했다.[13] 소르본느 신학자들뿐만 아니라 이들과 함께 수많은 다른 사람들도 거칠게 반대했다.[14] 그들은 루터의 비판이 에라스무스Erasmus의 비판보다 훨씬 더 심각하다고 느꼈다. 에라스무스가 당대의 신학 작업에 대해 냉소적으로 풍자했지만 그의 비판이 물리적으로 강력한 것은 아니었다. 모방하기 어려운 방법으로 그는 새 궤변가들neoterici. 촛대들의 시시콜콜한 궤변들을 비난했는데, 이들은 자신들의 방법을 동원하여 사람들에게 의심을 심고 신학을 망가뜨렸다.[15] 에라스무스도 역시 루뱅 학파와 소르본느 학파의 증오를 자초했다.[16] 사람들은 그가 학문적인 교육 전체를 압도했다고 생각했으며, 그의 뜻이 이루어지자마자 츠볼러Zwolle 학교와 데벤터Deventer 학교가 만족했을 것이라고 생각했다. 왜냐하면 이 두 학교는 대학교육의 몰락을 의미하는 것일 수도 있는 공동생활형제단의 학교였기 때문이다. 당연히 에라스무스는 어떤 경우에도 이것을 원하지 않았다. 그는 궤변가들에

---

12 P. Althaus, Die Theologie M. Luthers, 36; 요약에 대해서는 다음 참조. W. von Loewenich, Luther, 117f.

13 L. Grane, Modus Loquendi, 127f.

14 F. T. Bos, Luther in het oordeel van de Sorbonne, Amsterdam 1974, 228ff.

15 P. S. Allen, Opus Epistolarum Des. Erasmi Rot., T. I, 246f.

16 P. S. Allen, Opus Epistolarum Des. Erasmi Rot., T. II, 133.

대한 존경심이라곤 조금도 갖고 있지 않았다.

루터의 비판은 에라스무스보다 훨씬 더 날카로웠다. 또한 루터는 개별적으로 에라스무스에 대항하여 그가 학문의 몰락 원인이었다는 비난에 대해 스스로 방어해야만 했다. 스콜라주의에 대한 루터의 반대는 비텐베르크Wittenberg에서 대형사건 가운데 하나였다. 신학 분야의 권위는 성경의 권위를 위해 자리를 양보해야 했다.

루터는 이런 변화에 대한 경험을 의식하고 있었다. 처음으로 그는 자신이 교부들의 권위에 사로잡혔다는 것도 느꼈다. "나는 궤변에 사로잡혔습니다."[17] 하지만 그 이후 루터는 성경, 특히 바울을 이해하기 위해 그들 곁을 떠나야만 했다. "우리가 선인들의 증거를 따라 글과 사건 모두를 이해했을 때 큰 빛이 우리 위에 비추었다. 궤변가들 중에는 아무도 '의인은 자신의 믿음으로 살리라!'는 본문을 설명할 수 없었다. 왜냐하면 그들은 의인과 의를 다르게 해설했기 때문이다. 아우구스티누스 한 명을 제거해버림으로써 교부들 아래는 무지가 판을 치고 있다."[18]

특히 바울 사도의 반대편에서는 철학의 불충분함이 선명하게 나타난다. 바울은 율법을 논하되, 형이상학적이거나 도덕적으로 논하지 않고 영적이고도 신학적으로 논한다.[19] 두 번의 논쟁에서 루터는 신학과 철학의 관계에 대한 질문을 독자적으로 논의하는데 전념했다. 1537년의 이신칭의 논쟁에서 그런 일이 벌어졌다. 여기서 루터가 사용한 논증은 시편 51편의 해설에서와 동일하다. 법률가들과 예술가들은 사물을 논할 때 그들 자신의 고유한 방법을 사용한다. 하지만 신학 개념들을 '물질적인'physische 방법으로 논할 때는 먼저 그 개념들을 정화해야 한다. 그 개념들에 세례를 베풀어야 한다는 것인데, 즉 기독교적인 내용으로 채워야 한다는 뜻이다. 하지만 이것은 위험한 일이다. 왜냐하면 쉽게 실패할

---

17 WATr. 5; No. 5346; Scheel, Dok., 159.
18 Scheel, Dok., 153.
19 WA 56; 334.

수 있기 때문이다.[20] 루터는 "철학에서 참된 것은 신학에서도 참되다." 라고 주장하는 파리 신학자들의 명제에 대항하여 싸웠다. 왜냐하면 그것은 잘못된 명제이기 때문이다. 여기서 루터는 이중의 공개 법정, 즉 정치적인 법정과 신학적인 법정이 있다고 주장한다. "하나님께서는 세상과 완전히 다르게 판단하신다." 세상에서 철학의 상품이라 불릴 수 있는 것들이 하나님 앞에서는 금지되고 불량하다. "모든 철학 용어들은 신학에 차용될 때에는 새로워진다."[21] 루터는 한 번도 이런 입장에서 벗어나지 않았다. 루터의 생각에 따르면 지성은 항상 하나님의 말씀의 권위 아래 자신을 거듭 새롭게 세워야 한다. 철학의 전제 원리들은 복음을 위해 자리를 양보해야 한다. 루터에게 십자가 신학이란 철학과의 극단적인 이별을 의미했다.[22]

이것이 신비주의에 대해서도 동일하게 적용되는가? 루터는 1516년에 발견했으나 1518년에 증보판으로 알게 된 옛 논문 하나를 엄청 존중했는데, 『독일신학』theologia deutsch이 그것이다. 이것은 신비주의 저술인데, 라인강 유역의 '하나님의 친구들' 모임에서 유래한 책이었다.[23] 특히 루터가 끌린 이유는 그 책이 옛 사람과 새 사람, 아담의 자녀와 하나님의 자녀 사이의 올바른 차이에 대한 정의를 담고 있었고, 또한 어떻게 우리 안의 아담이 죽어야 하고 어떻게 우리 안의 그리스도께서 부활하셔야 하는지 잘 이해했기 때문이다. 루터는 그 책을 새롭게 출간했는데, 이유는 그 책으로 자신의 신학이 완전히 새로운 것이 아니라는 사실을 보여줄 수 있다고 생각했기 때문이다. 루터는 그 책이 의도한 것 이상을

[20] WA 39, I; 229.
[21] WA 39, I; 231.
[22] R. Weier, Theologieverständnis, 49ff.; B. Hägglund, Theol. und Phil., 41ff.; 87ff.; G. Ebeling, Fides occidit rationem, in: Theologia Crucis - Signum Crucis. Festschr. f. E. Dinkler, herausg. v. C. Andresen/G. Klein, Tübingen 1979, 97-135; W. Link, Das Ringen, 270ff.
[23] C. C. de Bruin, Inleiding op Het boekje van het volkomen leven naar Luthers uitgave van de Theologia Deutsch, 's-Gravenhage 1958, 6.

읽어내고자 했기 때문에 일종의 내적 관계가 있었던 것으로 보인다. 루터가 다른 독일 신비가 요하네스 타울러Johannes Tauler를 깊이 흠모했다는 사실을 기억한다면 독일신학과의 그런 내적 관계가 놀라운 일은 아니다. 루터는 타울러의 설교에서 자신이 소수의 저술가들에게서 읽었던 것을 발견했는데, 그것은 영적 시련들에 대한 경험이다.[24] 학교의 신학자들에겐 알려지지 않았던 내용을 루터는 타울러의 참되고 순수한 신학에서 발견했다. 게다가 이것은 독일어로 된 저술이었다. 타울러가 영적 시련들이 무엇인지 알고 있었기 때문에 루터는 그를 높이 평가한 것이다.[25] 페트루스 롬바르두스에 대해 루터는 한 마디로 소망에 관한 참된 지식을 잃게 만든 자라고 지적하는 반면에, 타울러에 대해서는 믿음과 체험에 관한 심오한 것들을 아는 하나님의 사람이라고 지적한다.[26]

타울러와 말투가 유사한 예는 가나안 여인에 관한 루터의 설교에서 발견된다. 그리스도는 그녀를 무시무시한 시련의 통로로 인도하셨다.[27] 이 관계에서 루터는 시련에 대해 아주 상세하게 설명하는데, 여기서 오직 약속의 말씀만이 도움을 줄 수 있다고 말한다. 타울러도 자신의 독일어 설교에서 동일한 사건을 다루었다.[28] 루터와 타울러의 글은 분노와 불안을 기술할 때 현저하게 일치한다. 하지만 차이점도 분명하다. 루터에게 희망의 근거는 약속의 말씀 속에 있으며 이런 경향은 타울러보다 훨씬 강하다. 타울러에 따르면 인간은 내적 발전을 경험하는데, 이런 경험은 인간을 좀 더 쉽게 구원받을 수 있도록 한다. 왜냐하면 의롭게 하는 일이 인간의 협력 없이는 온전하게 발생하지 않기 때문이다.[29]

---

[24] Scheel, Dok., 12; 25f.; 283; 296.
[25] Scheel, Dok., 24.
[26] Scheel, Dok., 314f.
[27] WA 17, 2; 200-204.
[28] Joh. Tauler, Predigten, Vollständige Ausgabe. Übertragen und herausg. v. G. Hofmann, Freiburg/Basel/Wien 1961, 60-69; L. Cognet, Gottes Geburt in der Seele. Einführung in die deutsche Mystik, Freiburg/Basel/Wien 1980, 91ff.
[29] G. Wrede, Unio Mystica. Probleme der Erfahrung bei Joh. Tauler, Uppsala

이 점에 있어서도 심오한 차이가 있다. 루터는 타울러에게서 시련의 근심과 분노에 대한 적절한 정의를 발견했다. 하지만 그 길은 달랐고, 점차 신비주의와 다른 길이 되었는데, 그것은 말씀의 길이었다.

타울러에게서 독일적인 것에 대한 호감은 있었겠지만, 루터 자신의 십자가 신학을 발전시킴에 따라 신학적인 것에 대한 매력은 점차 줄어들었을 것이다. 신비주의에 대한 루터의 평가는 대체로 부정적이었던 것으로 보인다.[30] 구원이 "우리 밖에" 있고 "우리를 위한" 그리스도 안에 있다는 사실은 신비주의에서는 하나의 사건 때문에 모호하게 되고, 이 사건 속에서 구원의 사실들은, 특히 "우리를 위한" 그리스도의 십자가는 그 심대한 의미를 잃어버린다.[31]

그리스도께서 우리 속에 내주하심은 십자가에 달리신 분께서 믿음으로 말미암아 자신의 말씀을 통해 현현하신 것이다. 이것은 그와 같이 자만에 깊이 빠진 인간 존재를 뒷걸음치도록 내버려 두지도 않고, 또한 마음 속 깊은 곳에서 경험하게 되는 '신비한 연합' unio mystica을 의미 없이 직면하도록 하지도 않고, 오히려 신비한 연합이 그와 같은 것임을 정확하게 밝혀준다.[32] 신비주의는 우중충한 용어로 그 실상을 베일로 가린다. 신비주의는 실체가 무엇인지 말하지 않는다. 반면에 십자가의 신학은 '실체가 무엇인지' quod res est 말한다. 십자가의 신학은 그리스도를 통해 정체를 드러낼 뿐만 아니라 제공한다. 십자가의 신학은 숨김없이 우리 인생의 죄악 된 실상을 드러낸다. 하지만 동시에 그리스도 안에서 발견되는 하나님의 은혜 덕분이라는 것을 감춘다.

루터가 신학을 위로하는 십자가 학문으로 간주하도록 도움을 제공한 사람은 폰 슈타우피츠였다. 루터에게 보낸 그의 마지막 편지 1524년 4월

1974, 99.

30 Link, Das Ringen, 341ff.

31 Link, Das Ringen, 348; 비교. K. -H.- zur Mühlen, Nos extra nos. Luthers Theologie zwischen Mystik und Scholastik, Tübingen 1972, 198-203.

32 K. -H. zur Mühlen, Nos extra nos, 96; R. Weier, Theologieverständnis, 217ff.

1일에서도 폰 슈타우피츠는 자신의 사랑과 존경을 표한다. 이 편지에는 그리스도에 대한 그의 사랑도, 그리고 한 때 루터가 맡아 가르쳤던 신학에 대한 그의 지지도 그대로 담겨 있다. 하지만 폰 슈타우피츠는 새로운 운동을 확고하게 규정했던 오용들에 대해 일종의 혐오감을 가지고 있었고, 그가 지속적으로 존중했던 로마가톨릭교회와의 단절을 싫어했다.

그럼에도 불구하고 루터 자신에 의해 그의 영적 아버지로 간주된 사람이 바로 폰 슈타우피츠였는데, 그는 루터가 시련 속에서 방황할 때마다 그에게 십자가의 길을 제시했던 인물이었다. 루터는 그를 자신의 마음속에 복음의 빛을 비추어준 인물로 생각했다.[33] 그는 고해성사 혹은 회개에 대한 성경 개념의 깊은 의미를 루터에게 가르쳤다. 이 가르침은 행위에 대한 지적이 아니라 존재, 즉 인간의 성향에 대한 지적이었다.[34] 루터에게 하나님 언약의 신실성과 선택의 위로를 알게 해준 사람도 바로 폰 슈타우피츠였다.[35] "우리에게는 명확한 소식이 있는데, 그것은 우리가 그리스도를 믿을 때 그리스도를 소유하고 결코 잃어버리지 않게 된다는 것, 즉 영원한 생명을 받는다는 것이다. 이런 사람들은 아버지께서 그리스도께로 이끄신 자들이요, 그들 대부분을 구원하시기 위해 그리스도께 위탁하신 자들인데, 결국 그들 가운데 단 한 명도 잃어버리지 않게 될 것이다."[36]

비록 한 때 루터가 폰 슈타우피츠가 자신의 깊은 영적 시련을 이해할 수 없었다고 인정했음에도 불구하고, 그의 영적 인도가 루터에게 영향을 끼쳤으리라고 얼마든지 생각해볼 수 있다. 하지만 비록 수도원장 폰 슈타우피츠가 루터에게 그 길을 가르쳐 주었을지라도 그 길은 오직 루터

---

33 Scheel, Dok., 30.

34 WA 1; 525.

35 H. A. Oberman, "Tuus sum, salvum me fac". Augustinréveil zwischen Renaissance und Reformation in: Scientia Augustiniana, Festschrift A. Zumkeller OSA, herausg. v. C. P. Mayer/W. Eckermann, Würzburg 1975, 349-394.

36 H. A. Oberman, "Tuus sum, salvum me fac", 394.

에 의해서 만들어진 것이다.[37]

복음이 절대적인 약속이라는 새로운 이해를 보다 확실하게 만든 것은 루터였다. 하나님 약속의 부요함, 바로 이것을 루터가 확실하게 만들었던 것이다.

약속의 신학

그러므로 루터 신학의 특징을 약속의 신학이라고 말할 때, 이것은 십자가 신학과 관련하여 일종의 방향전환을 의미하는 것이 아니다. "젊은 루터"의 신학을 대개 십자가의 신학으로 규정하는 것이 일반적이다. 이럴 경우 종종 놓치기 쉬운 것은 "노년의 루터" 신학이란 성격상 과연 어떤 점에서 변화되었느냐는 점이다. 변화가 발생했다는 점은 의심할 여지가 없어 보인다. 특히 그러한 변화에는 외적인 환경이 일조했다. 농민봉기 및 에라스무스와의 결별 등을 겪었던 수년이 결정적이었다. 하지만 내적 성장도 있었는데, 이것은 루터가 구원의 수단인 객관적 말씀, 즉 우리에게 말씀하시는 하나님의 약속으로 의도적인 방향 전환을 했다는 것이다.

십자가의 신학 아래서 자신의 백성과 하나이신 신비한 그리스도를 전적으로 강조함으로써, 결국 그분의 경험이 우리의 경험이 되고 우리의 경험이 그분의 경험이 되는 것으로 신학을 이해할 때, 얼마든지 변화를 말할 수 있고, 심지어 십자가 신학의 종말까지도 말할 수 있다.[38] 하지만 반드시 감안해야 할 점은 루터가 1517년 이전에 이미 철저한 신비주의 노선을 견지했다는 사실이다. 비록 루터가 신비주의로부터 많은 것을 배웠고, 또한 자신의 의도를 신비주의 용어로 표현한 것이 사실이지만,

---

37 R. Weier, Theologieverständnis, 214ff.
38 P. Kawerau, Martin Luther, 125.

루터와 신비주의 사이에는 항상 차이점이 있었고, 이 차이로 인해 우리를 위하시는 그리스도는 우리 속에 있는 무수한 그리스도와 일치하지 않았다. 그러므로 십자가 신학의 종말을 말하는 것은 대수롭지 않게 보인다. 오히려 루터가 1517년 이후 하나님의 약속을 점점 더 강조하는 것으로 볼 수 있는데, 말씀을 통해 우리에게 오는 약속이다. 바로 그 약속의 근거는 그리스도의 구원 사실들, 즉 그분의 고난당하심과 죽으심과 부활하심이다. 그 약속은 설교를 통해 우리에게로 오되, 진심을 다하고 힘을 다해, 특히 하나님의 능력을 싣고 온다. 그래서 루터는 그의 신학 전체의 특징이 될 만한 매력적인 선언을 하는데, 이것은 하나님께서 바로 저 약속의 말씀이라는 수단으로만 사람들과 동행하셨고 여전히 동행하신다는 것이요, 또한 우리도 오직 그 약속의 말씀을 믿는 믿음으로만 하나님과 동행할 수 있다는 것이다.[39] 이것을 루터는 자기 신학 전체의 일시적이 아닌, 영구적인 배경으로 고수했다. 하지만 신학은 유일무이한 대상이 있는데, 상호 관계 속에서의 하나님과 인간이 그것이다. 신학은 또한 유일무이한 메시지가 있는데, 십자가에 달리신 그리스도의 메시지가 그것이다. 하지만 이 모든 것은 유일무이한 약속의 말씀 안에서 함께 만난다. 그러므로 루터의 신학을 약속의 신학보다 더 낫게 규정짓기는 어렵다.[40] 한 수도사가 선하신 하나님이라는 순수한 교리에 대해 처음 알게 된 이후로, '나는 아직까지 내 평생에 약속에 관한 것을 들어본 적이 없다!'라고 외쳤다는 사실을 루터는 자신의 창세기 강의를 통해 말하고 있다. 그리고 루터는 약속이라는 단어를 듣고 이해할 수 있었던 자신을 대견스럽게 생각했다. 그 수도사는 루터 자신이었을 수 있다.[41] 아무튼 그리스도의 십자가 덕분에 하늘에 계신 하나님께서 의롭

39 참조. 4장의 "교회의 바벨론 유수"; WA 6; 514.

40 참조. O. Bayer, Promissio. Geschichte der reformatorischen Wende in Luthers Theologie, Gättingen 1971, 11; Anm. 2, 3; 비교. E. Bizer, Fides ex auditu, 1966^{3}, 180-184; L. Grane, Modus Loquendi, 197f.

41 WA 44; 711.

게 되어야 하는 지상의 죄인과 교제하는 방법이 언약이라는 것은 루터의 발견이었다. 이것이 천주교에서는 이미 빛을 잃어버렸다. 폰 슈타우피츠도 역시 자신의 방법으로 십자가의 신학을 다루었는데, 이것은 루터의 십자가 신학과 결정적으로 크게 다르지 않았다. 하지만 다음과 같은 점에서 루터에게 결별이 찾아왔다. 루터 신학이 하나님의 약속에서 확고한 근거를 발견했다는 바로 이 지점에서 결별했다. 그러므로 여기서 우리가 할 수 있는 말은 루터의 십자가 신학이 말씀하시는 하나님의 신학, 즉 말씀의 신학이 되었다는 것이다.

그러므로 분명한 것은 루터가 신학자에게 특별한 요구 사항들을 제시할 뿐만 아니라, 또한 참된 신학의 수행을 이 세 가지, 즉 기도와 묵상과 시련에 달린 것으로 간주한다는 점이다. 성경은 다른 모든 책을 어리석은 것으로 만드는 책이다. 그러므로 우리는 우리 자신의 골방에 들어가, 그분의 성령을 통해 깨닫도록 해달라고 하나님께 기도해야 한다. 바로 이것이 어떤 신학자도 놓치지 말아야 할 기도이다. 하지만 이것과 더불어 말씀을 묵상하는 일이 필수적이다. 즉 성경을 마음으로 묵상할 뿐만 아니라, 그 단어들을 소리 내어 읊조리고 또 읊조리며 읽고 또 읽어서 성령께서 무슨 뜻으로 그렇게 말씀하시는지 열심히 주의를 기울이고 심사숙고 해야만 한다. 말씀은 일해야만 한다. 하지만 이것만으로는 부족하다. 말씀을 이해하기 위해서는 영적 씨름인 시련도 반드시 필요하다. 그것은 하나님의 말씀이 얼마나 정확하고 바르고 달콤하고 사랑스럽고 능력 있고 위로가 가득하여 모든 지혜보다 뛰어난 것인지 알게 할 뿐만 아니라 경험하도록 가르치는 시금석이다. 사실 마귀도 우리를 참된 박사, 참된 신학자로 만들 수 있다. 하지만 루터는 마귀조차도 저 시련 없이는 결코 그렇게 할 수 없을 것이라고 말한다.

루터가 1539년에 출간한 독일어 저술들 서문에 다음과 같이 기록한 자기비하는 잘 알려져 있다. "당신이 책을 훌륭하게 썼다고 생각한다면, 당신 자신의 귀를 당겨보시라. 그러면 그 귀가 당나귀 귀라는 것을 곧장 깨닫게 될 것이다."[42]

우리에게 남겨진 그의 마지막 편지에서도 루터는 동일한 내용을 기술했다. "우리는, 특히 신학자로서 우리는 거지다. 이것은 진실이다!"

---

[42] WA 50; 661.

12장

선택과 약속

E. Seeberg, *Luthers Theologie*, Band I, Göttingen 1929; **E. Seeberg**, *Luthers Theologie in ihren Grundzügen*, Stuttgart 1950, 60-80; **W. Elert**, *Morphologie des Luthertums*, Band I, München 1931, 186-195; **J. T. Bakker**, *Coram Deo*, Kampen 1956, 167-181; **G. Ebeling**, *Luther. Einführung in sein Denken*, Tübingen 1964, 259-279; **G. Rost**, *Der Prädestinationsgedanke in der Theologie Martin Luthers*, Berlin 1966; **K. Schwarzwäller**, *Theologia crucis. Luthers Lehre von Prädestination nach De servo arbitrio*, München 1970; **E. -W. Kohls**, *Luther oder Erasmus*, I/II, Basel 1972; **H. Rückert**, Luthers Anschauung von der Verborgenheit Gottes, in: *Vorträge und Aufsätze*, Tübingen 1972, 96-107; **G. Kraus**, *Vorherbestimmung*, Freiburg/Basel/Wien 1977; **F. Brosché**, *Luther on Predestination*, Uppsala 1978; **P. Bühler**, Deus absconditus, in: *Kreuz und Eschatologie*, Tübingen 1981, 218-228; **B. Lohse**, *Einführung*, 174-180; **O. H. Pesch**, *Hinführung*, 244-263; **T. H. M. Akkerboom**, 'Vóór de genade van God tegen de vrije wil', in: **J. T. Bakker/J. P. Boendermaker**, *Luther na 500 jaar*, Kampen 1983, 124-144.

자신을 감추시는 하나님

루터는 두 가지 방법으로 하나님의 감추심, 즉 하나님의 비밀을 말한다. 첫 번째 방법에 대해서는 십자가 신학을 논할 때 이미 어느 정도 배울 수 있었다. 또 다른 방법으로 루터는 에라스무스와의 논쟁에서 하나님의 감추심, 즉 비밀을 말한다.[1]

하이델베르크 논쟁에서 루터는 하나님의 계시와 관련된 그분의 비밀을 말한다. 하나님께서는 자신을 계시하신다. 하지만 이 계시가 동시에 그분의 불가해한 존재를 약간 보여주는 정도로만 그렇게 하신다. 하나님께서는 자신의 계시에서도 불가해하신 분으로 남아 계신다. 이 비밀은 감추어진 그분의 행동과 관련이 있다.

네 번째 논제에서[2] 루터는 다음과 같이 표현한다. "하나님의 사역이란, 비록 모든 외적 아름다움이 없고 단지 그런 것처럼 보일 뿐이라도, 실제로는 불멸의 공로다."[3] 여기서 루터가 사용하는 것은 그의 다른 작품들에 의해 잘 알려진 역설적 방식의 말하기이다. "하나님께서는 우리를 살리려 하실 때 우리를 죽이시고, 우리를 위로하기를 원하실 때 모든 걱정과 불안으로 우리를 덮으신다." 이런 방식으로 루터는 자신의 논제를 설명한다. "이사야 53장 [2절], '그는 고운 모양도 없고 풍채도 없은즉', 그리고 사무엘상 2장 [6절], '여호와는 죽이기도 하시고 살리기도 하시며 스올에 내리기도 하시고 거기에서 올리기도 하시는도다'라는 말씀에 따르면 하나님의 사역이 볼품 없다는 것은 분명한 사실이다. 그것을 다음과 같이 이해해야 한다. '주님께서 율법과 보이는 우리 죄로

---

1 W. van Loewenich, Luthers Theologia Crucis, 26-52; R. Hermann, Studien zur Theologie Luthers und des Luthertums, herausg. v. H. Beintker, Göttingen 1981, 278-289.

2 WA 1; 353.

3 꼬이만(Kooiman)의 번역. W. J. Kooiman, Maarten Luther. Door het geloof alleen, Utrecht 1955, 74f.

말미암아 우리를 낙담하게 하시고 비천하게 하시는 것은 우리가 사람들의 눈과 우리 자신의 눈에 가치 없고 어리석고 악한 존재로 보이도록 하기 위함이지만 우리는 실제로도 그런 존재다. 우리가 그것을 인정하고 고백할 때 우리는 어떤 고운 모양도 없고 풍채도 없다. 하지만 우리는 하나님의 비밀 속에서 산다. 즉 하나님의 자비하심을 순수하게 신뢰함으로 산다. 그리고 고린도후서 6장 [9-10절]에서 '우리가 근심하는 자 같으나 항상 기뻐하고, 죽은 자 같으나 보라 우리가 살아 있고'라는 [바울] 사도의 가르침과 같이, 우리는 우리 자신과 관련하여 우리를 오직 죄와 어리석음과 죽음과 지옥에만 호소할 수 있다. 이것은 바로 이사야 28장 21절이 '하나님의 비상한 사역'이라 부르는 것이다. 즉 '여호와께서... 자기의 일을 행하시리니 그의 일이 비상할 것이며 자기의 사역을 이루시리니 그의 사역이 기이할 것임이라.' 즉 하나님께서 우리를 절망하는 자로 만드셔서 우리 스스로 낙담하게 하시는 것은 우리를 소망의 사람으로 만드셔서 자신의 자비하심으로 우리를 들어 올리시기 위함이다."

우리는 여기서 루터의 "자신을 감추시는 하나님"이라는 개념에 대한 몇 가지 전형적 특징들을 만나게 된다. 하나님께서는 그와 같이 일하시고, 그와 같이 자신을 계시하신다. 즉 우리를 낮추시는 방법으로, 우리에게 하나님에 대한 겸양과 두려움을 주시는 방법으로 일하시고 계시하신다. 이것이 하나님께서 우리 안에서 일하시는 하나님의 일하심인데, 여기에는 고운 모양도 없고 풍채도 없다. 이러한 감추심, 즉 비밀은 그분의 계시 속에 있는 비밀이다. 그 계시는 그리스도 안에 있으나, 동시에 그의 백성들 안에도 있다. 이 논쟁 속에서도 신비한 기독론에 관한 소리가 들리는데, 여기서 그의 백성에 관해서는 두말할 것도 없고, 그리스도에 관하여 언급된 것을 말할 수 있는 기회를 루터가 포착했기 때문이다. 그래서 이사야 53장은 그리스도께 적용됨과 동시에 그의 모든 백성에게도 단숨에 적용된다. 자신의 백성 안에서 하나님의 일하심은 하나님 자신의 일하심과 정확히 반대이다. 왜냐하면 그것은 어떤 점에서도 하나님의 영광을 나타내지 않기 때문이다. 즉 우리가 우리 자신의 무가치함과 어리석음과 악함을 깨닫게 될 때 어떤 고운 모양도 풍채도 없기 때문이다. 여기서 우리는 "하나님의 비밀 속에서", 즉 그분의 영원한 자비하심의 신적 비밀 속에서 산다는 것을 배운다. 하지만 또한 이것은 반대현상 아래서도 일어난다. 하나님께서 무엇을 행하시는지, 하나님께서 무엇을 의도하시는지, 그리고 하나님께서 어떻게 일하시는지는 일정기간 철저하게 감추어져 있다. 루터는 여기서 하나님의 낯선 사역을 말하되 그분 자신의 사역으로부터 구별하여 말하는 것을 좋아한다. 이 낯선 사역이란 하나님께서 죽이시고 낮추시는 것에 있다. 하지만 그렇게 하시는 목적은 [살리시는] 생명과 [높이시는] 영광이다. 그러므로 감추시는 하나님의 비밀은 최종 목적인 그분 자신의 사역과 연결된 드러내시는 그분의 계시 속에 있다. 그러나 하나님께서는 오직 반대의 길, 그분의 낯선 사역의 길을 따라서만 그 목적에 도달하신다. 하나님께서는 우리를 절망하는 자가 되게 하심으로 우리를 소망의 사람이 되게 하신다. 비록 루터가 이 시기에는 아직 율법과 복음에 관하여 말하지 않고 있지만 이미 그 주제가 예고된 것만은 분명하다. 율법은 낯선 사역을 감당한다. 그 곳에 하나님께서 계신다. 하지만 하나님께서는 감추시는 방법으로 그 곳에 계신다. 마치 십자가의 신학과 정확히 일치하는 것처럼! 하지만 이와 같은 하나님의 비밀은 그분의 계시를 섬긴다. 마치 하나님의 낯선 사역도 그분 자신의 고유한 사역을 섬기는 것처럼! 그리고 율법이 복음을 섬기는 것처럼!

논제 17항*과 그 설명에서 루터가 말하길, 자신이 할 수 있는 행위를 통해 은혜에 스스로 도달할 수 있다고 생각하는 사람은 자신 속에 있는 힘을 다해 죄 위에 죄를 쌓아 올림으로써 죄를 두 배로 짓는다.[4] 그러므

* 수정: 16항 - 역주

[4] W. J. Kooiman, Maarten Luther, 84f.

로 우리가 두 손을 품 안에 넣어야 하는가? “아니다.” 루터는 말하길, “그러나 이 말씀을 들으라, 무릎을 꿇으라, 은혜를 간구하라, 당신의 희망을 그리스도께 옮겨 심으라! 그분 안에 우리의 구원과 생명과 부활이 있다. 율법이 우리의 죄를 우리 앞에 세우는 것은 은혜를 구하고 얻도록 하기 위해서다. 율법은 [우리를] 낮추고 은혜는 우리를 높인다. 율법을 통해 죄를 알게 되고, 죄를 앎으로써 겸손하게 되고, 겸손함으로써 은혜를 받게 된다. “이런 방법으로 하나님의 낯선 행위는 결국 하나님의 고유한 행위를 성취한다. 왜냐하면 그것은 의도적으로 죄인을 의롭게 하기 위해 인간을 죄인으로 만드는 것이기 때문이다.”[5] 낯선 행위가 결과적으로는 그 자체의 고유한 행위를 성취하는 것이다. 계시의 비밀, 즉 계시를 숨기시는 것은 결국 비밀의 계시, 즉 비밀을 드러내시는 것으로 귀결된다. 하나님의 실제 의도가 그분의 낯선 행위 뒤에 숨어 있다. 루터가 하이델베르크 논쟁에서 말하는 하나님의 비밀은 전적으로 계시에 관한 그의 사상적 기후에 내재되어 있다. 루터가 심사숙고 하는 것은 하나님의 비밀스러운 존재가 아니라 하나님의 비밀스러운 사역이다.

이 모든 것은 루터의 십자가 신학에 대한 개념들의 중심에 접근할 때 아주 분명해진다. 루터가 그리스도의 십자가를 언급할 때, 마치 이 논쟁의 19-21조항에서처럼, 결코 다르게 말하지 않는다. 십자가는 타락한 죄인에게 하나님을 알려주는 좀 더 단순한 방법이 아니다. 하나님께서는 바로 이 방법으로 자기 자신을 계시하시기 때문에, 십자가는 하나님을 아는 참된 지식에 도달할 수 있는 유일한 방법이다. 이것으로 루터는 불가시적인 하나님의 존재를 설명하려는 것이 아니다.[6] 이 불가시적인 하나님의 존재는 그분의 능력과 지혜, 의로우심, 선하심 등에 있는데, 이것을 루터가 말하려고 한 것은 아니다. “인간이 이 모든 것을 안다

---

[5] W. J. Kooiman, Maarten Luther, 85. 하나님의 ‘낯선’, ‘실제적인’ 일에 대해서는 다음 참조. J. T. Bakker, Coram Deo, 74f.

[6] W. J. Kooiman, Maarten Luther, 87.

할지라도 이것으로 그가 가치 있다거나 지혜로운 것은 아니다." 하나님의 존재에 관한 지식은 우리의 이해 밖의 문제다. 우리가 이해할 수 있는 것은 하나님의 사역에 관한 지식이다. 그리고 그 지식이 일종의 "후방의" 지식, 즉 하나님의 "등이 우리를 향하고 있다는 것"을 아는 "배후의" 지식이라는 사실은 중요하다. 여기서 우리는 모세의 사건을 생각하게 된다. 모세가 단지 하나님의 등만 볼 수 있었던 하나님의 자기 계시를 루터는 그리스도 안에서의 하나님 계시와 연결시킨다. 십자가의 비천과 치욕 가운데 계신 하나님을 알지 못한다면, 위엄과 영광 가운데 계신 하나님을 아는 것은 아무런 유익도 없다. 그런데 하나님께서는 그리스도의 십자가 속에 자신을 숨기셨다. 바로 그 고난 속에서 우리는 감추어진 하나님을 발견한다. "그리스도를 모르는 자는 고난 속에 감추어진 하나님도 모른다."[7] 그리스도 안에서, 즉 그분의 고난과 죽음을 통해 하나님께서는 감추시는 방법으로 나타나신다.

십자가에서 하나님께서는 자신의 최고의 계시, 최후의 계시, 가장 충만한 계시를 보여주신다. 하지만 바로 이곳에서 하나님의 비밀이라 말할 수 있는 것의 극치를 만나게 된다. 하나님께서 자신의 아들이 죽으신 바로 이 죽음보다 더 비천하실 수는 없었다. 하나님의 위엄은 가장 깊은 바로 이 종의 상태에서 나타난다. 하나님께서는 죽음을 경험하심으로 그 죽음을 이기신다. 루터는 이것을 역설적으로 말한다. 루터에게 있어서 이 십자가는 언제 어디서나 하나님의 모든 계시에 대한 전형적이고 모범적인 징조다.

또한 아주 중요한 것은 이 계시 개념이 죄인의 칭의를 통해 개인이 구원을 사유화하는 것에서도 나타난다는 사실이다. 그것은 십자가와는 다른 방법으로 나타난다. 여기에는 루터 자신의 경험이 당연히 큰 역할을 했다. 믿음은 하나님의 반대편에서도 하나님께 호소하고 간구할 수

---

[7] W. J. Kooiman, Maarten Luther, 88f.

있다. 또한 하나님께서는 거절하실 때조차도 수용하신다. 하나님께서 아니라고 말씀하실 때 믿음은 온갖 시련에도 불구하고 저 '아니오'라는 대답 속에 숨겨진 '예'라는 긍정의 소리를 듣는다. 그러므로 모든 것은 여기서 '심판을 받아들일 준비가 되어 있는가'라는 질문에 종속된다. 이것은 단지 심판에 동의하는 정도가 아니라 자신에게 임한 심판을 고백할 수 있는가의 문제다. 이런 방법으로 그리스도의 십자가에서 죄인을 의롭다하는 것은 심판을 벗어나기 위한 숨겨진 방법이 되지 않는 것이다. 그것이 루터 시대의 많은 사람들에게 사건이 되었던 것과 같이. 반면에, 칭의는 먼저 심판을 승인하는 것이요, 진노를 인정하는 것이며 처벌의 정당성을 표명하는 것이다. 이렇게 함으로써 칭의는 무죄판결을 받게 되는 것이요, 불타는 진노 대신에 영원한 사랑을 경험하는 것이요, 처벌을 면죄 받는 것을 의미한다. 결코 칭의는 하나님의 자녀가 되는 값싼 방법이 아니다. 그것은 바로 하나님의 낯설고 감추어진 사역 이후에 제공되는 하나님의 은혜와 위로를 받는 것이다. 하나님의 비밀, 즉 숨기심에 대한 루터의 말은 낯선 무죄판결, 즉 놀라운 교환에 대한 루터 자신의 경험을 언급한 것이다. 하나님께서는 자신의 숨겨진 행동으로 은혜의 나라를 계시하시는데, 이것이 곧 그리스도 안에 있는 은혜다.

하나님의 숨겨진 의지

루터가 에라스무스와의 논쟁에서 자신을 감추시는 하나님에 대해 어떻게 말하는지 살펴보면 우리는 어떤 다른 기류를 만나게 된다. 우리가 다른 기류라고 말하는 것은 그 논쟁에서 루터의 그 개념이 하나님의 사역과 관련된다기보다는 오히려 하나님의 존재, 좀 더 정확히 말하면 하나님의 의지와 관련되기 때문이다. 루터는 망설임 없이 그것에 관하여 에라스무스와 논쟁을 벌였다. 루터의 이런 사상을 십자가의 신학에 관한 루터의 언급과 일치시키는 일은 상당히 어렵다.

루터 자신은 이런 내적 모순을 감지했던 것으로 보인다. 한편으로 그는 에라스무스와 논쟁을 벌인 자신의 저술에 나타난 사상을 멀리하지 않았다. 왜냐하면 그는 그 저술을 죽을 때까지 자신의 최고 저술들 가운데 하나로 꼽았기 때문이다. 하지만 동시에 루터는 자신의 창세기 강의에서 조심스럽게 비평했다.[8] 하나님께서는 우리를 향한 자신의 뜻을 그리스도 안에서와 복음을 통해 계시하시지만 우리는 에덴동산의 아담처럼 그것을 싫어한다는 것이다. 그와 같이 루터는 오직 그리스도 안에 계신 하나님만을 말하고 싶어 한다. 그것은 루터의 신중하고도 열정적인 노력이었다. 루터는 자신의 학생들 앞에서 두려움에 대해 진술하는데, 사람들이 루터가 죽은 뒤에 그의 책들을 출간하게 될 것이고 그 때 그 책들에 있는 온갖 오류들도 지적하게 될 것에 대한 두려움이었다. 그 때 그는 모든 것이 확고하고 피할 수 없는 사실에 대해 기술했던 것이라고 언급한다. 그러나 루터는 서둘러 첨언하기를, 우리가 노래하는 "그는 예수 그리스도 만군의 주, 다른 하나님은 없네!"라는 찬송처럼, 사람은 항상 계시된 하나님을 추구해야 한다는 점을 루터 자신이 동시에 지적했다는 것이다. "하지만 사람은 이 모든 자리를 뛰어 넘게 될 것이고 숨겨진 하나님을 말하는 사람들만을 의지하게 될 것이다. 그러므로 지금 내 말을 듣고 있는 당신들이 반드시 기억해야 할 점은 사람들이 숨겨진 하나님의 예정을 추구하지 말아야 하고, 부르심을 통해, 그리고 말씀의 봉사를 통해 계시된 것으로 만족해야만 할 것이라는 점이다. 왜냐하면 그래야만 믿음이 확실할 수 있기 때문이다..."[9]

루터의 발언들은 그가 살아 있을 때 분명 이미 많은 문제들을 야기했다. 그럼에도 불구하고 루터는 자신이 에라스무스에 대해 사용했던 어떤 말도 취소하지 않았으며 오히려 철저하게 지지했다. 하지만 루터의 말이

---

8 WA 43; 462ff.
9 WA 43; 462.

일종의 정치적 재간으로 간주될 수는 없다. 반드시 그 배후에 있는 루터의 경험이 고려되어야만 하는데, 그것은 루터가 에라스무스에 반대하기 위해 무엇인가를 포기했을 정도로 절망적인 경험이었다. 이것은 그것의 일부를 이해할 수 있기 위한 최후의 것이었다. 하지만 하나님의 의지에 묶여 있는 인간의 의지라는 바로 그 점에서 루터는 모든 신학의 가장 깊은 곳에 속하는 경험들을 제거해버렸다. 루터가 자신의 십자가 신학에서 하나님의 비밀에 관하여 말했던 것은 아무튼 믿음을 이해하기 위한 것이요, 믿음으로만 이해할 수 있는 것이었다. 하나님께서 감추신 것은 믿음을 통해 알려진다. 하지만 여기서는 일종의 신적 비밀을 말하고 있는데, 이것은 깊고 어두운 비밀로 남아 있는 것이요, 그리스도로부터 어떤 빛도 그 위에 비추이지 않는 것이다.[10] 루터는 에라스무스가 사용했던 말을 기억하는데, 그것은 하나님께서 죄인의 죽음을 원하지 않으시고, 오히려 죄인이 돌이켜 살아가게 되리라는겔18:23 말씀이었다. 루터는 에라스무스가 "새로운 문법"에 근거하여 필요와 공급, 요구와 완수, 소원과 성취, 요컨대 율법과 복음 사이의 차이를 구분하지 않는다고 비판한다.

그러나 이것으로 모든 것이 해명되지는 않는다. 그것이 어떻게 한 사람은 율법을 통과하고 다른 사람은 통과하지 못하는지, 한 사람은 제공된 은혜를 받아들이고 다른 사람은 그것을 거절하는지의 문제와 연결될 경우, 사람들은 좀 더 전진하여 설교되고 제공된 하나님의 자비와 숨겨진 하나님의 자비 사이의 차이를 구분해야 한다. 또한 하나님의 뜻을 두려워할 줄 알아야 한다. 즉 그분의 뜻을 측량할 수는 없지만, 마땅히 가장 영예로운 신적 위엄의 비밀로 존중해야 한다.[11] 설교되고 계시되고 제공된 하나님 혹은 하나님의 뜻은 설교되지도 계시되지도

10 H. Rückert, Luthers Anschauung von der Verborgenheit Gottes, in: Vorträge und Aufsätze, Tübingen 1972, 105.
11 WA 18; 684.

제공되지도 않은 하나님과 다르게 논의 되어야 한다. 하나님께서 자신을 숨기시고 우리에게 알려지기를 원하시지 않는 한, 그분은 우리와 무관하다. 왜냐하면 여기서는 참으로 이 격언이 가치가 있기 때문이다. "우리의 수준을 넘어서는 것은 우리와 무관하다."

사람은 스스로 설교의 내용이 될 정도로, 마치 하나님께서 영광 받으시는 것과 같은 정도로, 자신을 하나님 위에 올려놓을 수 있다. 하지만 사람은 하나님을 영화롭게 할 수도 없고 하나님을 설교할 수도 없을 정도로, 마치 하나님께서 자신의 존재와 위엄에 계시는 것과 같은 정도로, 자신을 하나님 위에 올려놓을 수는 없다. 모든 것은 하나님 자신의 손 안에 있다. 그러므로 여기서 루터는 우리가 설교된 하나님, 즉 그분의 자기 계시로 알게 된 하나님과만 관계가 있다고 힘주어 말한다. 우리는 그분의 위엄 속에 숨겨진 하나님과는 아무런 관계가 없다. "그래서 우리는 말한다. '의로우신 하나님께서는 자신이 친히 관여하시는 자기 백성의 죽음에 대해서는 슬퍼하시지 않지만, 뜻하지 않는 죽음, 오히려 저지하길 원하시는 자기 백성의 죽음에 대해서는 슬퍼하신다." 왜냐하면 설교된 하나님께서 거기 계셔서 죄와 죽음이 제거되고 우리가 구원 받도록 하시기 때문이다. "즉 하나님께서는 자신의 말씀을 보내시고 그들을 건강하게 만드셨다." 반대로, 그분의 위엄 속에 숨겨진 하나님께서는 죽음에 대해 슬퍼하시지도 않고 죽음을 제거하시지도 않는다. 다만 삶과 죽음에, 그리고 만인의 만사에 관여하실 뿐이다. "왜냐하면 이 하나님께서는 자신을 자신의 말씀에 한정하도록 하지 않으시고 모든 것을 초월하는 자신의 자유를 스스로 견지하셨다."[12]

루터는 에라스무스가 설교된 하나님과 숨겨진 하나님, 즉 하나님의 말씀과 하나님 자신을 구분하지 않는다고 비난한다. "하나님께서는 자신의 말씀을 통해 우리에게 계시하지 않으시는 것을 많이 행하신다.

---

[12] WA 18; 685.

또한 그분은 많은 것을 원하시는데, 그렇게 하길 원하시지만 자신의 말씀을 통해서는 아무 것도 우리에게 계시하시지 않은 것들이다. 하나님께서 자신의 말씀에 따라서는 죄인의 죽음을 원하시지 않지만 저 불가해한 뜻에 따라서는 그것을 원하신다. 그러나 이제 우리는 말씀을 바라보아야 하고 저 불가해한 뜻을 내버려 두어야 한다. 즉 우리의 방향이 말씀을 향해야지 저 불가해한 뜻을 향해서는 안 된다. 어떤 불가해한 뜻이 하나님 안에 있다는 것을 아는 것만으로 충분하다. 하나님께서 무엇을 원하시고 왜 원하시며 어느 정도로 원하시는지는 아예 생각하지도 말고 알려고도 하지 말며, 신경 쓰거나 건들지도 말아야 한다. 단지 그분을 두려워하고 경배할 수 있을 뿐이다."[13]

하나님께서는 죄인의 죽음을 원치 않으신다! 이것은 설교되는 것과 똑같이 하나님의 뜻이다. 여기에 우리는 머물러 있어야 한다. 이것은 우리가 마치 육신이 되신 말씀 자체보다 더 멀리 갈 수 없는 것과 같다. 비록 하나님의 지엄하신 뜻이 불경건한 자들의 멸망이었을지라도 그리스도께서는 그들과 그들의 멸망 때문에 우시고 슬퍼하셨다. "왜 하나님께서 그렇게 처리하시는지 묻는 것은 우리의 일이 아니다. 오히려 우리는 두려워하고 떪으로 그런 것들을 원하시고 행하시는 하나님을 경배해야 한다.[14] 그리고 우리의 대적들을 침묵시키기 위해 우리가 이 숨겨진 뜻 뒤로 숨어버린다는 비난을 사람들이 우리에게 쏟아 부을 때 우리는 대답하기를, '우리가 이것을 알아내지 못했으나 이것이 성경의 신실한 가르침이다.' 오, 인간이여! 하나님과 싸우려는 당신은 누구인가?롬9:19이하

루터는 이 하나님의 숨기심에 대해 침묵하고 싶어 하지 않았다. 왜냐하면 그에게 그것은 하나님의 선하심 자체와 연관된 것이었기 때문이다. 결코 그것은 하나님의 비밀이 하나님의 계시의 신실성과 무관한 것이

---

13 WA 18; 686.
14 WA 18; 689f.

아니다. 하나님께서는 자신의 계시에 자신을 가두시지 않았다. 그러나 자신을 계시하신 것과 전적으로 동일하신 분이시다. 우리는 위로든 밖으로든 그 계시를 벗어나는 것에 대해 조사하기보다는 공손하게 경의를 표할 것이다. 하나님께서는 스스로 자신을 계시하시는 곳에서, 그분의 말씀 속에서, 육신이 되신 말씀 속에서, 우리를 찾으신다.

이 마지막 생각을 루터는 자신의 창세기 주석에서 다시 한 번 상세하게 설명했다. 그가 1542년에 창세기 26장을 강의했을 때 하나님과 하나님의 뜻에 관한 의심의 문제를 깊이 고민하게 되었다. 루터는 어떤 사람들이 예정을 너무 절대적인 것으로 간주하여 자신들의 행동이 아무런 가치도 없다고 투덜거리며 했던 말을 기억했다. 즉 만일 우리가 예정되어 있다면 구원을 받고, 만일 우리가 예정되어 있지 않다면 우리의 공로에도 불구하고 심판을 받는다는 것이다.[15] 루터는 이런 말에 기꺼이 동의하길 원했다. 왜냐하면 만일 그들에게 진리가 있다면 그리스도께서 행하셨던 모든 것은 완전히 무가치한 것이 되고 말 것이기 때문이다. 성경은 여전히 도움이 될까? 성례는 무슨 유익이 있을까?

루터는 그와 같이 위험한 발언으로 원죄의 일부를 증명했다. "당신은 하나님처럼 될 것이다. 사람은 하나님께서 그를 축복하신 그 지식만으로는 결코 만족하지 못했다. 그는 하나님의 존재 자체를 향해 깊숙이 들어가길 원했다. 그는 비밀스러운 이유가 하나님 안에 있다고 생각했고 그 이유를 알고 싶어 했다." 숨겨진 하나님에 몰두하는 인간들이 바로 그와 같이 한다. 그리스도께서 이 세상에 오신 것은 우리에게 완전한 확신을 주시기 위해서다. 하지만 사탄은 의심의 씨를 뿌리고 싶어 하고 그리스도에 대한 관심을 분산시킨다. "우리는 참되고 확고한 그리스도의 지식을 가지고 이런 사상들에 맞서 싸워야 한다... 왜냐하면 하나님께서 자신의 약속에 신실하시지 않다면 우리의 구원은 사라져버리기 때문

15 WA 43; 458.

이다. 반면에 다른 한 편으로는 우리가 변할지라도 불변하시는 하나님께 피할 수 있다는 것은 우리의 위로이기 때문이다."[16]

여기서 루터는 에라스무스에 대항하여 자신의 저술을 내세운다. "나는 '속박된 의지에 관하여'라는 나의 책에서 일관되게 주장했다. 즉 인간은 그것이 지식에 관한 것인지, 혹은 신성이라는 대상에 관한 것인지 구분해야만 한다. 왜냐하면 숨겨진 하나님에 대해 논쟁해야 하지만, 계시된 하나님에 대해 논쟁하는 것이 더 낫기 때문이다. 자신을 계시하시지 않은 하나님에 관한 논쟁이라면 믿음이나 지식, 혹은 이해에 대해 아무 것도 말할 수 없다. 여기서 우리가 고수해야 하는 것은 '우리의 수준을 넘어서는 것은 우리와 무관하다'는 격언이다."[17]

특별히 루터는 하나님의 계시 밖에서 하나님을 연구한 모든 연구를 악마적인 것으로 여겨 확실하게 거절했다. 우리는 스스로 멸망하는 것 이외의 다른 어떤 것도 할 수 없다. 왜냐하면 그런 연구들은 연구될 수 없는 대상에 속하기 때문인데, 계시되지 않은 하나님이 바로 그 연구 불가능한 대상이다. 루터에게 그것은 "자연적 사변"의 문제다. 그리스도께서 말씀하시길, "나를 통하지 않고는 아무도 아버지께로 올 자가 없으리라." 특별한 방법으로 하나님께서는 자신의 예지와 예정을 계시하신다. "계시되지 않은 하나님으로부터 나는 계시된 하나님이 될 것이니라. 그럼에도 불구하고 나는 동일한 하나님으로 남아 있게 될 것이니라. 나는 육체가 될 것인데, 분명 내 아들을 보낼 것이니라. 내 아들은 너희의 죄를 위해 죽게 되겠지만 죽은 자들로부터 부활하게 될 것이라. 또한 이런 방법으로 나는 너희가 예정되었는지 아닌지 알고 싶어 하는 너희의 소원을 실현할 것이니라. 보라! 이는 나의 아들이라. 그의 말을 들으라! 마17:5 왜냐하면 '나를 본 자는 아버지를 보느니라.'고 그리스도께서 말씀하시기 때문이다. 너희가 그의 말을 듣고 그의 이름으로 세례를 받고

---

16 WA 43; 458.
17 WA 43; 458. 참조. W. Elert, Morphologie I, 104; Scheel, Dok., 164.

그의 말씀을 사랑하면 확실히 예정되었고 틀림없이 구원 받은 것이다. 하지만 만일 너희가 말씀을 무시하고 경멸한다면 심판을 받은 것이다. 왜냐하면 믿지 않는 자는 이미 심판을 받았기 때문이다.막16:6"

그와 같은 루터의 날카로운 가르침에서 루터 자신이 제시한 것 이외의 다른 의도를 생각할 이유는 없다. "종속 의지에 관하여"De servo arbitrio에서 주장한 루터의 설명은 결코 숨겨진 하나님을 논하는 어두운 사변을 위하여 계시된 하나님에 대한 관심을 배제하려는 의도가 없었다. 우리가 발견하는 것은 생명책이 하늘에 있는 것이 아니라 그리스도 안에 있다는 것이다. "우리가 할 수 있는 영원한 것은 아들을 받는 것이다. 즉 탄생하시고 기적을 일으키시고 십자가를 지신 그리스도를 당신이 진심으로 환영하는 것이다. 왜냐하면 바로 여기에 당신의 이름을 기록한 생명책이 있기 때문이다."[18] 우리가 하나님에 대한 절망과 미움과 모독을 피하려고 한다면 숨겨진 하나님에 대한 사색을 포기해야 하고, 또한 하나님의 얼굴을 보려고 하는 헛된 열심을 그만두어야 한다.

선택과 약속

그와 같이 루터는 그리스도와 그분의 약속에만 관심을 기울이고 싶어 했다. 하나님께서 하늘로부터 오신 것은 우리에게 예정을 확신시키기 위한 것도 아니요, 성례와 다른 모든 신적 제도를 경멸하도록 가르치기 위한 것도 아니다. 계시된 하나님으로부터 숨겨진 하나님께로 가는 길이 있는 것이지, 역순은 아니다. "계시된 하나님을 믿고 그분의 말씀을 받아들인다면 그분께서는 당신에게 점차 숨겨진 하나님을 계시해 주실 것이다. 아들을 버리시는 분이 계시되지 않은 하나님과 함께 계시된 하나님도 잃어버리신다."

---

[18] WA 43; 459f.

복음에 관한 이 절대적 언급으로 루터는 자신이 갔던 그 길 이외의 다른 길을 제시하지 않았다. 루터에게 가장 극심한 시련들은 '그가 선택을 받았는가?'라는 질문에 관한 것이었다. 하지만 이 의심은 그 괴로움이 제거되었을 때에도 결코 예정 자체에 대한 루터의 의심을 의미하지 않았다. 멜랑흐톤과는 달리, 루터에게서는 선택하시는 하나님에 대한 믿음이 발견된다. 선택하시는 하나님에 대한 루터의 기쁨과 확신은 결코 약해지지 않았다. 멜랑흐톤은 예정에 대한 의심을 떨쳐버리기 위해 그 문제 자체를 어느 정도 내버려두는 경향이 있었다. 루터에게는 선택과 약속이 항상 밀접한 관계였는데, 여기서 루터는 하나님의 숨겨진 작정에 대한 질문들을 믿음에 도달할 수 없는 것으로 간주하여 완전히 한쪽으로 치워 버렸다.

로마서 강의에서 루터는 겸손하고 하나님의 말씀 앞에서 떠는 사람들에게 주어진 약속을 지적했다.[19] "누군가, 자신이 선택 받지 못한 것으로 생각하여 아주 심각하게 두려워하거나, 자신의 선택 문제로 심각한 고민에 빠졌다면 그 두려움에 대해 감사해야 한다. 그리고 최소한 자신에게 두려움이 있다는 것을 기뻐해야 한다. 왜냐하면 말씀하신 하나님께서 거짓말 하실 수 없다는 것을 그는 이제 충분히 신뢰해도 좋기 때문이다. 하나님께서 기뻐하시는 제물은 두려워하는 영, 즉 절망하는 영혼이다. '오, 하나님, 당신께서는 깨어지고 상한 마음 멸시하지 않으실 것입니다.' 그는 자신이 두려워하고 있다는 것을 스스로 깨닫는다. 그러므로 그는 약속을 주시는 하나님의 진실하심에 진심으로 호소해야 한다. 위협적인 하나님에 대한 예지로부터 벗어나 방향을 돌려야 한다. 그러면 복 받고 선택 받게 될 것이다."[20] 하나님의 숨겨진 심판을 두려워하는 것은 유기된 자들의 특징이 아니라, 선택된 자들의 특징이다. 그와 같이 루터가 여기서 지적하는 것은 주 하나님에 대한 깊은 두려움 때문에

---

[19] Scheel, Dok., 284; 롬 8:28.
[20] WA 56; 387.

벌벌 떠는 자들에게 하나님께서 주신 약속의 위로다. 하지만 이런 약속에 대한 언급은 신자들에게 고유한 이런 두려움을 기대하는 것이다. 말씀을 두려워하는 자들은 그 말씀에서 최선과 최대의 뚜렷한 증거를 발견하게 되는데, 이것이 선택의 표지다.[21] 루터는 이 주석에서 선택의 표지를 세 가지 단계로 구분한다.[22] 첫 번째는 선택 받았다는 희망으로 하나님의 뜻에 순응하는 것이다. 두 번째는 하나님께서 그를 구원하시지 않으실지라도 그분의 뜻에 순응하기 위해 준비하는 것이다. 세 번째는 가장 높은 단계인데, 지옥에 가기 위해 실제로 하나님의 뜻을 따르는 것이다. 루터가 아가서 8장 6절을 번역하는 것과 같이, "그들의 사랑은 죽음 같이 강하고 그들의 열정은 지옥 같이 뜨겁다."

이점에서 루터 신학의 파열음이 선택의 위로에 대한 그의 견해를 통해서도 들린다. 루터에게 하나님의 선택이란 자유와 은혜 충만에 대한 완전한 표현이다. 또한 선택은 오직 약속을 통해서만 점점 확고하게 되어 간다. 그 약속이 믿어지게 된다. 또한 그 약속을 믿는 자는 구원을 받는다.[23] 그 약속의 근거는 오직 그리스도뿐이다. 그러므로 루터는 그리스도를 선택의 거울로도 언급한다. 바바라 리스키르켄Barbara Lisskirchen에게 보낸 1531년 4월 30일자 편지는 잘 알려져 있다.[24] 선택에 관하여 의심하는 그녀를 돕기 위해 루터는 찾아온다. "나는 이 병을 너무나도 잘 알고 있다. 또한 이 병으로 영원한 죽음에 이를 때까지 병원에 누워있었다." 루터는 그녀에게 모든 계명 가운데 최고의 계명인 1계명을 상기시킨다. "우리는 하나님의 사랑하는 아들, 우리 주 예수 그리스도를 우리 눈앞에 세울 것이다. 그분은 매일 우리의 마음을 위해 최고의 거울이

---

21 G. Kraus, Vorherbestimmung, Freiburg/Basel/Wien 1977, 120.

22 Scheel, Dok., 285. 참조. 1장의 '시련'. F. Brossché, Luther on Predestination, Uppsala 1978, 166.

23 O. Bayer, Prommisio, 119f.

24 WABr. 6; 36ff; G. Rost, Prädestinationsgedanke in der Theologie M. Luthers, Berlin 1966, 163f.

되셔야 하는데, 우리는 그 거울을 통해 하나님께서 우리를 얼마나 사랑하시는지를 보게 되고, 또한 하나님께서 선하신 하나님으로서 우리를 돌보셨지만, 우리를 위해 자기 자신의 사랑하시는 아들도 주셨음을 보게 되는 것이다. 여기서, 바로 여기서 내가 말하는 것은 사람들이 가르치는 참된 화해의 예술인데, 다른 곳에서는 결코 찾아볼 수 없는 것이다. 그리스도를 믿는다는 것을 거기서 발견하게 될 것이다. 믿는다면 부름을 받은 것이요, 또한 확실히 구원 받도록 정해진 것이다. 이 은혜의 거울과 보좌를 바라보는 시선을 빼앗기지 말아야 한다. 하지만 그런 생각이 들 때, 그리고 불같은 뱀들이 물 때, 그 생각과 그 뱀들을 쳐다보지 말라. 당신의 눈을 항상 돌려서 구리 뱀을 쳐다보라. 즉 우리를 위해 주신 그리스도를 보라. 그러면 낫게 될 것이다. 하나님께서 원하시는 것과 같이."... "그와 같이 하나님께서는 나를 도우셨다."

선택은 믿음에 의해 약속 안에서 발견된다. 이 약속을 통해 그리스도께서는 화목제물로 우리에게 제공되었다. 루터는 자신의 편지를 다음과 같은 말로 끝맺는다. "우리의 사랑하는 주 그리스도께서 당신에게 자신의 발과 손을 보여주시기를!" 이것은 우리에게 폰 슈타우피츠(Von Staupitz)의 말을 생각나게 한다. 그는 그 말로 루터를 위로하려고 했다. "선택의 문제를 씨름할 때 우리의 확신을 찾을 수 있는 최고의 장소는 그리스도의 상처들이다."[25]

---

[25] G. Rost, Prädestinationsgedanke, 165; 비교. Scheel, Dok., 99.

13장

오직 그리스도뿐이며 다른 신은 없다

E. Vogelsang, *Die Anfänge von Luthers Christologie der ersten Psalmenvorlesung*, Berlin/Leipzig 1929; **W. Elert**, *Morphologie* I, 93-103; 195-208; **P. Althaus**, *Theologie*, 159-175; **J. Köstlin**, *Luthers Theologie* II, 129-172; **E. Seeberg**, *Luthers Theologie* II; **Th. Harnack**, *Luthers Theologie* II, 111-404; **O. Bayer**, *Promissio*, 298-318; **M. Lienhard**, *Martin Luthers christologisches Zeugnis*, Göttingen 1980.

그리스도에 대한 루터의 증거

루터에게 교회의 마지막 표지는 교회가 고통, 즉 거룩한 십자가의 값비싼 보물을 나눈다는 것에 있다. 그런데 이것은 교회가 온갖 비참함에 대한 모종의 책임을 느끼기 때문이 아니라, 다만 교회가 "그리스도 외에 다른 신"을 섬기고 싶어 하지 않는다는 것이 유일한 이유다.[1] 루터는 이런 공식과 동일한 의미를 "우리 하나님은 강한 성이요"Ein feste Burg ist unser Gott의 두 번째 구에서 표현했다. "그분은 예수 그리스도라 불리시는 만군의 주요, 다른 하나님이 아니시다."Er heist Jhesu Christ, der Herr Zeboath, und ist kein ander Gott[2] 오직 그리스도 안에서만 우리는 하나님을 알 수 있다. 그것이 하나님을 아는 참된 지식을 위한 규칙이다. 하나님을 그리스도 밖에서 찾고자 하는 자는 단단히 잘못하고 있다. "우리에게 하나님께서는 불가해 하시고 생각할 수도 없는 분이다. 그분은 이해되지 않으실 뿐만 아니라 그리스도 밖에서는 이해할 수 없기를 바라신다."[3] 이와 같이 루터는 기독론을 아주 특별한 방법으로 자신의 신학 안에 위치시킨다. 어떤 의미에서 기독론은 루터 신학의 심장이다. 왜냐하면 하나님을 아는 것에 대한 유일한 전망은 오직 십자가에 달리신 그리스도 안에서만 있기 때문이다. 또한 동시에 그리스도에 대한 루터의 증거에는 매우 독특한 요소가 있다. 그리스도에 대한 루터의 증거란 이신칭의의 객관적 측면이라고 말할 수 있을 것이다.

다양한 연구가들은 이것을 각기 자기 방식으로 표현했다. 루터는 대공의회에서 결정되었던 것과 같은 고대 기독교 교리를 면밀히 살펴보지 않았다. 하지만 마우러Maurer의 주장처럼,[4] 루터는 이 기독론에서 출발하

[1] WA 50, 642.
[2] 참조. 12장의 '하나님의 숨겨진 의지'.
[3] E. Wolf, Die Christus verkündigung bei Luther, in: Peregrinatio I, Studien zur reformatorischen Teologie und zum Kirchenproblem, München 1962, 57.

여 바울에게로 돌아갔고 특별한 서방 기독론의 문제점과 연관시켰으며 이렇게 함으로써 고대 기독교 신앙고백에 새로운 의미를 부여하게 되었다. 마우러의 주장에 따르면, 그와 같은 방법으로 루터는 그리스도의 신비에 관한 자신의 증거를 고대 형이상학의 사슬로부터 떼 내어, 죄로 말미암아 시험 받는 신자가 직접 경험하는 것으로 이해하도록 만들었다.[5] 하지만 이것이 마치 구원론적 그리스도와 존재론적 그리스도 사이의 대립이 있는 것처럼 해석할 필요는 없다. 린하르트$_{\text{Lienhard}}$가 루터의 기독론에 관한 자신의 연구를 통해 지적하기를, 종교개혁자는 그리스도의 사역을 강력하게 강조했다. 구원사역에 의해 그리스도의 인격이 조명된다. 루터의 기독론은 우선 구원론적이다. 하지만 이것은 루터가 그리스도의 인격과 양성, 그리고 양성의 상호관계에 대해 심사숙고 하지 않았다는 것을 의미하지 않는다. 그리스도의 인격에 관한 이 모든 것은 그리스도의 사역이라는 창 안에서 논의된다.[6] 그리스도의 사역과 인격은 서로 밀접하게 연결되어 있고, 또한 이런 상호관계 속에서 그 둘은 동시에 루터의 가장 본질적인 의도를 반영하는 것이었다. 즉 루터 신학 전부가 그리스도에 대한 바로 그 지식의 전조에 달려 있다. 확실히 그것은 그리스도에 관한 일종의 증거, 즉 루터에게 있어서 그리스도의 사역과 인격이 격리되기도 한다는 일종의 증거가 아니다. 이것은 헛된 사변에 불과할 것이다. 루터에게는 그것이 그리스도께서 우리를 위해 행하신 일임을 깨닫는 것이야말로, 살아계시고 진실하신 그리스도를 아는 지식을 실천하는 것이다. 그러므로 여기서 실제로 모든 것은 사람, 즉 그리스도 안에서 하나님 앞에 서 있는 사람, 믿음으로 의롭게 된 사람과 연관된다. 이것이 바로 루터 기독론의 독창성이다. 이 독창성은 오직 믿음으로

---

[4] W. Maurer, Von der Freiheit eines Christenmenschen, Göttingen 1949, 56.
[5] W. Maurer, Von der Freiheit eines Christenmenschen, 58. 비교. E. Wolf, Die Christus verkündigung bei Luther, 55, Anm. 83.
[6] M. Lienhard, Martin Luthers christologisches Zeugnis, 274ff.

만 의롭게 된다는 이신칭의에 대한 루터의 관점과 실존적으로 결합됨으로써 결국 때때로 이신칭의 교리의 지배를 받기도 한다. 이반트Iwand가 칭의교리와 그리스도를 믿는 신앙교리에 관한 자신의 연구에서 지적하기를, 칭의에 관하여 최초로 아주 명확하게 논하는 중요한 로마서 주석에서는 기독론이 실제적인 문제가 되는데, "바로 그 이유는 아마도 기독론이 없기 때문일 것이다."[7] 하지만 실제로 기독론이 없지는 않다. 다만 이 기독론은 하나님께서 오직 그리스도 때문에 그를 값없이 받아주시고 의롭게 하신다는 것을 경험하는 그리스도인의 특이한 경험을 통해 받아들여진다. 이렇게 말할 수도 있을 것이다. '우리가 오직 그리스도께서 누구신지 알 수 있는 것은 그분이 우리를 위해 어떤 분이신지 알 때뿐이다.' "그분은 단지 그리스도이실 뿐인 것이 아니라, 당신을 위한 그리고 나를 위한 바로 그 그리스도시라는 사실이다."[8] 그것이 바로 "그리스도를 믿는 믿음"fides Christi인데, 이 믿음으로 말미암아 그분께서는 우리의 그리스도가 되신다. 그리스도의 고난에서 단지 헛된 사변만 찾는 헛된 믿음과는 반대로, 참 믿음은 그리스도의 고난으로부터 생명과 구원을 얻는다.[9] "그리스도를 믿는 믿음"이란 그리스도를 전적으로 신뢰하는 것을 의미한다. 즉 그리스도께서 행하신 모든 것, 우리가 그리스도를 통해 구원 받게 되는 모든 것을 의미한다. 거기서 강조되는 것은 믿음이다. 이 믿음 없이는 우리가 그리스도의 선행을 나누어 가질 수도 없고, 모든 것을 버리신 그리스도를 모실 수도 없다. 여기서 우리는 기독론과 관련하여 루터의 가장 초기 개념의 독특한 면을 만나게 된다. 그리스도와 그리스도의 백성들은 특정한 방식으로 서로에게 묶여 있다. 그리스도와 함께 이루어지는 것은 그의 모든 백성과 함께 이루어진다. 그리스도의 몫은 그리스도를 믿는 모든 사람의 몫이다. "성도들 중에 계신 하나님

---

7 H. J. Iwand, Rechtfertigungslehre und Christusglaube, München 1966^3, XI.
8 WA 7; 58.
9 E. Wolf, Die Christus verkündigung bei Luther, 39.

은 놀랍도다!"라는 말씀은 그리스도의 비밀과 그분의 십자가를 이해하는 열쇠다.[10] 그리스도와의 교제는 그분의 십자가와 고난에 동참한다는 의미다. 지옥으로 내려가심은 하나님의 버리심이라는 심연으로 내려가시는 것에 대한 상징과 표시다. 내려가심은 그리스도만이 겪으시는 것이 아니라, 그리스도와 함께 하는 모든 그의 백성도 경험하는 것이다.

이 시기에 루터는 그리스도의 선재하심보다 실존 이후, 즉 이 땅에 오심의 의미에 대해 더 큰 관심을 보였다. 여기서 선재하심이란 그리스도께서 이 세상에 오시기 전, 아버지 곁에 계셨던 것을 의미한다. 하지만 루터에게 그것은 오히려 그리스도의 "지속적 존재하심", 즉 이 땅에 오신 이후에도 여전히 그의 백성들 옆과 앞에 실제 현존하심과 관련된다.[11] 루터 신학의 심장은 복음의 역사적 말씀, 즉 십자가의 말씀이다. 신자들은 그리스도와의 교제 안에서 그들 자신의 십자가와 고난을 통해 그리스도의 십자가에 동참한다. 여기서 중요한 것은 그리스도와 그의 모든 백성 사이의 신비한 연합을 이해하는 것이다. 용서와 새 생명의 실제는 그리스도와의 이 실존적인 교제에서 계시된다. 루터 신학의 "돌파구"와 더불어 기독론의 변화는 지금도 계속 거론되고 있다.[12] 루터의 신학적 발전의 초기 단계에서는 그리스도의 사역과 인격의 개념을 논하는데, 이것은 구원의 길에 대한 전형을 제시한다. 그것은 각자가 겪어야만 하는 고난을 그리스도께서 가장 완전한 의미에서 겪으신 그 고난의 한 형식으로 받아들이는 것에 있다.[13] 그리스도 고난의 이 근원적 형식은 우리 고난의 토대이지만 이것은 동시에 우리보다 앞서 발생했다. 여기서 "우리를 앞서는 것"pro nobis은 시간상 "우리를 앞서는 것"과 다른 의미다. 그것은 좀 더 원형적이고 전형적이고 신비로운 것을 의도했던

---

10 E. Vogelsang, Die Anfänge von Luthers Christologie der ersten Psalmenvorlesung, Berlin/Leipzig 1929, 97.

11 E. Vogelsang, Die Anfänge von Luthers Christologie, 165.

12 O. Bayer, Promissio, 298ff.

13 O. Bayer, Promissio, 300.

반면에 후기 단계에서는 그것이 보다 분명하게 "우리를 대신하는 것"과 우리를 위하는 것이라고 지적한다. 그리스도의 고난당하심이라는 그 완전히 특이한 차원은 뒤에 자세히 설명될 것이다.

그리스도인의 자유1520라는 자신의 저술에서 루터는 이미 보다 분명하게 그 방향을 지적하고 있다. 물론 여기서도 여전히 루터가 금욕과 신비에 대한 가르침과 더불어 씨름하는 것을 볼 수 있다.[14] 그 때도 여전히 루터는 그리스도의 사역과 인격이라는 두 가지의 영향력으로부터 완전히 자유롭지 못했다. 그럼에도 불구하고 그 주제가 여기서는 완전히 다른 소리를 낸다. 예컨대, "이 모든 것으로부터 우리가 배우는 것은 사람이 그리스도의 삶과 사역을 단순히 일종의 사건이나 연대기처럼 피상적으로 설교할 경우 설교만으로는 부족하다는 것이다. 그리스도에 관해서는 완전히 침묵하고 대신에 교회법이나 다른 인간적인 제도와 가르침을 취급한다면 그대로 내버려 두자... 그리스도에 관한 설교를 더 좋아하여 당신과 내가 그리스도를 통해 믿음에 이르고 이 믿음 안으로 확증된다고 설교하도록 내버려 두자. 왜 그리스도께서 이 땅에 오셨고, 그분과 더불어 내가 무엇을 해야 하며 그분이 이루시고 제공하신 것들을 내가 어떻게 누려야 하는지 내게 설명될 때에야 비로소 믿음은 발생하고 강화된다... 그럼에도 불구하고 이런 방법으로 그리스도를 설교하는 소리를 듣는 마음은 가장 깊은 심연으로 내려가 거기서 기쁨을 발견할 수 있어야 한다. 거기서 위로 받고 그리스도의 사랑을 느낌으로써 더욱 그리스도를 사랑할 수 있어야 한다. 율법이나 공로에 대한 설교로는 결코 거기에 도달하지 못한다. 오직 그리스도를 믿는 마음뿐이다. – 누가 그것을 파괴하고 두려워하도록 만들 것인가? 죄나 죽음이 압박할 때 우리 마음은 그리스도의 의가 그의 백성의 의가 되고, 그들 자신의 죄가 더 이상 그들의 죄가 아닌, 그리스도의 죄가 된다는 것을 믿는다

---

[14] W. J. Kooiman, Von der Freiheit eines Christenmenschen, in: H. Berkhof e.a., Kerkelijke Klassieken, Wageningen 1949, 159-201. 참조. 188.

."[15]

눈물과 슬픔이 구원과 구속의 가장 자리를 맴돌 때 그리스도께서는 더 이상 홀로 원형, 즉 언제 어디서나 발생할 수 있는 것의 원형이 아니시다. 그리스도께서는 자신의 인격과 사역으로 "즐거운 교환"의 기초가 되시는데, 이것은 하나님의 약속 안에서 우리에게 부어진 것이다. 그리스도께서는 복음의 약속이시다.

그것에 관하여 루터는 복음을 요약하는 곳에서 아주 많은 단어로 설명했다. 그의 "교회설교"Kirchenpostille. 1522 이전에 이미 루터는 복음 아래서 근본적으로 이해했던 것이 무엇인지 상세하게 설명했다.[16] 사람들은 대체로 복음이 우리가 무엇을 행해야 하는지를 가르치는 것으로만 이해한다. 이 때 그리스도는 일종의 모범이 되신다. 하지만 복음은 그리스도의 사건, 즉 하나님의 아들이시고 다윗의 아들이신 그리스도께서 죽으시고 부활하시고 주님이 되신 사건이다. 우리는 그리스도의 이 사역과 말씀들을 두 가지 방법으로 이해해야 한다. 먼저, 따르기 위한 모범으로 이해해야 한다. 이것은 복음의 가장 하찮은 부분이지만 이것이 없이는 복음이 복음으로 불릴 수 없다. "하지만 이것으로는 그리스도께서 다른 거룩한 자가 되신다는 유익만 있을 뿐이다. 그분의 생명은 그분께 있고 당신에게는 아무런 도움이 되지 않는다. 요컨대 이 방법은 결코 그리스도인들을 만들지 못한다. 그것은 단지 위선자들만 양산할 뿐이다. 복음은 당신을 훨씬 더 먼 곳으로 데리고 가야 한다." 이런 관조의 방법이 오래 동안 설교의 내용을 구성했다는 사실을 루터는 인정해야만 한다. 그와는 반대로 루터는 이제 복음의 핵심과 기초를 세우기 시작했다. 이것은 복음 안에 있는 것은 "당신이 그리스도를 당신의 모범으로 삼기 전에 그분을 일종의 은사와 선물로 받아들이고 인정한다는 사실과, 하나님께

---

[15] WA 7; 29. 참조. W. J. Kooiman, Von der Freiheit eines Christenmenschen, 178f.; O. Bayer, Promissio, 306ff.

[16] WA 10, I, 1; 8-18

서 당신을 자신의 소유로 삼으셨다는 사실이다. 이렇게 하신 목적은 당신이 그리스도께서 행하시거나 고난 받으시는 것을 보거나 들을 때 그분이 그리스도로서 자신의 그런 행하심과 고난 받으심을 당신 자신의 것으로 삼으신다는 사실을 의심하지 않도록 하기 위해서다. 또한 그러므로 당신은, 마치 당신이 스스로 그렇게 한 것처럼, 즉 마치 당신 자신이 그리스도였던 것처럼, 그와 같이 당신 자신을 포기할 수 있다. 보라. 그것은 당신이 복음을 바르게 안다는 것을 의미한다. 왜냐하면 그것은 어떤 선지자도, 어떤 사도도, 어떤 천사도 전할 수 없었고, 어떤 마음도 만족할 정도로 경탄할 수도, 이해할 수도 없었던 하나님의 압도적인 선하심이기 때문이다. 그것은 우리를 향한 하나님의 위대한 사랑의 불이다. 이 불로 마음과 양심은 기쁨과 확신과 만족을 얻는다. 기독교 신앙을 설교하는 것이 바로 그것을 의미한다."[17] 여기서 다른 노선이 암시되는데, 그것은 고난 받는 사람이 고난 받으시는 그리스도와의 교제 안에서 걸어가는 하나님을 향한 그 노선이 더 이상 유일하지 않다는 뜻이다. 다른 길이란 하나님의 끝없는 사랑 안에서, 그리스도 안에서 죄인을 향해 난 하나님의 노선이다. 그리스도를 통해 우리는 아버지께로 간다. 하지만 이것의 부요함은 아버지께서 그리스도를 통해 우리에게 오시는 저 불가해함 속에 숨겨져 있다. "그리스도께서 행하신 것이 곧 아버지의 공로라는 사실에는 어떤 의심도 없다. 하지만 그것이 유일하고 동일한 사역이기 때문에 그리스도께서 참으로 하나님이시며, 또한 하나님께서 둘이 아니시기 때문에 그리스도께서 아버지와 하나라는 것은 너무나도 명백하다."[18]

루터는 사역, 즉 하나님의 화해사역을 위격의 하나님 되심 즉 신성에 포함시킨다. "왜냐하면 그것은 인간이 구원론적 기독론으로 의도하는

[17] E. Vogelsang, Der angefochtene Christus bei Luther, Berlin/Leipzig 1932, 102.
[18] E. Vogelsang, Der angefochtene Christus bei Luther, 103.

바로 그것이기 때문이다. 이 사람 안에서, 즉 그분의 고난 받으심과 죽으심을 통해서뿐만 아니라, 그분의 부활을 통해서도 하나님 자신이 우리에게 오신다는 것은 위대한 기적이 아닐 수 없다. 그러므로 그리스도의 인성에만 머물러 있지 말고, 그리스도의 인성에서 그분의 신성을 향해 올라가야 하고, 이런 식으로 하나님 자신에게까지 올라가야 한다."

거기서 시작해야 하고 그런 다음 올라가야 한다.

하나님을 발견하기 위해 우리는 하늘이 아닌 땅에서, 즉 그리스도께서 오신 지상에서 찾기 시작해야 한다. "성경은 아주 조용히 시작하여 우리를 그리스도께로 인도하는데, 즉 먼저 한 인간에게로, 그런 다음 모든 피조물 위의 주님께로, 그 다음에는 하나님께로 인도한다. 나는 그와 같이 멋지게 들어가 하나님을 배워 안다. 그러나 철학과 철학자들은 위에서 시작하였고 바보들이 되었다. 사람들은 아래로부터 시작한 다음 위로 올라가야 한다."[19] 우리는 여기서 루터 신학의 주제인 '그리스도 안에 계신 하나님'을 회상한다. 그리스도 밖에서는 어디에서도 하나님을 발견할 수 없는 것이 확실하다. 그리스도 안에서 하나님께서는 자신을 계시하신다. 하지만 우리는 여기서도 그분의 참된 인성에서 시작해야 한다.[20] 하나님에 관한 모든 지식은 그리스도 안에서, 즉 인간이신 예수 안에서 시작된다. "그리스도 밖에서는 하나님이 소멸하는 불이시며 알려지지도 이해되지도 않길 원하신다."[21]

루터는 이런 의미에서 말씀의 성육신을 말했다. 우리는 우리 믿음의 기초를 가져야만 한다. 그래서 그리스도께서는 평범한 인간이어야만

---

[19] WA 10, I, 2; 297.
[20] P. Althaus, Die Theologie M. Luthers, 165; M. Lienhard, Martin Luthers christologisches Zeugnis, 117.
[21] E. Seeberg, Luthers Theologie, 85.

한다. 천성인성에 따라서는 우리와 그리스도께서 결코 분리되지 않는다. 예외가 있다면 그것은 죄와 은혜의 자리뿐이다. 그리스도와 그의 어머니에게 천성인성은 순수한 것이었다. 즉 모든 지체에서, 그리고 모든 지체의 모든 사역에서... "우리가 그리스도를 천성인성과 육신으로 깊이 파악할 수 있는 만큼 우리의 위로는 풍성해진다.... 하나님께서 친히 우리의 육신과 피로 내려오신 것보다 더 크게 자신의 선하심을 증명하실 수 있었겠는가? 하나님께서는 자연의 비밀을 무시하지 않으시면서 천성인성을 최고의 자리에 올려놓으신다. 아담과 하와는 그 천성인성을 가장 깊은 수렁에 빠뜨려 수치스러운 것으로 만들었다."[22]

그러나 믿음만이 여기서 그것들이 그렇게 되었다는 것을 볼 수 있다. 이 믿음으로 우리는 그리스도께서 우리를 위해 태어나셨고 그분의 탄생이 우리에게 이로운 사건이었다는 것을 확신한다. 이것을 우리는 먼저 믿어야 한다. 우리가 선행을 붙잡기 전에 먼저 그것을 믿어야 한다. 그래야 우리는 우리 자신의 출생을 버리고 그분의 출생을 받을 수 있다.

하나님께서는 자신의 위대한 사랑으로 자신을 계시하시기 위해 성육신을 사용하신다. 우리가 이 사랑을 깨닫는다면 우리도 하나님을 사랑해야 한다. 또한 우리는 그리스도로부터 출발하여 그분을 주신 아버지께로 올라가는 것이다.[23]

이것만이 가능한 것은 그리스도께서 순종하신 것과 반대 방향이기 때문이다. 이것은 루터가 다양한 환경에서 바울의 유명한 성경구절 빌 2:5-11에 대해 제공했던 설명들에서 나타난다. 루터는 믿음으로 말미암는 의와의 직접적인 관계 속으로 겸손의 길을 가져왔다. 이미 루터는 이중적인 의에 관한 자신의 설교1518에서 이것을 말했다.[24] 첫 번째 의는 "낯선 의"다. 즉 이 의는 외부로부터 우리에게 주입된다. 이 의로 말미암

---

22 WA 10, I, 1; 68.
23 M. Lienhard, Martin Luthers christologisches Zeugnis, 119ff.
24 WA 2; 145-152.

아 그리스도께서는 의로우시고 또한 믿음으로 [죄인을] 의롭게 만드신다. 그 의는 세례를 통해 우리에게 부어지고, 우리가 바르게 회개할 때마다 항상 제공된다. 그래서 사람은 그리스도 안에서 자신 있게 자랑할 수 있고 말할 수 있는 것이다. 왜냐하면 그리스도께서 사시고 행하시고 말씀하시고 고난 받으시고 죽으신 것은, 마치 내가 그와 같은 것을 직접 경험하기라도 한 것처럼, 나를 대신하는 것이기 때문이다. 그와 같이 하나님께서는 그리스도 안에 있는 모든 종류의 영적 축복으로 우리에게 복을 내리신다. 원죄는 우리의 행함 없이 우리에게 있는 것으로 단지 우리의 출생으로 말미암아 이미 넘겨받은 것이다. 그와 같이 낯선 의는 오직 은혜를 통해서만 우리에게 주입된다. 두 번째 의는 우리가 첫 번째 의와 함께 협력하는 방법으로 우리의 의가 된다. 그 의는 우리 자신의 죄에 맞서기 위해 온다.[25] 루터가 1518년의 설교에서 그리스도의 종의 형상을 어떻게 말하는지는 주목할 만하다. 이전에 그리스도께서는 하나님의 형상으로 계셨다. 루터는 말하기를, 그것은 그분의 존재하심을 뜻하는 것이 아닌데, 이유는 그리스도께서 스스로 신적 존재를 벗어버리시지 않았기 때문이다.[26] 그리스도께서 하나님의 형상으로 계셨다는 것은 그리스도의 신적 지혜와 능력과 공의를 의미하는 것이며, 결국 그분의 자유를 의미하는 것이다. 그리스도께서는 우리와 다른 신적 영광의 이름을 유지하시고 싶어 하시지 않았고 우리와 똑같기를 원하셨다. "그렇다. 그리스도께서는 우리 중의 한 사람처럼 되셨고, 우리가 고난 받는 모든 형태가 마치 그분 자신의 것인 양, 종의 형체를 취하셨다. 그러므로 그리스도께서는 우리의 죄와 벌을 스스로 짊어지셨다. 그리고 그것들을 물리치신 것처럼 행동하셨다. 비록 우리를 위해 그것들을 물리치셨음에도

---

[25] W. von Loewenich, Duplex Iustitia. Luthers Stellung zu einder Unionsformel des 16. Jahrhunderts. Festgabe zum 85. Geburtstag von Joseph Lortz, Wiesbaden 1972.

[26] WA 2; 148f.

불구하고 마치 자기 자신을 위한 것처럼 행동하셨다." 루터는 선택한 것은 그 본문의 부정적인 의미라고 부르는 것이다. 이것은 우리가 그리스도의 모범을 따라야 하고 자신의 영광이나 명성을 따라 죽지 않아야 하며 모든 것을 이웃 섬김에 맞추어야 한다는 것을 분명하게 하기 위한 것이다. "낯선 의"는 우리가 그리스도의 모범을 따라 우리를 낮추되 다른 사람 앞에서도 낮출 수 있을 때에만 우리의 삶에서 충분한 힘을 발휘한다.

이후의 설교에서 루터가 좀 더 강조했던 것은 그리스도의 낮아지심의 효과적인 힘이다. "하늘과 땅은 창조주께서 섬기시고 피조물을 영화롭게 하신다는 것을 이해할 수 없다. 이 지존이신 분께서 자신을 우리의 육체에 내어버리신다. - 가장 고약한 말썽쟁이가 주가 된다. 그렇다. 이런 말은 누가 들어도 허탈할 만큼 너무나 놀랍다. 그리스도께서는 그렇게 하심으로써 우리를 위해 획득하시는 것이 있는데, 그것은 일반적인 필요가 아니라 영원한 생명이다. 또한 나를 영원한 죽음으로부터 해방시키신다. 다른 곳에서는 바울이 우리에게 그리스도를 그와 같이 가시화하지 않았다."[27] 그 다음에야 비로소 그리스도께서는 일종의 모범이 되신다. 그리스도께서는 평범한 사람이셨으나, 이 사람은 하나님이셨다. 그분은 자신의 인간되심 안에서도 신적인 방법으로 말씀하실 수도 있었으나 그렇게 하시지 않았다. 오히려 반대로 그리스도께서는 자신이 하나님이심을 감추셨다. 하지만 하나님 형상이심을 벗어버리고 완전히 버리실 수 있었던 것처럼 하시지는 않았다. 아니다. 그리스도께서는 자신을 하나님으로 나타내시지 않았다. 그럼에도 불구하고 그분은 실제로 하나님이셨다. 일을 자발적으로 수행하신다. 왜냐하면 이 일꾼과 종은 말로 표현하기 불가능한 사람이시기 때문이다. 이 낮아지심 뒤에는 아버지에 대한 완전한 순종이 있다.

---

[27] WA 12; 469.

"여기서 바울은 한 단어로 하늘을 열고 우리에게 신적 지존의 추락을 보여준다. 그리고 아버지 심정의 표현 불가능한 은혜로운 뜻과 사랑도 보여준다. 그래서 우리는 영광스러운 사람이신 그리스도께서 우리를 위해 행하시고 또한 행하셨던 것이 영원부터 하나님을 얼마나 기쁘시게 했는지 느끼게 되는 것이다. 여기서 누구의 마음인들 좋아서 녹아버리지 않겠는가? 여기서 누가 사랑하지 않고 찬양하지 않고 감사하지 않겠는가?"[28] 여기서 우리는 루터 자신의 표현, 즉 "우리는 아래에서 시작해야 하고 그런 다음 올라가야 한다."는 말이 무엇을 의미하는지 분명하게 알 수 있다. 우리는 그리스도를 육체로도 아주 깊이 볼 수 있다. - 우리가 그분의 낮아지심으로는 그분을 충분히 심도 있게 소개할 수 없다.- 그분의 배후에는 신적 지존의 추락과 표현 불가능한 은혜로운 뜻과 아버지 마음의 사랑이 있는데, 이것들은 결코 우리를 떠나갈 수 없다. 이 모든 것이 없다면 그리스도의 낮아지심은 아무 것도 구원하지 못할 것이다. 그것이 "나를 위한" 낮아지심을 의미한다. 이 낮아지심이 나를 하나님께로 인도하지 못한다면 아무런 의미가 없다. 마귀는 우리가 그리스도의 인성만 붙들고 더 이상 나아가지 못하도록 용인할 수 있다. 심지어 그리스도께서 참으로 하나님이시라고 우리가 고백하도록 용인하길 원한다. 하지만 마귀가 반대하는 것은 우리가 그리스도와 아버지께서 한 분이심을 믿는 것이다. 이것은 마치 슬퍼하는 양심이 그리스도의 위로를 듣고 싶어 하지만 그 위로가 아버지께도 가치 있다는 사실을 의심하는 것과 같다.[29]

우리가 죄인을 위한 하나님의 영원한 사랑 속에 계신 배후의 하나님 자신을 보려고 할 때, 루터에게 의미심장한 것은 오직 낮아짐의 심연에 관한 말뿐이다. 그와 같이 우리는 그리스도의 낮아지심을 믿음으로 붙잡는다. 그리고 그분의 고난 받으심도 믿음으로 붙잡는다. 그분의 고난

---

[28] WA 17, II; 244f.
[29] 비교. P. Althaus, Die Theologie M. Luthers, 161ff.

받으심만이 죄와 죽음을 몰아낸다. 우리의 고난 받음은 그렇게 못한다. 성 금요일 설교1529년 3월 26일에서 루터는 우리의 고난과 그리스도의 고난을 완전히 분리시킨다. "당신의 고난과 그리스도의 고난을 하나로 섞지 말라. 당신의 고난은 지상의 고난, 즉 징계하는 일이 되게 하라. 하지만 그리스도의 고난은 하늘의 고난, 즉 의롭게 하는 일이 되게 하라. 그 둘은, 마치 하늘과 땅만큼, 금과 쓰레기만큼이나 서로 너무 다르다.

성찬논쟁에서 대두된 심각한 문제는 루터에게서 그리스도의 인성이 유지될 수 있는가 하는 것이다. 루터의 말들은 그가 놓고 싶어 하지 않았던 점을 감안하여 설명되어야 한다. 하지만 그것이 이른 초기의 논지가 아니라는 점이 문제다. 종종 루터는 그리스도의 두 본성을 바르게 구분해야 하고 다른 본성과 관계된 것을 한 본성의 것으로만 돌리지 말아야 한다고 말한다. "성경과 그분 자신이 때로는 순수하고 단순하게 인간과 같고, 때로는 순수하고 단순하게 하나님과 같다고 말씀하신다." 거기서 루터가 결정적으로 유지하고자 하는 것은 인격의 통일성이다.[30] 하지만 여기서 알트하우스Althaus와 린하르트Lienhard와 함께 이렇게 질문할 수 있을 것이다. 루터는 후에 자신의 비움 교리에서 그리스도께서 참 인간이심이라는 형상에 충실하게 머물러 있는가?[31] 인성에 신적 속성이 참여한다는 루터의 개념은 성찬에 관하여 츠빙글리에 반대하는 그의 입장을 대변해야 했고, 그리스도의 참 인간이심을 고백하도록 힘써야 했다.[32] "그것은 '여기서 루터가 사용한 개념들로 인해 잘못된 선로 위에 서게 된 것은 아닌가?' 라는 질문인데, 그 개념들이 예수 그리스도의 참된 인성과 하나님의 전능하신 사역을 동시에 표현하기에는 적합하지 않았다. 예컨대, 말씀과 성찬의 표식을 통해 인간이신 예수께서 자신

30 M. Lienhard, Martin Luthers christologisches Zeugnis, 130.
31 M. Lienhard, Martin Luthers christologisches Zeugnis, 130; P. Althaus, Die Theologie M. Luthers, 172.
32 M. Lienhard, Martin Luthers christologisches Zeugnis, 172ff.

이 원하시는 곳이라면 어디나 나타나실 수 있다는 등의 개념이다."[33] 린하르트의 정당한 질문은, '여기서 가현설을 피해갈 수 있는가?' 라는 것이다.[34]

그럼에도 불구하고 우리가 이곳에서 잊지 말아야 할 것은 성찬논쟁에서 발생한 차이점이 기독론에 관한 논쟁에서 발생하지 않았다는 것이다. 성찬의 성례에 대한 다양한 견해는 그리스도 안에 있는 양성의 관계에 관한 가능한 질문을 다양하게 조명했다. 하지만 이 질문들은 1536년에 일어난 루터와 부써 사이의 화해를 가로 막지 못했고 그것으로 남부 독일 사람들을 방해하지도 못했다. 멜랑흐톤이 문서로 표명했었던 것은 성경적 진리의 심오한 핵심을 가지고 있었다. "우리가 말하는 것은 그리스도를 아는 것, 즉 그분의 양성을 보는 것이 아니라 그분의 선행을 아는 것과 그것에 의해 사는 것이다." 이런 지식에 근거하여 1536년에 양쪽이 서로 화해의 악수를 했던 것은 사실이지만, 아쉽게도 보다 낮은 이곳으로부터 시작된 그 화해가 교회와 신앙고백 차원의 실제적인 일치를 이끌어내는 보다 높은 자리에 오르지는 못했다. 개혁파 전통과 루터파 전통이 역사적으로 굳어져버린 이후, 기독론에 관한 질문이 두 전통 사이에서 모종의 역할을 하는 것은 분명하다. 개혁교인들은 있는 힘을 다해 편재론자들의 개념들을 버렸다. 스콜라주의 방법으로 서로를 공격하는 수많은 토론이 진행되었다. 루터 자신은 언제나 명확하지는 않았지만 성부수난설과 멀찌감치 떨어져 있었다. 성부수난설은 고대기독교의 양태론 추종자들의 견해인데, 이들은 성부 하나님께서 친히 십자가에서 고난 받으신 것으로 생각했다. 그리스도의 고난 받으심에 있어서 가장 심각한 문제는 두 본성 사이의 관계가 불가해한 비밀이라는 것이다. 즉 양성의 관계는 굉장한 미스터리, 육신에 관한 지속적인 불쾌감, 가장 심각한 십자가의 분노이며 동시에 십자가 신학의 가장 부요한 영광이다.

---

33 M. Lienhard, Martin Luthers christologisches Zeugnis, 175.
34 M. Lienhard, Martin Luthers christologisches Zeugnis, 175.

하나님의 분노를 짊어지신 인간이신 예수님께서는 세상 죄를 지고 가는 하나님의 어린 양이시다. 인간이신 예수님께서 이렇게 하실 수 있는 것은 그분 자신이 가장 높으신 하나님이시기 때문이다. "하지만 신성은 스스로 물러나 숨었다."[35] 인간 예수님께서는 홀로 남겨지셨으나 혼자가 아니셨다. 왜냐하면 하나님께서 친히 이 고난을 이겨내도록 하셨기 때문이다. 인간 예수님께서는 그와 같이 혼자셨지만 또한 죄와 마귀와 죽음을 완전히 이기셨다. "십자가만이 우리의 신학이다."

---

[35] P. Althaus, Die Theologie M. Luthers, 175.

14장

나의 양심은 하나님의 말씀에 사로잡혔다

R. H. Grützmacher, *Wort und Geist. Eine historische und dogmatische Untersuchung zum Gnadenmittel des Wortes*, Leipzig 1902; **J. C. S. Locher**, *De leer van Luther over het Woord Gods*, Amsterdam 1903; **G. Ebeling**, *Evangelische Evangelienauslegung. Eine Untersuchung zu Luthers Hermeneutik*, Darmstadt 1969[2]; **H. Noltensmeier**, *Reformatorische Einheit. Das Schriftverständnis bei Luther und Calvin*, Graz/Köln 1953; **W. von Loewenich**, *Luther als Ausleger der Synoptiker*, München 1954; **H. Østergaard-Nielsen**, *Scriptura sacra et viva vox. Eine Lutherstudie*, München 1957; **W. J. Kooiman**, *Luther en de Bijbel*, Baarn 연도미상; **J. Pelikan**, *Luther's Works*. Companiom Volume. *Luther the Expositor*, St. Louis 1959; **F. Beisser**, *Claritas Scripturae bei Martin Luther*, Göttingen 1966; **A. S. Wood**, *Captive to the Word, Martin Luther: Doctor of Sacred Scripture*, Paternoster Press 1969; **J. K. S. Reid**, *The Authority of Scrpture: A Study of the Reformation and Post-Reformation Understanding of the Bible*, Westport Conn. 1981[3].

자유와 권위

루터의 종교개혁 사건은 그를 교회의 권위로부터 내적으로 해방시켰다. 하지만 동시에 그것은 루터를 하나님의 말씀의 권위에 구속시켰다. 후자의 속박 때문에 루터는 결코 자신의 개인적인 자유가 방해 받는 경험을 한 적이 없었다. 바로 이 말씀의 권위가 루터의 양심을 해방시켰다. 종교개혁은 누구의 양심도 강탈하지 않았다. 종교개혁은 고유한 양심이 승인하는 증거에서 자유를 가장 깊이 만끽했다. 하지만 양심의 소리는 하나님의 말씀에 부합하는 보조 증언에 불과한 것이었다. 그러므로 루터는 상충되는 것으로 보이는 두 가지 발언을 할 수 있었다. "양심은 하늘과 땅보다 더 큰 무엇이다. 그것은 죄에 의해 죽고 그리스도의 말씀에 의해 깨어난다."[1] 루터에게 양심은 영원한 심판이 떨어지는 장소다. 거기서 루터는 하나님의 진노를 끔찍스러운 실제로 느낀다.[2] 절대적으로 객관적 실제는 여기서 그와 같이 실제로 경험되기 때문에 하나님의 진노 아래 고난을 당한다. 그것은 영적 시련의 고난이었다. 하지만 여기서 그의 양심을 통해 실제적인 용서의 부요함도 느끼고 하나님 자신의 말씀을 통해 하나님께서 권위 있게 말씀하시는 것도 경험했다. 그러므로 이 말씀에 의한 말씀의 속박은 루터에게 그리스도인의 자유의 가장 깊은 본질이었다.

루터가 복음을 발견한 것을 회상해 볼 필요가 있다. 그것은 하나님의 말씀과의 씨름이었는데, 이 씨름은 복음이 루터의 경험 앞에 출구

---

[1] WA 44; 546. 참조. B. Lohse, "Conscience and authority in Luther," in: Luther and the dawn of the mordern era. Papers for the fourth International Cogress for Luther Research, ed. H. A. Oberman, Leiden 1974, 158-183, 특히 160; R. E. Davies, The Problem of authority in the continental reformers: A Study in Luther, Zwingli and Calvin, London 1946. 비교. Lohse, Martin Luther. Eine Einführung, 160.

[2] J. T. Bakker, Coram Deo, 44.

를 제시하고 죄와 하나님의 의를 묻는 혹독한 질문에 대한 대답을 제시하기까지 지속되었다. 권위문제로 종교개혁 전체를 관찰할 수 있다. 종교개혁 이후로 권위문제가 더 이상 문화적 현상으로 나타나지 않는다고 생각할 수는 없다. 하지만 권위문제는 이 문제를 두고 끈질기게 씨름했던 루터 자신의 경험과 관련이 깊다. 그리스도인의 자유는 양심을 가지고 하나님 앞에 서는 자유에서 그 근거를 찾는다. 그러나 이 양심은 하나님의 말씀에서 그 근거를 찾는다. "사람의 교육은 교육에 의지하는 양심과 같은 그런 것들이 얼마나 아름다운지 주입할 것이다. 어떤 도움이나 결과도 없다. 하지만 하나님의 말씀은 영원하고 영원히 보존될 것이다. 마귀 등도 말씀을 무너뜨릴 수 없다. 이 기초는 양심 앞에 위치되어야 하는데, 이것은 양심이 말씀을 계속해서 의존하게 될 것이고 스스로 지킬 수 있도록 하기 위해서다."[3] 루터는 '하나님 앞에서'coram Deo와 '사람들 앞에서'coram hominibus를 구분함으로써 양심에 대한 자신의 견해에 도달했다.[4] 선한 양심은 하나님을 신뢰하는 것에 있다. 루터는 다양한 방법으로 자유와 양심을 서로 연결할 수 있다. 양심을 그리스도의 통치 아래 해방된다. 그리스도의 왕국은 선한 양심의 왕국이다. 악한 양심의 해방은 우리가 은혜로우신 하나님을 얻을 경우에만 발생한다. 갈라디아서 주석에서 루터는 참된 자유란 자율의 문제가 아니라, 외부로부터 그리스도 안에 있는 우리에게로 들어오는 것에 종속적인, 가장 절대적 속박이라는 사실을 분명하게 말한다. "그러므로 우리의 신학은 확실하다. 왜냐하면 그 신학은 우리를 우리 밖에 놓아두기 때문이다.quia ponit nos extra nos 나는 내 양심과 내 개인적인 감정과 내 공로를 의지할 필요가 없다. 내게 필요한 것은 속일 수 없는 진리 안에서 하나님의 약속을 의지하는 것이다."[5] 루터는 극단적인 자들을 대항하기 위해 이 성경의 권위를 방어해

[3] WA 10, 3; 172.
[4] B. Lohse, "Conscience and authority in Luther," 165.

야만 했다. 먼저, 로마교를 반대하는데, 루터의 눈에는 로마교는 외적인 권위로 무장한 것으로 보였다. 약속의 말씀인 하나님의 말씀의 권위를 루터는 시작부터 지켜야만 했는데, 그것은 교회의 권위에 맞서기 위해서였다. '오직 성경'sola scriptura은 이미 종교개혁을 위한 이상적인 표어로도 알려졌다. 중세시대에는 자기 스스로 성경을 이해하는 것이 아직 이단은 아니었다. 비록 '오직 성경'이 유명한 조직신학들의 첫 면을 장식하지는 못했을지라도 그것은 '가톨릭의 불가타 성경'vulgärkatholische을 말하는 것이었다. 불가타 성경을 원천적으로 반대하는 스콜라신학자는 아무도 없었다.[6] 하지만 성경의 권위는 대부분의 경우 교회가 가르치는 대로 소개되었다. 중세 내내 아우구스티누스Augustinus 말도 영향력이 컸는데, 특히 종교개혁을 반대하는 문헌에서 중심 역할을 할 정도로 강력했다. "가톨릭교회의 권위가 내 마음을 움직이지 않았더라면 나는 아마도 복음을 믿지 않았을 것이다."[7] 이 점에서 위클리프Wiclef의 비판이 시작되었다. 위클리프는 가톨릭교회와 위계제도를 분리시켰을 뿐만 아니라, 또한 사람은 오직 하나님의 은혜로만 믿음과 더불어 복음에 대한 확신을 갖게 된다고 말했다.[8] 그리고 루터에게 그 문제는 우선 이런 배경에서 발생하게 되는데, 루터는 성경에 대해 다음과 같이 말한다. "이 왕[성경 = 여왕]은 통치해야 하고 모든 사람은 그녀에게 순종하고 복종해야 한다."[9] 갈라디아서 주석에서 루터는 말씀 위에 있는 지배권을 거부한다. 비록 하늘의 천사가 온다 해도 바울은 이렇게 말했을 것이다. "교황이 성경 위의 심판관이라거나 교회가 성경 위의 권위를 가지고 있다는 말이 저주받을 거짓말이라는 실례가 바로 여기에 있다. 우리가 이 저주받을 불경

---

[5] WA 40, 1; 589.

[6] F. Kropatscheck, Das Schriftprinzip der lutherischen Kirche. Geschichtliche und dogmatische Untersuchung, Band I. Die Vorgeschichte. Das Erbe des Mittelalters, Leipzig 1904, 439f.

[7] F. Kropatscheck, Das Schriftprinzip der lutherischen Kirche, 442.

[8] F. Kropatscheck, Das Schriftprinzip der lutherischen Kirche, 442.

[9] WA 40; 120.

건한 가르침을 거부할 수 있는 확실한 본문이다. 바울은 하늘의 천사와 지상의 교사들과 다른 모든 스승들과 더불어 성경에 복종한다. 이 여왕이 통치해야 하고 모든 사람은 그녀에게 순종하고 복종해야 한다. 교황, 루터, 아우구스티누스, 바울, 하늘의 천사, 즉 이들 모두는 스승과 재판장이 아니라, 다만 증인과 제자와 성경 고백자가 될 수 있을 뿐이다. 교회 안에서 하나님의 순수한 말씀 이외의 어떤 교리도 가르쳐지거나 들려져서는 안 된다."[10]

이미 교회의 바벨론 포로에 관한 자신의 책에서 루터는 순수한 위치를 점했다. 교회가 말씀의 창조물이지 이것의 역은 아니다. "성경은 신학적 진리와 교회가 나오는 어머니의 품이다."[11]

신품성사에 대한 루터의 입장은 분명하다. 루터는 고대의 훌륭한 관습을 그 자체로만 반대한 것이 아니다. 하지만 주의해야 할 것은 "비록 신품성사가 하나님의 이름으로 명령된 것이라 할지라도, 마치 하나님에 의해 제정된 것인 양" 사람들이 신품성사를 거룩한 권위로 덮어씌우지는 않았다는 점이다. 우리는 "그것이 신앙조항들이라는 것을 자랑할 때," 그 모든 것을 "명확한 성경을 가지고" 순수하고 분명하게 증명하도록 노력해야 한다. "... 교회는 신적 은혜의 새로운 약속들을 확정할 수 있는 어떤 힘도 가지고 있지 않다. 마치 하나님께서 확정하신 것이 아니라면 어떤 것도 하찮은 권위조차 갖지 못하는 것처럼. 왜냐하면 교회는 성령에 의해 통치되기 때문이다. 교회는 약속의 말씀으로, 믿음으로 태어날 뿐만 아니라, 또한 그것에 의해 양육되고 보존된다. 즉 교회 자체는 하나님 약속에 의해 세워지는 것이지 하나님의 약속이 교회에 의해 세워지는 것이 아니다. 왜냐하면 하나님의 말씀은 비교 불가한 방법으로 교회 위에 있기 때문이다."[12]

---

10 WA 40; 120.
11 WA 3; 454.
12 WA 6; 560f.

로마교회가 교회의 권위에 객관적으로 확고하게 호소하는 것과 반대로 루터는 말씀에 호소한다. 하지만 루터는 열광주의자들의 오류를 알아차렸다. 성령에 대한 열광주의자들의 호소는 성경의 권위를 떨어뜨리는 것이었다.

말씀과 성령

로마교회에 대항하여 루터는 성경이 그 자신의 권위를 스스로 갖는다는 논제를 제시한다. 복음이란 교회가 복음을 말하기 때문에 믿는 것이 아니라, 사람들이 복음이 하나님의 말씀이라고 깨닫기 때문에 믿는다.[13] 그렇다면 말씀이 모든 것을 시험해야 한다.[14] 루터는 열광주의자들을 대항해서는 특별히 그들의 율법주의라는 가면을 벗겼다. 그들이 구약성경 본문들에 호소하는 것을 루터는 거부했다. 또한 그들의 율법주의가 그들의 신령주의에 뿌리를 내리고 있다는 것을 루터는 지적했다. 루터는 뮌처의 성경사용에 대해 뮌처가 구약을 아무런 뉘앙스 구분도 없이 마구잡이로 사용했다고 언급한다. "사람은 히브리서 13장 7절의 말씀처럼 사건들을 파악해야 한다. '그들의 [행실의] 결말을 [주의하여] 보고 그들의 믿음을 본받으라!' 여기에는 '그들처럼 행하라!'고 말씀하지 않는다. 그런데 뮌처는 설교하기를, '사랑하는 친구들이여, 기드온이 어떻게 미디안인들을 대항하여 하나님의 검을 휘둘렀는지, 다윗이 어떻게 하나님의 전쟁을 치렀고 폭군들을 물리쳤는지 읽지 못하고 듣지 못했는가? 너도 하나님의 백성이 되어 기드온의 검을 들라!'... 뮌처는 이런 방법으로 백성을 이끌었고 검을 잡았다. 아마도 그가 '사랑하는 친구들이여,

---

[13] WA 30, 2; 687.

[14] 비교. R. Prenter, Spiritus Creator, München 1954, 107ff.; R. H. Grützmacher, Wort und Geist. Eine historische und dogmatische Untersuchung zum Gnadenmittel des Wortes, Leipzig 1902, 8ff.

그들의 믿음은 본받되 그들의 행실은 본받지 말라!'라고 말했더라면 더 나았을 것이다."[15] 성령께서 성경에 있는 모든 것으로 우리를 속박하지 않으시는데, 구약의 그와 같은 모범들로 우리를 속박하시지 않는 것은 확실하다. 그러므로 구분해야만 한다. 성경을 아무런 구분 없이 설명하는 것은 무익하다. 모범과 기적은 구분되어야 한다. 모범은 본받아야 하는 것이지만 기적을 무모하게 본받을 수는 없다.[16] 루터가 가장 심각하게 생각하는 것은 뮌처가 성경을 성령의 종에 불과한 것으로 만드는 일이다. 루터가 성경에 호소하는 것은 "사람들이 좀 더 높이 올라가야 하고 성경 없이도 성령을 받을 수 있어야 한다."라는 것을 의미하지 않는다. "저 어리석은 바보 교황도 그렇게 한다. 왜냐하면 교황은 자신이 성령을 가지고 있고 그리스도께서는 자신의 교회를 떠나지 않으신다고 말하기 때문이다. 성경을 교황에게 들이대면, 그는 말하길, 성경 해석은 내게 달린 것이야! 기웃거리며 다니는 열광주의자들, 즉 성령을 자랑하는 자들을 주의하라! 혹 바울이 성령을 가졌던가? 바울은 말씀을 통해 성령을 발견했다. ... 하지만 열광주의자들은 먼저 성령을 소유하길 원하는데, 이렇게 되면 성경은 그들의 종이 되어야 하고 그들의 발에 짓밟혀야 한다. 마치 뮌처가 마가복음을 나쁘게 말했던 것처럼!"[17] 루터가 열광주의자들에게서 가장 크게 놀란 것은 그들이 더 이상 하나님의 말씀인지 자신들의 말인지 구분할 수 있는 어떤 규범도 갖고 있지 않다는 사실이다. 그들은 도무지 믿을 수 없는 것이 인간의 마음이라는 점을 전혀 고려하지 못했다. "뮌처가 꿈을 꾸었을 때 그것은 성령의 뜻이었다. 우리가 우리 자신의 마음에 품고 있는 거대한 괴물을 주의하는 것만으로는 충분할 수 없다. 마음은 악하고 나쁘기 때문이다. ... 사람은 내적인 말을 가지고 있어야 한다. 내적인 말은 저 거대한 괴물을 원하는데, 인간의

---

15 WA 47; 450.
16 WA 42; 531. 비교. E. Mühlhaupt, Luther über Müntzer, Witten 1973.
17 WA 46; 412.

마음이 외적인 말을 그와 같은 괴물로 간주한다. ... 바울은 외적인 말씀, [즉 설교]에 대해 말하는 것이 아니다. 그가 말하는 것은 바울이 말씀의 종이 되는 바로 하나님의 말씀, [즉 성경]이다. 그래서 그는 그 말씀을 하나님의 능력이라 부른다."[18]

참으로 뮌처가 널리 퍼뜨렸던 내적인 말이란 영혼의 심연에서 하나님의 계시로 들렸던 말이다. "성경을 수천 번 읽었을지라도, 하나님의 산 증거를 통해 말씀을 경험하지 못하고 실제로 체험하지 못했다면 그는 하나님에 대해 본질적인 어떤 것도 말할 수 없다."[19] 보다 더 기만적인 방법으로는 결코 그렇게 할 수 없었다. 말씀을 이렇게 내면화 하는 것에 대해 루터는 호되게 야단쳤다. 이런 배경에 대항하는 그의 견해는 말씀과 성령의 관계라는 의미에서 보아야 한다.

말씀은 하나님께서 사용하시는 은혜의 수단이다. 즉 "말씀은 하나님의 영원한 힘이다. 왜냐하면 소리나 말은 재빨리 사라져버리지만, 핵심인 이해는 남는다. 즉 소리에 내포되어 있던 진리는 남는다."[20] 이 비밀을 이해하도록 촉구하며 루터는 이렇게 경고한다. "사람이 알기를 원해야 하는 것은 성령을 받는 방법이 아니라, 오직 말씀을 해석하고 적용하는 방법이다. 성령께서는 그와 같이 마음에 불을 붙이고 우리 안에서 일하실 것이다."[21]

말씀과 성령이 나란히 있고 연속적으로 있다는 것이 처음부터 확실한 것이었다면, 루터는 그 둘을 점점 더 밀접하게 연결시켰다. 실제적인 전치사로는 "통하여" 즉 "말씀을 통하여"per verbum이다. 이 전치사로 둘의 매개를 확실하게 강조할 수 있다. 말씀은 탁월한 구원의 수단이기 때문이다. 말씀은 우리가 사용하는 규범과 모든 것을 판단하는 규범일 뿐만 아니라, 특별히 자기 자신의 사역을 수행하시기 위해 하나님께서

---

18 WA 27; 76.
19 Thomas Müntzer, Kritsche Gesamtausgabe, (G. Franz), Gütersloh 1968, 251.
20 WA 12; 300.
21 WA 9; 632.

놀라운 방법으로 사용하시는 수단이기도 하다. "이것은 하나님의 놀라운 비법, 즉 말씀이 우리에게 선포되고 우리와 통할 때 하나님께서 입술의 말씀을 통해 성령을 주시고 쏟아 부으시는 비법이다."[22] 루터는 그 관계를 규정하기 위해 수많은 비유들을 사용한다. 예컨대, 말씀은 수레요, 도구다. 마치 우리가 우리 발로 걸어서 나아가는 것과 같이 복음은 설교하는 자들의 목소리를 통해 사람의 귀에 들어간다. 그러므로 복음의 말씀은 다리, 인도, 도로, 전도체, 성령의 통로vehiculum spiritus, 저자, 갈퀴, 씨, 물, 운하 등으로 불린다. 이러한 비유들로 루터는 성령의 손에 있는 말씀에 관한 것을 말하려고 한다.[23] 성령을 생각할 때 하늘을 바라보지도 말고 성령을 입술의 말씀 혹은 설교직분으로부터 분리하지도 말아야 한다. "오히려 성령께서 말씀하는 자가 되길 원하시고 말씀과 함께 하길 원하시며 이렇게 함으로써 우리를 모든 진리로 인도하길 원하신다는 것을 알아야 하고 배워야 한다."[24] 주님께서는 우리에게 말씀을 주시고 이 말씀을 통해in eo 성령을 주신다. 주님께서 그것을 그렇게 원하신다는 것만으로 우리에게 충분해야 한다. 즉 주님께서 그것을 명령하셨기 때문에 우리는 그것을 주의해야 하고 계속 유지해야 하는 것이다.

하나님께서는 이런 방법으로 우리의 약함을 도우신다. 우리가 어떻게 그분의 위엄 가운데 하나님을 마주 대할 수 있겠는가? 누가 일순간이라도 자신을 노출시킬 수 있겠는가? 그러므로 하나님께서는 이런 방법으로 우리와 소통하신다. 즉 말씀을 전달하는 인간의 입을 통해. 그 말씀은 권위가 있다. 하지만 아주 특별하고 개인적인 방법으로 성령의 능력으로 얻는 말씀의 권위는 우리를 위한 것이다. "하나님께서는 모든 사역을 자기 자신을 통해 하실 수 있다. 그럼에도 불구하고 하나님께서는 우리

---

22 WA 16; 269.
23 R. H. Grützmacher, Wort und Geist, 21, Anm. 1.
24 R. H. Grützmacher, Wort und Geist, 20; 또한 36ff.

를 믿음으로 인도하시기 위해, 이렇게 하심으로 우리의 연약함에 맞추시기 위해 말씀 사역의 사용을 제한하셨다."[25] 그와 같이 성경의 자증自證, 즉 성경이 성경 자체의 권위를 알리고 깨닫게 한다는 사실은 성령의 일이다. 로마교회에 대항하여 루터는 말씀을 지적하는데, 그것은 교회가 약속으로부터 태어나기 때문이다.

열광주의자들에 대항하여 루터는 말씀과 성령의 불가분리적 관계를 강조하는데, 이것은 우리가 우리 자신이 꾸는 꿈의 희생제물이 되지 않도록 하기 위해서다.

성경은 스스로 해석한다.

이런 의미에서 루터는 성경 해석을 위한 아주 단순한 규칙을 제공했다. "성경은 성경 자체의 해석자다"Sacra Scriptura sui ipsius interpres 실제로 이 말은 오직 성령만이 최고의 해석자다라는 확언의 반대다. "성경은 오직 성령을 통해서만 이해될 수 있는데, 그것은 성경이 성령에 의해 기록되었기 때문이다. 그리고 이 성령은 자신이 기록하신 성경 안에서 가장 가깝게 혹은 가장 힘 있게 발견될 수 있다."[26] 여기서 성경 해석은 성경의 영감과 직결된다. 그것에 대해 루터는 분명 어떤 이론도 제시하지 않았다. 그리고 우리가 그에게 묻는 질문들에 대해 우리는 다양한 대답을 기대할 수 있다. 먼저, 종교개혁 이후 시대는 영감 교리를 조직적으로 설명하려고 시도할 것이다.

하지만 우리는 루터에게서 아무도 성경을 성령보다 더 잘 이해하지 못한다는 생각과 이렇기 때문에 성령께서 최상의 해석자라는 생각을 발견한다. 또한 '성경은 스스로 해석한다!'는 그의 말은 말씀과 성령의

---

[25] WA 5; 505.
[26] WA 7; 97.

관계에 대한 그의 견해와 일치한다는 점에서 이해할 수 있다. 이런 식으로 루터는 동시에 "오직 성경"sola scriptura의 원리를 옹호했다. 권위를 가지고 성경을 설명하기 위해 성경 옆이나 위에 다른 어떤 법정이 필요하다면 그것으로 성경의 권위가 동시에 성경으로부터 예컨대 교황이나 교회로 이동하게 되는 것이리라. 이제 성경은 그 자신의 권위로 옷 입고 서 있다. 교회 직분에 반대하여 루터는 말할 수 있다. "성경은 스스로 해석한다." 우리는 성경에 순종해야 한다. 하지만 열광주의자들에 반대할 때도 루터는 똑같이 말한다. 그리고 그와 같이 그는 그들의 설명을 성경으로 시험할 수 있다.

그럼에도 불구하고 루터는 성경 해석에 대한 그 자신의 고유한 방법을 사용했다.

중세시대와 이후에도 여전히 통용된 방법, 즉 성경의 다양한 의미로부터 나오는 방법을 루터는 초기에는 사용했으나 후기에는 더 이상 사용하지 않았다.[27] 그의 첫 강의들에서 특별히 루터는 본문이 사람과 그리스도의 관계에서 의미하는 것의 발자국을 따라가기 위해 일종의 비유적 해석 방법을 사용했다.[28] 풍유적 해석 방법도 루터에게는 여전히 의미 있는 것이었다. 루터에게 그것은 특별히 구약에서 그리스도를 발견하는 수단이었다. 하지만 풍유는 성경 전체에서 그리스도와 연관된 본문에

---

[27] G. Ebeling, Evangelische Evangelienauslegung. Eine Untersuchung zu Luthers Hermeneutik, Darmstadt 1969[2], 48; G. Ebeling, Lutherstudien I, 52ff. 사람들은 역사적 해석과 영적 해석을 구분했다. 영적 해석에는 풍유적 의미와 신비적 의미와 교훈적 의미가 있다. 이것에 대해 잘 알려진 라틴어 문구는 이렇다. "Littera gesta docet / quid credas allegoria / moralis quod agis / quid speras (quo tendas) anagogia." = 문자적 의미는 어떤 일이 일어났는지를 알려준다. 풍유는 우리에게 무엇을 믿어야 할 것인지를 가르친다. 도덕적 의미는 우리가 행해야 할 것이 무엇인지 말하는 반면에 신비적 해석은 우리가 무엇을 희망할 것 혹은 추구할 것이 무엇인지 말한다.

[28] 참조. 18장의 '시련을 겪은 루터'. 비교. W. J. Kooiman, Luther en de bijbel, Baarn 출판연도미상, 28-48; G. Ebeling, Evangelische Evangelienauslegung, 61; K. -H. zur Mühlen, Nos extra nos, 27; O. H. Pesch, Hinführung zu Luther, Mainz 1983[3], 61f.

대한 루터의 확실한 논증을 표현하기 위한 수단과 같은 것이었다.[29]

약속과 성취는 그리스도 안에서 서로를 발견한다. 그래서 율법과 복음이라는 한 쌍의 개념은 루터에게는 성경을 이해하기 위해서도 중요한 주제가 되지만, 그리스도의 구원의 도를 수행하는 한 쌍의 개념으로만 성경을 이해하지 않기 위해서도 중요한 주제가 된다. 우리는 성경에서 그리스도를 발견하는데, 그리스도께서 구약에서는 가려져 있었다.[30] 천사들이 목자들을 베들레헴으로 보냈던 것처럼 우리도 구약에서 그리스도를 찾아야만 한다. 그리스도를 성경에서 찾는 사람만이 성경의 바른 스승이 된다. 우리는 성경을 그리스도와 연결시켜야 한다. 그리스도만을 설교해야 한다.[31]

루터가 이것으로 자신의 표준을 삼았다는 것은 잘 알려져 있는데, 이 표준으로 그는 믿음으로부터 출발하여 성경에 비판적으로 접근했다. 성경에서 듣는 것은 그리스도를 전하는 것이다.was Christum treibet 이렇게 말함으로써 그는 성경 가운데 몇 권에 대해 비판할 수 있었다. 하지만 루터가 그렇게 한 것이 그리스도를 중심에 놓기 위해서라는 점을 부인할 수는 없다.

우리가 이것을 눈 여겨 볼 때만이 성경이 스스로 설명한다고 말하는 루터 표현법의 배경을 이해할 수 있다. 그리스도께서는 자신의 말씀을 통해 말씀하시고 자신이 우리의 구원이심을 우리에게 스스로 증거 하신다. 그리고 이런 방법으로 우리에게 저 다른 성경의 '속성들'은 분명하게 드러난다. 그리스도를 통해 성경은 권위를 갖게 되고 그리스도를 믿는 믿음을 통해서만이 이런 권위가 인식된다. 반면에 성경의 충족성과 확실성도 오직 이것으로부터 설명될 수 있다. 이 '속성들'은 성경에 어떤

---

[29] G. Ebeling, Evangelische Evangelienauslegung, 50ff; W. von Loewenich, Luther als Ausleger der Synoptiker, München 1954, 16ff.

[30] P. Althaus, Die Theologie Martin Luthers, 85, Anm. 53.

[31] WA 16; 113.

새로운 것도 첨가하지 않는다. 그것들은 성경이 그리스도께 속하고, 그리스도를 증거하며 항상 새롭게 그리스도를 지향한다는 루터 견해의 자연스러운 결과들이다. "성경 전체는 그리스도를 중심으로 돌아간다. ... 지금 누군가 와서 그가 그리스도 이외의 다른 의사에게 데려간다면 나는 이렇게 말할 것이다. 하나님께서 그런 사람을 확증하신 일이 없다. 하나님께서 의도하시는 분은 오직 예수님뿐이시다."[32]

"그러므로 성경의 권위와 완성과 확실성의 결합은 루터에게 결코 분리될 수 없는 무엇이다. 왜냐하면 루터가 성경을 확실히 그리스도 중심적으로 읽기 때문이다."[33] 여기에 로마교회와 다른 차이점이 있었다. 영감에 대한 '형식적' 개념에서는 차이가 없었다. 로마교회가 성경과 동등한 다른 계시의 원천을 인정했다는 것이 특별히 종교개혁 초기에는, 종교개혁자들이 성령에 의해 영감된 성경의 신적 계시를 인식했음에도 불구하고, 이런 의식으로 인해 변경된 것은 아무 것도 없었다. 우리가 생각하는 것처럼 이와 관련하여 로마교회에 반대하는 어떤 고백적 설명도 이전에는 필요하지 않았다. 그러므로 우리는 초대교회의 신앙고백들에서도 성경에 관한 그런 의도적 해설을 놓친다. 성경과 교회의 관계에 대한 다른 견해가 경계를 정한다. 그리고 그것으로 종교개혁은 어떤 불확실성도 보이지 않았다. 왜냐하면 믿음을 위한 최후의 기초는 우리에게 복음의 약속으로 설교되는 그리스도이시기 때문이다.[34]

성경의 명료성

성경의 정경성을 인정하는 문제와 관련하여 루터가 기록한 것은 모든

---

[32] WA 33; 19.
[33] W. Elert, Morphologie I, 167.
[34] W. Elert, Morphologie I, 167ff.

"속성"을 위해서도 유효하다. 그리스도께서 가르치시지 않는 것은, 비록 그것이 베드로나 바울이 가르친 것이라 할지라도, 사도적인 것이 아니다. 그리스도께서 선포하시는 것은, 비록 유다, 안나, 빌라도, 혹은 헤롯의 말이라 해도 사도적인 것이다.[35] 이런 방식으로 루터는 성경에 관하여 아주 공정하게 말할 기회가 자신에게 주어진다는 입장을 견지했다. 세 가지 말이 상호 대립적이다. 첫 번째 말은 '성경이 곧 하나님 자신이다'.[36] 두 번째 말은 '성경이 하나님의 말씀을 포함한다.'[37] 세 번째 말은 그것들을 대립시킨다. '하나님과 하나님의 성경은 마치 조물주와 피조물이 둘 인 것과 같이 둘이다.'[38] 하지만 우리가 이 말들을 상호 관계에서 살펴보면 모든 것이 달리 보인다. 하나님과 성경을 동일시하는 첫 번째 말은 온갖 의문을 불러일으킨다. 하지만 우리의 판단에 따르면 루터가 자신의 독일어 저술들의 초판 서문에서 이 말들을 기록한 것은 기대 이상이다. 사람들이 기록하는 것과 비교해 볼 때 성경이 하나님 자신이라는 것이 그렇다. 거기서 루터는 기록하기를, "우리가 성경 자체를 번역하기 시작했을 때 우리의 소망은 성경이 보다 적게 기록되어 있고 보다 많이 연구되고 읽혀지는 것이었다."[39] 사람들이 쓴 책은 하나님의 책과 어떤 면으로도 비교될 수 없다. 왜냐하면 성경은 하나님 자신이기 때문이다.

두 번째 말, "성경은 하나님의 말씀을 포함한다."는 것은 두 번째 강림주일 설교롬15:4-13에 있는 내용이다. 거기서 루터는 말하길, 우리는 인내와 위로를 통해 성경에서 희망을 퍼 올린다는 것이다. "사도가 그리스도인들에게 읽고 연구하도록 준 책, 즉 오직 성경에만 주목하라. 왜냐하면

35 J. K. S. Reid, The authority of scripture: A study of the Reformation and Post-Reformation Understanding of the Bible, Westport Conn. 1981³, 70.
36 WA 50; 657.
37 WA 10, I, 2; 75.
38 WA 18; 606. 비교. Lohse, Martin Luther. Eine Einführung, 163.
39 WA 50; 657.

그는 거기에 우리의 가르침이 있다고 말하기 때문이다."[40] 로마교회는 이 책을 밀쳐냈다. 아리스토텔레스는 성경을 이해하는데 어떤 기여도 하지 못했다. 이 책만이 우리의 가르침, 즉 우리가 설교하는 것과 같은 복음을 포함한다. "만일 우리가 다른 책을 읽어야만 한다면 사도는 우리에게 다른 책을 말했을 것이다." "모든 가르침이 드러나도록 해야 한다. 사람들에게 [성경의] 모든 책을 전해야 하고 이 책들이 가장 하찮은 시련으로도 한 영혼을 위로할 수 있을 만큼 대단한 힘을 가지고 있다는 것을 보여주어야 한다. 왜냐하면 하나님의 말씀을 듣지 않는 영혼을 위로하는 것은 불가능하기 때문이다. 하지만 성경 안이 아니라면 하나님의 말씀이 그 모든 책 어디에 있단 말인가? 그렇다면 왜 우리는 다른 책을 읽고 이 책을 내려놓는 것인가? 다른 책들은 우리를 고통스럽게 하고 죽일 수 있다. 하지만 성경 이외의 어떤 책도 위로할 수는 없다. ... 왜냐하면 성경이 하나님의 말씀을 포함하고 있기 때문이다."[41] 거짓과 어둠, 독, 죽음, 파멸, 지옥, 마귀 등과 같은 대재앙으로 가득한 다른 책들과 대립적인 유일한 책이 바로 성경이다. 왜냐하면 성경만이 하나님의 말씀을 포함하기 때문이다. 그러므로 신적인 빛이 이 책을 비춘다고 루터는 생각한다. 사람들이 성경에서 가르침과 위로를 발견하는 것은 하나님 자신이 거기서 계속 말씀하시기 때문이다.

복음에 관한 루터 자신의 말의 배후가 매우 도발적으로 보이는 세 번째 말을 우리는 에라스무스Erasmus에 반대하는 루터의 저술에서 만난다. "그것은 둘, 즉 하나님과 하나님의 책이다. 그것은 창조주와 하나님의 피조물이 둘인 것과 같다."[42] 루터가 말하고 싶은 것처럼 성경 속에는 하나님의 비밀을 고려하지 않고는 설명할 수 없는 말들이 많이 있다. 예컨대, '주님께서는 자신의 백성을 아신다,' '그 날과 그 시는 아버지

---

40 WA 10, I, 2; 73.
41 WA 10, I, 2; 75.
42 WA 18; 606.

한 분 외에는 아무도 모른다,' '나는 내가 선택한 자가 누구인지 안다' 등등. 루터는 이런 본문들을 우리가 알 수 없는 많은 것들이 하나님 안에 숨겨져 있다는 사실과 연결한다. 후에 루터는 그 주제를 다룬 자신의 논문에서 아주 상세하게 설명한다.[43] 그는 설교되는 하나님과 숨어 계신 분으로 자신 속에 머무시는 하나님 사이를 구분한다. 이와 관련하여 루터가 이미 여기서 말하기를, "둘이 있는데, 하나님과 그분의 말씀이다." 루터에게 성경의 '불확실성'은 바로 거기에 숨겨져 있는데, 하나님께서 자신을 계시하신 것이 충분히 확실하지 않기 때문이 아니라, 하나님께서 스스로 계시하시는 것으로만 자신을 제한하도록 하신 것이 아니기 때문이다. 이런 의미에서 성경은 하나님에 대한 어떤 '정의'도 제공하지 않는다. 하지만 이런 '불확실성'은 에라스무스가 겨냥하는 것과는 아주 다른 성질의 것이다. "무엇인가 성경에 고결하게 숨겨진 채로 남아 있을 수도 있는데, 봉인이 해제되고 무덤 문의 돌이 옮겨질 때까지 그렇다. 그래서 결국 최고의 비밀이 밝혀졌는데, 그것은 하나님의 아들 그리스도께서 인간이 되신 것이다..."[44] 계시된 비밀에 대한 관점을 가지고 아직 성경의 불확실성에 대해 논하는 것은 불가능하다. 오히려 모든 것은 이 중심으로부터 확실하게 된다. "성경 속의 모든 것을 아주 명료하게 알려고 하는 것은 악하고 불신앙적이다. 또한 약간의 어두운 단어들 때문에 일을 어두운 것이라고 언급하는 것도 악하고 불신앙적이다."[45] 외적인 명료성과 내적인 명료성에 대해 논할 수 있다. 외적인 명료성은 말씀 사역과 관련된 것이고, 내적인 명료성은 우리 마음과 관련된 것이라 볼 수 있다. 내적인 명료성에 관하여 누구도 성령 없이는 성경의 '이오타'[=그리스어에서 가장 작은 단어] 조차 이해하지 못한다. 왜냐하면 모든 사람의 마음은 어두워져 있기 때문이다. 전체적으로든 개별적으

---

43 참조. 12장의 '하나님의 숨겨진 의지'.
44 WA 18; 606.
45 WA 18; 606.

로든 성경을 이해하기 위해서는 성령이 필수적이다. 그러나 "외적인 명료성"과 관련해서는 전반적으로 어둡거나 의심스러운 것이 아무 것도 없다. 왜냐하면 성경에 있는 모든 것은 말씀을 통해 가장 분명한 빛으로 조명되고 온 세상에 공개적으로 선포되기 때문이다."[46] 루터는 여기서 성경과 말씀 사이를 가시적으로 구분한다. 그리스도로부터 빛이 성경 전체에 비췬다. 돌이 옮겨졌고 무덤이 최고의 비밀을 누설한 마당에 어떤 어두운 것이 남아 있을 수 있겠는가!

이 성경의 명료성은 오직 그리스도에게로부터 이해될 수 있다. 성경은 그리스도와 그분만을 선포한다. 두 가지가 서로 밀접하게 연결된다. 전자는 루터가 말씀과 성경 사이를 구분하는 것이다. 하지만 이 구분은 결코 분리가 아니며, 대립은 더더욱 아니다. 왜냐하면 이 구분은 중요한 후자와 연결되어 있기 때문이다. 즉 복음은 루터에게 대체로 설교된 말씀이다. 불링거Bullinger는 취리히신앙고백Confessio Helvetica 1항에서 "하나님의 말씀에 대한 설교가 하나님 자신의 말씀이다."Praedicatio verbi Dei est verbum Dei.[47] 루터에게는 정반대인데, 즉 하나님의 말씀이 탁월하게 설교된 말씀이다. "그러므로 기독교 교리에 관한 책을 쓴다는 것은 대체로 신약적이지 않다. 하지만 책 없이도 선하고 유식하고 영적이고 열정적인 설교자들은 어디에나 있어야만 했다. 이들은 사도들도 그렇게 했던 것처럼 구약 성경으로부터 살아 있는 말씀을 가져올 수 있었다. 왜냐하면 그들이 글쓰기에 앞서 일단 자신들의 육체적인 목소리로 사람들에게 설교했고 그들을 회개하도록 만들었다. ..."[48] 그것은 참 사도적이고 신약적인 일이다. 필요는 책을 쓰지 않을 수 없도록 했다. 이단들은 성경이 필요하도록 했다. 하지만 엄밀히 말하면 복음은 온 세상에 울려 퍼지도

---

[46] WA 18; 609.

[47] 비교. Steph. Tökés Istvan, Commentarium in Confessionem Helveticam Posteriorem, Cluj 1968, 184.

[48] WA 10, I, 1; 626.

록 하나님의 은혜를 설교하고 선포하는 것 이외의 다른 아무 것도 아니다. "그것이 기록된 것도 역시 발생할 필요가 없었다."[49] 말씀은 계시의 길을 간다. 믿음은 들음으로부터 난다. "신약의 사역은 돌과 죽은 돌판으로 존재하지 않고 살아 있는 음성의 소리로 정해진다."[50] 복음은 선포되는 것이다. 이것으로 루터는 결론 내리기를, "그래서 그는 장로들에게도 말한다. '하나님께서는 지성소에서 말씀하셨다. 지금은 교회에서 말씀하신다. 하지만 초기에는 회당에서 말씀하셨다. 하나님께서는 성경을 통해 복음을 약속하셨다. 그러므로 우리가 더욱 주목해야 할 사실은 좋은 저술가들보다는 설교자들이 교회에 더 많다는 것이다."[51]

말씀은 설교되어야 한다. 그것은 우리의 마음이 듣는 내적인 음성과 일치하지 않는다. 그것은 교회를 모으는 설교자의 음성이어야 한다. 믿음은 들음에서 난다. 그리고 명확하다는 것이 말씀에 적용된다면 설교에도 적용될 수 있어야만 한다. 설교는 권위를 가져야 하고 구원의 완전한 교리를 포함해야 한다. 또한 설교는 복음의 약속이 선포될 때 그렇게 할 수 있다. 왜냐하면 하나님께서 복음의 약속 이외의 다른 방법으로는 우리를 만나주시지 않는다. 동일한 약속을 믿는 믿음 외에 우리가 하나님과 관계를 맺을 수 있는 다른 방법은 없다. 말씀의 권위에, 즉 이 말씀으로 말씀하시는 그리스도 자신의 권위에 순종할 때 우리는 양심의 자유를 경험한다. 약속을 전하는 곳에 교회가 있다.

---

49 참조. P. Althaus, Die Theologie Martin Luthers, 72, Anm. 2, 3.
50 O. Bayer, Promissio, 249f.
51 WA 5; 537.

15장

교회와 직분

K. Müller, *Kirche, Gemeinde und Obrigkeit nach Luther*, Tübingen 1910; **G. Hilbert**, *Ecclesiola in Ecclesia*, Leipzig/Erlangen 1920; **K. Holl**, Die Entstehung von Luthers Kirchenbegriff, in: *Gesammelte Aufsätze*, Tübingen 1923, 288-325; **W. Elert**, *Morphologie* I, 224-255; **E. Rietschel**, *Das Problem der unsichtbar-sichtbaren Kirche bei Luther*, Leipzig 1932; **H. Fagerberg**, Die Kirche in Luthers Psalmenvorlesungen 1513-1515, in: **F. Hübner/W. Maurer/E. Kinder** (Ed.), *Gedenkschrift* für D. Werner Elert, Berlin 1955, 109-118; **L. Chestov**, *Sola Fide. Luther et l'église*, Paris 1957; **H. Jedin**, Ekklesiologie um Luther, in: *Fuldaer* Hefte 18, Berlin 1968, 9-29; **J. Pelikan**, *Spiritus versus Structure: Luther and the Institutions of the Church*, London 1968; **W. Maurer**, Kirche und Geschichte nach Luthers Dictata super Psalterium, in: *Luther und das evangelische Bekenntnis* I, Göttingen 1970, 38ff.; **S. H. Hendrix**, *Ecclesia in Via: Ecclesiological developments in the medieval Psalms exegesis and the Dictata super Psalterium (1513-1515) of Martin Luther*, Leiden 1974; **J. R. Loeschen**, *The divine community: Trinity, Church, and Ethics in Reformation Theologies*, Kirksville 1981; **P. D. L. Avis**, *The church in the theology of the reformers*, Atlanta 1981; **W. Brunotte**, *Das geistliche Amt bei Luther*, Berlin 1959; **H. Lieberg**, *Amt und Ordination bei Luther und Melanchthon*, Göttingen 1960; **J. Aarts**, *Die Lehre Martin Luthers über das Amt in der Kirche. Eine genetisch-systematische Untersuchung seiner Schriften von 1512-1525*, Helsinki 1972; **W. Stein**, *Das kirchliche Amt bei Luther*, Wiesbaden 1974.

일곱 살 아이

"일곱 살 아이는 감사하게도 교회가 무엇인지 안다. 즉 교회가 거룩한 신자들과 '목자의 음성을 듣는 귀여운 양들' 요10:3이라는 사실을 안다. 왜냐하면 아이들은 '나는 거룩한 기독교회를 믿습니다'라고 기도하기 때문이다."[1] 루터가 말하는 것처럼, 교회의 거룩함은 흰 가운과 후드, 긴 치마, 다른 예식에 있는 것이 아니라, 하나님의 말씀과 바른 신앙에 있다.

루터가 발견한 명백한 사실에 따르면 교회가 무엇인지는 아이도 이해할 수 있을 정도로 아주 단순하다. 말씀이 있는 곳에 교회가 있다. 그리고 믿음이 있는 곳에 성도가 있다. 그러므로 로마가 교회를 교회답지 못하게 만든 모든 외적인 것들은 배후로 밀려나게 된다. 교회를 교회답게 만드는 것은 말씀의 문제요, 믿음의 문제요, 설교되고 오직 믿음으로만 받아들여질 수 있는 약속의 문제다.

실제로 루터는 처음부터 교회에 대해 바로 그와 같이 말했던 것이다. 이런 교회개념의 징조들은 이미 루터의 첫 시편강의에서 발견된다. 이것을 분명하게 보여주는 몇몇 가치 있는 연구물이 준비되어 있다.[2] 이런 강의노트에서 중세의 주석을 상기시키는 다양한 표현들이 나타나는 것은 당연하다. 하지만 루터의 교회개념이 종교개혁적인 의미에서 처음으

---

1 슈말칼덴조항. in: Bekenntnisschriften der evangelisch-Lutherischen Kirche, Göttingen 1956, 459f.

2 참조. W. Maurer, Kirche und Geschichte nach Luthers Dictata super Psalterium, in: Luther und das evangelischen Bekenntnis I, Göttingen 1970, 38ff; H. Fagerberg, Die Kirche in Luthers Psalmenvorlesungen 1513-1515, in: F. Hübner/W. Maurer/E. Kinder, Gedenkschrift für D. Werner Elert, Berlin 1955, 109-118; K. Holl, Die Entstehung von Luthers Kirchenbegriff, in: Gesammelte Aufsätze, Tübingen 1923, 288-325; S. H. Hendrix, Ecclesia in Via: Ecclesiological developments in the medieval Psalms exegesis and the Dictata super Psalterium (1513-1515) of Martin Luther, Leiden 1974.

로 변화된 시기를 1518년 이후로 잡는 것은 너무 지나치다. 몇몇 로마가톨릭 교회사가들의 생각에 따르면, 루터가 이신칭의 교리를 먼저 발견했고, 그런 다음에 새로운 교회개념은 내적인 필요에 의해 등장하지 않을 수 없었다.[3] 하지만 그렇게 생각할 경우 우리는 1513-1515년에 예고하는 다른 접근을 지나쳐버리게 된다. 이것은 다음과 같은 정의들이다. 즉 교회는 신자들의 백성이다. 그리고 교회는 그리스도의 몸이다. 교회가 그리스도의 몸이라는 정의는 루터에게 대단히 중요하다. 루터는 그리스도 그 분을 시편에서 발견한다. 하지만 그리스도께 유효한 것은 교회 전체에, 머리와 지체에, 그리스도의 신비한 몸 전체에 유효하다. 우리가 이미 살펴보았듯이 루터의 비유적 해석이 그런 설명을 가능하도록 만들었다.[4] 따라서 시편은 교회, 즉 그리스도의 백성에 관하여 말하는데, 그 백성은 항상 그리스도와 연결되어 있다. 여기서는 불가시적인 것, 즉 믿음이 강조된다. "그리스도의 업적이요 작품인 교회는 외적인 것으로 드러나지 않으며, 교회의 전체 구조는 내적이고, 하나님 앞에coram Deo 있으며, 불가시적이다."[5] 교회는 육체의 눈이 아닌, 오직 신앙적인 이해로만 알려진다.sed in intellectu et fide cognoscuntur 루터는 여기서 의심할 여지없이 "숨어계심"이란 개념을 좋아한다. 교회는 가시적이지만 동시에 불가시적이다. 보다 정확히 말하자면 교회는 숨겨져 있다. '숨겨져 있다'는 말은 그리스도와 그의 백성의 연합에 대한 루터의 견해를 보다 더 잘 반영한 개념이다. 그리스도는 자신의 행동 속에, 그리고 자신의 손으로 만드신 작품 속에 스스로 숨어 계신다. 언젠가 이 비밀은 드러나게 될 것이다. 그 대 교회는 하나님 앞에서뿐만 아니라, 사람들 앞에서도 있게 될 것이다. 교회의 "불가시성"이란 이 개념 속에는 아주 분명하게

---

3 참조. H. Jedin, Ekklesiologie um Luther, in: Fuldaer Hefte 18, Berlin 1968, 9-29; H. Jedin, Geschichte des Konzils von Trient I, Freiburg 1951^{2}, 137.

4 참조. 14장의 '성경은 스스로 해석한다.'; 18장의 '시련을 겪은 루터'. 비교. H. Fagerberg, Die Kirche in Luthers Psalmenvorlesungen 1513-1515, 110ff.

5 WA 4; 81. 참조. E. Rietschel, Das Problem, 25ff.

종말론적인 특징이 감추어져 있다. 즉 그리스도의 오심을 지시하는 것이 감추어져 있다. 교회의 숨겨짐의 성격이 동반하는 것은 교회가 지상에서는 보는 것이나 영광 없이도 존재한다는 사실이다. 신자의 믿음과 생활방식은 스스로 증거하는 성격을 수반해야 한다. 하지만 이것은 믿음이 교회의 숨겨진 보화라는 사실을 제거하지 않는다. 마치 성령께서 자신의 숨겨진 사역을 수행하시되 그렇게 하실 때에도 스스로 숨어 계시는 것처럼. 숨겨짐은 신자들의 "불가시성"을 의미하는 것이 아니라, 교회 생명의 기초와 신자 생명의 기초가 이 세상에 놓여 있지 않고 불가시적 세상, 즉 오직 믿음으로만 파악될 수 있는 세상에 놓여 있다는 것을 의미한다.[6]

교회의 숨겨짐은 믿음의 성질과 아주 밀접하게 연관되는데, 특히 하나님 자신의 숨겨짐과 연관된다. 마치 성육신이 하나님의 영광을 어둠 속에 숨기시는 전형적인 숨기심인 것처럼. 어둠 속에서는 하나님의 영광을 볼 수 없고 다만 들을 수 있을 뿐이다. 그리스도의 육체 속에 그리스도의 하나님 되심은 감추어진다. 교회 안에서 그리스도께서는 스스로 자신을 숨기신다.[7] 그와 같이 성육신의 신비는 동시에 교회의 비밀이 된다. 왜냐하면 여기서 하나님께서 행동하시는 특성이 드러나기 때문이다.

분명한 것은 교회에 대한 이런 관점이 위계적인 것으로 보이는 가시적 로마교회와 충돌하지 않을 수 없다는 점이다. 바로 여기서 이미 로마교회의 의자 밑에 다이나마이트가 설치되어 있으므로, 이것을 루터가 이신칭의에 대하여 분명하게 설교한 후대의 설교에서 찾는 것은 합당하지 않다. 복음에 대한 새로운 이해를 보다 명료하게 상술한 것과 비례하여 교회개념도 훨씬 명료하게 되었다. 칭의론과 교회론이 서로 영향을 주고받는다고 말하는 것은 놀랍지 않다.

칭의론은 교회론에서 기원되었고, 교회론은 칭의론에 의해 날카로워졌다고 말할 수 있다. 칭의론은 교회론으로부터 벗어났다. 그리스도와

---

6 E. Rietschel, Das Problem, 117.
7 W. Maurer, Kirche und Geschichte, 40.

교회는 하나다. 『그리스도인의 자유』라는 자신의 논문에서 루터는 신랑과 신부의 연합에 대한 사고를 강하게 피력한다. 그리스도에 관한 말씀은 교회에도 적용된다. 루터는 자신의 시편강의에서 신비한 동시성이라는 용어로 그것을 설명한다. 그러나 여기서 전이가 나타난다. 동시성은 "놀라운 교환"으로 대체되고 전가로 대체되었는데, 전가란 지나치게 신비의 용어로 서술한 것이 아니라 법을 고려하면서 서술한 용어다. 언약, 즉 유언이 모종의 역할을 감당한다. 그렇다면 최소한 칭의론이 교회론과 불가분리적 결합을 통해 발전했다고 말할 수도 있을 것이다. 하지만 그 반대도 똑같이 유효하다. 즉 교회에 관한 개념들은 칭의론에 의해 훨씬 명료하게 되었다. 칭의론의 중심에는 복음의 약속이 서있었다. "성경은 교회가 태어나는 자궁이다."[8] 설교된 말씀을 들음으로만 그리스도의 나라의 숨겨진 영광과 그분의 능력이 계시된다. 성도들은 숨겨져 있다. 하지만 말씀이 들려지는 곳에서 그들은 모인다.

카예타누스에 대항하여 루터는 교회에 관한 이런 새로운 관점을 변호해야 했다. 에크Eck와의 라이프치히 논쟁에서도 교회는 권위문제와의 관계에서 논의되었다. 그러나 카예타누스에게 가장 중요한 문제 가운데 하나는 교회의 보화 문제였다. 1518년 아우크스부르크Augsburg 심문에서는 교회의 보화가 무엇인지가 문제였다.[9] 그리고 그와 관련하여 사람들이 어떻게 이 보화를 소유하는지의 문제가 논의되었다. 여기서 카예타누스는 교황에게로 돌아갔다. 즉 면죄부에 관한 최종 결정권은 고대 교회 규정에 호소할 수 있는 교황에게 있다는 것이었다. 이와 반대로 루터는 말씀의 권위에, 보다 정확히 말하자면, 복음의 약속의 신실성에 호소한

8 W. J. Kooiman, Het brongebied van Luthers ecclesiologie, in: Ecclesia, Opstellen aangeboden aan Prof. Dr. J. N. Bakhuizen van den Brink, 's-Gravenhage 1959, 97-109.

9 참조. 3장의 '아우크스부르크에서의 심문'. 카예타누스의 교회 개념에 대해서는 다음 비교. A. Bodem, Das Wesen der Kirche nach Kardinal Cajetan, Trier 1971; G. Hennig, Cajetan und Luther, Stuttgart 1966, 61ff.

다. 교회는 교황의 빈 말 위에 세워지는 것이 아니라[10] 하나님의 말씀 위에 세워진다. 말씀을 통해 확실성이 생긴다. "말씀 없이는 믿음이 있을 수 없다."[11] "하지만 믿음이란 결코 하나님께서 약속하시는 것이나 말씀하시는 것을 믿는 것 이외의 다른 무엇이 아니다."[12] 여기서 루터는 『교회의 바벨론 유수』라는 자신의 저술에서 표명한 것으로 볼 수 있는 것을 하나님께서 사람과 교통하시는 실제적인 방법으로 인정한다. 그것은 약속의 방법 이외의 다른 어떤 것도 아닌데, 사람 편에서는 하나님을 대할 수 있는 유일한 방법은 약속을 믿는 믿음의 방법뿐이다. 이런 점에서 그 논제는 면죄부 논쟁에 의해 강화되는 동시에 명료하게 설명될 뿐만 아니라 또한 교회에 대한 견해를 위해 날카로워진다. 그러므로 교회의 보화는 가장 거룩한 영광의 복음이요, 하나님의 은혜의 복음이다.[13] 여기서 '말씀의 교회', '설교된 복음의 교회'라는 표현이 의미하는 것은 가시적이다.

루터는 교회에 관하여 암브로시우스 카타리누스Ambrosius Catharinus. 1484-1553에 반대하는 변호에서도 그런 의미로 말했다. 교회는 말씀 안에서만 가시적일 뿐이다.[14] "교회 전체의 존재와 교회의 생명은 하나님의 말씀에 있다."[15] 말씀에서 교회는 자신의 특성을 발견한다. "왜냐하면 하나님의 말씀을 듣기 위해 모이는 곳에는 가시적 표지가 있어야 하기 때문이다." 루터는 이와 관련하여 3가지 표지를 열거하는데, 세례와 빵과 특히 복음이 그것이다. 그리스도께서는 우리가 이 표지들에서 일치하기를 원한다. "이 세 가지는 그리스도인의 인지표식이요, 표지이며 증표다."[16] 그러나 이 셋 중에 가장 중요한 표지는 복음의 설교이다. 여기서

---

[10] G. Hennig, Cajetan und Luther, 72.
[11] WA 2; 13.
[12] WA 2; 13.
[13] 62번 조항. 참조. WA 1; 236.
[14] W. Elert, Morphologie I, 226ff.
[15] WA 7; 721.
[16] WA 7; 720.

루터는 기록된 복음이 아닌, 들을 수 있는 복음을 강조한다.[17] 로마교회에서 월등하게 가장 중요한 것인 가시성과 반대로 루터는 여기서도 교회의 숨겨짐을 내세운다. 교회는 신앙조항이다. 교회는 언제 어디서도 볼 수 없다. 물론 이것이 어디서도 교회를 발견할 수 없다는 뜻은 아니다. 그렇다면 교회의 표지는 어디에서도 쓸모가 없게 될 것이기 때문이다. 루터는 이런 완벽한 방법으로 위계적 조직을 거부하는데, 위계적 조직이란 로마교회 교회론의 결정적인 요소다. 이런 의미에서 교회는 감각적이거나 경험적인 문제가 아니다. 교회는 설교된 말씀의 문제요, 바로 그 복음을 믿는 믿음의 문제다. "교회는 숨겨져 있고 성도는 감추어져 있다."[18]

성도가 감추어져 있다는 사실을 루터는, 자신이 은혜 개념으로 올바르게 논증할 때, 교회가 아주 수세기 동안 어둠 속에서 살아왔다고 주장하고 싶어 했던 에라스무스를 반대하는 논제로 사용한다. 이제 루터는 에라스무스의 주장조차도 감추어짐으로 설명한다. 왜냐하면 하나님의 영이 교회를 다스리시기 때문이고, 그 영이 성도를 인도하시기 때문이다. 바로 그와 같은 방법으로 그리스도께서는 세상 끝 날까지 자신의 교회와 함께 하신다. 그와 같은 방법으로 교회는 또한 진리의 기둥이 된다.[19] 이 교회가 비록 가장 하찮은 신앙조항에 불과할지라도 길을 잃어버리는 것은 불가능하다. 그러나 이 교회가 하나님의 영에 의해 숨겨진 채 보존되는데, "이것은 믿지 않는 자가 하나님의 영광을 보지 못하도록 하기 위해서다."[20] 하나님께서 오랜 세월 동안 자신을 계시하셨던 것처럼, 루터는 사랑의 기준에 따라 중세의 타락한 교회를 교회로 간주하길 원한다. 바로 그 사랑의 기준에 따라서 각자의 최선을 생각하고 결코 의심하지 않으며 이웃의 모든 선행을 칭찬하고 먼저 수용하며

17 "Non de evangelio scripto sed vocali loquor".
18 WA 18; 652.
19 WA 18; 649f.
20 WA 18; 651.

세례 받은 모든 자를 성도라 부른다. "교회가 방황하게 될 수도 있다는 것은 어떤 위험한 것도 아니다. 왜냐하면 기만 당하는 것도 사랑에 속하기 때문이다."[21] 그러나 믿음의 기준에 따라서는 교회를 거룩하다고 부르기 어렵다. "하나님의 판단에 의해 거룩한 자로 선언되지 않는 자를 믿음은 결코 거룩하다고 부르지 않는다. 왜냐하면 스스로 잘못을 저지르지 않는 것만이 믿음에 속하기 때문이다." 그런 방법으로 우리는 교황이 하나님의 자리에 대신 앉는 것을 허용할 수 없다. 성도는 숨는다. 교회는 숨겨져 있다. 우리의 의지를 하나님께 순종하도록 하시는 성령의 이 놀라운 사역에서도 교회가 숨겨져 있는데, 여기서 사람은 "하나님의 말씀으로 변화되고" 새롭게 된다.[22]

성도의 교제

루터가 그와 같은 놀라운 것들을 말했던 '성도의 교제' communio sanctorum도 바로 여기서 발생한다. 우리가 아는 것은 루터가 교회의 숨겨짐 교리를 철회하지 않았고, 결국 사람들이 실제로 교회를 잃어버리게 되었다는 점이다. 로마가톨릭 옹호자들은 이런 비난을 루터에게 돌렸다. 이들의 주장에 따르면, "어디에도 존재하지 않는" 국가를 꿈꾸었던 플라톤처럼 결국 루터가 이런 플라톤의 입장을 고수했다는 것이다.[23] 그러나 루터는 "주로 외적인 것들과 예식으로 존재하는" 가시적 교제[공동체]를 거절했던 것과 동일하게, 저 이상적인 불가시성도 거절했다. 루터가 의도했던 것은 성령의 교제[공동체]였고, 진심으로 믿는 믿음의 교제[공동체]였지만, 외적인 표지로 식별할 수 있는 교제[공동체]였다.

---

21 WA 18; 652.
22 H. J. Iwand, Nachgelassene Werke V, Luthers Theologie, München 1974, 243.
23 W. Elert, Morphologie I, 229.

성령 안에서의 일치는 수많은 분명한 표지들에 의해 증명된다. 이것을 루터는 공회에 관한 자신의 저술1539에서 7번 이상 언급했다. 거기서 성도의 교제, 즉 그리스도인이고 거룩한 사람들의 대중 혹은 모임을 알 수 있다. 거룩하다는 것은 율법폐기론자들의 어리석은 주장처럼 그리스도께서 가져가신 죄를 용서하신다는 의미에서만이 아니다. 죄의 버림과 정화와 죽임을 통해서도 거룩하다. 그러므로 그들은 거룩한 백성으로 불린다. 성령께서는 그 사람들에게 그리스도를 믿는 믿음을 주시고 이 믿음을 통해 그들을 거룩하게 하시며 마음과 영혼과 육체와 행위와 존재를 새롭게 하시고 마음 판에 하나님의 명령을 기록하신다. 이 백성이 하나님의 말씀을 가진다. "당신이 말씀을 듣거나 말씀 설교를 보는 곳에, 그리고 사람들이 그것을 믿고 고백하며 행하는 곳에서는 확실하게 "참되고 거룩하며 보편적인 교회"가 있어야 한다는 생각을 의심하지 않아도 된다. 두 번째 표지는 세례인데, 이것은 공개적인 표지이며 치료제다. 세 번째는 제단의 성례다. 제단에서 성례는 그리스도께서 제정하신 대로 바르게 시행되어야 한다. 네 번째 표지는 열쇠 권한의 사용이다. 다섯 번째 표지는 직분의 사용인데, 이 직분들은 그분의 교회에 그리스도의 은사로 간주되어야 한다. 여섯 번째 표지는 공적인 기도와 찬양과 감사의 사용이다. 그리고 마지막 표지는 거룩한 십자가의 처방약인데, 신자가 그리스도를 단단히 붙잡고 놓지 않기 위한 것이다. 루터는 그 목록을 아직도 더 확장할 수 있다.[24] 이 일곱 가지 표지에다가 성령 사역의 진실성, 하나님의 명령에 대한 순종 등과 같은 다른 표지들도 거명하지만, 이런 표지들은 첫 일곱 가지만큼 확실한 것들이 아니다.[25]

복음을 통해 실제적인 교제가 이중적으로 발생한다. 먼저 그리스도 자신과의 생명의 교제가 있다. 하지만 성도들 상호간의 교제가 곧장 뒤따라온다. 우리는 그리스도와 '한 덩어리'één koek가 된다. 그분께 속한

24 WA 50; 624ff.; 643.
25 WA 50; 644.

것은 "즐거운 교환"을 통해 우리의 것이 된다.[26] 믿음을 통해 그리스도와 한 지체, 하나의 전체가 된다. 하지만 나아가 이웃과의 관계에서도 동일하게 하나가 된다. 그리스도의 몸은 하나의 생명, 하나의 삶을 산다.[27] 이것은 매일의 삶과 동시에 영원한 삶에 속한 만물과 관련된 것이다.

이 점에서 모든 신자의 제사장 직분이 작용하는 것이다. 만인제사장직분이란 한 그리스도인이 다른 그리스도인을 위해 제사장이 된다는 것인데, 이 제사장은 제사장 직분에 속하는 것, 즉 죄용서와 중보기도를 수행하는 것이다. 여기서 루터는 상호 대화와 상호 형제적 위로의 의미를 설명한다.[28] 그 방안을 우리는 루터가 복음에 대해 논하는 슈말칼트 조항에서 발견한다.[29] 이 방안은 죄에 대항하는 계획과 도움처럼 한 가지 방법으로 오는 것이 아니다. 왜냐하면 하나님께서 은혜가 풍족한 분이시기 때문이다. 먼저 입의 말이 있는데, 이것으로 죄용서가 온 세상에 선포된다. 이것은 고유한 설교 직분이다. 그 다음으로는 세례와 성찬이고, 네 번째는 열쇠권한의 직임인데, "상호 대화와 상호 형제적 위로"per mutuum colloquium et consolationem fratrum의 열쇠권능이라 불리기도 한다. 여기서 루터가 고려하는 것은 의심의 여지없이 목회실천이다. 이것은 상호 대화가 그 역할을 감당하는 직분의 자리다. 당연히 루터도 약속의 능력을 알고 있는데, 이 약속은 하나님 편에서 우리에게 일방적으로 말씀하시는 것이지 절대적인 의미에서는 결코 쌍방 협약이 아니며, 오직 약속의 말씀이 요구하고 믿음이 응답하는 것일 뿐이다. 하지만 이 약속은 우리에게 대화의 형식으로 찾아온다. 목회는 대화가 발생하는 관계로부터 시작되는데, 여기에 상호성, 즉 쌍방관계가 성립한다. 1536년의 비텐베르크 일치신조의 대화가 바로 그런 것이다. 여기서도 교육적

---

[26] WA 1; 593.

[27] P. Althaus, Die Theologie Martin Luthers, 263.

[28] J. Henkys, Seelsorge und Bruderschaft, Stuttgart 1970. 참조. 4장의 '그리스도인 귀족에게'. '그리스도인의 자유'

[29] 참조. Bekenntnisschriften der evangelisch-Lutherischen Kirche, 449.

인 대화가 논의되는데, 그것은 "용서와 교육 때문"colloquium-propter absolutionem et institutionem이다.[30]

그러나 루터가 여기서 용서의 직분에 대한 간단한 언급만 겨우 고려하는 정도다. 대신에 만인사제직분의 고유한 능력이 신자들에게 주어진다고 주장한다. 신자들은 서로 죄를 용서할 수 있다. 루터가 이런 생각을 독립적으로 만들어 낸 것은 1537년 한 설교에서다. 그리스도께서 죄용서의 위로를 가능한 아주 멀리 확장하시지만, 결코 그리스도인들의 교제[공동체] 밖까지는 아니다. 교회 안에서 죄는 처벌 받아야 하지만 또한 용서 받아야 한다. 처벌의 권리와 자유 선언은 그리스도의 이름으로 두 세 사람이 모인 곳에서 발견된다. "그래서 그들은 상호 간의 위로와 죄용서를 선언하고 약속하게 될 것이다. 이렇게 함으로써 그리스도께서 자신의 그리스도인들에게 훨씬 더 큰 복을 베푸시고 구석진 곳에 있는 자들의 죄를 용서하시는데, 이것은 그들이 죄용서를 단지 교회 안에서뿐만 아니라, 집에서, 들판에서, 정원에서, 그리고 다른 사람과 함께 있는 곳에서도 발견하도록 하기 위해서다. 왜냐하면 그리스도인은 거기서 위로와 구원을 발견해야 하기 때문이다." 내가 위급한 상황을 맞아 교회에 갈 수는 없고 내 형제나 이웃이 올 경우, 나는 그에게 그것을 설명할 수 있고 위로를 요청할 수 있는데, 그 때 그가 내게 위로와 같은 것을 제공하고 위로의 말을 하는 것은 하늘에 계신 하나님께 진실한 것일 것이다. 나도 다른 사람에게 위로를 제공하고 위로의 말을 할 수 있다. 즉 '사랑하는 친구여, 사랑하는 형제여, 왜 당신의 근심걱정을 보내버리지 않는가? 슬픔을 경험하는 것도 또한 하나님의 뜻이 아닌가? 당신이 슬퍼하지 않고 기뻐하도록 하나님께서는 당신을 위해 자신의 아들을 죽이셨다. 그러므로 세상의 모든 구석진 곳에는 위로가 충만하고, 계시가 충만하다.'[31]

---

30 J. Köstlin, Luthers Theologie I, Darmstadt 1968³, 484; II, 252.
31 WA 47; 297ff.; 참조. J. Henkys, Seelsorge und Bruderschaft, 34ff.

루터는 자신이 목회 영역에서 자연신학의 추종자라도 된 것 같이 이런 것들을 말하는 것은 아니라, 다만 친히 약속을 말씀하신 하나님의 약속의 능력을 믿기 때문이다. 교회의 비밀은 약속의 말씀에 있다. 만인사제직분, 즉 모든 신자의 제사장 직분의 비밀도 동일한 약속에 있다. "설교자의 설교를 듣는 것은 하나님 자신의 말씀을 듣는 것이다. 하지만 형제가 서로를 위로할 때 그것은 하나님의 뜻과 말씀이다. 하나님께서는 설교 강단으로부터 내게 말씀하신다. 또한 내 이웃을 통해, 내 선한 친구들과 동료들을 통해, 내 남편을 통해, 내 아내를 통해, 내 주인을 통해, 그리고 내 종과 아버지와 어머니 등을 통해 내게 말씀하신다. 나의 말씀과 당신의 말씀은 하나님께서 그것을 친히 우리에게 말씀하셨을 그 때와 동일하게 능력 있는 것이어야만 한다."[32]

교회의 능력은 약속에 있다. 하지만 만인제사장직분의 비밀도 못지않게 동일한 하나님의 약속에 있는데, 하나님의 약속이란 들판이나 집에서 종이나 여자를 통해 선포될 때에도 똑같이 진실하다. 루터가 독립적인 직분의 권위를 위해 준비해 둔 공간은 전혀 없다. 직분의 권위, 교회의 권위, 모든 신자의 제사장 직분의 권위는 다만 오직 하나님의 말씀뿐이다. 즉 '외적인' 말씀뿐이다. 루터가 교회의 표지에 대한 설명에서 [말씀의] 신비한 내면성을 아주 강력하게 반대한 것은 우연이 아니다. 루터가 뮌처Müntzer에게서 보았던 그것은 오직 아는 자만이 '성령이시여, 성령이시여'라고 부를 수 있는데, 이 때 성령께서는 그것을 행하실 수밖에 없으나, [성경의] 문자는 [오히려 그것을] 죽인다.[33] 뮌처는 비텐베르크 신학자들을 성경학자들이라 불렀는데, 자기 자신은 성령학자에 속한 자로 간주했다. 하지만 이곳에서는 교회뿐만 아니라 신자의 제사장 직분조차도 파괴된다. 주님께서는 자신의 백성을 외적인 가르침을 통해 교육하신다. 약속이 교회를 세운다.

---

32 WA 47; 297.

33 WA 50; 646.

직분의 위치

이제 남은 질문은 '루터에게 교회 직분의 자리는 무엇인가'이다. 모두가 제사장이고 왕이라면 왜 특별한 직분자들이 교회에서 사역을 감당해야 하는 것인가? 루터가 신품성사로 교회 내의 어떤 실제적인 구분을 하지 않은 것은 분명하다. 그리스도의 제사장 직분은 어떤 독립적인 사제직분을 모든 신자의 제사장 직분 곁에 그리고 맞은편에 놓는 것을 근원적으로 허용하지 않는다. 그리스도인들은 자기 자신의 삶을 사는 것이다. 그러므로 루터는 직분자들을 세우는 일에 관한 자신의 저술De instituendis ministris, 1523에서 보편적 제사장 직분의 권리들을 열거할 수 있었는데, 즉 말씀을 선포하는 일, 세례를 베푸는 일, 성찬을 시행하는 일, 열쇠권능을 집행하는 일, 다른 사람들을 위한 중보기도 하는 일, 봉헌하는 일, 교리에 관한 결정을 내리는 일 등이 그것이다.[34] 이 모든 것은 우리가 일반적으로 교회 직분에 돌리는 기능들이다. 특히 말씀봉사와 치리 시행은 만인제사장직분에 속한 일이다. 그리스도인들이 상호 간에 서로에 관하여 하나님의 말씀을 다룰 때, 그들은 거기서 말씀을 섬긴다. 온 교회는 말씀을 세상에 전해야 한다. 졸고 침묵하는 교회를 루터는 모른다. 루터는 교회가 증인으로 부름을 받았다고 본다. 원리적으로는 교회 가운데 서로의 만남을 통해 발생하는 열쇠권능의 집행도 바로 그것에 의존한다. "복음을 설교하는 것 외에 당신의 죄를 용서하는 다른 길이 있다는 것은 무슨 말인가?"[35]

그럼에도 불구하고 루터는, 우리가 공회들에 관한 그의 저술1539에서 본 것처럼, 직분도 교회의 표지로 언급한다. 직분이 없는 교회를 그는

---

[34] WA 12; 180ff.
[35] WA 10, III; 395.

가르친 적도 전파한 적도 없다. 두 가지 방법으로 직분은 교회와 결합된다. 첫 번째 방법은 모든 신자의 제사장 직분에 대한 교리와 연관된다. 교회의 모든 지체는 각자 자신의 직분이 있다. 보다 정확하게 말하면 각자는 제사장의 능력이 있다. 바로 이 보편성이 임직의 원리를 요청한다. 모두가 권리를 갖고 있기 때문에 스스로 다른 사람을 대체하는 능력을 가진 사람은 아무도 없다. 바로 그 보편성이 특별화 하는 것을 요구한다. 이런 의미에서 참으로 직분은 모든 신자의 직분을 첨예하게 만드는 것으로 간주될 수 있다. 이런 방법으로 루터는 자신의 종교개혁 저술들에서 교회와 교회직무에 대해 설명했다.[36] 하나님의 백성 가운데 어떤 '혼돈'confusio도 발생할 수 없다. 이 혼돈은 각자 공적인 자리에 맞닥뜨릴 때 피할 수 없는 것이다.[37] 하지만 '서로의' 수평선 옆에 '위로부터의' 수직선이 있다. 직분 또한 하나님의 명령과 설립 때문에 존재한다. 여기서 루터는 직분과 관련하여 개혁전통에서 아주 큰 역할을 감당했던 본문, 즉 에베소서 4장 8절 이하를 지적한다. 하나님께서는 자신의 교회에 직분들을 주셨다. 직분은 하나님의 은사다. 직분자들은 우리에게 속한 것이 아니라 그리스도께 속한다. 이후로는 교회직분이 만인제사장직분보다 더 강조된다. 특히 그 원인은 루터 신학 전체의 중심적인 사상에서 발견된다. 그것은 설교되어야만 하는 하나님의 약속과 관련이 있다. 그 약속은 또한 항상 새롭게 하나님의 편에서 온다. 약속은 교회 안에서 어떤 출발점도 갖고 있지 않으며 또한 그런 출발점을 획득하지도 않는다. 약속은 또한 항상 하나님께서 교회에 말씀하시는 것이어야만 한다. 이와 더불어 낯선 의가 점점 더 강하게 강조된다. 이를 통해 위로부터의 것들을 보는 수직선을 강조하는 강조의 변화가 저절로 발생했다. 점점 말씀은 비교 불가한 은혜의 수단이 되어 간다. 비록 열광주의자들이 무시했으나 성례교회에서는 절대적인 가치로 평가되었던 '외적인' 설교

[36] 참조. 4장의 '그리스도인 귀족에게'.
[37] WA 12; 89. 참조. P. Althaus, Die Theologie Martin Luthers, 279.

는 비교 불가한 은혜의 수단이다. 이유는 점차 말씀 봉사자의 직분을 더욱 강조하기 때문이다. 만일 처음부터 직분과 관련한 루터의 개념 속에 확고하게 차별화 하는 것이 가능했더라면 이런 신학적 강조점의 변화와 같은 가능성은 뒷전으로 사라져버렸을 것이다. 루터 전통 속에서는 장로직분이 단지 주변에서 일시적으로 가능했는데, 남부독일의 요한 브렌츠Johannes Brenz에게는 가능했다.[38] 그것은 개혁전통의 전형적 특징이 되었다고 할 수 있다.[39]

이런 신학적 요소들 옆에는 역사적 사건도 있는데, 이 사건들은 설교 직분에 대한 아주 강력한 관심을 불러 일으켰다. 우리가 보기엔 일방적 관심이지만. 반드시 감안해야만 하는 것은 교회 구조에 관한 시기상조의 결정을 강요했던 영주의 강력한 강요로 교회심방이 도입되었다는 사실이다. 그로 인해 루터는 현상을 어느 정도 진정시키도록 강요받았다. 그는 교회생활에 관한 규율 제정에서 손을 떼야 했고 영주가 교회 규정을 세우는 일을 지켜보아야 할 뿐만 아니라, 그렇게 하도록 허락하지 않을 수 없었다. 그 외에도 루터는 일의 진행을 위해 신학적 기초도 제공해야 했다.[40] 그래서 그는 감독=주교 직분을 검증하기도 했다. 이런 일을 하고 있었을 때 장로는 고려될 어떤 기회도 더 이상 얻지 못했다. 이처럼 모든 강조는 설교 직분에 주어졌다. 아무튼 루터 신학의 심장은 그와 같이 교회 구조 속에서 유지되었다. 비록 모든 신자의 제사장 직분이라는 개념으로부터 파생된 다양성이 영원히 사라져버리긴 했지만. 루터 교회는 세미 감독 제도의 국가교회가 되었는데, 이것은 교회개념으로 볼 때 예상할 수 있는 기대와는 완전히 반대일 뿐만 아니라, 루터가 늘 생각했던 두 나라의 엄격한 분리라는 개념과도 완전히 대조적이다.

---

38 브렌츠(Brenz)의 장로 상에 대해서는 다음 참조. Köstlin II, 47. 비교. 574f; W. van 't Spijker, De ambten bij Martin Bucer, Kampen 1970, 212, 각주 558.

39 참조. A van Ginkel, De ouderling, Amsterdam 1975.

40 심방자들(visistatores) 교육 서문에 대해서는 다음 참조. 9장의 '칭의와 교회법'.

성례, 즉 세례의 성례, 그리고 주님의 몸과 피의 성례가 교회의 표지로서 작용한다. 고해의 성례는 어느 정도 직분적 상담에 예속되었다. 그것은 성찬과의 밀접한 관계 속에서 위로와 교육을 위한 수단으로 간주되었다. 이 두 가지 성례와 관련하여 여기서 언급할 수 있는 말은 두 성례가 교회의 표지로 사용될 수 있었는데, 이것은 루터가 그 두 가지를 복음의 약속의 표지로 보았기 때문이다. 세례론과 성찬론에서 언급할 수 있는 모든 변화에서 상수는 하나님의 약속들이 성례에서 중요하고 밀봉된다는 점이다. 그것은 그 약속과만 연관되고 그 약속을 믿는 믿음과만 연관된다. 약속 개념에 중심 위치를 부여함으로써 명확하게 되는 것은 루터가 교회의 모든 표지를 바로 하나의 표지로 본다는 것이다. 왜냐하면 교회는 들을 수 있고 볼 수 있는 복음을 선포하기 때문이다. 복음이 선포되는 곳에는 성령의 사역을 통해 교회가 발생하는데, 이 교회는 실제로 하나님 앞에coram Deo 있다. 교회는 죄인이 하나님 앞에서 의롭게 되는 바로 그곳에 숨겨져 있음에도 불구하고 실제적이다.

16장

이신칭의

M. van Rijn, *Studiën over Luther's Rechtvaardigingsleer*, Den Haag 1921; **Th. Harnack**, *Luthers Theologie* II, 407-455; **J. Köstlin**, *Luthers theologie* II, 173-219; **E. Seeberg**, *Luthers Theologie in ihren Grundzügen*, 114-132; **W. Elert**, *Morphologie* I, 64-103; **R. Hermann**, *Studien zu Luther, Werke* II, 43ff.; 55ff.; 269ff.; **H. J. Iwand**, *Rechtfertigungslehre und Christusglaube*, München 1966[3]; **H. J. Iwand**, Glaubensgerechtigkeit nach Luthers Lehre, in: *Gesammelte Aufsätz* II, ed. by G. Sauter, München 1980; **H. J. Iwand**, *Nachgelassene Werke*, 5. *Luthers Theologie*, München 1974, 64-104; **O. H. Pesch**, *Theologie der Rechtfertigung bei Martin Luther und Thomas von Aquin*, Mainz 1967; **U. Kühn/ O. H. Pesch**, *Rechtfertigung im Gespräch zwischen Thomas und Luther*, Berlin 1967; **E. Schott**, *Rechtfertigung und Zehn Gebote nach Luther*, Stuttgart 1971; **R. A. Leaver**, *Luther on Justification*, London 1975. 특히 갈라디아서 주석에 나타난 칭의에 대해서는 다음 참조. **K. Bornkamm**, *Luthers Auslegungen des Galaterbriefs von 1519 und 1531. Ein Vergleich*, Berlin 1963, 37-156.

교회가 서고 넘어지는 조항

이 짧은 공식으로 발렌틴 뢰쉬Valentin Löscher, 1673-1749는 칭의론의 의미를 요약했는데, 이것은 루터가 했던 말과 동일한 내용을 진술한 것이었다. "이 조항이 설 때 교회가 서고 그것이 무너질 때 교회도 무너진다."[1] 그에게 그것은 교회를 보존하는 유일한 교리였다. "우리가 이것을 잃어버릴 때 우리는 그리스도를 잃고 교회는 어떤 교리에 관한 지식과 성령에 관한 지식도 보존하지 못한다. 이 조항은 교회와 모든 참된 신뢰의 태양 그 자체요, 빛이요, 낮이다." "그 칭의 조항은 모든 교리의 스승과 군주요, 지도자와 재판관이다. 그것은 교회 전체의 교리를 보호하고 다스린다. 또한 우리의 양심을 하나님 앞에 세운다. 이 조항 없이는 세상이 죽음과 어둠으로 가득한 것이다."[2]

참으로 여기서 우리는 루터 신학의 심장과 그 자신의 신앙경험의 심장을 접하게 된다. 루터의 신앙적 전투가 하나님 앞에서 그분을 발견할 수 있는 곳이 어디인가라는 질문 외에 다른 어떤 것과 연관된 것인가? 루터는 죄와 씨름했고, 성경과 씨름했으며, 심지어 하나님 앞에 존속하기 위해 하나님 자신과도 씨름했다. 하지만 그는 선물로 제공되고 전가된 의라는 방법 외에는 모두 실패했다. 그러므로 여기서 우리는 루터 자신의 신앙생활의 심장에 직면한다. 칭의 교리가 하나님의 약속에 대한 선명한 개념에서보다 더 명확하게 나타나는 곳은 없다. 모든 구원은 그 약속을 통해 빚진 죄인에게로 온다. 오직 믿음으로만 의롭게 되는 것은 오직 약속만을 믿는 이신칭의와 동일하다. 그러므로 우리는 여기서 루터의 신앙경험과 신앙사상의 중심을 발견한다. 즉 하나님께서는 약속의 방법으로 우리와 교제하신다. 그리고 믿음의 방법 외에는 우리가

---

[1] WA 40, III; 352.
[2] WA 25; 330.

하나님과 교제할 수 있는 다른 방법은 없다. 약속과 믿음, 두 가지는 한 쌍을 이룬다. 그리고 이 두 요소가 실제로 함께 만나는 곳에 용서의 기적이 일어난다. 그곳에서 죄인은 은혜로우신 하나님을 발견한다. 하지만 죄인이 의롭게 되는 것은 그 발견 때문이 아니라, 오직 그리스도를 믿는 믿음으로 말미암는다.

칭의 교리가 실제로는 기독론의 뒷면일 뿐이라고 말한 것은 옳다. 칭의는 그리스도의 사역과 연결되어 있고 그분의 의와 연결되어 있다.[3] 그리스도의 사역은 "우리를 위한 것"pro nobis, "나를 위한 것"pro me이다. 그것이 우리를 위한 것이요, 나를 위한 것이라는 사실은 "약속"promissio 안에서 분명하고 확실한 방법으로 밝혀진다. 그리고 이 낯선 무죄선언을 경험할 수 있는 방법은 약속을 믿는 믿음 외에 어디에도 없다.

루터가 발견한 이것은 그에게 천상의 광명처럼 발생했다.[4] 또한 그 발견은 루터 자신의 신앙경험이 지속적으로 발전하는 것과 연관된다. 하지만 이에 못지않게 루터가 점점 더 깊이 몰두했던 성경 연구와도 연관된다. 첫 시편 강의들1513-1518에서 루터는 하나님의 의로우심과 인자하심과 은혜로우심이 연결되어 있다는 것을 알았다. 그러므로 죄용서는 "비전가", 즉 전가 아님의 일이다. "주님께서 의를 전가하시는 자마다 의로운데, 사도에 따르면 그것은 아브라함과 함께 일어난 것과 같다."[5] 용서 받을 자격을 갖춘 사람은 아무도 없다. 왜냐하면 아무도 스스로 의롭게 될 수 없기 때문이다. 오직 주님 한 분만이 은혜의 전가를 통해 용서하신다.[6] 이 선행은 자신을 죄인으로 정죄하는 자에게 주어진다. 자기를 부인하는 것과 하나님을 영화롭게 하는 것, 이 두 가지는 함께 간다.[7] 공의와 진리와 구원은 동일한 영역의 개념들이고[8] 죄용서로 표현

---

[3] H. J. Iwand, Glaubensgerechtigkeit nach Luthers Lehre, in: Gesammelte Aufsätze II, herausg. v. G. Sauter, München 1980.

[4] 참조. 1장의 '하나님의 의'.

[5] WA 3; 174f.

[6] WA 3; 175.

된다.

하나님의 판단과 사람의 판단은 동시에 발생한다. 왜냐하면 자신을 의롭다 하는 자마다 하나님을 비난하기 때문이다. 하지만 스스로 판단하여 자기 죄를 고백하는 자마다 하나님을 의로우시다 인정하고 하나님께 진리를 돌리는데, 그것은 그가 자신에 대해 하나님께서 말씀하신 것으로 그 자신을 판단하기 때문이다. "그런 방법으로 그는 하나님과 화합하고 conformis Deo, 하나님처럼 진실하고 의롭다. 그가 진심으로 하나님과 일치하는 이유는 동일한 것을 말하기 때문이다. 분명 하나님께서는 진리와 바른 것을 말씀하신다. 그리고 사람은 하나님과 함께 그것을 말한다. 그러므로 사람은 마치 하나님과 같이 의롭고 진실하다."[9]

이런 일치는 하나님께서 죄인에 대해 판단하시는 것과 똑같이 죄인도 자신에 대해 판단하는 동일한 판단에 근거한다. 여기서 칭의는 우리가 하나님께 동일하게 드리는 일종의 행위로 보인다. 그래서 하나님께서는 의롭게 되신다. 이런 방법으로 사람은 "하나님의 수동적 의"를 소유한다. 즉 하나님께서 우리를 의롭게 하시기 전에 먼저 의롭게 되신다. 죄인에게 전가되는 의라는 말 대신에 수동적 의라는 용어를 사용하는 것이 훨씬 낫다. 그 의로 말미암아 우리가 의롭게 되기 때문이다. 그런 방법으로 루터는 후에 자신의 창세기 강의에서 그것에 대해 설명하는데, 사람은 하나의 단어를 능동적인 방법과 수동적인 방법으로 이해할 수 있다는 것이다. "그러므로 사람은 하나님의 의, 하나님의 사역, 하나님의 능력을 두 가지 방법으로 이해할 수 있다. 라틴어와 그리스어 문법에 따르면 하나님의 의란 '이것'능동적인 의으로 이해되는데, 바로 '이것' 때문에 하나님 자신이 의로우시다. 하지만 이 설명은 불분명하고 성경 본문 전체를 안개로 덮는다. 그러나 만일 의가 수동적으로 이해된다면 그 때 그것은

---

[7] Scheel, Dok., 242.
[8] Scheel, Dok., 243.
[9] Scheel, Dok., 244f.

우리의 구원과 우리의 위로가 된다. 왜냐하면 내가 하나님의 인자하심으로 의롭게 되는 것은 하나님의 의를 의미하기 때문이다. 같은 방법으로, 우리가 라틴어 표현법에 따라 하나님의 믿음을 하나님께서 믿으시는 믿음으로, 혹은 하나님께서 자신의 약속을 붙드시는 믿음으로 설명할 경우, 이 설명은 바울의 의미를 불분명하게 만든다. 그러나 내가 하나님을 믿는다는 것을 내 속에 있는 하나님의 선물로 이해한다면 그것은 다른 종류의 노래요, 보다 좋은 소리를 낸다. 그러므로 그것이 하나님의 일인 것은 하나님께서 그것을 경험하시기 때문이 아니라, 하나님께서 그것을 우리 안에 이루시기 때문이다. 내가 이전에 '당신의 의로 나를 구원하소서.' 시31:2라는 시편을 읽고 기도했을 때, 공포에 휩싸여 온 마음으로 의라는 단어를 싫어했다. 그 때 나는 이렇게 생각했다. '당신께서는 당신의 의로 나를 해방시키지 않으실 것입니다. 왜냐하면 당신께서 능동적으로 의로우시기 때문입니다.' 그러므로 그 단어는 수동적으로, 즉 내가 의롭게 되는 의로 이해되어야만 한다."[10] "수동적 의다. 왜냐하면 하나님께서 자신의 인자하심으로 우리를 믿음을 통해 의롭게 하시기 때문이다."[11] 이런 의미의 발견, 즉 수동적 의미의 발견을 루터는 복음의 충만한 빛에 적용했다. 그리고 그것은 루터가 칭의에 대해 저술하고 말한 모든 것에서 함께 소리를 낸다. 하지만 루터가 그 주제에 관하여 첫 강의를 하는 동안 시편 해설에 이미 적용했던 주석 방법을 통해 칭의 개념은 핵심 속에 들어 있었다.

로마서 해설에서는 죄와 은혜 사이의 대조가 이전보다 강하게 묘사된다. "이 서신의 핵심 주제는 육신의 모든 지혜와 공의를 비록 이것들이 사람들의 눈에 뿐만 아니라, 우리 자신이 보기에도 너무 대단한 것이라 할지라도 파괴하고 소멸하고 완전히 제거하는 것이요... 죄를 비록 사람들이 죄라고 믿을 수 있는 것이 아무리 작다 해도 심고 세우고 확대하는 것이다.." 우리의 의와 지혜는 소멸되어야만

[10] Scheel, Dok., 177f.
[11] Scheel, Dok., 192.

하고 완전히 제거되어야만 한다. "죄를 확대하는 것", 즉 죄를 무자비하게 드러내고 폭로하는 이것은 죄인의 칭의가 발생할 때 일어난다. 성도들이 내적으로는 항상 죄인이다. 그러므로 그들은 항상 "자신 밖에서" 의롭게 된다. 내적으로는, 우리 스스로 아는 것처럼, 우리가 죄인이라는 것을 인정한다. 하지만 "우리 밖에서" 즉 우리는 하나님 앞에서 심판을 받는 것처럼, 우리 자신의 공로가 아닌, 하나님의 전가를 통해 의롭다.[12] 내적으로는, 우리 자신으로부터는 우리는 불신앙적이다.

죄인인 동시에 의인

하나님께서 우리에게 의를 전가하신다는 것은 우리가 우리의 힘으로 그 의를 소유하지 못한다는 것을 의미한다. 이런 관계로 루터는 '죄인인 동시에 의인이다'라는 유명한 공식을 화제로 삼는다.[13] "하나님께서는 자신의 성도들에게 기적을 행하신다.시68:36 그들은 하나님 앞에서 의로운 동시에 불의하다."[14] 성도는 언제나 자신의 죄에 직면한다. 또한 하나님의 인자하심을 따라 그분의 의를 열망한다. 그러므로 그들은 그들 자신이 보기에도 불의하고 실제로도 불의하다. 그러나 그들의 죄 고백 때문에 그들을 의로운 자로 간주하시는 하나님께 그들은 의롭다. 실제로는 죄인이지만 그들을 불쌍하게 여기시는 하나님의 은혜로운 봐주심 때문에 그들은 의롭다. 그들이 의롭다는 것은 그들의 지식을 초월한다. 그들 자신의 지식에 따르면 그들은 불의하다. 현실적으로는 죄인이요, 희망적으로는 의인이다. 루터가 여기서 참조하는 말씀은 시편 32편이

---

12 WA 5; 269.

13 WA 56; 272. "의인인 동시에 죄인"(simul justus et peccator)에 대해서는 다음 참조. W. Link, Das Ringen Luthers um die Freiheit der Theologie von der Philosophie, München 1955, 7-165; R. Hermann, Luthers These 'Gerecht und Sünder zugleich', Darmstadt 1960^{2}.

14 WA 56; 269.

다. "보라, 그러므로 거룩한 자마다 죄인이요, 자신의 죄를 위해 간구한다. 따라서 의인은 실로 자신을 고발하는 원고다... 그러므로 신기하고도 놀랍도록 달콤한 것이 하나님의 인자하심인데, 하나님께서는 우리를 동시에 죄인으로도 보시고 죄인 아닌 자로도 보신다. 동시에 죄가 있기도 하고 없기도 하다."[15]

로마서 4장 6절 해석에서 루터는 '덤'$_{toegift}$이라는 것을 말하는데, "동시에 의인이면서 동시에 죄인"이라는 자신의 개념을 상세하게 설명한다. 거기서 그는 무엇보다도 먼저 죄의 능력을 지적한다. 죄의 능력을 죄짓는 행위로 생각해서는 안 된다. 그것은 죄 자체의 어떤 성과와 일종의 결과라는 의미에서 실제적인 죄로 간주될 수 있다. 이런 죄의 성과들은 탐심과 악으로 기울어짐, 선한 것을 싫어함으로부터 기원한다. 루터는 여기서 성과들과 결과들을 이 모든 것의 기원인 내적 존재와 구분한다. 반대로도 정확히 동일하다. 하나님으로부터 기원하는 우리의 의는 선한 것을 지향함과 악한 것을 싫어함, 그리고 내적인 은혜의 선물을 의미한다.

우리가 성과 즉 공로를 통해 악을 치료할 수 있다는 오해를 하게 되는 것은 죄의 열심 때문이다. 우리의 경험조차도, 비록 우리가 선행을 하기 위해 열심을 낼지라도 악한 탐심은 여전히 남아 있다는 것을 가르쳐준다. 그리고 탐심으로부터 결백한 사람은 아무도 없다. 하지만 하나님께 간청하고 죄에서 구원해달라고 기도하는 자들에게는 하나님의 인자하심 덕분에 그들의 악함이 죄로 계산되지 않는다. 그러나 동시에 그들은 선행을 추구하게 될 것이고 칭의를 위해 열심히 노력하게 될 것이다. "그러므로 우리는 우리 자신만으로는 죄인이다. 또한 그럼에도 불구하고 하나님께서 우리를 의인으로 봐주시는 한, 우리는 믿음으로 의롭다. 왜냐하면 우리는 우리에게 구원을 약속하시는 하나님을 믿기 때문이다.

---

15 WA 56; 270.

하나님께서는 우리가 단지 한시적으로 기다리며 머무는 동안 죄가 지배하지 못하도록 우리를 구원하실 것이라고 약속하시지만, 죄를 제거하실 때까지 우리가 참고 견디도록 할 것도 약속하신다."[16]

루터가 여기서 아주 상세하게 다루고 있는 '동시성'은 칭의 자체에 중대한 역할을 감당하는 주제다. 이 '동시성' 없이는 하나님의 은혜를 경험할 수 없다. 그것은 줄어들지 않는 우리의 범죄 현실과 하나님의 절대적이고 실제적인 심판이라는 '동시성'이다. 루터는 건강에 대해 의사로부터 확실한 약속을 받은 환자의 예를 든다. 환자는 그 약속을 믿고 약속된 완치를 소망하면서 의사의 처방에 순종한다. 그리고 약속된 건강이 위협 받지 않도록 자신에게 금지된 것은 하지 않는다. 병이 지금 나았는가? 아니라고 루터는 대답한다. 환자는 건강한 동시에 병들어 있다. 현실적으로는 병들어 있지만 의사의 확실한 약속의 힘으로는 건강하다. 환자는 그 의사를 믿고 의사 자신은 확실히 환자를 이미 건강한 것처럼 본다. 왜냐하면 환자는 의사가 자신을 치료해줄 것이라고 확신하고 있기 때문이다. 의사는 이미 환자를 치료하기 시작했고, 따라서 그는 환자가 그 병으로 죽지 않을 것이라 생각하기 때문이다.

이런 상상을 루터는 자비로운 사마리아인의 비유에 적용한다. 그리스도께서는 거반 죽은 사람을 여관으로 데려오셔서 "그에게 영생토록 완전한 건강을 약속하신 후에"[17] 그를 치료하시기 시작했다. 그분은 그에게 죄 즉 탐욕이 있지만 이것 때문에 그가 죽지는 않을 것이라 생각하신다. 그리스도께서는 환자에게 약속하신 건강이 회복될 때까지 환자 곁에서 치료가 중단되는 일이 발생하지 못하도록, 그리고 죄 즉 악한 탐욕이 강화될 수 없도록 조처하신다. 그래서 그는 이제 완전히 의로울까? 아니다. 하지만 그는 죄인이 동시에 의인이다. 현실에서는 죄인이지만 하나님의 전가와 확실한 약속에 힘입어 의롭다. 하나님께서 그를 죄로부터

16 WA 56; 271f.
17 WA 56; 272.

구원하시는 일은 그가 완전히 나을 때까지 멈추지 않을 것이다. 그러므로 소망 안에서 그는 완전히 나았지만 현실에서는 죄인이다. 그는 의의 맏물 은사를 소유하는데, 이것은 자신이 불의한 자라는 것을 항상 의식하고 지속적으로 추구하기 위해서다.[18] 여전히 루터는 스콜라신학자들이 결코 죄와 은혜에 대해 충분히 감동적으로 설명하지 못했다고 언급한다. 루터 자신이 죄와 은혜를 가르친 것은 그가 복음의 약속을 깨닫게 되었을 때였다. 이 약속 때문에 놀라운 "동시성"이 가능하다. 그리고 이 동시성은 우리가 약속에 의지하여 살아야 하는 동안 결코 제거되지 않는다. 우리는 희망 속에서 구원받았다. 희망은 우리가 보진 못하지만 우리에게 약속된 것이다.

율법과 복음

복음의 약속에 대한 루터의 충분한 강조는 그 약속이 하나님의 율법과 대조됨으로써 한층 강화되는지도 모른다. 루터는 그 자신의 발견을 율법과 복음에서 발견한 해석학적 열쇠와도 연결시켰다. "루터의 칭의론은 전적으로 율법과 복음의 개념 및 그 둘의 상관관계에 대한 표현이다.[19] 두 주제는 하나에 속한다. 하나님의 말씀은 이 이중적인 형태 아래 있는 죄인에게 온다. 하지만 우리에게 무죄 판결을 마련해주는 것은 율법이 아니다. 율법은 우리의 삶에 관한 하나님의 불변하는 의지의 표현이다. 하나님께서는 창조하실 때 율법을 사람의 마음 속에 두셨다. 그러나 악한 욕망과 타고난 죄성은 하나님의 뜻을 직접 거스르게 된다. 율법은 죄 때문에 더 이상 죄인을 구원할 수 없는데, 이것은 율법의 질이 감소되었기 때문이 아니라, 더 이상 상황에 적합하지 않기 때문이다. 거꾸로

---

18 WA 56; 272.
19 P. Althaus, Die Theologie Martin Luthers, 218.

말하는 것이 좀 더 낫다. 즉 율법이 죄인을 구원할 수 없는 이유는 인간이 하나님 율법의 절대적 요구에 더 이상 적합하지 않기 때문이다. 낙원 시절에도 그리스도 나라가 도래할 때도 이것은 달랐고 다를 것이다. 하지만 율법은 어떤 마음도 변화시킬 수 없다. 법은 피조물의 외적이거나 시민적인 통치를 위해 필수불가결하다. 하지만 율법의 시민적 활용이란 율법에 대한 영적 이해와는 완전히 다른 것이다. 율법의 영적 성격은, 먼저, 율법이 우리의 육체성과 우리의 허물을 찾아낼 때 분명하게 드러난다. 율법이 사람을 의에 이르도록 하지는 않는다. 오히려 율법은 사람의 불의를 찾아낸다. 율법은 사람을 정죄한다. 또한 죄를 자극하는데, 이것은 율법이 죄에 대한 하나님의 진노를 경험하도록 한다는 의미에서 뿐만 아니라, 죄를 활성화 한다는 의미에서도 그렇다. 우리에게는 잘못된 것과 금지된 것으로 기울어진 내적 경향이 있을 뿐만 아니라, 또한 이 내적 경향이 강화되고 성장하기도 한다. 우리가 율법을 완전히 지킬 수 없다는 생각 때문에 하나님에 대한 미움과 의심이 일어난다. 율법 안에서는, 즉 그리스도 밖에서는 어떤 변화도 발생하지 않을 것이다. 따라서 율법은 우리를 사실상 죽인다. 하지만 비록 율법이 비록 우리를 죽음으로 안내할지라도 그리스도 안에 있는 사람을 위해서는 여전히 유용하다.

루터는 여기서 하나님의 낯선 일과 그분 자신의 합당한 일에 대해 설명했다. 낯선 일로 루터가 의도한 것은 하나님의 진노를 설명하는 것이다. 진노에 대한 경험은 율법의 사역, 하나님의 말씀과 연관되는데, 이것은 율법의 말씀이 전적으로 우리를 심판하는 것과 같다. 여기서 루터는 하나님의 숨어계심을 말한다. 양심에서는 이 하나님을 진노하시는 분으로 경험한다. 그래서 사람은 율법을 알게 된다. 하지만 이렇게 율법을 안다는 것은 율법이 완전히 지킨 성취를 의미하지 않는다. "그것은 일종의 빛인데, 이 빛은 병 즉 죄와 악, 죽음, 지옥, 하나님의 진노 등과 같은 것을 보여준다. 하지만 그것은 돕지도 해방시키지도 못한다.

그것은 율법 앞에서 그 모든 것을 보여주었다는 것으로 충분하다. 이 때 사람은 죄라 불리는 병을 앓으로써 슬퍼하고, 낙담하고 의심하게 된다."[20] 여기서 그것은 우리가 저지른 죄에 관한 것이 아니라, 오히려 죄인 됨에 관한 것이다. 그래서 율법은 그리스도 밖에 있는 사람의 희망 없는 상황을 오해하지 않는 방법으로 입증한다. "당신은 율법을 완수하지 못했고, 완수할 수도 없지만 반드시 완수해야 한다."[21]

그러나 그 상황에서 복음의 약속이 나타나는데 이것만이 온전히 신뢰할 수 있다. 복음은 어떤 의미에서 율법과 대조적이다. 바울이 율법 밖에서 계시된 의에 대해 말하는 곳에서 루터는 심지어 복음이 율법과 대조적으로 발생한다고 주장함으로써 그 일을 계속해서 강화한다. 율법이 사람의 양심에 호소하는 곳에서 복음은 율법도 양심도 반대한다고 생각해야 할 것이다. 그와 같이 하나님께서는 율법을 통해 자신의 "낯선 일"opus alienum을 행하심으로 자신의 "고유한 일"opus proprium을 이루어 가신다.[22]

율법을 통해 죄를 알게 된다. 루터는 지치지 않고 이 단어를 자주 인용한다. 참된 고해는 복음을 준비한다. 그리고 율법도 이 기능을 가지고 있다. 루터는 하나뿐인 하나님 말씀의 이런 이중적 형태를 주장함으로써 복음을 어둡게 만든 로마교를 대적했고, 또한 자신의 지지자들 가운데 있는 율법폐기론자들도 대적했다. 율법폐기론, 즉 반율법주의에 대한 루터의 반대는 율법의 기능과 관계가 있다. 아그리콜라Agricola가 멜랑흐톤과 달리, 이미 교회심방에 대한 규정들에서 강조하기를 원했던 것은 복음에 의해 죄를 알게 된다는 것이다.[23] 1530년대까지만 해도 루터는 여전히 율법폐기론에 대해 상세하게 설명했다. 하지만 루터는 결코 복음으로부터 죄를 알게 된다고 말하고 싶었던 것은 아니다. 다만

---

20 WA 18; 766.
21 WA 40, I; 256.
22 P. Althaus, Die Theologie Martin Luthers, 224.
23 참조. 9장의 '칭의와 교회법'.

하나의 말씀이 가진 이중적 형태를 고수하고 싶었던 것인데, 이것은 낙담한 마음에 믿음의 확실성을 선포할 수 있도록 하기 위한 것이었을 뿐만 아니라, 또한 새로운 삶에서 불가피한 율법에 대한 무관심과 싸우도록 하기 위한 것이었다.

오직 믿음만으로

칭의는 복음으로 제공된 하나님의 약속을 믿는 믿음으로 발생한다. 믿음은 율법과 반대인 복음을 듣는 것 이외의 다른 것을 의미하지 않는다. 심지어 믿음은 이것을 의미할 수도 있다. 즉 하나님 혹은 그리스도 자신이 '아니오'라고 말씀하심에도 불구하고 약속을 경청하는 것이다.[24] 그러나 항상 믿음은 우리가 하나님의 약속 안에서 하나님을 만나는 수단이다. 그리고 이 믿음은 성령의 선물이다. 루터는 1535-1537년 사이에 몇 가지 논지들을 방어하도록 했는데, 이 논지들은 모두 오직 믿음으로만의 칭의에 관한 주제였다. 믿음의 본질, 율법의 가치, 율법의 행위와 은혜의 행위의 구분은 이 논지들을 통해 분명하게 밝혀진다. 루터는 지체 없이 '획득된' 혹은 '역사적' 믿음과 바울이 의도하는 믿음 사이를 심각하게 구별한다. 이 획득된 믿음은 우리를 그리스도께로 인도하지 못한다. 그리스도께서는 오직 신자들만을 위해서만 유익을 제공하시고 귀신들과 저주받은 자들을 위해서는 어떤 유익도 제공하시지 않는다. 바울은 믿음에 대해 말하기를, 그리스도께서 우리 안에서 죽음과 죄와 율법에 강력히 대항하도록 하시는 것이 믿음이다. 이 믿음은 우리를 하나님의 자녀로 만들고, 천사들과 동등하게 한다. 믿음은 소위 "그리스도를 붙잡는 믿음"이다. 그리스도께서는 죄를 위해 죽으시고 우리의 의를 위해 살아나신 분이시다. 그러나 이 믿음은 단지 그리스도께서 유대

---

24 참조. 18장의 '시련에 익숙해져야만 한다'.

인과 빌라도에 의해 십자가에 달리신 사건과 그분의 부활에 관한 이야기를 알아듣는 것만이 아니다. 또한 당신의 죄를 위해 넘겨지셨고 당신을 구속하시고 구원하시길 원하시는 그리스도 안에서 하나님의 사랑을 인정하는 것도 바로 그 믿음이다. 성령께서는 듣는 자들의 마음 속에 복음의 음성으로 그 믿음을 만드신다. 또한 성령께서는 그 믿음을 보존하시기도 한다.

'획득된' 믿음은 말하기를, '나는 그리스도께서 죽으시고 부활하신 것을 믿습니다. 그리고 이것이 끝입니다.' 반대로 참된 믿음은 말하기를, '나는 하나님의 아들이 죽으셨고 부활하셨음을 참으로 믿습니다. 하지만 그분께서 하신 그 모든 것은 바로 나를 위한 것이요, 나의 죄를 위한 것입니다. 그것에 의해 나는 보증됩니다. 왜냐하면 그분께서는 온 세상의 죄를 위해 죽으셨기 때문입니다. 지금 내가 이 세상의 일부라는 것은 아주 확실합니다. 하지만 그분께서 나의 죄를 위해서 죽으셨다는 것도 동시에 확실합니다.'[25]

'획득된' 믿음은 그리스도의 고난을 있는 그대로 관찰한 것만 알지만, 참된 믿음은 이 고난에서 생명과 구원을 찾는다. 즉 참된 믿음은 자신을 위해 넘겨지신 하나님의 아들을 두 팔을 벌려 기쁘게 껴안으면서 이렇게 외친다. '이것이 내가 사랑하는 분입니다. 나는 그분의 것입니다.'

물론 획득된 믿음이 실제로는 믿음이 아니긴 하지만, 두 종류의 믿음을 구별하는 실제적인 구분은 참된 믿음이 '나를 위하여' 또는 '우리를 위하여'라고 외치는 사실에서 발견된다. 여기에 차이가 있다. 획득된 믿음은 단지 역사적 사실들만 듣는다. 하지만 참된 믿음은 우리를 율법의 행위와 무관하게 구원한다.

이 믿음의 중심에는 약속이 있고 이 약속의 중심에는 살아계신 그리스도께서 계시는데, 우리의 죄를 친히 짊어지신 분이시다. 그분께서 상처

25 WA 39, I; 45.

받으심으로 우리가 나음을 입었다. 우리가 은혜로 의롭게 된 후로는 항상 그리스도께서 친히 우리 안에서 행하시는 선행을 우리도 행한다.[26] 그것으로 믿음이 진실한 것인지 아닌지 알 수도 있다. 왜냐하면 모든 사람이 말씀을 듣지만 믿음은 모든 사람의 것이 아니기 때문이다. 특히 자신들의 행위를 신뢰하는 자들은 이것으로 자신들이 그리스도나 믿음으로부터 아무 것도 이해하지 못한다는 것을 드러낸다.

그러므로 믿음의 길은 율법의 행위의 길과는 완전히 다른 것이다. 이 논쟁에서도 루터는 이것을 다시 한 번 분명하게 잘 밝히고 있다. 율법은 죽이기 위한 힘이 있다. 율법은 죄가 영원한 형벌로 처벌되어야만 한다는 것을 보여준다. 성령에 의해 확증된 사람이 율법의 능력을 경험하고 통찰하기 시작할 때 그는 무엇보다도 먼저 하나님의 인자하심을 의심한다. 루터는 그가 말하는 것이 무엇인지 안다. 아마도 그래서 그가 다음과 같은 논지를 추가했는지도 모른다. "그러나 바로 그 순간 은혜가 그를 소환하지 않는다면 하나님의 자비하심을 의심하는 것은 최고의 죄이며 최악의 죄다."[27] 하지만 은혜는 의심과 맞서 싸우기 위해 그리스도 안에 계시되었다. 은혜가 없었을 때 사람들은 위선자들로 간주되지나 않을지 의심해야만 했다. 첫 번째 경우에는 이렇게 말할지 모른다. '나는 당신 면전에서 추방되었습니다.' 두 번째의 경우에는 이렇게 말할지 모른다. '나는 다른 사람들과 다릅니다.' 하지만 여기서 그리스도께서는 중심에 서서 말씀하신다. '형벌도 구원도 당신에게 정해지지 않았다. 이것이 내가 기뻐하는 것이다. 다윗이여, 너는 죽지 않을 것이다. 왜냐하면 너의 죄를 내가 가져왔기 때문이다. 그리고 너 바리새인이여, 살지 못할 것이다. 왜냐하면 너의 의는 나와 무관하기 때문이다.' 우리는 확실하고 믿을 수 있는 율법완수의 모범이신 그리스도를 가리킨다. 그러므로 성경의 모든 모범은 우리를 위해 아버지께 순종하신 그리스도에서

---

[26] WA 39, I; 46.
[27] WA 39, I; 50.

끝나야 한다. 그분을 믿는 믿음만으로 우리는 하나님 앞에서 의롭다.

17장

믿음과 경험

H. M. Müller, *Erfahrung und Glaube bei Luther*, Leipzig 1929; **A. Kurz**, *Die Heilsgewissheit bei Luther*, Gütersloh 1933; **L. Pinooma**, *Der existentielle Charakter de Theologie Luthers*, Helsinki 1940; **H. Østergaard-Nielsen**, Glaube und Erfahrung, in: *Scriptura sacra et viva vox. Eine Lutherstudie*, 125-160; **G. Metzger**, *Gelebter Glaube. Die Formierung reformatorischen Denkens in Luthers erster Psalmenvorlesung*, Göttingen 1964; **W. van 't Spijker**, Experientia in reformatorisch licht, in: *Theologia Reformata* 19 (1976), 236-255; **W. H. Ritter**, Theologie und Erfahrung, in: *Luther. Zeitschrift der Luthergesellschaft* 53 (1982), 23-38.

수많은 경험과 결코 경험신학이 아니라는 것

루터신학은 그 자신의 경험 없이는 생각할 수 없다. 왜냐하면 그의 신학은 매우 실존적인 방법으로 이루어졌기 때문이다. 그러므로 신자의 경험이 루터 관점에서 폭넓은 자리를 차지한다는 것은 충분히 설명 가능하다. 이 두 가지는 그의 신학에 대단한 생동감을 제공한다. 다양한 방법으로 루터는 자신이 말하고 싶은 것을 잘 설명하기 위해 자신의 삶의 경험을 사용할 줄 안다. 루터가 사람들을 위로할 때 자신이 처했던 상황을 알려 줄 수 있다. 그의 설교와 강의는 그와 같은 자기 경험의 자료들로 가득하다. 그래서 우리는 예화적인 루터를 알게 된다. 여기서 루터는 결코 사변적인 방법으로 성경을 말하지 않는다. 그의 지식은 실천적이어서 그가 신학의 대상이라 생각하는 것을 동반한다. 신학의 대상은 하나님과 사람이다. 하나님께서는 친히 자신을 우리에게 계시하시기 때문이고 사람은 계시하시는 하나님 앞에 선 존재이기 때문이다. 항상 이런 관계 속에서 사물을 논하는 것이 신학이다.[1]

하지만 루터의 신학은 결코 신자의 경험이 믿음의 근거 혹은 믿음의 대상까지도 구성한다는 의미의 경험신학이 아니다. 그런 신학들은 특히 경건주의가 발흥한 이래로 자주 교회역사에 등장한다. 루터에게 경험이란 충분히 관심을 받긴 하지만 신학의 원천도 출발점도 아니며 신학에 도달하는 실제적인 길도 아니다. 그것은 하나님에 관한 것이요, 그리스도 안에서 은혜로우신 하나님을 아는 지식에 관한 것이요, 이러한 신지식으로 자기자신을 발견하는 인간을 아는 지식에 관한 것이다. 그리고 이 모든 것은 하나님의 계시를 통해 하나님으로부터 인간에게로 은혜롭게 전향되는 것에 의해 발생한다. 이 구원의 사건들 속에서 사람의 경험이란 어떤 구성적 요소도 만들어내지 못한다. 경험은 거기에 창조적으로

---

[1] P. Althaus, Die Theologie Martin Luthers, 21f.

동참하는 것이 아니다. 다만 아주 분명한 경험적 사실은 구원이 하나님 편에서, 즉 오직 하나님으로부터만 온다는 것이다.

루터의 삶은 경험들로 가득 찬 인생이었다. 그가 아우구스티누스수도회에서 독서하면서 깨달은 것이 있는데 그것은 불안한 확실성과 안식을 추구하는 인간 마음의 공통적인 경험들이다. 루터가 처음 읽었을 때 엄청난 가치를 발견한 중세 저술인 '독일신학'의 신비 속에는 호감 가는 유사한 경험들이 있었다. 루터는 자신의 싸움에서 그러한 신비의 기본경험들을 변형시켰다. 그는 그것들을 사물에 대한 내적 경험과 같은 것으로 이해했다.[2] "당신이 먼저 만물이 얼마나 쓴가, 우리가 무엇인가를 경험한 후에 주님께서 얼마나 선한 분이신지 맛보고 경험하라!"[3] 이런 방법으로 루터는 믿음의 전투를 치르는 사람들을 위로할 수 있다. "내 자신의 경험과 당신의 경험, 즉 내가 한 때 불안하게 생각했던 만인의 경험에 의해 내가 알게 된 것은 우리의 완고함만을 양산하는 것이 모든 불안의 근원이라는 사실이다."[4] 정말 그렇기 때문에 루터는 그리스도를 가리킴으로써 실제로 도움을 줄 수 있었는데, 수많은 위로의 서신들을 통해 그렇게 했다. 거기서는, 비록 루터가 자신의 믿음이 너무 작고 연약하다고 말하지 않을 수 없었음에도 불구하고, 매우 자주 믿음의 경험을 중요하게 여긴다. "내게 믿음이 필요한 만큼 아주 많았더라면 나는 터키인들을 몰아내었을 것이고 폭군들을 사라지게 했을 것이다." 하지만 비록 그의 믿음이 반드시 요구되는 정도와 일치하지 않았음에도 불구하고 그가 또 다시 진술할 수 있었던 것은 "자신이 그리스도께서 하나님이시며 다른 분이 아니시라고 고백해야 할 정도로 많이 그리스도의 하나님이심에 대한 경험을 했다는 것이다. 왜냐하면 나는 예수라는 그 이름이 내게 행하신 것을 잘 알기 때문이다."[5]

---

[2] Köstlin I, 109f.
[3] 슈팔라틴에게 보낸 편지. 참조. Köstlin I, 113.
[4] WA 3; 217f.
[5] Köstlin II, 513.

루터에게 종교개혁의 발견에 관한 메시지들을 주의 깊게 읽으며 거기서도 경험을 가리키는 단어들을 발견할 수 있는데, 이 경험들은 평생 루터를 따라다녔다. 뿐만 아니라 나중에 루터는 자신이 또 다시 겪는 후기의 경험과 동일한 사건에 대해 어떻게든 설명하게 될 것이다. 수도원에 있을 당시 갖게 된 질문, 즉 내가 어떻게 은혜로우신 하나님을 얻는가라는 질문은 이미 신학적 질문이 아니라, 내면적 삶에 아주 깊게 새긴 질문이다. 은혜로우신 하나님에 대한 발견과 한 쌍을 이루는 것은 잊을 수 없는 일련의 경험들과 감정들이다. 루터는 열정을 불어넣는 놀랍고 따뜻한 불씨로 바울의 말을 좀 더 깊이 이해하도록 한다. 루터가 보기에 의로우신 하나님께는 사랑이 없고, 오히려 분노만 있다. 동시에 하나님 앞에 선 인간은 자신의 행위가 불충분했기 때문에 죄인이 된 감정, 쉴 새 없이 불안에 떠는 양심만 있다. 동시에 그는 성경을 이해하지 못하기 때문에 자신을 가득 채우는 무기력한 분노가 있지만 동시에 올바른 이해를 갈망하는 타는 목마름이 있다. 하지만 결국에는 모든 면에서 완전히 거듭난 상태의 감정, 즉 낙원으로 들어가는 것을 느낀다.[6]

루터는 경험을 가진 신학자다. 그러므로 그는 후에 이 점에서 특히 경건주의자들의 호감을 샀던 것이다. 수많은 경건주의자들이 루터의 저술들을 읽은 것은 결정적인 의미가 있었지만, 그럼에도 불구하고 루터는 경험의 신학자가 되지는 않았다. 그리고 루터는 비록 그의 인생에서 경험의 신학자가 거의 될 뻔한 기간이 있었음에도 불구하고, 결코 그런 적은 없었다.

경험을 배제하는 믿음

경험은 설명을 요구한다. 그 경험은 수도원의 루터에게 절망의 경험이

6 WA 54; 179ff. 비교. Scheel, Dok., 191ff. 참조. 1장의 '하나님의 의'.

었다. 수도원에서 루터가 추구한 것은 '나는 믿습니다, 나는 은혜로우신 하나님을 믿습니다, 나는 죄용서를 믿습니다'라고 말할 수 있는 근거를 경험하기 위해 추구하는 것과 다른 것이었는가? 수도사의 경건이 루터를 절로 그렇게 하도록 몰아갔다. 루터 초기 작품들에서 우리는 아주 특별하고 고유한 방법으로 그 발자취를 만난다.[7] 그것의 모범을 우리는 첫 시편강의1513-1515에서 발견한다. 루터가 시편의 주요 부분을 해설하기 위해 사용하는 개념들은 감동이 크게 작용하는 감정의 세계에서 차용되었다. 경험은 고난, 혼란, 슬픔, 기쁨, 두려움, 희망, 사랑, 미움, 열망 등등과 같은 수많은 특징으로 이루어진다.[8] 이제 필요한 것은 세상을 놀라게 하는 일이 아니다. 이런 이유 때문에 루터가 일평생 시편에 매력을 바르게 느낄 수 있었다. 왜냐하면 사람들은 거기서 "마음으로 성도를 볼 수 있기" 때문이다. 시편에서 루터는 자기 자신에 대해서도 생각했다. 경험은 시편을 이해하는 특별한 열쇠를 루터에게 주었다. 거기서는 깨달음의 순간이 큰 역할을 한다. 시편 77편의 해설 마지막에서 루터는 말하기를, 사면초가의 절망을 경험해보지 않은 사람은 본문으로부터 어떤 교훈도 받을 수 없다.[9] 루터는 아주 솔직하게도 자신이 말씀을 전혀 이해하지 못한다는 것을 인정한다. "왜냐하면 그것이 내게 너무 어렵고 나는 이런 절망의 바깥에 있지만 그럼에도 나는 그것에 대해 말하기 때문이다."[10] 그럼에도 불구하고 경험이 성경 해석을 위해 얼마나 중요한지를 그가 따르도록 한 것에 의해 밝혀진다. "어떤 성경단어를 동일한 방법으로 들을 수 있는지 적절하게 말하는 사람은 이 성경단어를 동일한 방법으로 느끼는 사람 외에는 아무도 없다. 그래서 그는 외적으로 이야

[7] 특히 다음 참조. G. Metzger, Gelebter Glaube. Die Formierung reformatorischen Denkens in Luthers erster Psalmenvorlesung, Göttingen 1964.

[8] G. Metzger, Gelebter Glaube, 12.

[9] WA 3; 549.

[10] "Inde enim et mihi difficilis, quia extra punctionem sum et loquor de compunctione".

기 된 것과 듣는 것을 내적으로 지각함으로써 이렇게 말한다. '그래요, 확실히 그것은 그렇습니다.'[11] 깨달음의 순간은 성경해석에 있어서 놓칠 수 없는 일이다.

루터는 후에 그것에 관한 실제적인 것을 말했다. 성경의 역사들이 우리에게는 모범이므로 우리는 성경의 성도로서 동일한 환경에서 동일한 것을 믿게 된다.[12] 성경은 이런 방법으로 명백한 모범이 되어 우리에게 경험을 제공한다. '그래요, 그것은 그렇습니다.'

그래서 루터는 시편을 읽었다. 왜냐하면 그 자신의 경험이 그것과 동일했기 때문이다. 하지만 여기에는 두 번째 국면이 있는데, 이것은 이 첫 시기를 위해 너무나도 중요하다. 루터의 수도사 이상은 그로 하여금 "후밀리타스"humilitas, 즉 겸손 혹은 비천함을 강조하도록 했다. 주 하나님과 반대되는 겸손의 감정, 비천함의 개념은 온전한 헌신을 약속한 사람에게 어울린다. 수도사의 "보다 나은 순종"은 특히 수도사가 스스로 완전히 포기할 수 있다는 사실을 통해 저절로 밝혀져야만 했다. 시편 해설에서 우리는 그것을 위한 다양한 모범을 발견한다.

스콜라주의 신학자들과 신비주의 저술가들은 그 비천함에 대해서도 감동적인 것들을 말했다. 하지만 그들에게 있었던 공로적인 것이 루터에게는 완전히 사라졌다. 루터가 과도하게 증거한 것은 사람이 자기 비하나 학대 속에서는 어떤 안식이나 평화도 발견할 수 없다는 것이다. 예컨대 게르송Gerson에게는 비천함이 공로적인 무엇이지만 이 시기에 루터에게는 전반적으로 비천함이 더 이상 공로적인 것이 아니다. 신비주의에서는 자기부인이 자기실현을 위한 길의 한 국면이었다. 루터에게는 그런 것들이 이런 면에서 그렇게 단순하게 놓여있지 않았다. 그러므로 그에게는 수도사들의 신학과 경건에서 아주 중요한 개념들의 전위傳位가 발생한

[11] WA 3; 549.
[12] Ein kleiner Unterricht, was man in den Evangelien suchen und erwarten soll, 1522, WA 10, I; 8-18.

다. 즉 루터 자신이 이해한 방향으로 바뀐다. 오캄Ockam이 그에게 죄와 은혜의 이해를 위해 제공한 것은 결코 루터를 지배하지 않았다. 예컨대, '사람은 할 수 있는 만큼 최대한 스스로 준비해야만 한다. 그러면 나머지는 하나님께서 하실 것이다!' 할 수 있는 만큼 최대한! 하지만 언제 사람이 실제로 자신이 할 수 있는 만큼 최선을 다했었는가? 그래서 루터가 요구 받은 것은 죄와 은혜와 관련한 낡은 개념들을 구부러뜨리는 것이었다. 초기에는 그 개념들을 그가 좋아했던 신비주의의 방향으로 변형시켰으나, 후기에는 더 심하게 변형시켰다.[13]

여기에 세 번째 국면이 추가된다. 그것은 '젊은 루터에게' 아주 독특한 것이다. 하지만 거기에는 '늙은 루터'에게도 여전히 유효한 지속적인 의미의 논점이 내포되어 있다. 그것은 그리스도의 의미에 대한 관점이다. 그것은 이제 그 원천을 알아보기 위해 우리를 너무 먼 곳으로 인도할지도 모른다. 하지만 구약에 대한, 특히 시편에 대한 루터의 관점은 지속적인 가치가 있다. 시편에서는 마음 속의 성도를 본다. 하지만 마음 속의 그리스도를 더 많이 본다. 구약에 대한 기독론적 설명은 루터에게 거의 처음부터 특징적이었다. 시편에서는 그것이 그리스도에 대한 경험과 연관된다. 그리고 특히 비극의 시편들, 개인적인 비극의 시편들에서, 우리가 이런 시편을 우선적으로 부르는 경향이 있는 것처럼, 루터는 그리스도께서 신음하시는 소리를 듣는다. 사람들은 서둘러 '신비한 그리스도'라고 말할 것이다. 왜냐하면 그리스도께서는 자신의 백성 없이 존재하시지 않기 때문이다. 그리스도의 고난을 그 자신의 고난으로,[14] 신자 자신의 고난으로 경험한다. 젊은 루터의 '기독론'은 수정이 필요하다. 주로 기독론은 그리스도의 고난이 그의 모든 백성들의 고난을 위한 모범이라는 개념으로 이해되었다. 그리스도의 고난에 동참한다는 것은 특히 우리가 마치 그리스도께서 경험하셨던 것과 같은 것을 겪는다는 경험을

13 K. -H. zur Mühlen, Nos extra nos, 12; 111.
14 O. Bayer, Promissio, 95.

의미했거나, 혹은 그리스도의 고난이 어떤 방법으로 우리의 고난 속을 통해 지속된다는 좀 더 나은 경험을 의미했다. 그리스도의 경험은 그런 방식으로 루터의 경험이 되었다. 왜냐하면 그것이 구원의 방법이었기 때문이다. 하지만 그런 방법으로의 구원은 어디에 있었는가? 구원이 선하다는 확신은 어디에 있었는가? 그 고난, 낮춤, 비천은 실제로 언제 해방과 부활과 영광으로 변했는가?

루터가 그것을 더 이상 고려의 대상으로 여기지 않았다는 것은 명백해 보인다. 이 발전 단계에서 루터는 자신이 그리스도의 길을 갔다는 것을 아는 것만으로 충분했다. 그리고 그리스도의 고난이 그의 고난이었고 그의 고난이 그리스도의 고난이었다는 것을 아는 것만으로 충분했다. 이것은 그에게 충분했고 그는 거기에 자신을 내려놓았다. 실제로 전형적인 표현은 루터의 십자가 신학에서 발견되었다. 즉 우리는 단지 "후천적으로" 하나님을 알 뿐이다. 지금 여기서 우리는 단지 "십자가들과 고난들을 통해서"per cruces et passiones만 하나님을 안다. 여기서 경험이란 우리가 구원에 동참한다는 사실을 알 수 있는 거의 명백한 방법이었다. 그러므로 우리는 루터가 얼추 경험의 신학자가 되었다고 말했던 것이다. 하지만 루터는 온갖 핍박에도 불구하고 고난을 통해 스스로 자랑했던 그 경험들의 신학자였다.

구원의 확실성이란 절대적인 의미에서는 없다. 단지 십자가의 확실성, 시련의 확실성이 있을 뿐이다. 하지만 참되고 완전한 종교개혁적인 확실성은 이것이 아니었다. 아직은 아니었다. 복음의 폭발은 여기서 그 논점들을 바꾸었다. 그 결과 십자가와 고난은 사라지지 않았다. 다만 이 모든 것을 통해 하나님의 확실성이 왔다. 그리고 그 확실성은 다른 편으로부터 왔고 다른 방법으로 왔다. 그것은 약속의 방법으로 왔다. 여기서 모든 종교개혁 신학의 단순한 표지가 되는 공식이 만들어졌는데, 즉 구원은 우리 밖에 있다는 공식이다. 그리스도의 고난에 동참하는 것은 더 이상 우리 안이 아니다. 왜냐하면 그것은 믿음의 확실성을 여전히 사람 안에서, 십자가 아래서 고난당하는 사람 안에서 찾기 위한 은닉된 방법일 수 있었기 때문이다. 루터는 "우리 밖에서"extra nos라는 공식을 애써 만든다. 우리 밖에서 오직 그리스도 안에서만 구원이 있다. 이것이 발전의 네 번째 단계다.

첫 번째는 성경저자의 경험들을 깨닫는 단계다. 두 번째는 하나님의 반대편에 있는 우리에게 적합한 비천함의 단계다. 세 번째는 우리가 동참하는 그리스도의 고난당하심의 국면이다. 이 고난은 그리스도의 신비한 몸, 즉 교회를 통해 지속된다. 그리고 마지막 국면은 참된 해방인데, 이것은 근본적으로 우리 자신 밖에서 일어나는 일이고, "우리를 위하시는"pro nobis. 우리를 대신하시는 그리스도 안에서 일어나는 일이다.

그 때 우리는 즉시 모든 사적인 경험들을 우리 구원의 일순간으로 간주하기를 가장 근원적으로 거절하는 것에 직면한다. 구원은 오직 믿음만으로! 이때에도 그것은 '모든 사적인 경험 없이도, 모든 사적인 경험과 대립적인'을 의미한다. 구원은 우리 밖에 있고 그리스도 안에 있다.[15] 루터는 그의 로마서 강의에서 이것을 강조했다. "이 서신의 요점은 육체의 모든 지혜를 뿌리째 뽑아 버리고 파괴하고 소멸시키는 것에 있다..."[16] 그것은 "외적이고 낯선 의"와 연관된다.[17] 신비주의도 역시 이런 표현을 알았다. 즉 사람이란 자신 바깥에 놓여져야 한다.[18] 무아의 사랑은 사람을 실제로 자기 밖의 하나님 안에 위치시킨다. 루터는 아마도 신비주의의 용어들을 사용했던 것으로 보인다.[19] 하지만 루터는 거기에 머물러 있지 않았다. 신비주의는 자기 밖으로 나갈 것을 추구한다. 하지만 신비주의에서는 이러한 자기 밖으로 나감이 구원을 미리 맛보는 유일한 종류의 경험이다. 루터가 초기에는 아마도 망설이고 양면적이었는지

---

[15] K. -H. zur Mühlen, Nos extra nos, 273ff.
[16] WA 56; 157.
[17] WA 56; 158.
[18] K. -H. zur Mühlen, Nos extra nos, 99; 101ff; 115.
[19] K. -H. zur Mühlen, Nos extra nos, 177ff.

모르지만 믿음을 통해 자기 밖으로 나가서 하나님 안에서, 하나님의 약속 안에서 확실성의 근거를 찾는다. 신비주의의 신비란 자신 밖으로 나와서 하나님의 본질 안으로 들어간다. 그러나 믿음은 자기 밖으로 나와서 모든 구원을 하나님의 약속에서 발견한다. 이 '우리 밖에서'extra nos는 단번에 모든 경험을 놀이에서 제외시킨다. 루터가 로마서 강의에서 "우리 밖에서, 오직 하나님 안에서"nos extra nos in solo deo라는 것을 사용할 때,[20] 거기에는 여전히 신비주의적인 소리가 나지만 새로운 소리도 들린다. 하나님의 약속 안에서 그리스도의 구원이 우리에게로 온다.

믿음과 경험 사이의 보다 근원적인 대립은 상상하기 어렵다. 그리스도 안에 있는 하나님의 약속은 우리 밖에 있다. 그 약속 위에서 믿음은 출발하고 각자의 경험에서 출발하지 않는다. 즉 각자의 모든 경험을 배제하고, 이성도 배제하고, 양심도 배제한다.[21] 심지어 율법도 배제한다.[22] "그리스도인은 절대 불가능한 일들을 다루는 영웅이다."[23] 이 '우리 밖에'extra nos가 에라스무스와의 논쟁에서 잘 알려진 문구에서 가장 힘 있게 표현된다. "하나님께서는 나의 구원을 나의 의지 밖에, 그분 자신의 의지 안에 두셨다."[24] 나의 구원은 나의 의지 밖에 있다. 동시에 그것은 나의 모든 경험 밖에 있고 우리가 하나님의 약속으로부터 알게 된 하나님의 의지 안에 있다.

믿음을 들어올리는 경험

루터가 결코 경험의 신학자로 불릴 수 없다는 것은 이미 앞에서 분명

[20] O. Bayer, Promissio, 57-63.
[21] H. M. Müller, Erfahrung und Glaube bei Luther, Leipzig 1929, 17ff.
[22] P. Althaus, Die Theologie Martin Luthers, 60f.
[23] WA 27, 276.
[24] WA 18, 783.

해졌다. 구원은 우리의 경험이나 상태에 달려 있지 않다. 그러나 믿음은 비록 우리의 모든 경험을 배제하는 것임에도 불구하고 경험과 무관하지 않다.[25] 몇몇 인용문들이 이것을 분명하게 한다. 창조와 구원에 관하여 설명하면서 루터는 이렇게 서술한다. "우리가 경험하지도 느끼지도 못할 때, 하나님께서 우리를 창조하셨고 준비하셨고 구원하셨다는 것만으로는 충분하지 않다... 그러므로, 비록 구원사역이 독립적으로 완성되었다고 할지라도, 그럼에도 불구하고 사람이 그것을 믿지 않고 마음으로 느끼지 못하는 한 그것은 아무런 도움도 유익도 줄 수 없다."[26] 믿음과 감정은 루터에게 그 순서대로 동전의 양면이다. 이것은 믿음에 대한 루터의 개념과 맞물리는데, 이 믿음이란 역사적인 일과 관련하여 지식과 구분할 수 있는 것이다. 종교개혁이 한창 진행 중이었을 당시 루터는 이렇게 말할 수 있었다. "우리는 확고한 성경말씀뿐만 아니라 경험도 가진 설교에 머물러 있어야 한다." 하지만 동시에 루터가 다음과 같이 말할 때 또 다시 설교의 상대성도 강조된다. "비록 내가 100년 동안 하나님에 대해 설교할지라도, 즉 하나님께서 얼마나 친절하시고 선하신지, 어떻게 사람을 도우시는지 설교할지라도, 내가 아직 그것을 경험으로 느끼지 못했다면 그 모든 것은 여전히 아무 것도 아니다." "왜냐하면 그리스도인의 삶은 전적으로 이런 것들을 실천하고 경험하는데 있기 때문이다."[27]

그러므로 루터 신학에서 경험은 관조speculatio. 사변와 관상cogitatio. 명상을 대면하고, 단어들을 생산하는 것verba facere 등과 대면한다. 루터에게는 추상적인 것과 실제적인 삶의 경험 사이의 중간 지대가 없다. 그리고

---

25 H. M. Müller, Erfahrung und Glaube, 4f.

26 H. M. Müller, Erfahrung und Glaube, 4f. 비교. R. Seeberg, Die Lehre Luthers, Lehrbuch der Dogmengeschichte, IV Band 1. Abt., Leipzig 1933[4], 271-270; 특히 272-273, 각주 1. 참조. Excurs in G. Metzger, Gelebter Glaube, 161f; G. Ebeling, Evangelische Evangelienauslegung, 391-402.

27 참조. H. M. Müller, Erfahrung und Glaube, 4; R. Seeberg, Die Lehre Luthers, 272.

이것은 신학의 모든 영역에서 유효하다. 율법과 복음의 관계에 대한 견해를 쉽게 받아들일 수 있고, 이것을 말하기도 서술하기도 쉽다. 하지만 우리에게 사물들을 구분하도록 가르치는 실제적인 경험은 성령의 선물이다. "사람이신 그리스도께서 천사의 위로를 받기 위해 산에 오르셨을 때에도 그것은 없었다. 그리스도께서는 천사를 통해 선언된 하늘에서 오신 의사이셨다. 나는 내가 그것을 할 수 있을 것이라 생각했을 것이다. 왜냐하면 나는 아주 많이, 아주 길게 그것에 대해 기술했기 때문이다. 하지만 그것이 적용될 때 나는 그것이 내게 극도로 부족하다는 것을 깨닫는다."[28] 그와 같이 실천적인 것들은 경험을 통해 알 수 있어야 한다. 그 경험을 쉽게 말할 수 있고 서술할 수 있지만 먼저 그 경험을 익혀야 한다.

요구하는 것과 제공하는 것 사이의 차이를 지적하는 것보다 율법과 복음에 대해 더 단순한 지적은 무엇인가? 아이는 그것을 이해할 수 있다. 심지어 말도 자기에게 종이 귀리를 주는지, 고삐와 재갈을 채우는지 구별할 줄 안다. 예화는 넘쳐난다. 그리고 루터는 일들을 명확하게 하기 위해 그런 예화를 열심히 사용한다. 하지만 우리가 배운 것이 죽음의 위기에서나, 박해, 혹은 두려워 떠는 양심에 적용되어야 할 때 실제적인 문제가 시작된다.[29]

여기에는 가르침과 삶 사이, 신앙상태와 신앙결단 사이의 지속적인 대립이 현존한다. 한편에는 관조, 이해, 숙고, 견해, 자연적 이성, 말과 문자 등이 있고, 다른 한편에는 유익한 사용, 업무, 삶, 실천, 마음의 감정 혹은 양심의 감정, 경험, 위험, 죽음, 양심의 혼란, 시련 등이 있다.[30]

한 설교에서 루터는 차이를 분명하게 했다. "... 그런 것들을 우리는

---

[28] H. M. Müller, Erfahrung und Glaube, 40f.
[29] H. M. Müller, Erfahrung und Glaube, 42f.
[30] H. M. Müller, Erfahrung und Glaube, 45.

쉽게 듣는데, 우리는 그것을 이해한다. 하지만 그것이 적용될 때…" 이것과 저것 사이의 큰 차이는 분명하게 된다. 그럼에도 이것은 저것을 놓칠 수 없다.[31] 루터는 내적 인간과 외적 인간 사이, 그리고 내적인 말씀과 외적인 말씀 사이의 신비주의적 구분 가운데 후자, 즉 외적인 말씀을 보존했다. 외적인 말씀만으로는 충분하지 않다. 하지만 사람이 더 많은 것을 원할 때에는 지나치게 많은 것을 묻는다. 열광주의자들이 그렇게 했다. 그들은 외적인 말씀에 만족하지 않았고 '성령이시여!' 하며 성령을 불렀다. 하지만 그들의 경험은 성경에 따른 것이 아니었다.

루터에게 경험의 내용과 위치는 의미상 신령주의와 큰 차이가 있다. 신령주의자들은 자주 내적인 것을 외적인 것과 분리할 뿐만 아니라, 또한 대체로 하나님께서 사용하시는 외적인 수단을 근원적으로 외면했다. 그와 더불어 실제로 그리스도조차도 외면을 당한다. 그러므로 루터는 열광주의자들을 아주 심하게 공격했던 것이다. 그들은 그리스도와 그리스도의 구원을 전혀 이해하지 못했다. 즉 그리스도께서 하나님의 선물과 은사이시며, 하나님의 능력과 지혜와 의와 거룩이심을 이해하지 못했다. "선지자들은 여기서는 신령주의 저술가들을 의미함 이런 것들에 대한 이해를 느끼거나 경험하거나 배우지 못했다. 그래서 그들은 자신들도 전혀 이해하지 못한 것들, 즉 천상의 소리로, 미성숙함과 물 뿌림과 죽임과 이런 종류의 자극적인 단어들로 요술을 부려 사람들의 양심을 불안하게 만들고 사람들이 그들의 재주에 놀라게 함으로써 결국 그리스도를 잊어버리도록 만든다.[32]

믿음의 경험들은 약속에 묶여 있고, 동시에 약속 안의 그리스도께 묶여 있다. 그렇지만 그 경험 역시 신앙생활에 한 자리, 즉 전적으로 고유한 자리를 차지한다. "믿음과 경험은 단순히 서로 대면할 뿐만 아니라 서로 대립한다. 믿음 자체가 만들어내는 경험도 있다. 이런 경험은

---

[31] K. -H. zur Mühlen, Nos extra nos, 26f.
[32] WA 15; 396.

일반적인 경험과 다른 성격의 것이다. 그것은 새로운 차원의 경험이다."[33] 하지만 그와 같이 루터는 믿음과 경험이 상호 병립적이고 둘 다 하나님의 선물이라고 말할 수도 있다. 루터가 믿음의 확실성에 대해 말할 때 경험의 자리에 대해서도 설명한다. 각자의 행위가 칭의에서는 전적으로 배제되었다. 그 행위는 아무런 공로도 없다. 그러므로 그것은 경험과도 아주 깊이 연결된다. 경험은 구원의 확실성을 위한 어떤 건설적인 의미도 없다. 구원의 확실성은 오직 하나님의 약속 안에만 있다. 경험을 그리스도로부터 분리하고 은혜로운 약속의 말씀으로부터 분리할 경우 경험은 배제된다. 하지만 그와 연관하여 약속 위에 있고 그리스도를 신뢰할 경우 믿음의 경험도 의미가 있다.[34] 탁상담화에서 루터는 그것에 대해 아주 분명하게 말한다. 약속에, 그리고 약속 안의 그리스도에 묶여 있기 때문에 믿음의 경험은 구원의 확실성을 효력 있게 할 수 있고 강화할 수 있다. "나는 이것을 성경으로부터만 아니라, 수많은 크고 다양한 경험을 통해 갖게 된다. 그러므로 나는 나를 위해 둘 다, 즉 말씀과 행위, 성경과 경험이 필요한데, 사랑하는 하나님께서 그것을 내게 풍성히 주셨다." "하나님께서 둘 다를 내게 주셨다." Dedit mihi Deus utrunque. 우리가 볼 때 루터가 어떻게 말하는지 기억할 만하다. "그러므로 나는 나를 위해 일과 말, 경험과 성경이 필요한데, 하나님께서 그 둘 다를 내게 주셨다. 그래서 말과 성경은 함께 한다. 물론 다른 한편으로는 일과 경험이 동일선상에 있긴 하지만 말이다. 그것은 루터가 이전에 주장했던 것과 전적으로 일치한다. 즉 말은 쉽게 내뱉을 수 있지만, 일은 반드시 배워야만 한다는 것이다.

그럼에도 불구하고 우리는 이제 언급해야 한다. 구원의 확실성은 루터에게 있어서 오직 복음의 약속에만, 즉 말씀에만, 성경에만 놓여 있다. 그리고 거기서 구원의 확신은 찾아져야 한다. 그렇지 않다면 확실성은

---

[33] P. Althaus, Die Theologie Martin Luthers, 61.
[34] WATr. I; 518.

일종의 잘못된 안심일 뿐이다.

구원의 경험과 구원의 확실성의 경험을 위해 중요한 것은 루터가 안전성securitas과 확실성certitudo 사이를 구분한다는 것이다.[35] 루터는 수도원에서 구원의 경험을 추구했다. '안전성'securitas이란 단어는 두 개의 다른 단어로부터 유래했는데, 즉 "걱정 없다"sine cura가 그것이다. '안전성'의 깊은 의미는 걱정 없음의 경건한 형태다. 그러므로 루터는 다음과 같이 말할 수 있었다. "최고의 안전성이 최고의 시련이다."[36] 육체의 신학이 루터에게는 이런 확실성을 추구하는 것이었다. 사람은 실제로 언제 걱정이 없을 수 있는가?

스콜라주의신학은 믿음의 확실성을 사전에 불가능할 것으로 설명했다. 즉 절대적인 구원의 확실성은 얻을 수 없고 조건적인 구원의 확실성은 사람이 지상에서 누릴 수 있는 최고의 것이다. 하지만 거기서 사람은 결코 있을 법한 것보다 더 멀리 가지는 못한다. 그렇다면 조건에 부응하는지 누가 아는가?

루터가 수도원을 선택했을 때 그 순간 그에게 최대의 확실성을 제공하는 길을 택했다. 하지만 그는 절대적 확실성이란 결코 수도원 담장 안에서 발견할 수 없다는 것을 알게 되었다. 그러나 루터는 최고의 평안이 최고의 시련을 의미한다는 사실을 깨닫기까지 그가 할 수 있는 모든 것을 다했다.

그곳에서 루터의 길은 수도사신학이 의미하는 낮아짐과 자기비하의 길이 아니었다. 또한 신비주의가 루터에게 가르쳤던 것처럼 하나님 안에서 안식하기 위해 지상의 현실에서 영혼이 상승하는 길도 아니었다. 루터의 길은 절망의 길이 되었다. 모든 가능성에 대한 완전한 절망 그 자체였고, 자기 의지에 대한 포기였으며 "허무로 돌아간 사람"redactus ad nihilum이었다. 루터는 그렇게 느꼈던 것이다. 그리고 그 길에서 하나님

---

[35] A. Kurz, Die Heilsgewissheit bei Luther, Gütersloh 1933, 197ff.
[36] A. Kurz, Die Heilsgewissheit bei Luther, 199.

께서는 루터를 의롭게 하셨다. 그리고 약속 안에 놓여 있는 확실성에로 인도하셨다.

그러므로 가장 깊은 의미는 하나님 홀로 일하심, 즉 하나님의 공로만이 구원의 기초라는 것이다. 우리의 공로는 그분의 공로를 가로막을 뿐이다. 그러므로 구원을 위한 최고의 시점은 자신의 행위를 떠나보내는 순간이다. 바로 이것은 믿음을 통해 일어난다. 즉 사랑으로 역사하는 믿음을 통해 일어난다.

기초로서의 행위는 완전히 제거된다. "그렇기 때문에 행위는 없어도 좋은 것인가? 사랑이 없는 곳에 믿음이 있을 수 있는가? 결코 그렇지 않다. 그런 시간이 올 때에는 오직 놀람과 두려움, 공포와 고통만 있을 것이다."[37] 그러므로 성화는 항상 칭의를 동반해야만 한다. 하지만 믿음을 위한 칭의의 기초는 행위에도 경험에도 있지 않고, 다만 오직 자신의 약속을 말씀하실 때 거짓말 하실 수 없는 하나님 안에 있다. 모든 경험을 배제한 믿음만이 하나님을 붙잡는다. 그래서 믿음은 그 자체의 확실성을 가진다. 즉 안전성이 아닌 확실성을 가진다. 그리고 믿음과 믿음의 확실성은 오직 하나님의 약속 안에만 있다. 그러나 우리에게 이 믿음을 가르치는 하나의 경험이 있는데 그것은 시련의 경험이다. 시련의 경험이 얼마나 필요한지는 루터 신학 전반에 나타난다. 루터는 어떤 다른 종교개혁자보다도 많은 시련을 겪은 그리스도인이다.

[37] A. Kurz, Die Heilsgewissheit bei Luther, 217.

18장

믿음과 시련

E. Vogelsang, *Der angefochtene Christus bei Luther*, Berlin/Leipzig 1932; **H. Appel**, *Anfechtung und Trost im Spätmittelalter und bei Luther*, Leipzig 1938; **P. Mühler**, *Die Anfechtung bei Martin Luther*, Zürich 1942; **H. Beintker**, *Die Überwindung der Anfechtung bei Luther*, Berlin 1954; **H. -M. Barth**, *Der Teufel und Jesus Christus in der Theologie Martin Luthers*, Göttingen 1967; **G. Wertelius**, *Oratio continua. Das Verhältnis zwischen Glaube und Gebet in der Theologie Martin Luthers*, Lund 197; **B. Lohse**, *Einführung*, 35-39; **P. Bühler**, Glaube und Anfechtung, in: *Kreuz und Eschatologie*, Tübingen 1981, 229-234.

시련을 겪은 루터

루터의 신학이 시련에서 태어났다고 말하는 것은 너무 지나치다. 하지만 시련 없이는 루터의 신학을 설명할 수 없을 것이다. 계몽시대 이후로 신학은 지속적으로 시련을 제거하고 격분도 제거하고 우리를 난처하게 만들 수도 있는 모든 문제들에 대해 세련된 해결책을 제공하려 하고 있다. 그와 반대로 루터는 시련을 위한 어떤 해결책도 제기하지 않았다. 그는 시련을 부정하지 않았고 피하지도 않았다. 루터의 신학과 시련은 가능한 동반자였다. 루터는 시련을 겪었고 그 시련을 통해 당대의 신학자가 되었다. 시련이 없었더라면 결코 없었을 일종의 확실성이 루터의 말들 속에 아주 많이 감추어져 있다. "나는 나의 모든 일들 10년 동안 악마와 논의했고 공유했다. 그리고 나는 그것이 통한다는 것을 안다."[1] 루터는 욥의 문제로 씨름했다. "죽음이 그의 눈앞에 있고 하나님께서 아무런 간섭도 하지 않으실 때 욥의 말은 아주 거룩한 사람이 하나님을 대항하여 생각할 수 있는 것이 무엇인지 보여준다... 이것이 욥기의 정점이다. 그와 같은 것을 동일하게 경험하고 느끼는 사람만이 그것을 이해한다. 즉 그런 사람만이 하나님의 진노와 재난을 겪는 동안 하나님의 은혜가 감추어져 있다는 것이 무엇인지 이해한다."[2] 루터에게 시련은 기독교적인 삶의 필수불가결한 요소다. 그것은 결코 단순하지 않다. "당신의 곤경을 모르고 깨닫지 못하거나, 당신에게 어떤 시련도 없다면 당신은 지금 심각한 곤궁에 처해 있다는 것을 모를 수밖에 없다. 왜냐하면 당신 자신의 마음이 너무 냉정하고 경직되어 어떤 시련조차도 느낄 수 없을 만큼 둔감한 것이 가장 큰 시련이기 때문이다."[3] 우리에게 복음

---

[1] H. M. Müller, Erfahrung und Glaube, 124.
[2] K. -H. zur Mühlen, Nos extra nos, 70.
[3] WA 6; 236.

의 부요는 먼저 시련을 통해 분명하게 드러난다. 성례는 말한다. "하나님의 은혜가 넘치는 부요한 보석들은 누구에게나 발견되는 것이 아니라, 육적으로든 영적으로든 오직 시련을 경험하는 사람들에게서만 발견된다."[4]

루터가 95개 조항에 대한 자신의 설명에서보다 더 통찰력 있게 시련을 말한 곳은 없다. 그것은 연옥에 있는 자들을 위한 면죄부의 의미와 연관이 있다. 루터는 이 시기1518에 면죄부의 전체 문제를 중점적으로 다루기를 원한다. 그는 거기서 단지 아우구스티누스가 자신의 부모를 위해 기도했던 것만을 상기시킨다.[5] 하지만 루터가 그렇게 말함으로써, 이미 이 지상에서 하나님에 대한 두려움이 지옥에 떨어지는 느낌을 상상하도록 만들 수 있다. 이 때 우리는 바울이 자신에 대해 했던 말, 즉 "나는 한 사람을 안다."고후12:2는 말씀을 자연스럽게 떠올리게 된다. 그래서 루터는 자신에 대해 이렇게 말한다. "내가 한 사람을 아는데, 그는 종종 이런 처벌들을 겪는다고 확신했다. 이 처벌들은 단지 아주 짧게 지속되었지만, 너무 무거웠고 매우 지독해서 어떤 말로도 표현할 수 없고 어떤 펜으로도 묘사할 수 없고 경험하지 않고는 결코 믿을 수도 없는 것이었다. 따라서 그 벌이 최고조에 달하여 30분, 아니 6분만 지속되었더라면 그는 완전히 소멸될 수밖에 없었을 것이고 그의 모든 뼈는 재가 되어 사라져버렸을 것이다. 여기서 하나님께서는 무섭게 분노하시는 분으로 나타나시고 동시에 온 피조물도 하나님과 함께 무시무시한 분노를 쏟아낸다. 사람은 결코 도망칠 수 없다. 거기에는 내적으로든 외적으로든 어떤 위로도 없고 모든 것은 고발자가 되어 있다. 그 때 사람은 눈물로 이 구절을 읊는다. '내가 주의 목전에서 끊어졌습니다!'시 31:23[22] 감히 이 순간 단번에 '주여, 주의 분노로 나를 징계하지 마시옵소서!'시6:2[1]라고 말하지는 않는다. 이렇게 말하는 것이 이상하지만, 이

---

4 WA 10, 3; 55.
5 WA 1; 555.

순간 영혼이 생각할 수 있는 것은 언젠가 구원 받을 수도 있다는 것이 아니라, 아직도 충분한 벌을 느끼지 못할 뿐이라는 것이다. 왜냐하면 이 벌은 영원하기 때문이고, 또한 영혼이 그 벌을 한시적으로 받을 수 있는 것도 아니기 때문이다. 거기에는 단순히 도움을 바라는 열망과 엄청난 탄식 소리만 남아 있다. 하지만 영혼은 그 도움이 어디서부터 오는지 모른다. 여기서 영혼은 그리스도께서 계수하실 수 있을 정도로, 그리고 영혼 속에 최악의 괴로움으로, 공포와 전율과 비통으로 가득 찬 구석이 전혀 없을 정도로 넓게 뻗어 나갔다. 그러므로 이 모든 것은 영원토록 지속된다. 비유하자면 이렇다. 가령, 뾰족한 철심으로 직선을 그릴 때 각 점은 선의 흔적을 갖는데, 선이 철심을 따라 가지만 철심 전체를 품지는 못한다. 그러므로 이 일에 있어서는 영혼이 동반한다. 영혼은 자신을 관통하는 영원한 파도와 맞닥뜨리면, 영원한 형벌만 경험하고 흡수하지만 형벌은 머물러 있지 않고 통과하여 지나가버린다. 이제 이 끔찍한 형벌이, 즉 어떤 위로도 무용한 견딜 수 없는 저 공포가 산 자들에게 부분적으로 떨어질 때, 영혼에 대한 형벌이 이런 성질의 연옥에서는 훨씬 더 가혹할 것처럼 보인다. 다만 형벌은 계속 머물러 있다. 그리고 이 내적인 불은 외적인 불보다 훨씬 더 육체적이다. 누군가 이것을 믿지 않는다면 우리는 그 문제로 다툴 필요가 없다."[6] 이 감동적인 단락에 의해 루터가 자신의 시련으로 의도하는 것이 무엇인지 분명해진다. 물론 이 감동적인 단락이 많은 사람들에게 완전히 이상하고 낯설게 보일지도 모른다. 사람들은 루터의 시련을 혼란스러운 영혼에 대한 언급으로 설명하길 원했다.[7] 루터가 경험한 시련들은 너무나도 실제적인 악마와의 싸움이었다. 그는 거의 생애 내내 그런 시련을 겪어야만 했다.[8] 물론 이 점에서도 일종의 성장은 있다. 초기의 시련들은 사람들이 각

---

[6] WA 1; 557.

[7] Lohse, Martin Luther. Eine Einführung, 37f.

[8] 참조. Köstlin II, 색인 'Anfechtungen'.

수도사의 삶에서 아주 흔하게 생각했던 그런 것이었다. 위로의 서적들이 비치되어 있었다.[9] 이미 청년으로서 루터는 그런 시련을 겪어야 했지만,[10] 수도원에서도 시련들은 결코 덜하지 않았다.[11] 루터가 자신의 "종교개혁적 발견"을 향해 성장해 감에 따라 시련들은 점점 혹독해져 갔고, 그 성격도 약간 변해 갔다. 시련들은 오히려 하나님과의 씨름이 되었고, 훨씬 덜 인간중심적인 것으로 변했다.[12] 먼저 시련에 대해 루터는 해결을 위한 공간이 있는 것으로 정의하는데, 그것은 여전히 인간 의지의 결정과 연결된다. 인간 의지의 결정이란 하나님의 자비를 획득하는 인간의 능력으로써 "자멸"annihilatio 과정의 일부를 차지한다. 초기에 루터는 다음과 같은 점들을 포함하는 개념을 가지고 있었다. 즉 시련이란 신학을 사변으로부터 해방시킨다. 시련은 사람에게 하나님 한 분만이 선하심을 가르치며 그 하나님께 부르짖도록 가르친다. 시련은 사람에게 하나님의 도우심을 경험하게 하고 이런 경험에 대한 기쁨을 제공한다. 그래서 덕은 자라고 시련은 바람직한 선이 된다.[13]

하지만 여기에 변화가 일어나는데, 그것은 시련을 더 이상 바람직한 것으로 만들지 않는다. 심화에 대해서는 두 가지 의미로 말할 수 있을 것이다. 그 일은 루터에게 이론적이기 보다는 오히려 깊은 자기 경험의 문제다. 루터는 자신의 첫 시편강의에서 말하기를, "그러므로 그것은 있고, 그래서 아우구스티누스는 그것을 가졌으나, 개인적으로 나는 그것에 대해 그렇게 많이 알지 못한다."[14] 그것은 달라졌다. 이제 그 일들은

---

[9] G. Metzger, Gelebter Glaube, 163, 각주 13.

[10] O. Scheel, Martin Luther I, 316: "et mihi etiam ab adolescentia non incognitam", 필스캄프(Vilskamp)에게 보낸 1528년 1월 1일자 편지. 참조. Scheel, Dok., 색인 'tentatio' 등.

[11] G. Metzger, Gelebter Glaube, 160-171; L. Pinooma, Der existentielle Charakter der Theologie Luthers, Helsinki 1940, 80-102.

[12] L. Pinooma, Der existentielle Charakter, 88f.

[13] L. Pinooma, Der existentielle Charakter, 88.

[14] 참조. 17장 각주 10.

더 이상 이론적으로 회자되지 않고, 오히려 그리스도 지향적이다. 시련들은 그리스도의 고난 받으심과 연관된다. 루터의 '비유적 해석'은 시편을 그리스도 중심으로 설명하는 기회를 제공했다. 그러므로 그리스도께 관계된 것은 동시에 신자들에게도 유효한 것이었다.[15] 그 모든 것은 십자가의 신학에서 공개된다. 루터가 1518년에는 어느 정도 그것에 관해 완결적으로 말한다. "하나님께서는 고난에서만, 십자가에서만 알려지신다." 이 때 루터는 이 말로 시련들도 의도했던 것이 분명하다.[16] 하지만 그 시련들은 동시에 그리스도의 시련들이다. 이런 방법으로 루터는 시련들에 대해 덜 이론적으로 말할 수 있는 가능성뿐만 아니라, 덜 보편적으로 말할 수 있는 가능성까지도 획득했다. 시련들 속에 있는 '특별한 그리스도 중심적인 것'을 루터는 자신의 특별한 해석, 즉 비유적 해석에서 발견했다. 루터는 시편 31편 10[9]절, "여호와여, 내가 고통 중에 있사오니 내게 은혜를 베푸소서!"라는 말씀에서 '비유적 규칙'을 준수하는 것에 대해 말할 수 있다고 평가한다. "문자 그대로 그리스도께서 모든 시편에서 육체적 필요에 대해 탄식하시고 기도하시는 그것을 이와 동일한 말로 탄식하고 기도하는 자는 그리스도 안에서 태어나 양육받았고 자신이 죄로 시련을 겪거나 타락한 자라는 것을 아는 모든 그리스도인의 영혼이다. 왜냐하면 오늘까지도 그리스도께서는 우리 안에서 침 뱉음 당하시고 죽으시고 채찍질 당하시고 십자가에 못 박히시기 때문이다."[17] 유대인들이 그리스도와 더불어 행했던 것을 육신은 자신의 욕망과 더불어 행하고, 세상은 자신의 탐욕과 더불어, 악마는 자신의 유혹과 더불어, 시련들은 신자와 더불어 행한다. 그리스도와 그의 백성은 그와 같이 한 쌍이다. 그래서 그리스도께 적용되는 것은 모든 신자들에게도 적용될 수 있다. 여기에 기독론적 성경해석의 분명한 출발점이

---

15 K. -H. zur Mühlen, Nos extra nos, 27f.
16 WA 1; 362.
17 WA 3; 167.

있다. 루터에게 그것은 고유한 특징으로 남아 있게 될 것이다.

그럼에도 불구하고 루터는 시련을 겪으면서도 시련에만 머물러 있지 않았다. "시련 당하신 그리스도"께서[18] 동시에 자신의 백성을 위해서 시련을 겪고 계시며 그들 안에서도 시련을 겪고 계신다는 생각 속에는 풍성한 위로가 있었다. 그러나 루터는 자신의 시련을 통해 진일보해야 했다. 시련들은 루터가 이런 저런 방법으로 말했던 바로 그 방법으로, 비록 그것이 십자가 아래 있는 것일지라도, 신자에 의해 설명될 수 있었다. 이 때 시련들은 그리스도와 닮은 것을 보여준다. 그리스도의 고난이 우리의 고난이라는 것인데, 이것이 희망을 준다. 왜냐하면 그리스도께서는 그와 같은 방법으로 자신의 백성과 함께 하시기 때문이다. 그러므로 루터는 항상 시련 속에 있도록 촉구할 수 있다.[19] "우리는 항상 하나님께 도움을 청해야 하기 때문에 항상 시련을 겪어야만 한다." 그 속에 일정한 금욕적 특징이 있다는 것을 부인할 수는 없다. 하지만 이것은 시련들이 내부에서뿐만 아니라 외부에서도 올 경우 대단히 심각하다. 왜냐하면 악마는 루터를 실제로 공격할 수밖에 없는 능력이 되기 때문이다.

하지만 더 먼 단계는 신자들이 그리스도를 증거하는 성경 말씀에서 만나는 "비유적 그리스도"께서 루터에게 "우리를 대신하시는"pro nobis. 우리를 위하시는 그리스도가 되시고 그래서 구원 역시도 "우리 밖에 있는"extra nos 구원이 되는 경우다. 우리를 위해 우리를 대신하시는 그리스도! 우리 밖에 있고 그리스도 안에 있는 구원! 이곳으로 가장 깊고 무거운 시련들이 온다. 하지만 이곳에서 시련으로부터 실제로 구해낼 가능성도 열린다. 구원은 우리 밖에 있고 오직 그리스도 안에만 있다. 즉 우리가 십자가 아래서 그리스도에 의해 그리스도와 함께 경험하는 것에 있지 않고, 그리스도께서 우리를 위해 전적으로 홀로 자신의 십자가를 지신 것에 있다. 여기서 모든 것은 놀라운 방법으로 급진적이 된다. 왜냐하면

---

[18] G. Metzger, Gelebter Glaube, 165.
[19] G. Metzger, Gelebter Glaube, 166.

여기서 그것은 그리스도의 십자가와 십자가들과 고난과 고난들에 동참하는 그리스도인이 아니다. 여기서 그것은 그리스도인을 적대하시는 그리스도 자신이시다. 그것은 하나님 자신이신데, 여기서 하나님께서는 더 이상 자신을 나타내시지 않으실 뿐만 아니라, 진노로 자신을 숨기시고 우리를 소멸하길 원하시는 능력으로 자신을 나타내신다. 저 시련은 지금 여기서 이미 지옥을 의미한다. 견디기 어려운 지옥이므로 6분만 지속되어도 우리는 완전히 재가 되어버릴 정도다. 그것이 곧 우리를 대적하시는 하나님이시다. 그것은 우리 밖에 계신 그리스도이실 뿐만 아니라, 우리를 대신하시는 그리스도이시다. 그래야만 작은 위로의 시원한 바람이라도 불게 되리라는 희망, 즉 그것이 언젠가 한 번 달라질 것이라는 희망을 가질 수 있다. 아니, 그럴 때만이 시련 한가운데서도 분명한 구원의 확실성, 즉 우리 밖에 그리스도 안에 있는 구원의 확실성을 갖게 된다.[20] 루터가 자신의 첫 강의 시절에 말할 수 있었던 시련보다 훨씬 더 끔찍한 시련들을 겪을 때 그 위로를 받았더라면, 그가 실제로 도움을 받았더라면, 그것은 먼저 그리스도를 바라보는 믿음으로 다른 노선까지 도달해야만 했다. 그리스도께서는 단지 모범이실 뿐만 아니라, 우리가 신비한 방법으로 결합되어 있는 시련을 겪으신 그리스도이실 뿐만 아니라, 또한 우리가 결코 유사할 수 없고, 가장 심오한 시련들 속에서조차도 닮지 않은, 그렇기 때문에 우리를 온전히 구원하실 수 있는 그리스도이시다. 은사와 선물로서의 그리스도이시다. 이 은사와 선물은 그리스도 안에서 우리를 위한 하나님의 위대하고 가장 뛰어난 사랑이요, 꺼지지 않는 불, 즉 영원한 사랑의 불이다.[21] "왜냐하면 하나님께서는 땅에서부터 하늘까지 닿는 사랑이 충만한 달구어진 화로이시기 때문이다."[22] 이런 하나님께서 사람을 적대하신다면 참으로 그것은

---

[20] E. Vogelsang, Der angefochtene Christus bei Luther, Berlin/Leipzig 1932, 100ff.

[21] Ein kleiner Unterricht, WA 10, 1; 8ff.

반드시 죽음에 이르는 시련일 수밖에 없다.

시련의 배후에는 누가 있는가?

루터가 해야만 했던 질문은 이것이다. '나의 시련은 하나님으로부터 오는가, 악마로부터 오는가?' 매우 자주 루터는 악마가 시련의 창시자라고 말한다.[23] 시편 22편 8-9절 해설에서 루터는 악마가 신자를 놀라게 하는 6개의 두려움을 열거한다. 그는 우리 삶의 악함을 보여준다. 그는 그런 우리를 조롱한다. 그가 신자를 책망하는 말을 성경에서 인용한다. 그는 복음을 남용하여 심지어 최강의 시련들조차도 그리스도로부터 떼어내려 한다. 선택 받은 자들을 위한 분은 오직 그리스도뿐이시라는 것을 그는 우리에게 믿도록 해준다. 특별한 종류의 마지막 시련은 예정과 관련된 것이다. 거기서 루터는 각종 시련을 상세하게 설명한다.[24] 여기서 설명하는 것보다 더 심각할 수는 없다. 최강의 두려운 시련은 사탄이 선택과 예정에 대해 질문하면서 우리를 좁은 길로 몰아가는 것이다. 루터가 만든 다른 분야의 시련은 기도에 관한 설교$_{1522}$에서 발견되는데, 육신적 시련과 영적 시련이 있다는 것이다. 첫 번째 종류, 즉 육신적 시련은 사람의 핍박으로 이루어진다. 두 번째 종류의 영적 시련은 낙담하는 양심의 시련, 즉 악마에 의한 외적 혹은 내적 시련이다. 이럴 경우 악마는 마음을 약하고 불안하고 두렵게 만들어서 "당신이 하나님과 어떤 관계에 있는지 알지 못하도록 한다."[25] 이런 영적 시련은 악마가 창시자다. 하지만 이 모든 것이 하나님께서 친히, 혹은 그리스도께서 시련의

---

22 일곱 번째 사순절설교, WA 10, 3; 59f.

23 H. -M. Barth, Der Teufel und Jesus Christus in der Theologie Martin Luthers, Göttingen 1967, 124ff; H. Beintker, Die Überwindung der Anfechtung bei Luther, Berlin 1954, 82ff; P. Bühler, Kreuz und Eschatologie, 7ff.

24 H. Beintker, Die Überwindung der Anfechtung, 83.

25 WA 10, 3; 48ff.

배후에 숨어 계신다는 것을 의미하지는 않는다.[26] 다만 그것은 시련을 겪는 자가 결정하는가의 문제다. 하나님께서 진노하시고 온 창조가 그분과 함께 한다는 것을 우리는 위의 긴 인용을 통해 들었다. 시편 22편에서 루터는 심지어 최후 전투의 두려움에 대해서도 "우리가 죽을 때 악마와 더불어 싸우는데, 심지어 하나님 자신과 온 창조물과도 싸운다."고 말한다.[27]

우리는 악마의 유혹에 대해 말할 수 있다고 할 수도 있을 것이다. 왜냐하면 하나님께서 회피하시는 것처럼 보이기 때문이다. 영혼은 하나님을 떠났고 악마는 자신이 원하는 모든 기회를 얻을 수 있다. 하지만 이런 표현은 루터에게 너무 명백하다. 많은 곳에서 루터는 악마에 대해 그와 같이 말하기를, 악마란 자신의 기회를 이용하는 자다. "악마는 박사학위를 받은 박사가 아니라, 일종의 전문가다." 계속해서 루터는 악마가 인간을 유혹할 때 했던 경험에 대해 그렇게 말할 수밖에 없다.[28] 악마는 언제 어디서 성공했고 어디서 실패했는지 상세하게 기록해두었다. "악마는 자신의 도서관에 엄청난 연대 기록물들을 소장하고 있다." 사탄은 항상 저항이 가장 적은 길로 간다. "사탄은 담장이 가장 낮은 곳을 넘고 마차들이 비틀거릴 때 그를 밀쳐서 완전히 쓰러뜨린다." 시련이 있을 때 사탄은 큰 힘과 많은 계략을 가지고 돌아다닌다. 루터에 따르면 하나님께서는 악마를 이용하여 자신을 섬기도록 하신다. 여기서 사람은 양자택일의 권리가 없다. 루터 신학의 가장 깊은 사상에 의하면 여기서 선택은 불가능하다.[29] 그것은 누가 행동을 개시하는가의 문제가 아니라, 누가 무엇을 하는가의 문제다.[30] "루터에 따르면 악마는 하나님의 명령에

26 H. Beintker, Die Überwindung der Anfechtung, 84.
27 WA 5; 619.
28 H. -M. Barth, Der Teufel und Jesus Christus, 125.
29 개요에 대해서는 다음 참조. H. Beintker, Die Überwindung der Anfechtung, 38ff.; H. -M. Barth, Der Teufel und Jesus Christus, 153ff.
30 H. -M. Barth, Der Teufel und Jesus Christus, 155.

따라 일한다. 하지만 악마는 그 명령을 남용하고 마치 자신이 명령의 주체인 것처럼 행세한다. 혹독한 것이든 가벼운 것이든 하여간에 동일한 시련에서 하나님과 악마는 상반되고 상이하게 각자의 목적을 이루려고 한다."[31]

루터의 다양한 진술에서 우리는 이것을 주시해야만 할 것이다. 하나님의 전동全動, alwerkzaamheid. 하나님만이 모든 일의 주체이심에 관한 루터의 개념은 악마에게 완전히 독립적인 자리를 내어주도록 허용하지 않는다. 악마는 하나님의 상대역이므로 만사에 인간과 함께 자신의 경기를 운행한다. 악마는 많은, 아니 모든 잘못된 일에 손을 댄다. "사람이 알아야만 하는 것은 우리를 불신앙과 무기력과 회의로 인도하기를 원하는 모든 것이 하나님으로부터 오는 것이 아니라 악마로부터 오는 것이다. 그렇다! 죽음과 공포를 위한, 살인과 거짓말을 위한 모든 것은 악마의 수제품이다."[32] 악마는 이 세상에서, 하늘 아래 어둡고 높은 곳에서 다스리는 임금들과 큰 세력의 귀족들을 거느린 황제다. 악마는 모든 것에서 하나님을 흉내 낸다. 심지어 그는 그리스도께서 그렇게 하신 것처럼 스스로 육체가 된다. 온 피조물이 하나님의 능력을 나타낼 수밖에 없음에도 불구하고 악마는 거의 무제한으로 지배한다. 그럼에도 불구하고 그 모든 것은 하나님 자신의 명령 아래 있다. 일곱 편의 회개시편을 해설하면서 루터는 이렇게 말한다. "모든 고난과 시련에서 사람은 가장 먼저 하나님께 피할 것이고 이 시련을 인정할 것이며, 하나님께서 보내신 시련으로 받아들일 것이다. 비록 그것이 악마나 사람들에게서 온 것이라 할지라도!"[33]

그럼에도 불구하고 악마는 결코 그것을 독단적으로 처리하지 못한다. 여기에 시련이 극복될 수 있는 길이 있다.

---

31 H. -M. Barth, Der Teufel und Jesus Christus, 155.
32 WATr. 1; 508.
33 WA 1; 159.

어떤 지점에서 악마는 공격을 개시하는가?

인생 전체의 모든 면에서 사탄은 자신의 능력을 과시한다. 루터는 육신적 시련들, 성적인 유혹들에 대해 노할 수는 있지만, 이런 것들 때문에 고생하지는 않았다고 고백한다. 그는 '자신의 성'을 느끼긴 했지만 이것이 그를 결혼으로 인도하지는 않았다. 루터의 고해성사는 결코 '여성들과의 일상적인 일들' 때문에 발생했던 것이 아니다. 그것은 "그가 곤경에 빠진 바로 그 문제들"과 좀더 긴밀한 것이었다. 여기서 루터가 겪은 시련들의 원인을 찾으려는 것은 아니다. 영적 시련과 육신적 시련에 대한 루터의 구분은 또한 이미 그가 육신적 시련으로 두 종류 가운데 그것을 의도한다고 추측하도록 만든다. 영적 시련들이야말로 참된 시련들이다. 많은 교부들은 그것에 대한 이해가 전무했다. 오직 제르송Gerson과 타울러Tauler만이 그것에 대해 어느 정도 이해했다. 그래서 루터는 그들을 제대로 칭송한다.[34]

사탄이 우리를 죄로 미혹하는 유혹은 훨씬 강력하다. 사람이 제 멋대로 하도록 내버려 둘 때 속편 전체는 이미 시작된 것이다. 루터는 타락의 역사를 지적한다. 사람은 죄를 범했을 때 회의에 빠질 수 있는 절망의 시간을 맞이하고 침몰하기 시작한다. 죄의 능력, 즉 율법과 죽음의 승리는 우리의 눈 앞에 있다. 그래서 우리는 이렇게 말한다. '아, 슬프다, 내 마음이여! 내가 소멸하고, 멸망하지 않을 수 없음이여!' 그 다음 유혹은 행위의 거룩함이라는 것이다. 사람은 자신의 노력으로 율법을 완수하려고 한다. 하지만 그렇게 되지 않는다. 거기서 악마는 이 한 마리로 낙타를 만드는 달인이다. 또한 누군가를 아무 것도 아닌 죄 몫으로, 심지어 상상의 죄로도 괴롭힐 수 있는 달인이다. 이런 기술을 사탄은 특별히

---

34 Scheel, Dok., 85.

좋은 것으로 생각한다. 하지만 사람은 그 계책을 파악하지 못한다. 루터는 그것에 대해 자신의 탁상담화 가운데 하나에서 이렇게 말한다. "악마, 그는 바울의 디모데서신으로 나를 괴롭혔고 거의 죽도록 만들어서 내 육체의 심장을 녹여 없애려 했다. 그리고 나를 이렇게 고소했다. '그렇게 많은 수도사와 수녀가 수도원에서 도망친 것은 너의 잘못이야!' 악마는 내 코 앞에서 칭의에 관한 자리를 말끔히 빼앗아 감으로써 내가 그것을 생각하지 못하도록 했고 내게 본문을 들이대면서 율법에 관하여 논쟁하자고 했다." 하지만 다음날 루터가 깨달은 가장 중요한 논지는 이것이었다. "그처럼 영리한 것이 사탄이야!"[35] 게다가 루터에게 사탄은 논쟁하기의 달인이었다. "사탄의 가장 큰 유혹은 그가 이렇게 말하는 것이다. '하나님은 죄인들을 미워하시거든. 그런데 너는 죄인이잖아! 그래서 하나님은 너도 미워하시는 거야!' 이 시련을 다른 사람들은 다른 방법으로 겪는다. 사탄은 나의 악행을 내 발 앞에 던지는데, 내가 실수로 저지른 죄도 있고 젊은이로서 저질렀던 것도 있다. 사탄은 다른 사람들도 그들의 과거를 가지고 괴롭힌다. 사탄의 삼단논법에 사람들은 단순히 가장 중요한 첫 명제를 부정해야만 한다. 왜냐하면 하나님께서 죄인들을 미워하신다는 첫 명제는 거짓이기 때문이다... 만일 하나님께서 죄인들을 미워하셨더라면 자신의 아들을 죄인들을 위해 보내셨을 리가 만무하다. 하나님께서 미워하시는 자들은 의롭게 되고 싶어 하지 않는 자들, 즉 결코 죄인이기를 원하지 않는 자들뿐이다. 이런 종류의 유혹들은 우리에게 매우 유용한데, 이것들은 우리의 멸망을 위해 일하는 것이 아니라, 우리를 훈련시킨다. 모든 그리스도인은 시련 없이는 그리스도를 알 수 없다는 것을 숙고해야만 한다."[36] 1531년에 루터는 자신이 10년 전에 절망적인 끔찍한 시련을 겪었다고 말했다. 완벽한 자포자기가 찾아왔고 하나님의 진노를 느꼈다. 루터가 그 시절 폰 슈타우피츠Von Staupitz를

35 WATr. 1; 62.
36 Scheel, Dok., 81.

만나 그것에 대해 말했을 때, 슈타우피츠는 대답하기를, '시련들은 먹고 마시는 것과 같이 네게 필요한 것이다.' 그래서 한동안 루터는 자유로웠다. 그가 고백한 것처럼 심지어 한 여인과 결혼도 했다. 하지만 나중에 그 시련들은 다시 찾아왔고 루터는 평생 그 시련들을 겪어야만 했다.

시련에 익숙해져야만 한다.

폰 슈타우피츠는 똑같이 그런 시련과 더불어 씨름해야 했던 루터의 한 친구에게 이것을 말해주었다. 시련을 느끼는 자들은 그 시련들을 수용할 수 있도록 익숙해져야만 한다. 그 방법으로만 참된 기독교가 무엇인지 알 수 있다. "사탄이 나를 그와 같이 훈련시키지 않았더라면, 나는 그를 대항하여 그와 같이 싸울 수 없었을 것이고 그에게 어떤 손상도 입히지 못했을 것이다. 시련들이 없었더라면 나는 하나님의 풍성한 은사가 차고 넘치는 가운데서 교만하여 지옥의 심연에 떨어졌을 것이다." 그래서 루터는 은혜로 말미암아 살도록 가르쳤다. "시련이 없다면 나는 용서할 수 있는 죄 하나조차도 이길 수 없다. 시련의 의미는, 그러므로, 교만을 예방하는 것이다. 그래서 루터에게 각각의 모든 시련은 바울에게 육체의 가시와 동일한 역할을 했던 것이다. 즉 "내가 자만하지 않게 하려 하심이라." 또한 시련과 십자가 없이는 그리스도를 알 수 없다. "그것은 사람과 구원자이신 분을 바르게 알 수 있는 학교다."[37]

이 마지막은 바로 그 시련을 통해서만 그리스도께서 우리를 위해 하나님이신 바로 그분이 되신다는 사실과 연관될 것이다. 악마는 우리를 대신하시는 그리스도를 일종의 모세로 바꾸어버리는데, 특히 사탄이 거기서 복음을 인용할 때, 즉 "아버지께서 이끄시지 않는 한 아무도 내게 올 수 없다." 등과 같은 말을 인용할 때 그렇다. 그리스도께서 우리

[37] Scheel, Dok., 82.

에게 하시는 가장 가혹한 파열음은, 마치 가나안 여인의 사건에서 나타나는 있는 것처럼, 우리를 거절하시는 음성, 즉 죽음의 파열음이다. 사람들이 생각하기를, '그분은 과연 은혜로우신 하나님이시지만 내가 그분이 구원하시는 사람 중에 하나라는 것을 누가 알지?' 이것이 고난도의 시련이다. 그 소리가 나자마자 – 우리는 우리 자신에게만 그 소리를 적용하길 원한다 – 이런 질문이 따라 온다. '아버지께서 나를 이끄시는가? 나는 선택 받은 자인가, 아닌가? 내가 잘 믿을 수 없다면, 혹 이것은 하나님께서 나를 버리셨다는 증표가 아닌가? 내가 할 수 있는 것은 무엇인가? 정말 아무 것도 할 수 없는가?' 이런 고민을 오래하면 할수록 거기서 빠져나올 가능성은 희박하다. 이것은 탐심이나 간음의 문제가 아니라, 하나님의 영원한 진노인가, 영원한 은혜인가의 문제다.[38] 여기서 사람은 자기 자신의 구원을 의심할 뿐만 아니라, 하나님 자신도 의심한다. 하나님을 신뢰할 수는 있는가? 왜 하나님께서는 아담을 타락하도록 하셨는가? 가장 심각한 시련은 예정에 관한 것이다. 여기서 우리는 복음이 무엇인지, 그리스도께서 누구신지 잊어버린다. 거기서 "너희는 찬양하라!"laudate는 중단되고 대신에 "너희는 모독하라"blasphemate가 시작된다. 찬미는 침묵한다. 모독이, 심지어 하나님에 대한 증오가 시작된다. 루터는 여기서 언어를 말하는데, 그것은 루터가 복음을 발견하기 전에 우리에게 그 자신의 절망을 상기시키는 언어다. 에라스무스에 대항하는 자신의 저술에서 루터는 자기 앞에 열렸던 절망의 심연에 대해 말한다. "내가 이 절망이 얼마나 유익한 것인지, 절망이 은혜에 얼마나 가까이 있는 것인지 몰랐을 때에는 결코 인간으로 창조되기를 바라지 않았다."[39]

루터는 이것을 마태복음 15장에 나타나는 그 여인의 모범적인 실례를 통해 특별히 명확하게 했다. 바로 그 예수님의 말씀이 그녀에게 가장 큰 시련을 마련해준다. 그리스도께서는 그녀를 도우시려 하지 않는다.

---

38 P. Bühler, Die Anfechtung, 59.
39 WA 18; 719.

왜냐하면 그분은 자녀들의 빵을 취하여 개들에게 던질 수 없기 때문이다. 이제 그녀는 자신을 그리스도께로 인도한 그녀의 경건을, 즉 그녀의 신앙과 신뢰를 더 이상 느낄 수 없다. 하지만 여인이 대답을 이해하는 기술은 그녀 자신의 감정에 연연하지 않고, 하나님의 말씀을 믿는 확고한 믿음으로 '아니'라는 대답의 아래와 위에 깊이 숨겨진 '예'라는 대답을 붙잡고 놓지 않는 것이다. 그녀는 그리스도 자신의 말씀으로 그리스도를 붙잡는다. '아무튼 나는 당신의 말씀을 믿습니다.' 그와 같이 자신을 하나님의 말씀으로 감싸는 것이, 그리고 그것을 절대로 빼앗기지 않는 것이 믿음의 바른 성질이다.

그 여인은 거기에 익숙할 수도 익숙하고 싶지도 않았으나 하나님의 말씀을 하나님의 말씀으로 물리치는 기술을 시련으로 터득했다. 즉 그것은 하나님께 대항함으로써 하나님께 간청하는 기술이다. 그와 같이 루터는 시련의 한복판에 있는 사람들을 위로하고 싶어 했다.

그것이 1518년 이전의 수도사적인 시련으로 머물러 있었더라면 루터는 이것을 결코 할 수 없었을 것이다. 실제로도 지속적인 참된 위로는 우리에게 약속된 약속, 하나님께서 말씀하시는 약속, 참되고 신뢰할 수 있는 약속에 있다.[40] 시련을 몰아내는 길은 오직 기도라는 길뿐이요, 또한 중보기도라는 길뿐이다. 이것에 대해서도 루터는 알았고 말했다.[41] 그 길이 난 것은 아무런 가치도 없는 범죄한 죄인에 대한 칭의 때문이다. 불신자를 의롭게 만드는 길, 곧 칭의의 길이 없었다면 곤경에서 벗어날 수 있는 어떤 희망도 없었다.[42] 루터는 특히 시련의 한복판에 서 계시면서 참으로 이해 불가능한 방법으로 위로하시는 성령의 사역을 가리키기도 했는데, 이것을 근거로 "아버지여!"라는 한 단어면 충분하다고 루터

---

[40] WA 20; 283. 비교. P. Bühler, Die Anfechtung, 100ff; E. Vogelsang, Der angefochtene Christus, 100.

[41] G. Wertelius, Oratio continua. Das Verhältnis zwischen Glaube und Gebet in der Theologie Martin Luthers, Lund 1970, 67-98.

[42] 참조. K. Bornkamm, Luthers Auslegungen des Galaterbriefs, 158-203.

는 말한다. "아버지여, 그러므로 지켜주소서!"[43] 폰 슈타우피츠가 위로하려고 시도했던 것처럼 그렇게 사람은 시련에 익숙해지지 않는다. 아니, 오히려 반대다. 그리스도의 심판에 동의할 때 우리는 그분을 그분 자신의 말씀으로 붙잡는다.[44] 그리고 그분 앞에서 살아간다.

---

[43] K. Bornkamm, Luthers Auslegungen des Galaterbriefs, 198.
[44] WA 20; 283.

19장

믿음과 사랑

K. Holl, Der Neubau der Sittlichkeit, in: *Gesammelte Aufsätze zur Kirchengeschichte* I, Tübingen 1923, 155-287; **E. Ellwein**, *Vom neuen Leben (De novitate vitae)*, München 1932; **R. Seeberg**, Die Lehre Luthers, *Lehrbuch der Dogmengeschichte*, 4. Band, 1. Abt., Leipzig 1933, 294-343; **W. Elert**, *Morphologie* II. *Soziallehren und sozialwirkungen des Luthertums*, München 1932; **L. Pinooma**, Die profectio bei Luther, in: *Gedenkschrift* für D. Werner Elert, ed. by F. Hübner u.a., Berlin 1955, 119ff.; **P. Althaus**, *Theologie*, 218-237; **I. Asheim** (Ed.), *Kirche, Mystik, Heilgung und das Natürliche bei Luther*. Vorträge des Dritten Internationalen Kogresses für Lutherforschung, Göttingen 1967.

오직 믿음으로만. 그럼에도 불구하고 오직 믿음만 있는 것은 아니다.

일치신조$_{1580}$에서 작성자들은 칭의와 성화 사이의 관계를 표현하기 위해 사용했던 루터 자신의 공식으로 돌아갔다. "그와 같이 루터의 바른 말은 아직도 여전히 남아 있다. 믿음과 행위는 절묘하게 조화롭고 불가분의 방법으로 상호 결합되어 있다. 하지만 행위 없이 신의 은총을 붙잡는 바로 그것은 오직 믿음뿐이다. 그럼에도 불구하고 결코 믿음만 있는 것은 아니다."[1] 빈틈없는 방법으로 루터는 여기서 믿음과 행위의 관계뿐만 아니라, 칭의와 성화의 관계도 기술했다. 믿음만이 의롭게 한다. 하지만 오직 믿음만 있는 것은 아니다. '오직 믿음만'을 강조하려는 루터의 의도는 분명하다.[2] 그는 다음과 같은 번역을 설명하면서 그 공식을 방어했다. "바울은 우리가 선행으로 경건하게 되는 것이 아니라 오직 그리스도의 죽음과 부활로만 경건하게 된다는 것을 알도록 하기 위해 율법의 행위 없는 이신칭의를 말한다."[3] 이런 방법으로 그리스도의 영광이 설교된다. 이런 방법으로 믿음의 확실성도 유지된다. 만일 칭의 속에 믿음만 있는 것이 아니라면, 위로는 사라져버렸을 것이다. 그래서 루터는 '오직 믿음만'을 그처럼 세게 강조했다. 하지만 그의 보충 설명이 동시에 분명하게 하는 것은 그것이 결코 참된 경건에 대해 일언반구도 하지 못한다는 의미는 아니라는 것이다. 왜냐하면 '믿음은 혼자가 아니다!'라는 것이 루터의 보충 설명이기 때문이다. 루터는 행위의 거룩함이라는 모든 형식 대신에 "그리스도를 믿는 믿음"$_{\text{fides Christi}}$을 순수하게 붙잡고 보전하고 싶은 열정이 대단했다. 하지만 그는 동시에 대부분의 경우 믿음에 의한 삶의 갱신을 자신의 제자들보다 더 강력하게 변호했다. 행함이 없는

---

1 Solida Declaratio, III, 42, Bekenntnisschriften der Evangelisch-Lutherischen Kirche, 928.

2 Sendbrief vom Dolmetschen, WA 30, 2; 633ff.

3 WA 30, 2; 641.

믿음이란 전체적으로는 믿음이 아니다. 믿음은 행위를 통해 자신을 나타낸다. 다른 생각은 불가능하다. 우리는 믿음을 통해 그리스도를 선물로 받을 뿐만 아니라, 또한 그리스도께서 우리를 섬기시고 도우시는 것과 같이 우리가 섬기고 돕게 될 이웃 사랑을 통한 일종의 모범으로도 그리스도를 받는다. 믿음은 우리가 그리스도께 참여하여 그리스도의 모든 소유를 나누어 갖도록 한다. 사랑은 그 모든 소유를 이웃에게 나누어주도록 한다. 그리스도인의 삶은 이 두 가지로 이루어진다.[4] 우리가 행하는 이 선행을 어떻게 부를지 묻는 질문에 루터는 그것들에게는 어떤 이름도 없다고 대답한다. 왜냐하면 그 일에 부분적으로만 동참할 것이기 때문이다. 오히려 그것은 우리가 모든 것으로 이웃을 섬길 수 있는 온전한 전체적 헌신과 연관된다.[5] "선행이란 당신이 이웃에게 자선을 베푸는 것이 아니라, 당신이 이웃에게 필요한 만큼 온전히 그를 섬기는 것이다." 루터는 참된 선행이란 무엇이며 결정적으로 그렇게 불리지 말아야 하는 것은 무엇인지 온 세상이 알 정도로 청천벽력 같은 소리를 외칠 수 있는 토대를 마련하고 싶었다. 선행이란 오직 삶이 선할 경우에만 행해질 수 있다. 그러므로 방앗간 주인의 딸이 나귀 등의 자루를 나른다면 그녀는 밤낮으로 함께 노래하는 모든 수도사들보다 훨씬 선하게 행동할 수 있다. 그리스도께서는 무엇이 선행인지 보여주신다. 그분께서는 은혜로 우리를 죄와 사망과 지옥으로부터 구원하신다. 우리는 이런 점에서 아무것도 획득할 수 없다. 그리스도께서 우리를 대신하여 모든 것을 행하셨다. 그리고 우리는 그분께서 이것을 행하시도록 해야 한다. 우리의 행위는 어떤 죄도 덮을 수 없다. 따라서 우리는 이것 역시 그리스도에게서 빼앗지 말아야 한다. 우리의 선행은 다만 그리스도로부터 구원을 받는 믿음의 증표일 뿐이다. "왜냐하면 그리스도를 자신의 의로운 구세주로 모시는 자가 어떤 선행도 하지 않고 사랑하지도 않는다는 것은 불가능하

---

4 WA 10, I, 2; 38.
5 WA 10, I, 2; 38.

기 때문이다. 그가 선행을 하지도 사랑하지도 않는다면 그에게는 믿음이 없는 것이 확실하다. 그러므로 그가 어떤 종류의 나무인지는 그의 열매로 안다. 그리고 그가 사랑하고 선행을 한다는 것은 확실히 그리스도께서 그 안에, 그가 그리스도 안에 있다는 것이다."[6] 의심할 수 없는 것은 "사랑이 없는 곳에는 믿음도 없다는 것이다. 왜냐하면 그 둘은 불가분리적으로 결합되어 있기 때문이다."[7]

선행을 해야 하는 것은 사실이지만 오직 그리스도만을 신뢰할 수 있어야 한다. "그럼에도 불구하고 당신의 이웃에게 선을 행하라. 그러면 당신은 구세주와 죄의 파괴자를 믿는 믿음의 증표를 갖게 될 것이다. 당신이 경험하듯이 사랑과 선행은 당신을 대신하여 당신의 죄를 처벌하는데, 이것은 마치 믿음이 하나님을 대신하여 당신이 경험하지 못하는 죄를 처벌하는 것과 같다."[8]

1520년의 몇몇 논제들에서[9] 루터는 다음과 같은 공식을 제공한다. "믿음이 모든 행위를 배제하지 않는다면, 최소한의 것조차도 배제하지 않는다면 의롭게 하지 못할 뿐만 아니라, 심지어 믿음도 아니다. 하지만 믿음이 열정적인 선행, 많은 선행, 위대한 선행을 배제하는 것은 불가능하다."[10] 믿음은 결코 텅 비어 있거나 공허한 것이 아니다. "오, 살아 있고 효력 있고 활동적이며 능력 있는 것, 그것이 바로 믿음이다. 믿음이 끊임없이 선행을 생산하지 않는다는 것은 불가능하다."[11] "믿음은 선행을 해야만 하는가라고 묻지도 않는다. 하지만 그렇게 묻기 전에 이미 믿음은 그렇게 했고 언제나 그렇게 하고 있다. 그러나 그런 선행을 하지 않는 자는 믿음이 없는 사람이다." 로마서의 5장에서 루터는 서술하기

---

6 WA 10, I, 2; 44.
7 WA 10, I, 2; 45.
8 WA 10, I, 2; 45.
9 Quaestio utrum opera faciant ad iustificationem, 1520, WA 7; 231f.
10 WA 7; 231.
11 Vorrede Deutsche Bible 1545, München 1972, II, 2258.

를, 믿음의 열매는 평화와 기쁨, 하나님과 이웃에 대한 사랑, 확실성, 명예, 용기, 그리고 슬픔과 고난 속의 희망이다. "왜냐하면 이 모든 것은 하나님께서 그리스도 안에서 우리에게 보여주셨던 충만한 선행을 위하여 믿음이 참인 곳에서 발생한다... 그래서 우리는 그와 같이 행위 없는 믿음이 의롭게 한다는 것을 안다. 하지만 이것으로부터 선행을 행하지 않아도 된다는 결론이 나오는 것은 아니다."[12]

선행에 대한 설교, 갈라디아서

특히 20년대에 종교개혁운동은 믿음이 반드시 온갖 방종으로 인도할 수밖에 없다는 비난에 맞서 싸웠다. 하지만 선행에 관한 설교Sermon von den guten Werken는 이미 다르게 사람들을 가르칠 수 있었다. 루터는 하나님의 계명으로부터 출발한다. 선행이 실제적인 것이라고 우리에게 말할 수 있는 것은 하나님의 계명뿐이다. 하지만 최우선적인 선행은 믿음 자체다. 왜냐하면 루터는 믿음을 첫 번째 자리에 두기 때문에 그가 선행을 금한다는 비난을 받는다. "비록 그럼에도 불구하고 내가 기꺼이 참된 선행을 믿음으로 배우기는 하겠지만!"[13] 누군가 자신의 심장이 하나님과 정면으로 대치하고 있는데, 하나님께서 이런 상황을 기뻐하신다고 느낀다면 그의 행위는 아무리 사소한 것이라 할지라도 역시 선하다. 믿음으로부터 일종의 습관이 든 자는 더 이상 행위를 선하다고 말하지 않는다. 그러나 하나님을 신뢰하는 자는 믿음과 더불어 사랑과 평화와 기쁨과 희망도 받는다. 이 믿음 안에서는 모든 행위가 동등하다. 즉 단순한 순종보다 더 나은 특별히 큰 선행이 없다는 것이다. 왜냐하면 그것이 믿음에 기초하기 때문이다. 또한 믿음 때문에 하나님께서 선행을 기뻐하

12 Vorrede Deutsche Bible 1545, München 1972, II, 2262f.
13 WA 6; 205.

신다. 루터의 시편 1편 해석처럼 믿음은 때가 되면 열매를 맺는다.[14] 이 믿음은 시련을 통해 단련된다. 하나님께서 자신의 자비를 언급하실 때도, "혹 영원한 형벌을 원하셨을지라도" 믿음은 오직 하나님께만 매달린다. 이런 것들에 의해 행위의 거룩함, 즉 거룩하게 하는 행위라는 개념은 완전히 납득 불가능한 것이 되고 만다. 이 믿음은 제1계명을 성취한 것이다. "'다른 신들을 네게 두지 말라'는 계명은 '나만 신이기 때문에 너는 전적으로 나만 신뢰하고 믿어야지, 나 외에 다른 누구도 신뢰하거나 믿지 말라'는 것보다 훨씬 더 많은 의미가 있다."[15] 오직 믿음에만 공의가 있다. 그러므로 믿음만이 계명들을 성취하고 행위를 의롭게 만든다. 믿음이 약할 때, 그래서 하나님께서 모든 행위를 기뻐하신다는 것을 어떻게 확신할 수 있는가라는 의심이 들 때, 믿음 그 자체를 일종의 행위로 간주하는 것은 하나의 증표일 수도 있다. 실로 루터가 믿음을 최상의 행위로 보지만, 공로의 관점에서 그런 것은 아니다. 믿음은 오직 하나님의 은혜와 은총과 자비만을 의지한다. 그리고 그 자비 때문에 행위는 선한 것이 되고 믿음으로 죄 없는 것이 된다. 행위를 고려한다면 우리는 두려워하지 않을 수 없다. 하지만 믿음을 고려한다면 우리는 위로를 받을 수 있다.[16] 하나님께서는 하나님을 두려워하면서도 하나님의 자비를 신뢰하는 자들을 만족하게 생각하신다. 이 믿음은 하나님의 은사다. "그러므로 믿음은 행위로 시작하지 않는다. 행위가 믿음을 만들어내지도 못한다. 믿음은 그리스도의 피와 상하심과 죽으심으로 나타나고 발생한다."[17] 그리스도 안에서 우리는 하나님의 은총을 만난다.

나아가 루터는 계명들을 매일의 신앙생활을 위한 가장 중요한 것이라고 말한다. 그래서 그는 믿음과 믿음의 열매에 관한 해설에서 최초의 종교개혁적 윤리를 제공한다.

---

[14] WA 6; 207.
[15] WA 6; 209.
[16] WA 6; 216.
[17] WA 6; 216.

아마도 루터가 자신의 갈라디아서 대주석에서처럼 그와 같이 분명하게 믿음과 행위의 관계에 대해 말했던 곳은 없을 것이다. 여기서 사랑에 관한 거친 말들이 쏟아진다.[18] "우리가 율법의 행위를 통해서가 아니라, 그리스도에 대한 믿음을 통해 의롭게 된다는 것은 기독교의 고유한 일이다. 여기서 우리는 전혀 궤변가들의 불신앙적인 설명 때문에 괴로워할 필요가 없다. 그들은 사랑과 선행이 동반될 바로 그 순간에 믿음이 먼저 의롭게 한다고 설명한다."[19] 그들은 이런 논리로 확실성을 추론하는데, 왜냐하면 사랑이 의롭게 한다고 생각하기 때문이다. 사랑 없는 믿음이 아무 것도 아니라고 할 경우, 그들은 사랑 편에 서 있는 것이다. 루터는 그것을 타락한 교리라고 말한다. 그는 사랑과 선행에 대해 말할 필요가 있다는 것을 부정하지 않는다. 하지만 결코 그것을 칭의와 연결시키지는 말아야 한다. "지금 우리가 아주 명백하게 칭의 조항에 몰두하고 있는 한, 우리는 행위를 던져버리고 저주한다."[20] 그리스도께서 누구이시며 우리에게 어떤 선행을 제공하셨는지 아는 것은 바로 그것 때문이다. 그 때 모든 행위는 사라진다. 그리스도께서는 삶과 죽음의 주님이시며, 죄의 중보자와 구원자이시고, 율법에 매여 있는 자들의 화해자이시다. 우리는 믿음으로 그분 안에 있고 그분께서도 우리 안에 계신다. 이 신랑이신 그리스도께서는 오직 신부와 함께 자신의 안식을 취하셔야 하고 한참 후에는 모든 봉사자들과 모든 가족들도 그래야만 한다. "그 후, 신랑이 문을 열고 나갈 때, 종들과 여종들이 달려가서 섬기고 음식과 음료를 가져올 것이다. 이 때 사랑의 행위가 시작된다."[21] 이런 신비한 언어로 루터는 은혜의 자유를 논하는데, 이 은혜의 자유는 행위로 획득될 수 없으나, 그냥 그대로 있을 경우 진심 어린 정직한 헌신을 요구한다. 선행은 어디에 있으며 사랑은 언제 논의 되는지 묻는다. 사랑이 믿음의

[18] O. H. Pesch, Hinführung, 158.
[19] WA 40, 1; 239.
[20] WA 40, 1; 240.
[21] WA 40, 1; 214.

열매라면 끝까지 지속되어야만 한다. 루터는 이 교리를 손상하지 않고 유지하길 원한다. 그런 점에서 우리도 이런 문맥에서만 들을 수 있는 소리가 난다. "저주 받은 것은 우리가 믿음의 교리를 희생해야만 유지할 수 있는 사랑이다."[22] 루터는 여기서 율법의 완성과 믿음의 열매로서의 사랑을 말하는 것이 아니다. 하지만 사랑에 호소하기를 루터가 거절하는 이유는 믿음의 일을 덜 중요한 것으로 간주하기 때문이다. 분명한 것은 루터가 칭의를 논하는 바로 그 곳에서는 하나님께 공로가 될 만한 어떤 행위도 결코 허용하지 않는다는 것이다. "사랑은 경우에 따라 편하게 인내할 수 있지만 말씀과 믿음은 그렇지 않다. 사랑은 모든 것을 견딜 수 있고 어떤 것도 양보할 수 있다. 반면에 믿음의 특성은 아무 것도 견딜 수 없고 누구에게도 양보할 수 없다."[23] 사랑은 모든 것을 견딘다. 심지어 기만을 당하는 것까지도 참는다. 하지만 그 때에도 언급할 가치도 없는 피해를 감수한다. 즉 사랑은 그리스도를 잃지 않는다. 그러므로 사랑은 배은망덕한 자들과 무가치한 자들이 볼 때에도 선행 속의 불변성을 보존한다. "반면에 박해자들이 거짓말하고 진리의 빛 아래서도 오류를 가르치며 많은 사람을 강요할 경우, 구원의 요청 때문에 반드시 어떤 형식의 사랑이든 실행해야 하는 것은 아니다... 여기서는 오직 말씀과 그리스도와 믿음과 영생만이 중요하다."[24] 그래서 루터는 칭의 교리를 안전하게 세운다. 칭의는 심지어 사랑에 호소함에도 불구하고 힘을 잃어버릴 수 없다.

이것이 확고할 때 루터는 또한 강력한 말로 사랑을 믿음의 열매로 받아들이도록 한다.[25] 사랑은 율법의 완성이다. 이 사랑의 원천은 하나님의 사랑이다. 하지만 사랑은 믿음으로 모든 계명에 집중한다. "이것이 온전한 믿음 교리요, 온전한 사랑 교리다. 신학은 아주 간결하다. 그럼에

---

22 WA 40, 2; 47. 페쉬(Pesch)는 이 말을 전후 문맥을 살피지 않고 사용한다.

23 WA 40, 2; 48.

24 WA 40, 2; 48.

25 WA 40, 2; 64ff.

도 불구하고 신학은 엄청나게 길다. 단어와 문장에 관한 한 이 신학은 매우 짧다. 하지만 용도와 책무에 관한 한 이 신학은 온 세상보다 더 넓고 길고 깊고 높다."[26] 자신의 저술 곳곳에서 루터는 믿음과 사랑 사이의 이런 관계를 지적했다. 문제는 오직 믿음만이 의롭게 한다는 루터의 명백한 강조가 성화의 의미를 약화시킨 것은 아닌가 하는 것이다.

죄인인 동시에 의인

아직도 여전히 루터의 칭의 개념을 이해하기 위해 아주 중요한 주제, 즉 "의인인 동시에 죄인"simul iustus et peccator에 대한 관심이 요구된다.[27] 이것으로 루터는 성화를 완전히 제압하지 못했는가? 이런 방법으로 은혜가 우리를 변화시키는 삶의 갱신에 대해 말하는 것은 의미심장한가?

우리는 은혜의 절대적 우선권을 안전하게 세우길 원했던 루터의 강력한 설명을 지속적으로 기억할 것이다. 루터는 단순히 우선권만이 아니라, 우리가 이 은혜를 의존하는 지속적 성격까지도 안전하게 지키고 싶었다. 그것이 용서의 문제, 위로의 문제, 확실성의 문제라면 근본적으로 은혜의 약속만을 전적으로 의지하는 것 외는 다른 길이 전혀 없다. 의는 전가되는 것이다. 의는 우리에게 약속으로 온다. 그리고 전가된 의로서 의는 약속으로 우리 밖에 그리스도 안에 있다. 믿음은 우리의 행위에서 발생하는 것이 아닌데, 심지어 우리가 옆에서 우리의 행위를 착수하는 바로 그 순간에도 발생하지 않는다. 믿음은 그리스도의 상처에서 발생한다. 거기서 우리는 선택과 우리의 의와 우리의 전가된 거룩함을 발견한다. 만일 이것이 자랑거리가 되어야 한다면 이 자랑은 오직 그리스도 안에서, 그리스도 때문에 발생한다.

---

26 WA 40, 2; 74.
27 참조. 16장의 '죄인인 동시에 의인'.

죄인됨과 의인됨의 동시성이란 완전히 절대적으로 하나님의 판단인데, 이 판단에 의해 우리는 그와 같이 평가되는 것이다. 동시성은 거기서 하나님의 영광을 위해 지속적으로 효력이 나타나야만 한다. 하지만 우리에게 전가된 것이 그리스도의 의이기 때문에 그것은 피할 수 없다. 아니면 의의 힘을 인정하게 한다. 은혜는 치료한다. 루터에게 은혜란 호의로, 전가된 자비로 해석할 수 있는 것이다. 하지만 새로운 시작은 이 은혜의 열매로 간주할 수 있는 믿음으로 시작한다. 이것은 독립적으로 수행하고 자신의 능력을 과시하는 시작이 아니라, '그리스도를 믿는 믿음' fides Christi과 같이 마음을 변화시키는 하나님 사랑의 선물이다. 그래서 루터는 '동시' simul, 즉 동시에 죄인 됨과 의인됨에 대하여 언급한다. 하지만 이것에 못지않게 새로운 회개의 성향에 대해서도 언급한다. 루터는 이와 관련한 자신의 견해에 대해 폰 슈타우피츠에게 감사해야 했다.[28] 회개는 의와 하나님에 대한 사랑에서 시작하지 않는다면 참이 아니다. 참된 회개는 의에 대한 사랑을 내포한다. 그러므로 루터는 바로 그 회개에서 동시성을 발견할 수 있다. 즉 우리가 회개함으로 하나님의 의를 받기 때문이다. 그리스도인은 항상 죄인이고 항상 회개하는 자이고 항상 의인이다. 그러므로 "부분적으로 죄인이고 부분적으로 의인이다."[29] 하지만 여기서 유일한 자세는 그 모든 것이 진실한 것이요, 동시에 희망도 솟아오른다는 것이다. 이것이 우리가 긍휼을 간청하는 기도의 자세다. 그리스도 안에서 완전히 의로운 자는 동시에 평생 죄를 대항하여 싸우도록 간구하고 기도를 훈련하도록 간구한다.

이 모든 것은 그리스도 자신과 불가분리의 것이다. 그리스도께서는 하나님을 위한 죄가 되셨다. "최고 최대의 유일한 죄" summum, maximum et solum peccatum가 되셨다. 동시에 그리스도께서는 그의 백성을 위한 의가 되셨다. "최고 최대의 유일한 의" summa, maxima et sola iustitia가 되셨

[28] Scheel, Dok., 9f.
[29] E. Ellwein, Vom neuen Leben (novitate vitae), München 1932, 92.

다. 루터는 시편 22편의 해설에서 그리스도를 그와 같은 분으로 설명했다. 죄인 됨과 의인됨의 동시성, 최고의 기쁨과 최저의 슬픔의 동시성, 최고의 약함과 최대의 강함의 동시성에 관한 논의는 그리스도에게서 비로소 가능하다.[30] 하지만 그의 백성 없는 그리스도는 상상할 수도 없다. 바른 회개는 그리스도 안에서, 그분의 십자가에서 용서와 동시에 갱신을 발견한다. 갱신에 대해 루터는 성장과 발육이라는 용어로 설명한다.[31] '[새로운] 출발'profectio을 논한다. 루터는 그 믿음을 점점 성장하는 믿음의 의미로 말할 수 있다.[32] 사탄이 머문다는 것은 상태가 좋지 않다는 의미다. 전진한다는 것은 항상 새롭게 시작한다는 의미다.[33] "왜냐하면 이생에서 우리는 항상 새롭게 시작해야 하고 항상 종착점이 아니라 출발점에 서 있어야 한다. 사도께서 로마서 8장 [23절]에서 말씀하시는 것처럼. '또한 우리 곧 성령의 처음 익은 열매를 받은 우리까지도 속으로 탄식하여 양자 될 것 곧 우리 몸의 속량을 기다리느니라.'"[34] 이런 점에서 루터는 클레르보Clairvaux의 베르나르Bernard = Bernardus. 베르나르두스의 말을 기억한다. "당신이 더 좋아지기를 원하지 않는다면 당신은 좋아지기를 포기하게 될 것이다. 따라서 지속적인 싸움, 또한 지속적인 기도는 그리스도인에게 필수적이다. '주여, 나를 긍휼히 여기소서!' 우리와 우리가 부르는 그분 사이에는 산이 하나 있다. '하지만 그 산을 넘어 오는 자는 이미 승리했다.' 그리고 성령께서 우리의 연약함을 도우러 오신다."[35]

---

30 K. O. Nilsson, Simul. Das Miteinander von Göttlichem und Menschlichem in Luthers Theologie, Göttingen 1966, 223.

31 L. Pinooma, Die profectio bei Luther, in: Gedenkschrift für D. Werner Elert, herausg. v. F. Hübner u.a., Berlin 1955, 119ff.; J. Haar, Initium Creaturae Dei, Gütersloh 1939.

32 WA 56; 173.

33 E. Ellwein, Vom neuen Leben, 72; R. Prenter, in: Kirche, Mystik, Heiligung und das Natürliche bei Luther, Göttingen 1967, 69; 71.

34 E. Vogelsang, Unbekannte Fragmente aus Luthers zweiter Psalmenvorlesung 1518, Berlin 1940, 41.

'[새로운] 출발'profectio에 대한 이런 설명이 '젊은 루터'만의 논점이 아니라, 나이든 루터의 논점이기도 했다는 것은 율법폐기론자들에 대한 루터의 자세에서 명백하다.

율법의 지속적인 의미

루터가 기독교적인 삶을 위해 율법에 대단한 자리를 부여했다는 것은 선행에 관한 그의 설교에서 명백하다. 가장 중요한 첫 계명의 성취는 믿음을 통해 발생한다. 하지만 믿음으로 단순히 다른 계명들을 설명하는 데 그치지 않고, 다른 계명들도 그리스도인의 삶에서 효력을 발휘한다. 율법은 그리스도인에게 무가치한 것이 되지는 않았다. "율법이 한 쪽으로 치워진abrogata 것은 마치 그것이 더 이상 아무런 의미가 없다거나 더 이상 그것을 행할 필요가 없는 것과 같기 때문이 아니라, 율법이 더 이상 정죄하거나 의롭게 하지 못하기 때문이다.[36] 신자는 율법으로부터 더 이상 어떤 정죄도 두려워할 필요가 없다. 신자는 또한 율법으로부터 어떤 칭의도 기대하지 말아야 한다. 그리고 율법이 신자의 삶에서 강요하는 수단과 같은 역할을 감당하는 의미에서는 더 이상 신자를 어떻게 하지 못한다. 그리스도인의 자유는 율법과의 관계에서도 자유를 의미한다. 하지만 율법이 하나님의 피조물과 관련하여 그분의 뜻의 본래 의도를 표현하기 때문에, 그리고 그 의도를 하나님의 은혜를 통하여 믿음의 길을 따라 얻었기 때문에 율법은 다른 방법으로 기능을 발휘한다. 율법은 이중적인 방법으로, 즉 믿음과 사랑으로 성취된다.[37] 하나님께서 우리에게 그리스도의 의를 전가하시기 때문에 믿음을 통해 성취되

[35] R. Hermann, Luthers These 'Gerecht und Sünder zugleich', Darmstadt 1960², 300ff.
[36] WA 39, 1; 219.
[37] WA 39, 1; 203.

는 것이다. 율법이 사랑을 통해 성취되는 것은 우리가 하나님의 새 창조로서 완전하게 될 바로 그 생명 안에서다. 그래서 두 가지 방법으로 완전함을 말할 수 있다. 첫 번째 완전함은 지금 여기서 약속을 믿는 믿음의 완전함이다. 의인들의 완전함, 즉 의롭게 된 자들의 완전함이다. 두 번째 완전함은 영광의 완전함이다. 율법은 죄가 오기 전에 우리가 소유했던 완전함을 증거 한다. 그러나 율법은 완전한 구원 이후에 우리의 일부가 될 완전함을 증거 하기도 한다. 그것은 이 두 완전함 사이의 시간과 어떤 관계인가? 이 중간시기에 "우리는 새 창조의 시초부터 우리가 죽은 자들로부터 부활함으로 완성에 이를 때까지 하나님의 품에 있다."[38] 이 중간시기에 그리스도께서는 우리 안에서 형상을 받으시고 우리는 이곳에 사는 동안 그분의 형상을 따라 재창조 된다. 그때 우리는 행위 없이 살지 않지만 그가 의롭고 성령을 따라 사는 한 그 의인을 위해서는 율법이 주어지지 않는다. 하지만 그가 육체 속에 살고 그와 같은 육체를 가지고 있는 한 그는 율법 아래 있고 율법의 행위를 한다. 그러나 이러한 율법의 행위가 비록 고유한 성향을 따른다 할지라도, 하나님의 은혜의 전가 이후에는 더 이상 율법의 행위로 간주되지 않는다.[39]

중간시기의 성격은 율법이 자신의 의미를 유지하는 것을 수반한다. 하지만 율법은 더 이상 죽이지 못하고 더 이상 절대적인 의미에서 심판하지도 못한다. 전가 덕분에 이 행위들은 더 이상 율법의 행위로 간주되지 않는다. 루터는 이 주장을 고수한다. 영적인 사람, 즉 믿음 안에 있는 사람에게 율법은 더 이상 효력이 없다. 그리스도인은 율법으로부터 자유롭다. 그는 율법에 기록된 것을 저절로 행한다. 율법은 더 이상 강요할 필요도, 밀어붙일 필요도 없다. 성령을 통해 우리는 율법이 원하는 것을 행하되 그것을 기쁘게 행한다. 그러므로 율법은 더 이상 그리스도인의

---

38 WA 39, 1; 204.
39 WA 39, 1; 204.

삶을 움직이지 못하는데, 이것은 마치 율법이 위협하지 못하는 것과 같다.

루터는 그리스도인의 삶 속에서 율법이 어떤 기능을 하는지 두 가지 방법으로 접근했다. 즉 그리스도인은 성령을 통해 자기 자신의 십계명을 만든다. 하지만 동시에 사람은 사도들의 엄격한 명령과 규정을 지켜야 한다. 실제로는 이 두 견해가 서로 크게 다르지 않다. 루터가 자신의 말로 의도하는 것은 그 관계에서 밝혀진다. "만일 그리스도 혹은 율법이 둘 가운데 하나가 사라져야 한다면 당연히 그리스도가 아닌, 율법이다. 즉 우리가 그리스도를 모시고 있다면 우리는 쉽게 율법들을 만들 수 있고 모든 것을 선하게 판단할 수 있다. 그렇다, 우리는 새로운 율법의 판들을 세우게 될 것인데, 이것은 마치 바울이 자신의 모든 서신에서 그렇게 하고, 베드로와 특히 그리스도께서도 복음에서 그렇게 하신 것과 같다. 이 율법의 판들은 모세의 십계명보다 더 명확한데, 이것은 마치 그리스도의 얼굴이 모세의 얼굴보다 더 밝은 것과 같다. 왜냐하면 이방인들이 자신들의 타락한 본성으로 하나님을 상상하고 스스로 일종의 율법이 될 가능성이 있으므로, 바울이나 혹은 더 많이 성령으로 충만한 다른 온전한 그리스도인은 일종의 십계명을 세울 수 있고 모든 것을 선하게 판단할 수 있다. 이와 똑같이 모든 선지자들과 조상들도 성경에 기록된 것을 그리스도의 동일한 영으로 말했다. 하지만 우리가 동일한 비율로 성령을 소유하지 않기 때문에, 그리고 육체가 성령을 대항하여 싸우기 때문에, 사람은 방황하는 영혼을 위해서라도 사도들의 확실한 계명과 판단에 머물러 있어서 교회가 분리되지 않도록 해야 한다."[40]

그리스도인의 자유에 관한 그의 글에서 밝히고 있는 것처럼 그리스도께서 우리 안에 사신다는 루터의 생각에서 가장 중요한 것은 그리스도와의 연합이다. 이 연합을 위해 성령께서 일하신다. 성령께서는 우리에게

---

[40] WA 39, 1; 47.

계명들을 각각의 상황에 따라 적용하도록 가르치신다. 그러므로 계명들은 가이드라인 이상의 것이 된다. 이 계명들은 자발적으로 유지되고 환경에 따라 날카로워진다. 그러나 루터가 특히 열광주의자들을 생각하는 실제 상황을 고려한다면 율법 교육을 놓칠 수는 없다. 계명들은 믿음과 사랑을 통해 성취된다.[41] 여기에 율법이 존재한다. 율법은 죄를 고발하는 의미만 있는 것이 아니다. 또한 율법은 선한 시작과 영광스러운 삶의 완성 사이, 즉 막간의 삶에서도 중요한 의미가 있다. 왜냐하면 율법은 그 길을 가리켜 주기 때문이다.

루터는 율법에 대해 말할 때 모세에 대한 율법주의적 호소를 놀랍게도 성령에 대한 호소와 일치시키는 자들을 예의주시했는데, 이런 자들이 바로 "열광주의자들"Schwärmer이었던 것이다. 하지만 루터가 율법의 기능을 칭의 이전의 것으로만 생각하지 않고, 칭의 이후의 기능도 생각했다는 사실은 부인할 수 없다. 만일 우리가 그럼에도 불구하고 여전히 차이에 대해 논한다면, 또한 개혁주의 개신교에서의 율법을 평가한다면, 그 차이는 율법이 그리스도인의 삶에 효력이 있는가의 문제와 무관하다. 대신에 차이는 그 율법이 어떤 기능을 하는가의 문제요, 게다가 두 부자의 중요한 문제와 관련이 있는 일이다. 루터가 말하는 것, 즉 '그리스도인이 자기 자신의 십계명을 만든다'는 것은 우리가 그것을 구체적인 계명의 차별화로 간주할 만큼 중요하다. 우리가 그것을 율법으로부터 분리하여 오직 은혜와 성령만을 계속 말하는 것은 상당히 위험한 일이다.

하지만 성령만 말하는 것에 대해 루터가 결정적으로 반대했던 것은 마치 아그리콜라Agricola의 열정에 대한 루터의 반응에서 나타나는 것과 같다.[42] 아그리콜라는 특별히 정부의 영역에서 율법을 논하고자 했다.

---

[41] A. Siirala, Gottes Gebot bei Martin Luther, Helsinki 1956, 331ff.; P. Althaus, Die Theologie Martin Luthers, 232ff.

[42] 참조. J. van Genderen, Luthers versie op wet en Evangeli, in: Luther en het

그래서 그는 율법 혹은 십계명을 교회로부터 추방하여 시청으로 보냈다.[43] 교회에서는 단지 은혜의 풍부함에 관해서만 말해야 한다는 것이다. 루터는 아그리콜라가 그러한 생각으로 멜랑흐톤Melanchthon과 논쟁을 벌이기 전까지 심각하게 반응하지 않았다. 하지만 아그리콜라가 1537년에 율법에 관한 몇 가지 주장을 발표했을 때 루터는 사방팔방으로 관여했다. 아무튼 루터는 죄를 깨닫게 하는 율법 문제에 집중했다. 우리의 비참함을 아는 지식 역시 그리스도의 십자가로부터 얻을 수 있다. 그렇지만 사실 주로 율법으로부터 얻는다. 왜냐하면 우리가 율법으로부터 죄인이라는 것을 배우지 못했더라면 그리스도께서 무엇을 위해 오셨는지 우리는 몰랐을 것이기 때문이다. 그럼에도 우리는 이 점에서 율법에 대한 변호를 율법 전체에 대한 루터의 관점에서 분리할 수 없다. "어떻게 사람들이 내게 책임을 떠넘길 수 있단 말인가?"라고 루터는 말한다. "내가 율법을 무시했단 말인가? 내가 십계명을 버렸단 말인가? 사람들에게 율법을 더 잘 전달하기 위해 내가 지금까지 해왔던 것보다 더 나은 방법을 나는 결코 생각해낼 수 없다." 이전에 루터는 반대를 기대했었다. 예컨대 사람들이 루터에 대해 반대하기를, '어떻게 당신이 그처럼 십계명을 강조할 수 있단 말인가?' 전설을 만드는 일에 맞서 싸우기 위해 루터는 반율법주의자들 즉 율법폐기론자들과의 논쟁에서 이 모든 것을 분명하게 진술하기를 원했고 이것을 출간하기 위해 신학적 논쟁도 불사했다.[44]

그러므로 율법은 처음부터 끝까지 그리스도인의 삶에서 고유한 자리를 차지한다. 처음에는 죄를 밝히는 수단, 사람을 부끄럽게 하는 수단, 그리스도를 영화롭게 하는 수단으로 기능한다. 또한 율법은 모든 상황에

---

gereformeerd protestantisme, uitg. W. Balk e.a., 's-Gravenhage 1982, 273ff.

43 WA 50; 468ff.

44 W. Joest, in: Martin Luther, Ausgewählte Werke, Vierter Band, München 1964³, 402ff. 전체 주제에 관해서는 다음 참조. R. Bring, Das Verhältnis von Glauben und Werken in der lutherischen Theologie, München 1955.

서 정확하게 판단하고 선하게 반응하도록 우리를 돕는 규칙으로 끝까지 존재한다. 그러므로 루터는 자신의 첫 윤리학에서 십계명을 해설했다. 그리고 그는 율법이 그리스도인의 삶에서도 결국 복음 아래 있다는 것을 학문적으로 확실하게 알았다. 또한 복음이 도달하면 성화가 칭의의 완성으로 동반된다는 것을 알았다. 루터에 따르면 그와 같이 그리스도인은 막간의 삶을 살 수 있는데, 죄용서라는 놀라운 축복을 받으며 살 수 있다. 즉 바로 성화 속에서 오직 은혜로만 의롭게 된다. 달리 말하자면 사랑은 믿음 아래 숨겨져 있다. 이것 때문에 그리스도인의 삶에 찾아오는 모든 형태의 긴장을 확실하게 극복하고 승리하게 되는 것이다.

20장

믿음과 소망

H. Lilje, *Luthers Geschichtanschauung*, Berlin 1932; **H. Bornkamm**, *Gott und die Geschichte nach Luther*, Lüneburg 1946; **W. Elert**, *Morphologie* I, 447ff.; **U. Asendorf**, *Eschatologie bei Luther*, Göttingen 1967; **U. Assendorf**, Eschatologie VII. Reformations und Neuzeit, in: *Theologische Realenzyklopädie*, Band X, 310ff.; **P. Althaus**, *Theologie*, 339ff.; **P. Bühler**, *Kreuz und Eschatologie. Eine Auseinandersetzung mit der politischen Theologie, im Anschluss an Luthers Theologia Crucis*, Tübingen 1981; **H. -U. Hofmann**, *Luther und die Johannes-Apokalypse*, Tübingen 1982.

종교개혁의 종말론에 관한 책에서 토랜스T. F. Torrance는 세 가지 유형을 구분했다. 루터에게서는 믿음의 종말론을 말하고, 부써에 대해서는 사랑의 종말론으로 구별하고, 그리고 칼빈의 종말론에서는 소망의 성격이 있는 것으로 간주한다. 루터에 관한 그의 지적은 루터 신학의 모든 것이 믿음에 걸려 있는 한 충분히 납득할 수 있다. 하지만 이런 지적을 절대화하고 싶은 충동이 생긴다면 잘못을 저지르게 될 가능성이 크다.[1] 이미 우리는 믿음과 사랑이 얼마나 긴밀하게 묶여 있는지 살펴보았다. 믿음과 소망의 관계에서도 그 긴밀성은 동일하다. 루터가 기대하는 미래, 즉 미래에 대한 기대는 믿음으로 규정된다. 하지만 이것은 소망으로 나타난다. 여기서 우리는 다시 한 번 루터 신학 전체의 핵심인 '하나님 앞에 있는 인간'을 마주하게 된다. 이 고유한 특징은 루터의 미래에 대한 기대에서도 결코 부족하지 않다. 이 미래에 대한 기대는 지극히 개인적인 것이다. 그럼에도 불구하고 루터의 종말론이 개인적인 일에 불과한 것만은 아니다. 마치 질적으로 다른 영원성이 그리스도인의 인생에 들어와서 이 인생을 믿음의 순간, 시련의 순간에 결정적으로 변화시키는 것처럼 이와 같이 그것은 루터의 종말론과 연관된다. 영혼이 자신을 넘어 영원한 파도에 부딪힐 때 완전한 영원의 경험을 하게 된다. 즉 모든 시간이 비록 다르긴 하지만 바로 그 순간에는 과거와 미래를 포함한 모든 시간이 함께 모인다. 이것은 지극히 개인적인 경험이다. 하지만 이 경험이 결코 개인주의로 인도하지 않는 것과 같이 종말론적 순간도 개인적인 일만은 아니다. "영원한 지속"이라는 이 순간에 창조 세계 전

[1] T. F. Torrance, Kingdom and Church: A Sudy in the Theology of the Reformation, Edinburgh/London 1956. 토랜스의 견해에 대한 비판은 다음 참조. U. Asendorf, Eschatologie bei Luther, Göttingen 1967, 294ff.

체, 모든 창조물이 인간에 대항하여 일어선다. 하지만 동일한 방법으로 창조 세계 전체도 그 낯선 무죄 판결에 연결되어 있다. 소망 안에서 개인적인 기다림은 신천지의 영원하고 영광스러운 미래가 도래하는 영역으로 확대된다. 그래서 루터의 종말론을 믿음이라는 단어로 특징 지울 수 있다. 하지만 이 믿음 속에 모든 것이 포함되는데, 왜냐하면 그 믿음은 하나님과 인간의 관계, 즉 모든 것을 내포하는 관계를 의미하기 때문이다.[2]

결코 이것은 루터의 종말론이 시간의 범주에 대해 더 이상 말하지 않는 것 하나만 있다는 뜻이 아니다. 즉 "물론 완전히 개인적인 영역에 국한되거나 개인 영역의 범주로 이동할 수 있는 것을 제외한 고전적 종말들이 없는" 종말론이다.[3] 고전적인 자료들이 있기는 하지만 개인 경험의 시각에서 기록되었고 또 그런 시각으로 사용된다. 이것에 대해서는 루터의 결혼일이 분명한 사례다. 루터는 최후의 날이 가까이 온 것으로 생각했고, 그 전에 결혼을 함으로써 완전한 종교개혁 의도를 반드시 드러내기 위한 분명한 전조를 생각했다. 다른 동기들은 이 하나의 지배를 받았다. 그것은 루터가 종말이 자신에게 도래한 것을 아는 자의 양심, 즉 의식으로 살았다는 증거다. 루터에게 이런 의식은 그가 더 오래 살 수 없을 것이라는 생각과도 일치하는데, 왜냐하면 그가 1535년 자신의 창세기 강의를 시작했을 때 10년 동안 해온 질문에 대해 "나는 파묻혀 죽을 것이다."Immorabor et immoriar라는 의미로 언급했기 때문이다.[4] 우리가 있는 곳은 삶의 한 복판이기도 하지만 또한 죽음의 한 복판이기도 하다. 소망은 믿음에 의해 존재한다. 초기 로마서 강의와 시편 주석, 그리고 갈라디아서 강의에서 루터는 희망이라는 주제를 매우 상세하게 다루었다. 그의 설명은 보다 더 초기의 로마서 강의와 동일한 음색이다.

---

2 '영원한 기간의 순간'에 대해서는 다음 참조. 18장의 '시련을 겪은 루터'.
3 J. T. Bakker, Eschatologische prediking bij Luther, Kampen 1964, 16.
4 참조. 10장의 '강직한(?) 루터'.

이미 우리는 "동시"라는 것이 거기서 어떻게 표현되었는지 살펴보았다. 성도는 실제로in re 죄인이지만, 소망으로는in spe. 희망 중에 의인이다.[5] 그러므로 마치 완전히 회복되리라는 의사의 약속을 듣게 된 환자와 같이 성도는 자신의 시선을 미래에 둔다. 그 소망의 기초는 성경이다. "사람들은 성경이 제공하는 인내와 위로를 통해 소망을 갖는다. 왜냐하면 소망은 붙잡을 수 있는 것이 아니기 때문이다. 보는 것을 어떻게 소망할 수 있겠는가? 그러므로 소망은 사람들이 붙잡을 수 없는 모든 것을 받아들인다. 그러므로 인내가 필요하다. 붙잡을 수 있는 것들 대신에 위로의 말씀을 의지하는데, 이 위로의 말씀을 통해 우리는 우리의 인내가 느슨해지지 않도록 지속적으로 서 있게 될 것이기 때문이다."[6]

루터가 다른 곳에서 믿음에 대해 말하는 그 의미를 여기서는 소망과의 관계에서 설명한다. 소망은 마음의 이동, 즉 오직 하나님의 말씀에 기초한 이동이다. 하지만 믿음을 통해 주관적인 경험인 소망과 약속의 내용인 소망하던 유익 사이의 융합이 발생한다. "사랑은 사랑하는 자들을 그들이 사랑하는 그 대상으로 변화시킨다. 그와 같이 소망은 소망하는 자들의 소망을 소망 대상의 자리로 이동시키지만 소망 대상이 공개되지는 않는다. 그와 같이 소망은 알려지지 않고 숨겨진 곳으로, 내적인 어둠으로 그를 이동시키는데, 그것은 그가 소망하는 것을 알지 못하도록 하고 소망하지 않는 것을 알도록 하기 위해서다."[7]

이런 방식으로 루터는 소망이 소망 대상의 자리로 이동하고 체류하는 것에 대해 말하는데, "그와 같이 영혼은 소망과 소망하던 유익이 뒤섞여 하나가 되었다." 주체와 객체가 서로 만날 뿐만 아니라, 서로 왕래하기 때문에 하나를 다른 하나 없이는 결코 이해할 수 없다. 하지만 루터의 신앙경험 때문에 우리가 소망 중에 위로 받게 된다는 것이 강조된다.

---

[5] WA 56; 269f.
[6] WA 56; 520.
[7] WA 56; 374.

이것은 시편해설1518-1521에서 아주 분명하게 설명된다. 여기서는 마치 십자가의 신학으로 완전히 돌아간 듯하다.[8] 소망은 고난과 절망과 시련 속에서 작동한다. 시편 5편 12절에서11절. "주께 피하는 모든 사람은 다 기뻐하며..." 루터는 기록하기를, "모든"이란 단어를 통해 시련을 겪는 자들도 포함된다고 하는데, 바로 이들을 위해 희망이 있는 것이다.[9] 그러나 루터는 "소망이란 품삯에 대한 일종의 기대이며, 공로적 행위로부터 발생한다"라고 주장한 롬바르두스Petrus Rombardus의 오래된 개념을 없애버린다. 루터는 소망의 자리를 어떤 공로도 논할 수 없는 곳에 마련한다. "반대로만 존재할 수 있다는 것이 인내의 본질에 속한다면 희망으로부터 유효한 것은 오직 죄 안에서만 희망이 보인다는 것이다."[10] 마치 루터가 그것으로 죄를 변명하고 싶은 것처럼 생각할 수는 없다. 다만 사람들이 소망할 수 있는 것은 하나님 앞에서 선행조차도 순수한 죄로 알게 되었을 때뿐이라는 것이다. 롬바르두스의 개념은 전체 신학의 완전한 침몰을 의미하는 것이요, 그리스도와 그분의 십자가에 대한 무지를 생산하는 것일 수밖에 없었다.

믿음과 소망과 사랑이 주입된 덕목이라는 개념에 반대하여 루터는 자신의 "비상식적인" 견해를 주장한다. "죄가 동시에 주입되지 않고는 아무것도 우리에게 주입될 수 없다. 죄인은 심판 받지 않고는 의롭게 되지 못하고, 죽임을 당하지 않고는 생명을 얻지 못하고, 지옥에 내려가지 않고는 하늘에 올라가지 못하는데, 이것은 성경 도처에 기록되어 있다."[11] 이 역설적 실제 한복판에서 소망은 자라고 십자가는 그 자체를 걸머지는 자들에게 확고한 소망을 일으킨다. 이 소망은 오직 하나님 자신 외에는 기뻐할 수 있는 것이 아무 것도 없다는 것을 아는 지식이다.[12] 그와 같이 절망은 희망의 일부다. 오직 그 희망 위에서만 절망은

---

8 P. Bühler, Kreuz und Escatologie, 132ff. 비교. WA 5; 156ff.
9 WA 5, 158.
10 WA 5, 160.
11 WA 5, 164.

자포자기에 이르지 않고, 하나님을 소망하는 실제적인 소망에 이르게 된다.[13] 비록 사람이 모든 계명을 어기는 범죄를 저질렀을지라도 자포자기는 모든 것 중에 가장 심각한 것이다. 왜냐하면 그것은 우리를 직접 제 1계명과 대립하게 하기 때문이고 이것은 하나님 자신을 직접적으로 부인하는 것을 의미할 것이기 때문이다. 하나님을 "심지어 육체적인 것으로 생각하기" 때문이다.[14] 자포자기 하는 자는 하나님 앞에서 하나님을 향해 '당신은 하나님이 아니다!'라고 말한다. 그의 말투는 분노로 가득한 불치병적이다.[15] 소망은 여기서 믿음의 전투를 수행한다. 우리의 "공로"와 하나님의 자비하심이 상반되는 곳에서 소망이 발생하고, 그리고 또한 하나님의 약속 덕분에 발생한다.

갈라디아서 대주석은 다시 한 번 모든 것을 본래 상태로 되돌린다. 여기서도 루터는 두 종류의 소망 개념을 구분한다. 즉 우리가 소망하는 대상으로서의 소망이 있고, 소망 자체의 경험인 감정으로서의 소망이 있다는 것이다. 믿음과 소망을 분명하게 구분하기가 어렵다는 것을 루터는 인정한다. "믿음과 소망은 그와 같은 일종의 내적 친족이다. 즉 하나는 다른 하나로부터 분리될 수 없는 것이다."[16] 루터가 믿음과 소망의 차이를 특히 이곳에서 보는데, 즉 믿음이 이해의 영역에서 작용하는 반면에, 소망은 의지의 영역에서 작용한다는 것이다. "하지만 실제로 그 둘은 법궤의 두 케루빔처럼 분리될 수 없다." 믿음은 우리가 무엇을 믿어야 하는지를 가르친다. 소망은 믿음 안에서 우리를 격려한다. 믿음은 말씀을 통한 진리에 집중한다. 소망은 약속의 일과 연관된다. 소망은 믿음으로 어려움을 견딘다. 소망하는 것을 행함으로 소망은 죄의 공포와 감정 한 가운데서도 믿음에 의해 세워짐으로써 소망은 실제로 소망한다.

---

12 WA 5, 165.
13 WA 5, 170.
14 WA 5, 171.
15 WA 5, 171.
16 WA 40, 2; 26.

믿음 안에서 우리는 강력하다. 소망을 통해 우리는 용감하다. 믿음은 우리에게 참된 토론을 가르친다. 소망은 한 연설에서처럼 우리를 무사히 집으로 인도한다.

루터는 소망이 어떻게 절망과 반대로 하나님의 약속을 굳게 붙잡는지 보여준다. "나의 감정이 결코 내게 할 수 없는 것을 하나님의 말씀은 내게 말한다. '하나님께서는 상심한 자를 가까이 하신다.'"

그와 같이 루터는 자신의 사고 전체에서 특히 소망에 대한 관심을 가지고 있는 것으로 보인다. 열정, 감정의 의미에서 그렇다는 것이다. 이 감정으로 우리가 다른 감각의 반대편에 약속의 능력을 놓고 이것으로부터 믿음으로 사는 것이다. 하지만 감정의 측면을 강조하는 것은 최소한 미래에 대한 기대를 약화시키는 것을 의미한다. 미래는 우리가 여기서 이미 하나님 앞에서 경험하는 심판으로 우리에게 아주 가까이 와 있다. 하지만 미래는 이런 방법으로 감정에 몰두하지 않는다. 경험으로서의 소망과 소망 대상은 상호 교류한다. 그럼에도 불구하고 미래는 온전히 여전히 성취될 약속으로 머물러 있다.

죽음의 한복판에서 우리는 삶을 영위한다!

루터는 자신의 동시대 사람들과 더불어 죽음에 익숙했다. 그는 그것에 지속적으로 관심을 갖도록 사람들에게 호소했다. 예컨대 유명한 기도 설교에서 그렇게 했다.[17] "우리는 모두 다 함께 죽음에 직면했으며 한 사람은 다른 사람을 위해 죽을 수 없다."[18] 각자는 여기서 자기 자신 앞에 선다. 그리고 누구도 다른 사람을 실제로 도울 수 없다. 그러나 루터는 이 죽음의 고독 속에서 죽음의 실제적인 공포를 보지 못했다.

---

17 참조. 5장의 '비텐베르크의 소요 사태'.

18 WA 10, 3; 1.

루터에게 죽음은 하나님의 심판 속에, 하나님의 진노 속에 있었다. 죽음은 하나님의 진노와 심판의 표현이다. 루터는 죄와 죽음과 악마를 종종 단숨에 하나님의 율법과 함께 부른다. 그와 같이 분명하게 되는 것은 죽음이 자연발생적인 일은 아니라는 것이다. 물론 루터 시대의 많은 사람들이 그런 방식으로 죽음을 논하긴 했지만 말이다. 죽음은 율법의 조명을 받음으로써 하나님의 분노의 임박한 그림자가 드리운다. 시편 90편 해설이 유명한데, 여기서 루터는 죽음의 의미를 깊이 파고든다. 루터는 여기서 율법과 죽음의 관계를 폭로하는 비장함으로 이 시편의 시인 모시시무스 모수스Mossissimus Mosus. 가장 모세다운 모세의 이름을 부른다. "이 시편에서 그는 율법수여자라는 자신의 소명에 따라 굉장히 특별한 직분의 모세다. 즉 냉정한 죽음의 종, 하나님의 진노와 죄의 냉정한 종이다."[19] 특히 그 진노와 죄가 여기서 선포되는데, 왜냐하면 인류는 원죄로 말미암아 타락하고 눈이 멀어 하나님도 자기 자신도 모를 뿐만 아니라, 그것을 경험해야 하고 견뎌야 하는 모든 불행을 이해하지도 못하기 때문이다. 사람의 죽음은 동물과 식물의 죽음과 구별되는 하나님의 심판이다. 그러므로 사람은 다른 어떤 피조물도 알지 못하는 죽음에 대한 끔찍한 공포를 느끼는 것이다.

루터가 죽음에 대한 이런 신학적 평가를 내리는 것은 죽음을 무시하고 "동물처럼 사는 것을" 일종의 기술과 학문으로 간주하는 냉혹한 에피쿠로스파와 사두개파를 무너뜨리기 위해서다.[20] 어떤 위로도 없을 경우 끊임없이 죽음을 생각하도록 충고한 아리스토텔레스의 사상을[21] 루터는 거부한다. 왜냐하면 끔찍한 진노 후에는 소망과 부활이 있기 때문이다. 시편 제목에서 생명은 자신을 예고한다. 왜냐하면 죽음에 직면하여 기도한다는 것은 이미 생명을 소망한다는 의미이기 때문이다. 하지만 이것은

---

19 WA 40, 3; 484.
20 WA 40, 3; 487.
21 WA 40, 3; 493.

믿음과 소망 없이는 불가능하다. 왜냐하면 생명을 포기하는 자는 기도하지 않기 때문이다. 첫 계명에 대한 적용을 논하는 바로 그 자리에는 이미 믿음과 소망뿐만 아니라, 죽은 자들로부터의 부활도 거론될 수밖에 없다. 죽음 속의 죽음은 하나님 앞에 있는 죄와 죄책이다. 루터는 여기서 첫 계명을 가리키면서 율법 위에 새겨진 제목, 즉 "나는 주 너의 하나님이라!"는 말씀을 논하고 싶었던 것이다. 또한 루터에게 이 제목은 죽음에 대한 승리를 의미한다. 하나님께서 우리의 하나님이시라면 그 제목은 죽음을 통과할 때도 유효하다. 그 때에도 하나님께서는 우리의 거처가 되신다. 그래서 우리는 생명 속에 있고 우리는 하나님 안에서 영원토록 산다. 그리스도께서 첫 계명에 대해 설명하시기를, 하나님께서는 죽은 자들의 하나님이 아니라, 산 자들의 하나님이시다. "그분의 영원한 생명은 무덤도 십자가도 아니다. 하나님께서 사람을 위한 거처가 되실 때 그 사람들은 또한 그곳에서 살아야만 한다. 하나님께서는 자신의 번개로 우리를 맞히시기 전에 불안에 떠는 양심을 위로하시고 자신이 살아 있는 거처요, 산 자들의 거처이심을 우리에게 알리신다."[22]

이것은 그리스도인이 죽음을 겪지 않을 수 있다는 뜻이 아니다. 하나님의 진노는 급한 진노다. 우리는 빨리 죽는다. 삶은 죽음을 향해 가는 편안한 산책이 아니라, 아직 한 번도 경험하지 않은 일종의 경주, 즉 죽음을 향한 폭주다. 영적인 눈은 인생이 짧다는 것을 본다. 비록 100년 동안 살 수 있다 해도 '인생무상!'이라고 말할 수밖에 없다. "내 생애도 역시 그렇다! 나는 54살이지만 마치 오늘 아침 일찍 태어난 것 같다."라고 루터는 자기 자신의 느낌을 표현한다. "모든 피조물은 하나님의 기뻐하심에 동참하고 하나님의 은혜 아래 살아가지만 우리의 여름과 겨울에는 하나님의 진노가 있다." 그럼에도 불구하고 루터는 이곳에 계속 머물러 있지 않는다. 그는 첫 계명으로 돌아간다. 그곳에는 우리의 삶을 위한

---

22 P. Althaus, Die Theologie Martin Luthers, 344.

보장이 있다. 즉 "불멸과 생명, 영원이 첫 계명으로부터 흘러나온다."[23] 나는 주 너의 하나님이라! 이것은 죽음에서도 유효하다. 그것은 그리스도의 사역 덕분이다.

그것에 대해 루터는 갈라디아서 대주석에서 말하기를, "죽음에 대한 공포가 우리를 공격할 때, 믿음은 율법의 이빨을 부수고 죽음의 쏘는 것을 무디게 한다. 우리가 그리스도를 믿을 수 있다면 이렇게 말한다. '나는 내가 범죄한 것을 인정하지만, 이미 정죄된 나의 죄는 죄를 물리치시는 그리스도께 있다. 이 정죄하는 죄는 버려진 죄보다 강하다. 왜냐하면 그것은 즉 의롭게 하는 은혜요, 의와 생명과 구원이기 때문이다.' 그리고 내가 죽음에 대한 공포를 느낄 때 나는 이렇게 말한다. '죽음이여, 나는 너와 더불어 할 수 있는 것이 더 이상 아무 것도 없다. 왜냐하면 나는 나의 죽음인 너를 죽이는 다른 죽음이 있기 때문이다. 그리고 이 죽이는 죽음은 죽은 죽음보다 강하다.'"[24]

그의 백성 안에서 계시는 그리스도의 생명은 자기 권리를 잃어버린 죽음보다 강하다.

루터는 죽음 이후의 상태를 하나님의 약속 안에서 잠자는 것으로 말한다. 그곳에 죽은 자들이 안식하는 장소가 있다. 창세기가 모세의 죽음에 대해 언급하는 것을 루터는 죽은 자들의 안식처에 관한 다양한 질문으로 확대한다. 하나님의 은혜를 입은 동료들의 죽음은 루터가 보기에 값진 것이다. 그러므로 그들의 죽음은 평화롭다. 그들은 매우 달콤하고 유쾌한 잠을 잔다. 아브라함은 살만큼 충분히 살았고 그가 최고로 만족할 때 잠들었다. 신약이 우리에게 가르치는 것을 아는 우리에게는 죽음 속의 위로와 죽음 이후의 위로가 너무나도 많이 유익하다. 그것은 우리에게 엄청나게 큰 것일 수밖에 없다. 아브라함의 품은 하나님께서 그에게 하신 약속, 그리스도에 관한 약속이다. 그리스도의 부활로 말미암아

---

23 WA 40, 3; 580.
24 WA 40, 1; 276.

아브라함의 품보다 훨씬 더 좋은 곳으로 가는데, 그곳은 바로 그리스도의 품이다. "왜냐하면 우리가 이생과 이별할 때 그리스도의 품으로 옮겨지기 때문이다. 몸은 장사 되지만 영혼은 그리스도께로 간다." 이것이 얼마나 정확할지는 루터에게 중요한 문제가 아니다. 왜냐하면 루터는 우리가 그리스도와 함께 있다는 것을 아는 것만으로 만족하기 때문이다. 만일 누군가 하루 종일 고된 일을 하여 피곤하다면, 그는 자신의 침실로 가서 평화롭게 잠들게 된다. 이런 방법으로 영혼이 잠드는 것은 아니다. 영혼은 깨어 있다. 내생의 잠은 이생의 잠보다 훨씬 깊다. 그럼에도 불구하고 영혼은 하나님 앞에서 살아 있다. "내가 산 사람의 잠에서 차용한 동일성으로 나는 만족한다. 왜냐하면 거기에 평화와 안식이 있기 때문이다. 그는 단지 한 두 시간 정도 잔 것으로 생각하겠지만 사람들은 영혼이 동시에 깨어 있는 것과 같은 그런 방법으로 잠잔다는 것을 안다."[25] "마치 어머니가 아이를 침실로 데려가서 요람에 눕히는 것과 같은 것인데, 이것은 아이가 죽도록 내버려두기 위해서가 아니라, 잘 자고 쉬도록 하기 위한 것이다. 바로 이와 같이 모든 신자는 그리스도의 오심 이전과 이후에 그리스도의 품으로 온다." 루터는 영혼이 머무는 장소에 관한 중세적 개념들에 관여하지 않는다. 그것은 루터에게 헛되고 의미 없는 문제들이다. 결정적으로 인간의 지성은 부족하다는 것이다. 하지만 하나님의 말씀과 전능하심은 약속의 성취를 위한 보증이다. "하나님의 말씀은 결정적으로 훨씬 더 크고 훨씬 더 포괄적이다. 그러므로 그곳은 영혼들이 하나님의 말씀에 머무르는 장소, 또는 우리가 잠들게 되는 약속의 자리다. 확실한 것은 그것이 결코 중요하지는 않지만 인간의 입으로 설명될 경우 허약해진다는 점이다. 그러나 우리가 믿음으로 그것을 붙잡고 말씀 속에서 잠들게 된다면 영혼은 무한한 공간 속으로 들어간다... 즉 말씀과 약속을 의지하는 자들은 시련과 시험을 벗어나 영원한 평화와

---

[25] WA 43; 360f.

안전을 즐기는 것이다. 이것은 그리스도께서 요한복음 8장 51절에서 약속하신 것과 일치한다. '진실로 진실로 너희에게 이르노니 사람이 내 말을 지키면 영원히 죽음을 보지 아니하리라.' 그러므로 그 사람은 영생을 취하게 될 것이다."

죽음에 대한 이런 신앙적 관점을 루터는 자신의 저술과 설교를 통해 수없이 드러낸다. 죄와 죽음과 악마는 정복되었다. 십자가 위의 승리라는 빛으로는 더 이상 어떤 재난도 나타날 수 없다. 심지어 최후의 날조차도 자신의 공포스러움을 잃어버렸다. 심판은 이미 벌어졌다. 최후의 심판이 가져오게 될 것은 십자가에서 발생한 그 결정적인 계시와 결코 다른 것일 수 없다.

루터는 그 날의 징후들을 다양한 방법으로 본다. 루터에게 그 징후들은 자연 속에서 발생하는 그 무엇이다. 이런 점에서 별들의 세상은 분명한 언어로 말한다. 혜성과 놀라운 하늘의 현상들이 최후 심판의 그 날이 나타나게 될 것을 우리에게 알려준다. 세상은 빠르게 늙고 몰락의 징후들은 도처에서 표현된다.

하지만 무엇보다도 두 가지 징후가 두드러진다. 루터에게는 충만한 영광으로 복음을 발견한다는 말은 그것이 여름이 가까웠다는 증거라는 소리만큼이나 이상한 것이었다. 무화과나무의 비유는 이런 방법으로 성경과 설교와 함께 묶는 설교가 된다. "그 나무가 결코 1200년 동안이나 그렇게 길게 성장해온 것은 아니다라는 말은 이미 유명하다."[26] 하지만 이 징후 하나만 있는 것은 아니다. 복음을 통한 조명과 정반대로 최후의 날이라는 동일한 방향을 가리키는 지적들도 있다. 증가하는 몰락, 에피쿠로스주의, 무관심 등이다. 그리고 특히 커다란 징후가 있는데, 그것은 적그리스도의 출현이다. 루터는 특히 마지막 성경책의 도움으로 로마제국의 몰락 이론을 분명하게 설명했다.[27] 로마에 적그리스도가 산

26 WA 10, I, 2; 120.

27 참조. H. -U. Hofmann, Luther und die Johannes-Apokalypse, Tübingen 1982,

다. 루터는 한 치의 망설임도 없이 이것을 점점 더 큰 소리로 설교했다. 특히 그의 활동을 통해 루터는 임박한 종말에 대한 일들이 서둘러 진행되는 것으로 보았다.

하지만 이런 우울한 목소리는 루터가 그 최후의 날을 사랑스런 최근의 날로 말하지 못하도록 막았다. 루터는 자신 앞에 있는 약속을 하나님의 모든 약속의 온전한 성취로 받아들였다. 즉 우리와 더불어 모든 피조물의 구원과 완성으로 받아들였던 것이다.[28]

믿음 안에서 루터는 그것을 논했다. 시험과 시련의 한복판에서 루터는 희망을 굳게 붙잡았다. 특히 동시에 십자가의 신학인 저 희망의 신학과 관련하여 루터는 말하길, "삶을 통해, 즉 죽음과 심판을 통해 사람은 신학자가 되는 것이지, 이해나 독서나 연구에 의해 그런 것이 아니다."[29] 이것으로 루터가 공부를 게을리 하기를 원했던 것은 아니다. 하지만 그는 신학공부를, 하나님 앞에서coram Deo 심판의 마지막 진정성과 영구히 하나로 묶기를 원했던 것이다.

210ff.; 314ff.; 382ff.

28 WA 37; 68.

29 WA 5; 163.

부록 1.

연도별 마르틴 루터의 생애

연도	월.일.	사 건
1483	11.10.	한스 루터와 마가레타 린더만 사이의 둘째 아들로 아이스레벤에서 태어나다.
1484	봄	루터 가족이 만스펠트로 이사.
1488	봄	만스펠트 시립학교에 입학하다.
1497	봄	막데부르크의 공동생활형제단 학교 다님.
1498	여름	아이제나흐의 성 게오르크 교구학교 다님.
1501	4월	에르푸르트대학에서 공부 시작.
1502	가을	학사(baccalaureus artium) 됨.
1505	7.2.	쉬토테른하임에서의 천둥번개사건.
1505	7.17.	에르푸르트의 아우구스티누스은둔수도원 입문.
1507	4.4.	사제서품.
1508	가을	대학에서 강의하기 위해 비텐베르크로 옮김.
1510	11월	로마 여행.
1511	늦여름	비텐베르크로 돌아옴.
1512	10.19.	신학박사 학위 수여식.
1513	8.16.	시편 강의.
1515	봄	로마서 강의.
1516	10.27.	갈라디아서 강의.
1517	4.21.	히브리서 강의.
	9.4.	스콜라신학 논박.
	10.31.	면벌부를 반대하는 95개 조항.
1518	~1521년	두 번째 시편 강의.
	4.26.	십자가 신학에 관한 하이델베르크 논쟁.
	10.12-14.	아우구스부르크에서 카예타누스의 심문 받음.
	11.28.	공회에 호소함.
1519	1월 초	알텐부르크에서 칼 폰 밀티츠와의 회담.
	7.4-14.	에크(Eck)와 라이프치히 논쟁.
1520	6.15.	교황칙서 "주여, 일어나소서!"로 위협.
	8월	"그리스도인 귀족에게"
	10.6.	"교회의 바벨론 포로"

연도	월.일.	사 건
	10.8-15.	루뱅과 라위크에서 루터의 저술들을 불태움.
	10월	“그리스도인의 자유”
	12.10.	비텐베르크에서 수도원법과 교황칙서 불태움.
1521	1.3.	루터 파문(칙서: Decet Romanum Pontificem)
	4.17-18.	보름스제국회의.
	5.3.	바르트부르크에 숨겨짐.
	5.8.	루터에 대한 제국의 파문이 공포됨.
1522	1/2월	츠비카우선지자들과 칼슈타트의 행동으로 인한 비텐베르크 소요.
	4.9-16.	비텐베르크에서 루터의 사순절설교(Invocavitpreken).
1523	3.23.	비텐베르크 예배개혁.
	부활절	님프쉔 수녀원에서 카타리나 폰 보라를 포함한 9명의 수녀 도주.
1524		최초의 비텐베르크 찬송집.
1525	4.17-20.	“평화에 대한 호소문. 슈바벤 농민의 12개 조항에 관하여”
	4/5월	“평화에 대한 호소문...”에 “약탈과 살인을 일삼는 다른 농민 도당에 반대하여”가 첨부됨.
	6.4.	“약탈과 살인을 일삼는 농부들에 반대하는 책에 대한 책임”
	6.13.	카타리나 폰 보라와 결혼.
	12월	“노예의지에 관하여”
1526	연초	“독일미사와 예배순서”.
1527	4월	“‘이것이 내 몸이다!’라는 그리스도의 말씀 이해하기. 열광자들에 반대하여”
1528	3월	“그리스도의 만찬에 관하여. 마르틴 루터의 신앙고백”
		“심방자들의 교육”
1529	3월	“소(小)신앙교육서”
	4월	“대(大)신앙교육서”
	10.1-4.	성찬에 관한 마르부르크 담화.
1530	1.21.	아우크스부르크제국회의 소집.
	4.23-10.4.	코부르크 체류.
	4/5월	“아우크스부르크제국회의에 소집된 성직자들에게 호소함”
1533		비텐베르크대학의 개혁. 논쟁술을 다시 도입함.
1534		“성경, 즉 마르틴 루터 박사의 독일어 전체 성경”
1535		“바울의 갈라디아서 주석”
1536	5.29.	비텐베르크일치신조에 서명함. 부써와의 성찬일치신조.

연도	월.일.	사 건
	12월	슈말칼덴조항.
1537	12.18.	반율법주의자들에 대한 첫 번째 논박.
1538	1.12.	반율법주의자들에 대한 두 번째 논박.
1539	연초	"공회들과 교회들에 관하여"
		비텐베르크 간행본 제1부. (독일어 저술들)
1543	1.4.	"유대인들과 그들의 거짓말에 관하여"
1545	3.5.	중요한 서문이 들어 있는 루터의 라틴어 저술들 제1부.
1546	1.23.	만스펠트 백작들 사이의 불화를 처기하기 위해 만스펠트로 감.
	2.18.	자신의 탄생지인 아이스레벤에서 죽음.
	2.22.	비텐베르크의 슈로트교회에 장사됨.

부록 2.

루터연구자료

학문연구를 위해 필수불가결한 루터 저작의 대 비평집이 1883년 바이마르(Weimar)에서 출간되기 시작했다. 사람들은 그 비평집의 출간을 완성하는데 10년이 필요할 것으로 예상했다. 하지만 그 일은 100년이 걸렸다. 그것은 최근에야 비로소 처음 온전히 완수되었다. 하지만 색인 외에도 보충자료들이 정기적으로 출간될 것으로 보인다. 이 '바이마르판'(Weimarana)은 4부로 구성되어 있다. 1부는 루터의 저작들과 설교들을 제공한다. 2부는 소위 탁상담화라 불리는 것을 제공한다. 3부는 서신들을 포함하고, 4부는 소위 독일어 성경을 제공한다.

이 출판과 나란히 언급되어야 할 다음과 같은 것들이 있다.

1. 『루터저작선집』(*Luthers Werke in Auswahl*). 이것은 오토 클레멘(Otto Clemen)이 8권으로 편집한 것이다. 초판은 1912-1933년에 출간되었다. 첫 4권은 루터의 주요 저작들의 선집이지만 요약본으로 출간되지 않았다. 마지막 4권은 초기의 대표적인 자료들과 선별된 서신들과 탁상담화와 설교들을 제공한다. 이 루터저작선집은 루터연구에 탁월한 보조 자료로 간주될 수 있다. 어떤 점에서는 이 선집이 바이마르판의 편집을 능가한다. 출판사는 베를린(Berlin)의 발터 더 그라위터(Walter de Gruyter)이다.

2. 『루터연구판본』(*Martin Luther Studienausgabe*). 루터저작선집이 출간되는 동안 독일민주공화국에서는 일련의 루터저작이 『마르틴 루터 연구판본』이라는 이름으로 여섯 권 출간되었다. 이 출간물의 장점은 가격이 매력적일 뿐만 아니라, 루터를 아는데 역점을 둔 선집이라는 것이다. 고대독일어사전과 라틴어 부분 번역 덕분에 언어를 부담스러워 하는 사람들에게도 의미 있는 판본이다. 출판사는 베를린의 한스 울리히 델리우스 복음출판사(Hans-Ulrich Delius Ev. Verlagsanstalt)다.

3. 또 하나의 멋진 도구는 소위 뮌헨판본이라는 것인데, 여섯 권에다가 일곱

권의 보충본이 출간되었다. 초판은 1914년부터 출간되었고, 재판은 1934년부터 출간되었다. 라틴어 저술들은 현대 독일어로 번역되었다. 머리말들은 엄청난 역사적이고 신학적인 자료들을 제공한다. 각주들도 아주 유익하다. 이 간행본에는 에라스무스에 대항한 루터의 탁월한 저술이 들어 있는데, 이반트(H. J. Iwand)가 발간했고, 루터의 로마서 강의를 번역한 것도 들어 있는데, 이것은 에듀아르트 엘바인(Eduard Ellwein)이 편집했다. 『루터저작』(*Luthers Werke*)이라는 이름으로 출간된 이 시리즈의 편집자는 보르헤르트(H. H. Borcherdt)와 메어츠(G. Merz)이고, 출판사는 뮌헨의 카이저(Kaiser)다.

4. 쿠르트 알란트(Kurt Aland)는 루터전집에서 선별하여 10권으로 출간한 편집자다. 본문은 현대 독일어로 번역되었다. 색인은 일종의 루터 사전이 빠르게 방향을 잡을 수 있도록 하는 길라잡이다. 1961년부터 슈투트가어트와 괴팅겐(Stuttgart/Göttingen)에서 『루터 독일어』(*Luther Deutsch*)라는 이름으로 출간되었다.

5. 소위 칼버루터판본(*Calwer Luther*)이라 불리는 것은 포켓판 별책(Siebenstern Taschenbüchern)으로도 출간되었다.

6. 가격뿐만 아니라 구성 면에서도 주목할 만한 출판이 있는데, 보른캄(K. Bornkamm)과 에벨링(G. Ebeling)이 편집한 여섯 권으로 시장에 나왔다. 이 판본은 루터의 가장 중요한 저술들을 선별한 것으로 예쁘고 다루기 쉬운 규격이다. 1982년 프랑크푸르트(Frankfurt)에서 『루터저작선집』(*Martin Luther, Ausgewählte Schriften*)이라는 이름으로 출간되었다.

7. 특별하게 언급할 가치가 있는 간행물은 루터저작의 매국판본이다. 55권으로 출간되었는데, 처음 30권은 성경주석에 관한 자료들이고, 나머지 부분은 전기, 교리, 교회론 및 기타 주제들 순서로 편집되었다. 서신, 설교, 노래, 탁상담화 등도 들어 있다. 각 권마다 상세한 색인이 있다. 전체적인 색인의 출간이 필요해 보인다. 대부분의 분량이 주석가로서의 루터에 집중되어 있다. 편집자는 펠리칸(J. Pelikan)과 레만(H. T. Lehmann)이고 1958년 세인트 루이스(St. Louis)에서 『루터저작』(*Luther's Works*)이라는 이름으로 출간되었다.

8. 루터저작 전체에서 성경주석 분야의 많은 자료들을 모은 출판한 간행물이 있는데, 5권으로 된 『루터의 복음서주해』(*Luthers Evangelien Auslegung*), 3권으로 된 『루터의 시편주해』(*Luthers Psalmen-Auslegung*), 그리고 5권의 완본인 『루

터의 서신서주해』(*Luthers Epistel Auslegung*)이 그것이다. 묄하웁트(E. Mülhaupt)가 편집했고 1950년부터 괴팅겐(Göttingen)에서 출간되었다.
9. 필수불가결한 도구로 간주되어야만 하는 것이 있는데, 비텐(Witten)에서 1970년 3판으로 출간된 알란트의 『루터연구를 위한 참고서』(*Hilfsbuch zum Lutherstudium*)가 그것이다. 이것은 옛날부터 지금까지 출간된 수많은 루터저작에 대한 일종의 색인이다.
10. 언급되어야 할 또 다른 자료는 매년 새로운 연구문헌들을 소개하는 정기간행물 『루터 연감』(*Lutherjahrbuch*)인데, 괴팅겐에서 출간된다. 이런 점에서 연간 연구문헌들을 소개하는 정기간행물 『종교개혁사 문집』(*Archiv für Reformationsgeschichte*)도 의미가 있는데, 귀터슬로(Gütersloh)에서 출간된다.
11. 루터의 독일어 저술을 위한 소사전이 있다. A. Götze, *Frühneuhochdeutsches Glossar*, Bonn 1920.
12. 마르틴 루터가 번역한 독일어 성경이 1545년에 신구약성경 합본으로 출간되었다. *Die gantze Heilige Schrifft Deudsch* 1545. 이 독일어 번역 성경은 1972년 뮌헨에서 복사본으로 출판되었었는데, 여기에 아주 유용한 단어장이 『부록과 자료』(*Anhang und Dokumente*)라는 이름으로 첨부되어 있다. 이 단어장은 새로운 동독 간행물을 위한 어휘집 역할도 한다.
13. 로제(B. Lohse)의 책, 『마틴 루터: 그의 생애와 업적 입문서』(*Martin Luther. Eine Einführung in sein Leben und Werk*)은 루터연구에 대한 폭넓은 정보를 다양한 관점으로 제공한다. 로제의 책은 연구 상황을 상세하게 기록하고 루터의 생애와 업적에 대한 좀 더 개방적인 연구의 길을 보여준다. 이 책은 이형기가 한글로 번역하여 『루터 연구 입문』이라는 제목으로 출간되었다.

참고자료

1. 전기

『마르틴 루터: 그의 생애와 저술들』 **J. Köstlin**. *Martin Luther. Sein Leben und seine Schriften*, Band I-II. Elberfeld 1883. 카베라우(G. Kawerau)의 편집판, Berlin I-II 1903[5].

『성경박사와 교회개혁자 마르틴 루터』 **W. J. Kooiman**, *Maarten Luther. Doctor der Heilige Schrift. Reformator der Kerk*. Amsterdam 1948.

『새롭게 연구되고 있는 루터』 **H. Boehmer**. *Luther im Lichte der neueren Forschung*. Leipzig/Berlin 1917[4].

『젊은 루터』 **H. Boehmer**. *Der junge Luther*. Leipzig 1955[7].

『마르틴 루터: 가톨릭주의부터 종교개혁까지』 **O. Scheel**. *Martin Luther. Vom Katholizismus zur Reformation*, Band I-II. Tübingen I 1921[3], II 1930[4].

『1519년까지 루터의 발전에 대한 자료』 **O. Scheel**. *Dokumente zu Luthers Entwicklung (bis 1519)*. Tübingen 1929[2].

『마르틴 루터』 **H. Fausel**. *D. Martin Luther* I-II. Calwer Luther-Ausgabe 11, 12.

『마르틴 루터: 종교개혁을 향한 그의 길』 **M. Brecht**. *Martin Luther. Sein Weg zur Reformation, 1483-1521*. Stuttgart 1981.

『생애 중반의 루터』 **H. Bornkamm**. *Martin Luther in der Mitte seines Lebens*. Göttingen 1979.

『마르틴 루터의 생애와 업적』 **H. Junghans**. (Ed.) *Leben und Werk Martin Luthers*. Festgabe zu seinem 500. Geburtstag I-II. Berlin/Göttingen 1983.

『루터의 마지막 전투: 1531-1546년의 정쟁과 논쟁』 **M. M. Edwards**. *Luther's Last Battles: Politics and Polemics, 1531-1546*. Leiden 1983.

『하나님과 악마 사이의 인간, 루터』 **H. A. Oberman**. *Luther. Mensch zwischen Gott und Teufel*. Berlin 1982.

『마르틴 루터: 인물과 업적』 **W. von Loewenich**. *Martin Luther. Der Mann*

und das Werk. München 1982.
『루터 전기』 **H. Diwald**. *Luther. Eine Biograpie*. Gladbach 1982.

2. 신학

『루터 입문』 **O. H. Pesch**. *Hinführung zu Luther*. Mainz 1983^{2}.
『루터 신학』 **J. Köstlin**. *Luthers Theologie* I-II. Darmstadt 1968^{3}.
『루터 신학』 **Th. Harnack**. *Luthers Theologie* I-II. Amsterdam 1969^{3}.
『루터교회의 형태학』 **W. Elert**. *Morphologie des Luthertums* I-II. München 1931, 1932.
『루터의 교리』 **R. Seeberg**. Die Lehre Luthers, *Lehrbuch der Dogmengeschichte* IV, 1. Leipzig 1933^{4}.
『루터 신학의 동기와 이념 1권: 신관』 **E. Seeberg**. *Luthers Theologie. Motive und Ideen*, Band I. *Die Gottesanschauung*. Göttingen 1929.
『루터신학 2권: 그리스도의 실제와 원형』 **E. Seeberg**. *Luthers Theologie*, Band II. *Christus. Wirklichkeit und Urbild*. Barmstadt 1969^{2}.
『마르틴 루터의 신학』 **P. Althaus**. *Die Theologie Martin Luthers*. Gütersloh 1963^{2}.
『하나님 앞에서: 루터 신학의 구조에 대한 연구 논문』 T. Bakker. *Coram Deo. Bijdrage tot het onderzoek naar de structuur van Luthers Theologie*. Kampen 1956.
『교리사 교본 2권: 중세와 종교개혁』 **A. Adam**. *Lehrbuch der Dogmengeschichte*, Band 2. *Mittelalter und Reformationszeit*. Gütersloh 1968.
『루터 신학』 **H. J. Iwand**. *Luthers Theologie*. München 1974.
『교리사와 신학사 핸드북 2권: 신앙고백으로 본 교리의 발전』 **C. Andresen**. (Ed.) *Handbuch der Dogmen- und Theologiegeschichte*, Band II. *Die Lehrentwicklung im Rahmen der Konfessionalität*. Göttingen 1980.
『루터와 개혁파 개신교』 **W. Balke** e.a. *Luther en het gereformeerd protestantisme*. 's-Gravenhage 1982.

장별 참고자료

1장. 복음의 돌파

C. Augustijn, *Luthers intrede in het klooster*, Kampen 1968. 복음의 폭발[=종교개혁의 발단]과 관련한 가장 중요한 자료들은 다음 참조. **B. Lohse** (Ed.), *Der Durchbruch der reformatorischen Erkenntnis bei Luther*, Darmstadt 1968; **E. Bizer**, *Fides ex auditu. Eine Untersuchung über die Entdeckung der Gerechtigkeit Gottes durch Martin Luther*, Neukirchen 1958, 1966[3]; **O. Bayer**, *Promissio. Geschichte der reformatorischen Wende in Luthers Theologie*, Göttingen 1971; **O. H. Pesch**, *Hinführung zu Luther*, Mainz 1983[2], 80-102; **M. Brecht**, Iustitia Christi. Die Entdeckung Martin Luthers, in: *Zeitschrift für Theologie und Kirche*, 74 (1977), 179-223; **B. Hamm**, Martin Luthers Entdeckung der evangelischen Freiheit, in: *Zeitschrift für Theologie und Kirche*, 80 (1983), 50-68.

2장. 면죄부에 대한 투쟁

G. A. Benrath, Ablass, in: *Theologische Realenzyklopädie*, Band I, 1977, 347-364; Luther's and Zwingli's Propositions for debate in the original version by **C. S. Meyer**, Leiden 1063; **C. Mirbt/K. Aland**, *Quellen zur Geschichte des Papsttums*, Band I. *Von den Anfängen bis zum Tridentinum*, Tübingen 1967, 498-520; **W. Köhler**, *Dokumente zum Ablassstreit von 1517*, Tübingen 1934[2]; **K. Aland**, *Die 95 Thesen Martin Luthrs und die Anfänge der Reformation*, Gütersloh 1983; **K. Exalto**, *Luthers 95 stellingen tegen de aflaat*, 's-Gravenhage 1967; **J. Kamphuis**, Luther over de boete, in: **W. Balke** e.a., *Luther en het gereformeerd protestantisme*, 's-Gravenhage 1982; **C. Riemers**, *Luther en het sacrament van de boetvaardigheid*, Kampen 1967; **R. Schwarz**, *Vorgeschichte der reformatorischen Busstheologie*,

Berlin 1968; **N. Tentler**, *Sin and Confession on the Eve of the Reformation*, Princeton/New Yersey 1977; **M. Schmidt**, Luthers 95 Ablassthesen als kirchliches Bekenntnis, in: *Lutherjahrbuch*, 45 (1978), 35-55.

3장. 갈등

W. Borth, *Die Lutherache (Causa Lutheri) 1517-1524*, Lübeck/Hamburg 1970; **D. Olivier**, *The Trial of Luther*, St. Louis 1978; **G. Müller**, *Die römische Kurie und die Reformation 1523-1534*, Gütersloh 1969; **H. G. Leder**, *Ausgleich mit dem Papst?*, Stuttgart 1967; **R. Bäumer** u.a., *Lutherprozess*, Münster 1972. **J. Köstlin**. *Martin Luther* I/II, Berlin 1903[5].

하이델베르크논박에 대해서는 다음 참조. **W. von Loewenich**, *Luthers Theologie Crucis*, Witten 1967[5]; **H. Bornkamm**, Die theologischen Thesen Luthers bei der Heidelberger Disputation 1518 und sein theologia crucis, in: *Luther, Gestalt und Wirkungen*, Gütersloh 1975, 130-146; **O. Modalski**, Die Heidelberger Disputation im Lichte der evangelischen Neuentdeckung Luthers, in: *Lutherjahrbuch*, 47 (1980), 33-40; **L. Grane**, Die Heidelberger Disputation, in: *Modus Loquendi Theologicus*, 146-151; **P. Bühler**, Heidelberger Disputation. Theologia crucis und theologia gloriae im Streit um die Theologie, in: *Kreuz und Eschatologie*, Tübingen 1981, 102-120.

4장. 종교개혁

J. Köstlin, *Luthers Theologie* I, Darmstadt 1968[3], 279ff.; **P. Wernle**, *Der evangelische Glaube nach den Hauptschriften der Reformatoren* I. *Luther*, Tübingen 1918, 23ff.; 78ff.; **O. H. Pesch**, *Hinführung*, 176ff.; **W. J. Koiman**, Vom der Freiheit eines Christenmenschen, in: **H. Berkhof** e.a., *Kerkelijke klassieken*, Wageningen 1949, 157-201; **E.**

Jüngel, *Zur Freiheit eines Christenmenschen. Eine Erinnerung an Luthers Schrift*, München 1978; **G. Berner**, *La notion de liberté chez Luther*, Paris 1980; **B. Hamm**, Martin Luthrs Entdeckung der evangelischen Freiheit, in: *Zeitschrift für Theologie und Kirche*, 80 (1983), 50-68.

5장. 보름스, 바르트부르크, 비텐베르크

D. L. Jensen, *Confrontation at Worms*, Provo 1973; **F. Reuter**, *Luther in Worms 1521-1971*, Worms 1973; **F. Reuter**, *Der Reichstag zu Worms von 1521. Reichspolitik und Luthersache*, Worms 1971; **J. Rogge**, *Luther in Worms. Ein Quellenbuch*, Witten 1971; **G. Rupp**, *Luther's Progress to the Diet of Worms*, London 1964.

6장. 종교개혁과 혁명

G. Maron, Bauernkrieg, in: *Theologische Realenzyklopädie*, Band V, Berlin 1980, 319-338; **M. Kobuch/E. Müller**, *Der Deutsche Bauernkrieg in Dokumenten*, Weimar 1977; **G. Franz**, *Der Deutsche Bauernkrieg*, Darmstadt 1972[9]; **G. Franz**, *Der Deutsche Bauernkrieg, Aktenband*, Darmstadt 1968; **G. Franz**, *Quellen zur Geschichte des Bauernkrieges*, Darmstadt 1963; **H. -U. Wehler**, *Der Deutsche Bauernkrieg 1524-1526*, (=*Geschichte und Gesellschaft. Zeitschrift für historische Sozialwissenschaften*, Sonderheft 1), Göttingen 1975; **W. Wibbeling**, *Martin Luther und der Bauernkrieg. Eine urkundliche Darstellung*, Schlüchtern 1925; **P. Blickle**, *Die Revolution von 1525*, München/Wien 1975; **P. Blickle** (Ed.), *Revolte und Revolution in Europa*. Referate und Protokolle des internationalen Symposiums zur Erinnerung an den Bauernkrieg 1525 Memmingen, 24-27 März 1975), *Historische Zeitschrift*, Beiheft 4, neue Folge, München 1975; **B. Moeller** (Ed.), *Bauernkriegs-Studien*, Gütersloh 1975; **J. Forschepoth**,

Reformation und Bauernkrieg im geschichtsbild der DDR. Zur Methodologie eines gewandelten Geschichtsverständnisse, (=*Historische Forschungen*, Band 10), Berlin 1976; **M. Ruppert**, *Luther en de boerenopstand*, Kampen (1983).

7장. 에라스무스와의 단절

C. Augustijn, *Erasmus en de Reformatie. Een onderzoek naar de houding die Erasmus ten opzichte van de Reformatie heeft aangenomen*, Amsterdam 1962; **E. -W. Kohls**, *Luther oder Erasmus*, Band I, Band II, Basel 1972, 1978; **R. Stupperich**, *Erasmus von Rotterdam und seine Welt*, Berlin/New York 1977; **E. G. Rupp/S. Watson**, *Luther and Erasmus: Free Will and Salvation*, Philadelphia 연도미상; **B. Lohse**, Luther und Erasmus, in: *Lutherdeutung heute*, Göttingen 1968, 47-60; **O. J. Mehl**, Erasmus contra Luther, in: *Lutherjahrbuch*, 29 (1962), 52-64; **H. Bornkamm**, Erasmus und Luther, in: *Das Jahrhundert der Reformation*, Göttingen 1961, 36-54.

8장. 루터와 츠빙글리

W. Köhler, *Zwingli und Luther. Ihr Streit über das Abendmahl nach seinen politischen und religiösen Beziehungen*, Band I. *Die religiöse und politische Entwicklung bis zum Marburger Religionsgespräch*, Leipzig 1924; Band II. *Vom Beginn der Marburger Verhandlungen 1529 bis zum Abschluss der Wittenberger Konkordie von 1536*, Gütersloh 1953; **E. Bizer**, *Studien zur Geschichte des Abendmahlsstreits im 16. Jahrhundert*, Gütersloh 1940; **E. Grötzinger**, *Luther und Zwingli. Die Kritik an der mittelalterlichen Lehre von der Messe - als Wurzel des Abendmahlsstreites*, Zürich/Gütersloh 1980; **G. May** (Ed.), *Das Marburger Religionsgespräch 1929*, Gütersloh 1970; **W. van 't Spijker**, Gij hebt een andere geest dan wij, in: *Uw knecht* *hoort.* Theologische opstelling aangeboden aan W. Kremer, J. van Gendereen en B. J. Oosterhoff, Amsterdam 1979.

9장. 교회생활의 재건

C. Clemen, *Quellenbuch zur praktischen Theologie* III. *Quellen zur Lehre von der Kirchenverfassung*, Giessen 1910; **K. Müller**, *Kirche, Gemeinde und Obrigkeit nach Luther*, Tübingen 1910; **E. Sehling**, *Geschichte der protestantischen Kirchenverfassung*, Leipzig/Berlin 1914; **J. Heckel**, *Initia iuris ecclesiastici Protestantium*, München 1950; **J. Heckel**, *Das blinde undeutliche Wort 'Kirche'*. Gesammelte Aufsätze, ed. by S. Grundmann, Köln/Graz 1964; **J. Heckel**, *Lex Charitatis. Eine juristische Untersuchung über das Recht in der Theologie Martin Luthers*, Darmstadt 1973[2]; **H. Reller**, *Vorreformatorische und reformatorische Kirchenverfassung im Fürstentum Braunschweig* - Wolfenbüttel, Göttingen 1959; **H. -W. Krumwiede**, *Zur Entstehung des landesherrlichen Kirchenregiments in Kursachsen und Braunschweig* - Wolfenbüttel, Göttingen 1967; **H. Bornkamm**, Die Neuordnung der Kirche, in: *Martin Luther in der Mitte seines Lebens*, 425-442; **H. A. Oberman**, Martin Luther - Vorläufer der Reformation, in: *Verifikationen*. Festschrift für G. Ebeling, ed. by E. Jüngel u.a., Tübingen 1982, 91-119.

10장. 계속되는 투쟁

H. Rückert, Luther und der Reichstag zu Augsburg, in: *Vorträge und Aufsätze zur historischen Theologie*, Tübingen 1972, 108-136; **H. Bornkamm**, Reichstag und Kofession von Augsburg (1530), in: *Martin Luther in der Mitte seines Lebens*, Göttingen 1979, 586-603; **J. Köstlin**. *Martin Luther* II, Berlin 1903[5], 195-244.

11장. 언약신학

J. T. Bakker, *Coram Deo. Bijdrage tot het onderzoek naar de structuur van Luthers Theologie*, Kampen 1956; **L. Grane**, *Modus Loquendi Theologicus. Luthers Kampf um die Erneuerung der Theologie (1515-1518)*, Leiden 1975; **B. Hägglund**, *Theologie und Philosophie bei Luther und in der Occamistischen Tradition*, Lund 1955; **W. Link**, *Das Ringen Luthers um die Freiheit der Theologie von der Philosophie*, München 1955[2]; **W. von Loewenich**, *Luthers Theologiea Crucis*, Witten 1967[5]; **R. Prenter**, *Spiritus Creator. Studien zu Luthers Theologie*, München 1954; **G. Rupp**, *The Righteousness of God: Luther Studies*, London 1968[3]; **S. Watson**, *Um Gottes Gottheid. Eine Einführung in Luthers Theologie*, Berlin 1967[2]; **R. Weier**, *Das Theolgieverständnis Martin Luthers*, Paderborn 1976; **P. Wernle**, *Der evangelische Glauben nach den Hauptschriften der Reformatoren*, Tübingen 1918.

12장. 선택과 약속

E. Seeberg, *Luthers Theologie*, Band I, Göttingen 1929; **E. Seeberg**, *Luthers Theologie in ihren Grundzügen*, Stuttgart 1950, 60-80; **W. Elert**, *Morphologie des Luthertums*, Band I, München 1931, 186-195; **J. T. Bakker**, *Coram Deo*, Kampen 1956, 167-181; **G. Ebeling**, *Luther. Einführung in sein Denken*, Tübingen 1964, 259-279; **G. Rost**, *Der Prädestinationsgedanke in der Theologie Martin Luthers*, Berlin 1966; **K. Schwarzwäller**, *Theologia crucis. Luthers Lehre von Prädestination nach De servo arbitrio*, München 1970; **E. -W. Kohls**, *Luther oder Erasmus*, I/II, Basel 1972; **H. Rückert**, Luthers Anschauung von der Verborgenheit Gottes, in: *Vorträge und Aufsätze*, Tübingen 1972, 96-107; **G. Kraus**, *Vorherbestimmung*, Freiburg/Basel/Wien 1977; **F. Brosché**, *Luther on Predestination*, Uppsala 1978; **P. Bühler**, Deus absconditus, in: *Kreuz und Eschatologie*, Tübingen 1981, 218-228; **B. Lohse**, *Einführung*, 174-180; **O. H. Pesch**, *Hinführung*, 244-263; **T. H. M. Akkerboom**, 'Vóór de genade van God tegen de vrije wil', in: **J. T. Bakker/J. P. Boendermaker**, *Luther na 500 jaar*, Kampen 1983, 124-144.

13장. 오직 그리스도뿐이며 다른 신은 없다

E. Vogelsang, *Die Anfänge von Luthers Christologie der ersten Psalmenvorlesung*, Berlin/Leipzig 1929; **W. Elert**, *Morphologie* I, 93-103; 195-208; **P. Althaus**, *Theologie*, 159-175; **J. Köstlin**, *Luthers Theologie* II, 129-172; **E. Seeberg**, *Luthers Theologie* II; **Th. Harnack**, *Luthers Theologie* II, 111-404; **O. Bayer**, *Promissio*, 298-318; **M. Lienhard**, *Martin Luthers christologisches Zeugnis*, Göttingen 1980.

14장. 나의 양심은 하나님의 말씀에 사로잡혔다

R. H. Grützmacher, *Wort und Geist. Eine historische und dogmatische Untersuchung zum Gnadenmittel des Wortes*, Leipzig 1902; **J. C. S. Locher**, *De leer van Luther over het Woord Gods*, Amsterdam 1903; **G. Ebeling**, *Evangelische Evangelienauslegung. Eine Untersuchung zu Luthers Hermeneutik*, Darmstadt 1969[2]; **H. Noltensmeier**, *Reformatorische Einheit. Das Schriftverständnis bei Luther und Calvin*, Graz/Köln 1953; **W. von Loewenich**, *Luther als Ausleger der Synoptiker*, München 1954; **H. Østergaard-Nielsen**, *Scriptura sacra et viva vox. Eine Lutherstudie*, München 1957; **W. J. Kooiman**, *Luther en de Bijbel*, Baarn 연도미상; **J. Pelikan**, *Luther's Works.* Companiom Volume. *Luther the Expositor*, St. Louis 1959; **F. Beisser**, *Claritas Scripturae bei Martin Luther*, Göttingen 1966; **A. S. Wood**, *Captive to the Word, Martin Luther: Doctor of Sacred Scripture*, Paternoster Press 1969; **J. K. S. Reid**, *The Authority of Scrpture: A Study of the*

Reformation and Post-Reformation Understanding of the Bible, Westport Conn. 1981[3].

15장. 교회와 직분

K. Müller, *Kirche, Gemeinde und Obrigkeit nach Luther*, Tübingen 1910; **G. Hilbert**, *Ecclesiola in Ecclesia*, Leipzig/Erlangen 1920; **K. Holl**, Die Entstehung von Luthers Kirchenbegriff, in: *Gesammelte Aufsätze*, Tübingen 1923, 288-325; **W. Elert**, *Morphologie* I, 224-255; **E. Rietschel**, *Das Problem der unsichtbar-sichtbaren Kirche bei Luther*, Leipzig 1932; **H. Fagerberg**, Die Kirche in Luthers Psalmenvorlesungen 1513-1515, in: **F. Hübner/W. Maurer/E. Kinder** (Ed.), *Gedenkschrift* für D. Werner Elert, Berlin 1955, 109-118; **L. Chestov**, *Sola Fide. Luther et l'église*, Paris 1957; **H. Jedin**, Ekklesiologie um Luther, in: *Fuldaer* Hefte 18, Berlin 1968, 9-29; **J. Pelikan**, *Spiritus versus Structure: Luther and the Institutions of the Church*, London 1968; **W. Maurer**, Kirche und Geschichte nach Luthers Dictata super Psalterium, in: *Luther und das evangelische Bekenntnis* I, Göttingen 1970, 38ff.; **S. H. Hendrix**, *Ecclesia in Via: Ecclesiological developments in the medieval Psalms exegesis and the Dictata super Psalterium (1513-1515) of Martin Luther*, Leiden 1974; **J. R. Loeschen**, *The divine community: Trinity, Church, and Ethics in Reformation Theologies*, Kirksville 1981; **P. D. L. Avis**, *The church in the theology of the reformers*, Atlanta 1981; **W. Brunotte**, *Das geistliche Amt bei Luther*, Berlin 1959; **H. Lieberg**, *Amt und Ordination bei Luther und Melanchthon*, Göttingen 1960; **J. Aarts**, *Die Lehre Martin Luthers über das Amt in der Kirche. Eine genetisch-systematische Untersuchung seiner Schriften von 1512-1525*, Helsinki 1972; **W. Stein**, *Das kirchliche Amt bei Luther*, Wiesbaden 1974.

16장. 이신칭의

M. van Rijn, *Studiën over Luther's Rechtvaardigingsleer*, Den Haag 1921; **Th. Harnack**, *Luthers Theologie* II, 407-455; **J. Köstlin**, *Luthers theologie* II, 173-219; **E. Seeberg**, *Luthers Theologie in ihren Grundzügen*, 114-132; **W. Elert**, *Morphologie* I, 64-103; **R. Hermann**, *Studien zu Luther*, *Werke* II, 43ff.; 55ff.; 269ff.; **H. J. Iwand**, *Rechtfertigungslehre und Christusglaube*, München 1966[3]; **H. J. Iwand**, Glaubensgerechtigkeit nach Luthers Lehre, in: *Gesammelte Aufsätz* II, ed. by G. Sauter, München 1980; **H. J. Iwand**, *Nachgelassene Werke*, 5. *Luthers Theologie*, München 1974, 64-104; **O. H. Pesch**, *Theologie der Rechtfertigung bei Martin Luther und Thomas von Aquin*, Mainz 1967; **U. Kühn/ O. H. Pesch**, *Rechtfertigung im Gespräch zwischen Thomas und Luther*, Berlin 1967; **E. Schott**, *Rechtfertigung und Zehn Gebote nach Luther*, Stuttgart 1971; **R. A. Leaver**, *Luther on Justification*, London 1975. 특히 갈라디아서 주석에 나타난 칭의에 대해서는 다음 참조. **K. Bornkamm**, *Luthers Auslegungen des Galaterbriefs von 1519 und 1531. Ein Vergleich*, Berlin 1963, 37-156.

17장. 믿음과 경험

H. M. Müller, *Erfahrung und Glaube bei Luther*, Leipzig 1929; **A. Kurz**, *Die Heilsgewissheit bei Luther*, Gütersloh 1933; **L. Pinooma**, *Der existentielle Charakter de Theologie Luthers*, Helsinki 1940; **H. Østergaard-Nielsen**, Glaube und Erfahrung, in: *Scriptura sacra et viva vox. Eine Lutherstudie*, 125-160; **G. Metzger**, *Gelebter Glaube. Die Formierung reformatorischen Denkens in Luthers erster Psalmenvorlesung*, Göttingen 1964; **W. van 't Spijker**, Experientia in reformatorisch licht, in: *Theologia Reformata* 19 (1976), 236-255; **W.**

H. Ritter, Theologie und Erfahrung, in: *Luther. Zeitschrift der Luthergesellschaft* 53 (1982), 23-38.

18장. 믿음과 시련

E. Vogelsang, *Der angefochtene Christus bei Luther*, Berlin/Leipzig 1932; **H. Appel**, *Anfechtung und Trost im Spätmittelalter und bei Luther*, Leipzig 1938; **P. Mühler**, *Die Anfechtung bei Martin Luther*, Zürich 1942; **H. Beintker**, *Die Überwindung der Anfechtung bei Luther*, Berlin 1954; **H. -M. Barth**, *Der Teufel und Jesus Christus in der Theologie Martin Luthers*, Göttingen 1967; **G. Wertelius**, *Oratio continua. Das Verhältnis zwischen Glaube und Gebet in der Theologie Martin Luthers*, Lund 197; **B. Lohse**, *Einführung*, 35-39; **P. Bühler**, Glaube und Anfechtung, in: *Kreuz und Eschatologie*, Tübingen 1981, 229-234.

19장. 믿음과 사랑

K. Holl, Der Neubau der Sittlichkeit, in: *Gesammelte Aufsätze zur Kirchengeschichte* I, Tübingen 1923, 155-287; **E. Ellwein**, *Vom neuen Leben (De novitate vitae)*, München 1932; **R. Seeberg**, Die Lehre Luthers, *Lehrbuch der Dogmengeschichte*, 4. Band, 1. Abt., Leipzig 1933, 294-343; **W. Elert**, *Morphologie* II. *Soziallehren und sozialwirkungen des Luthertums*, München 1932; **L. Pinooma**, Die profectio bei Luther, in: *Gedenkschrift* für D. Werner Elert, ed. by F. Hübner u.a., Berlin 1955, 119ff.; **P. Althaus**, *Theologie*, 218-237; **I. Asheim** (Ed.), *Kirche, Mystik, Heilgung und das Natürliche bei Luther.* Vorträge des Dritten Internationalen Kogresses für Lutherforschung, Göttingen 1967.

20장. 믿음과 소망

H. Lilje, *Luthers Geschichtanschauung*, Berlin 1932; **H. Bornkamm**, *Gott und die Geschichte nach Luther*, Lüneburg 1946; **W. Elert**, *Morphologie* I, 447ff.; **U. Asendorf**, *Eschatologie bei Luther*, Göttingen 1967; **U. Assendorf**, Eschatologie VII. Reformations und Neuzeit, in: *Theologische Realenzyklopädie*, Band X, 310ff.; **P. Althaus**, *Theologie*, 339ff.; **P. Bühler**, *Kreuz und Eschatologie. Eine Auseinandersetzung mit der politischen Theologie, im Anschluss an Luthers Theologia Crucis*, Tübingen 1981; **H. -U. Hofmann**, *Luther und die Johannes-Apokalypse*, Tübingen 1982.

주요 인명

주요 지명